Insurance
经济管理类课程教材
保险系列

现代保险理论与实践

唐金成　主　编
张瑞纲　唐　凯　邓　伟　何朝兵　副主编

中国人民大学出版社
·北京·

主　编　唐金成

副主编　张瑞纲　唐　凯

　　　　邓　伟　何朝兵

编　委　王选庆　曹传碧

　　　　曹亚楠　陈　荣

　　　　易　怡　罗　帆

　　　　刘灿霞　张红涛

主编简介

唐金成（1963—），男，陕西蒲城人，广西大学商学院教授，保险研究所所长，硕士研究生导师。毕业于西安交通大学经济与金融学院金融专业，曾工作于中国人民保险公司陕西省分公司、中国保险管理学院，一直从事保险实务、教学和科研工作。2003 年 2 月调入广西大学，同年 4 月被授予金融专业保险学方向硕士生导师、MBA 导师资格；2005 年被授予保险学方向责任教授；2006 年被授予国民经济专业社会保障方向硕士生导师资格；2006 年晋升金融保险学教授职称；2007 年被授予应用经济学一级学科硕士生导师资格；2011 年担任保险专硕导师组组长。主要研究领域为保险与社会保障。

教学工作：先后承担了“保险理论与实践”“保险法制”“保险营销与管理研究”“财产保险研究”“保险前沿理论”“社会保险前沿理论”6 门硕士专业课主讲任务，以及“保险学”“财产保险”“保险中介”“农业保险学”“保险营销”等多门本科课程主讲任务。

科研工作：已出版专著《现代保险学》《现代财产保险》《现代商业保险论》《现代保险营销》《现代农业保险》《CAFTA 框架下的保险国际化问题研究》《现代保险理论与实践》《保险名人与名人保险》《保险学原理》《机动车辆保险理论与实务》《世界保险趣论》《农业保险理论与经营实务》《保险案例分析大全》；参编书籍《保险公司管理》《车辆保险与损失鉴定》等。先后在《保险研究》《金融与保险》《金融与经济》《南方金融》《浙江金融》《农村金融研究》《改革与战略》《中国保险》《上海保险》等刊物发表论文 340 余篇。其中核心期刊论文 70 余篇，被人大资料全文转载 10 篇。已完成科研课题 42 项。有 50 多项科研成果获得各种奖项。

社会工作：兼任广西信用学会副会长，广西保险学会理事，广西金融学会学术委员，广西云龙招标公司、桂一招标公司、科文招标公司、国泰招标公司特聘评标专家，南宁市政府采购办特聘专家，中国人寿保险广西分公司客户服务监督员。

主编简介

[illegible]

前言

改革开放以来，中国保险费收入保持了年均30%以上的飞速发展，中国保险市场实现了与国际市场的快速接轨，并成为世界第二大商业保险市场。但另一方面，保险理论研究滞后、教育培训不足、专业人才短缺等，已成为制约保险事业可持续发展的瓶颈。鉴于此，本书作者在总结多年保险教学、实践与研究工作经验的基础上，从我国保险市场与保险教育的实际情况出发，以国内保险行业培训与高校教育实际需求为导向，以最新保险法规条例及相关政策作指导，广泛参考了大量国内外最新优秀教材与近期研究成果，放眼国际，不断发展创新，历时一年多而撰写了《现代保险理论与实践》一书。

本书是广西多名学者团结协作及集体智慧的结晶，由广西大学商学院唐金成教授主持编写，广西大学商学院王选庆教授、张瑞纲副教授、曹传碧副教授、广西电大何朝兵副院长参编；由北部湾财产保险总公司高级审计员唐凯、中国太平洋人寿保险广西分公司总经理邓伟、富德生命人寿广西分公司主任易怡、广西农发行经济师曹亚楠，以及金融实务界陈荣、刘灿霞、罗帆、张红涛等学者担任编委。全书共十五章内容，各章作者分工如下：第一章，唐金成、张红涛；第二章，唐金成、曹亚楠；第三章，唐金成、刘灿霞；第四章，陈荣、张瑞纲；第五章，张瑞纲、唐金成；第六章，曹传碧、唐金成；第七章，曹传碧、唐金成；第八章，唐凯、唐金成；第九章，王选庆、易怡；第十章，唐金成、罗帆；第十一章，何朝兵、唐金成；第十二章，邓伟、唐金成；第十三章，唐凯、邓伟；第十四章，唐金成、陈荣；第十五章，何朝兵、唐金成。

本书以社会主义市场经济对保险人才的需要为目标，立足于现代保险教育及行业实践，集理论性、实用性、操作性和趣味性于一体，具有广泛的推广价值和实用意义。其显著特点如下所示。

（1）理论性。本书在编写过程中始终贯穿着学术精品意识，组织了广西保险学界精干的编写队伍，精准把握国内外相关内容，并以精练的表现形式保证其质量。该书的体系内容也比较全面，力求涵盖保险学科研究的各个方面。在内容上将国内外最新的相关著作进行认真总结，吸取了国内外本学科的最新理论和学术成果，兼收并蓄，体现了理论前沿性。本书理论体系完整，全面地反映了现代保险理论及其实践的最新发展，涵盖了相关理论和政策。

（2）实践性。作为应用经济学科的重要组成部分，保险学需要从理论高度进行概括和解释，也要运用基本原理去解决保险实际问题，培养具有分析能力、解决问题与实践动手能力的综合性人才。因此，本书在内容编排以及课后总结练习、案例设计上，都体现了理论与实践相结合的教学特点，突出了其实用性。

（3）创新性。随着保险改革的不断深入完善，行业对保险书籍的内容创新提出了新要求。本书在编写中着重体现了保险的最新法规、新政策、新理论、新方法、新案例等理论与实务的最新成果，使书籍内容与现行实务要求相配套，从而可以更好地指导保险行业实践。

（4）联系性。“通”与“专”是现代高等教育的一对矛盾共同体。保险作为一个相对独立的边缘学科，其课程内容和教学安排既要体现本学科的特殊性，又不能完全割裂与其他相关学科之间的必要联系。因此，本书在撰写中兼顾了保险专业与非保险专业、在校教学与成人教育的需要，使其既可以作为高校保险教育的专业教材，又可以作为各类成人学校、保险行业继续教育的培训教材和参考资料。本书系统全面并深入浅出地论述了现代保险的核心理论、基本业务、经营管理、组织运作、保险市场及保险监管等内容。本书旨在抛砖引玉，力争为早日完善我国现代保险理论，更好地为保险实践服务，为发展民族保险事业服务。

本书在撰写与出版过程中，得到了中国人民大学出版社、广西大学商学院、广西电大、北部湾财产保险公司、中国太平洋人寿保险广西分公司、富德生命人寿广西分公司、广西保监局、保险行业协会及相关保险公司的大力支持。在此谨表衷心地感谢！

此外，笔者还力图将自己多年的科研教学心得和体会融入书中，希望本书能成为一本难易适中、体系完善、内容丰富的教学培训及自学用书。鉴于客观条件限制，加之时间仓促、资料欠足，书中的疏漏在所难免，恳望各位保险同仁和热心读者不吝指教，提出宝贵意见，使得本书不断创新完善。

唐金成

2017年9月5日

目　录

第一章

风险及其可保性理论

◎内容提要◎

本章包括风险概述、风险的构成要素、风险的基本分类、风险成本与可保性四节内容。应掌握风险的概念和基本特点、风险的计量方法与指标；理解风险因素、风险事故和风险损失的含义；熟悉风险的基本分类，如按风险产生的原因分类、按风险的性质分类等；掌握可保风险的概念及其条件；了解风险要素之间的关系、风险成本的内容。

我们生活在一个充满风险的世界中，风险无时不在，无处不有，危害无穷。风险不以人们的主观意志为转移，并伴随着人类社会的自始至终。因此，科学地认识风险意义重大。

第一节　风险概述

一、风险概念解析

关于风险，目前理论界尚无一个权威统一的概念。由于对风险的理解和认识程度不同，或对其研究角度的差异，不同学者对风险的概念有着不同的理解，总体分为广义和狭义两种。

广义的风险，是指在一定时期内的特定客观条件下，某一事件的实际结果和预期结果的差异程度。差异程度越大意味着风险越大；反之，则越小。实际结果与预期结果相比可能产生三种后果：实际结果低于预期结果则为损失；实际结果和预期结果相同则为无损失；而实际结果好于预期结果则为收益。这种理解强调了风险表现为未来的不确定性，说明风险产生的结果可能带来损失、获利或者无损失无获利。金融风险就属于此类，如股票、基金、期权、期货等金融投资，就有赔钱、赚钱和不赔不赚三种可能。

狭义的风险，是指未来可能发生损失的不确定性。它强调可能存在损失，而且损失是不确定的，这是多数人对风险的共识。该观点强调了风险是损失的不确定性，说明风险只会带来损失而不可能获利。运用这个概念，就可以解释人们购买保险的原因。如果某个人没有购买保险，他就不能确定是否必须要承担火灾等风险对其家庭财产造成的损失，不确定是因为他事先不知道是否发生火灾以及一旦发生火灾造成损失的严重性。如果他购买了相关保险，就肯定不会承担火灾等灾害造成的损失，而保险公司将会赔偿这些损失。因为他把这种不确定风险及其可能损失，通过投保转移给了保险公司。

因此，保险学研究的风险是指损失发生的不确定性，属于狭义风险。即风险是指在特定的时间与客观情况下，可能发生损失的不确定性。这种不确定性分为客观不确定性和主观不确定性。客观不确定性是实际结果与预期结果的偏差，能利用统计学工具进行衡量；主观不确定性是个人对风险的评估，受人的知识、经验、心理状态等因素影响，在相同的风险面前，不同的人会有不同的主观不确定性。

二、风险的基本特点

（一）客观性

风险的客观性是指不论人们是否意识到，风险都是客观存在的。即风险是客观存在的某种自然现象、生理现象和社会现象，是独立于人的主观意识之外的客观事实。自然现象是指台风、地震、洪水等自然界不规则运动的表现形式；生理现象是指人的生、老、病、死、伤残等生命运动的自然表现；而社会现象是指战争、盗抢、政变及恐怖事件等。例如，现代人都知道，在有石棉的环境中工作会损害健康，进而慢慢丧失劳动能力。因为石棉中的有害物质会增加人们感染石棉沉着病的可能性，而这种病会影响肺功能，并容易诱发其他癌症。但在半个世纪前，沉着病是一种尚未查明的疾病。然而，人们对此缺乏了解，并没有改变石棉从一开始就有致害物质，人们经常接触石棉就易致病这个基本事实。应当说，这种风险从人们第一次使用它到现在都是客观存在的。再如，吸烟会增加肺癌发生的可能性，该风险从世界上第一支香烟问世起就存在了，但经过很长时间人们才认识到了这一点。由于风险具有客观性，人们迄今也只能在有限的空间和时间内控制风险，降低其发生频率和损失程度，而无法完全消除风险。

（二）损害性

损害性是指只要有风险存在，就一定会发生财产损失或人身伤害的可能。经济损失可以用货币衡量；人身伤害虽不能直接以货币衡量，但一般都表现为收入减少或支出增加，或者两者兼而有之，但终究还是经济上的损失。所以，凡是风险最终都可能会给人们的经济利益造成损失。

（三）不确定性

风险的不确定性是就个别风险单位而言的，其损失的发生是一种不可预知的随机现象。它通常包括以下四方面：一是损失是否发生不确定；二是损失发生的时间不确定，如人什么时候生病是不确定的；三是损失发生的空间不确定，如建筑物都有面临火灾的可能，但具体到哪一幢建筑物发生火灾是不确定的；四是损失程度不确定，例如地震发生在海上或荒无人烟的地方则损失较小，若发生在人口密集、经济发达的城市则损失就非常大。

（四）可测性

风险的可测性与不确定性不同，它是从宏观上或总体上来描述的。就其总体来说，根据数理统计原理，风险是一种随机现象，一定服从于某种概率分布。即对一定时期内特定风险发生的频率和损失率，可依据概率论加以正确地测定。最典型的就是人寿生命表，它表明，对于个体来说死亡是偶然事件，但通过对某一地区各年龄段人口的死亡情况进行长期观察统计，就可准确地得出该地区各年龄段稳定的死亡率。风险的可测性是现代保险经营的前提，也为厘定保险费率奠定了科学基础。

（五）普遍性与社会性

风险的普遍性是指风险无时不在、无处不有，并无时无刻不围绕在我们周围。风险的社会性是指有人类社会就有风险，它已渗透到社会、企业、家庭、个人生活的方方面面。譬如我们要不断与自然灾害、疾病等进行斗争，人类社会就是在与风险的斗争中前进的。然而，随着科学技术的发展和社会的进步，风险没有减少反而增加了，风险事故造成的损失也越来越大。在现代社会，无论是企业、家庭、个人或政府都面临着各种风险。例如，企业面临着自然风险、市场风险、技术风险、破产风险；家庭面临着自然风险、意外事故、家庭责任风险、财务危机等；个人则面临着疾病、失业、年老、意外事故等风险；而政府可能面临着战争、政权更替、暴乱、恐怖袭击、经济危机、法律责任等风险。这些都体现了风险无时不在的普遍性与社会性。

（六）可变性与发展性

可变性是指随着人类社会的发展及科学技术的进步，各种风险在质和量上会发生变化。某些风险在一定的时间和空间范围内被消除或控制，同时又可能产生一些新的风险。如天花、疟疾、冰雹、干旱等风险在一定空间和时间范围内可以被消除或控制。但有些风险却被人们创造出来，如向太空发射卫星、发送太空飞船等，带来了航空航天风险；建立核电站带来了核污染、核泄漏和核爆炸的风险。整体而言，随着科学技术的进步，人类面临的风险越来越多，风险发生频率愈来愈高，风险事故所造成的损失也在日益增大。

（七）风险的相关性

风险的相关性是指风险与主体紧密相关。人们面临的风险与其行为有着密切的联系，由于人们的风险意识、敏感程度等个体差异较大，相同的风险对不同的行为主体会产生不同的结果，同一行为主体在不同阶段或者由于所采取的行为不同，也会面临不同的风险。

三、风险的计量方法与指标

风险属于客观世界中的一种随机现象，其发生的时间、空间及损失严重程度均具有不确定性。但通过长期大量的观察和研究，人们发现，风险事件的发生在总体上呈现出一定的规律性。因此，运用概率论和数理统计方法，可以找出这种随机现象发生可能性的规律，达到定量测定风险的目的。下面就介绍与风险计量有关的数理概念。

（一）风险单位

风险单位是指一组可能遭受损失的人、场所或事物，是人们进行风险管理、控制、预测和分析的独立单元。该独立单元可以是一个区域、一个企业、一所学校或一栋建筑，也可以具体到一个特定地段或楼层、一辆车、企业的一个车间等。在保险中所使用的风险单位也被称作危险单位，《中华人民共和国保险法》（以下简称《保险法》）明确规定，一次保险事故可能造成的最大损失范围，是保险企业确定其能够承担的最高保险责任的计算基础。

一个独立风险单位的特点是，其包含的一组可能遭受损失的人、场所或事物所面临的风险性质、类别、发生概率及损失程度基本相同。类似的风险单位构成保险集合，集合中的每个风险单位代表了保险公司的一种或有负债。因此，在一个保险集合中，风险单位的数量可能并不等于集合中的保险标的数量。如一张车险保单承保的汽车可能不止一辆，一张团体人身险保单可能承保若干个个人。

划分风险单位的目的有三个：一是一个独立风险单位中的风险概率相对稳定，可以据此推测和判断同类标的发生损失事件的概率；二是一个独立风险单位面临的可能最大损失相对固定，有利于计算风险成本，方便企业或个人进行涉及风险费用的财务安排；三是一个独立的风险单位所面临的出险项目相对固定和集中，便于对具体风险项目进行预测分析、管理和控制。

（二）损失概率

损失概率是指未来一定时期某种损失发生的概率，是对损失不确定性的具体描述。损失概率通常在 0 和 1 之间，当概率在 0 和 0.5 之间时，随着概率的增加，不确定性相应增加；当概率为 0.5 时，不确定性最大；当概率在 0.5 和 1 之间时，随着概率的增加，不确定性随之减少；当概率为 0 或 1 时，不确定性事件转化为确定性事件，0 表示肯定不发生，1 表示肯定发生，也就是说当损失概率为 0 或 1 时，就没有风险。损失概率的学说有以下两种。

1. 损失概率的空间说

其基本内容是：在一定的时间内，观察分布在不同空间上的 n 个风险单位，其处于不同空间的 m 个单位遭受损失。它的重点是，在特定时期内遭受损失的风险单位的个数，如民航飞机失事率，不仅要考虑一个国家民航失事的经验数据，更应考虑全球民航飞机失事的经验数据，所以，制定航空险费率的依据之一就是全球的民航飞机失事率。

依据损失概率空间说计算损失概率时，要特别注意“在一定的时间内”。我们在一年内所观察到的损失统计资料结果，只能用于计算下一年度的损失概率，而不能用来衡量下一个月的损失概率。因为观察时间的长短不同，其结果一般也不同。

2. 损失概率的时间说

其基本内容是：在一特定空间里，某一风险单位在一段时期内所观察到的遭受损失的次数，并取其平均结果。例如，假设某个仓库遭受火灾损失的概率为 1/10，风险管理人员如以“月”为单位，那么这个仓库平均每月遭受火灾的概率为 1/10 个月；或就长期而言，这个仓库遭受火灾损失的概率为平均每 10 个月出现一次损失。如果风险管理人员以“年”为单位，则其概率亦可说成这个仓库遭受火灾损失的概率为平均每 10 年一次。依据时间说计算损失概率时，必须注意观察时间不能太短，否则将有可能出现个别损失概率等于零的情况。

（三）损失程度

损失程度是指每发生一次风险事故所致标的毁损的状况，即毁损价值占被毁损标的全部价值的百分比。可用公式表示为：

$$损失程度=\frac{毁损价值}{危险标的总价值}\times 100\%$$

损失概率表示损失事件发生的频率，并不表示发生风险事故时的损失程度。损失程度显示出风险事故发生后所致经济损失的规模和严重程度。两者是衡量风险大小的重要指标。一般来说，损失概率和损失程度呈负相关关系，损失程度大的风险事故一般发生的频率较小；而损失程度小的风险事故一般发生的频率较大。

以工业生产中意外伤害事故的研究结果为例，该例很好地说明了这一规律，如图1-1所示：

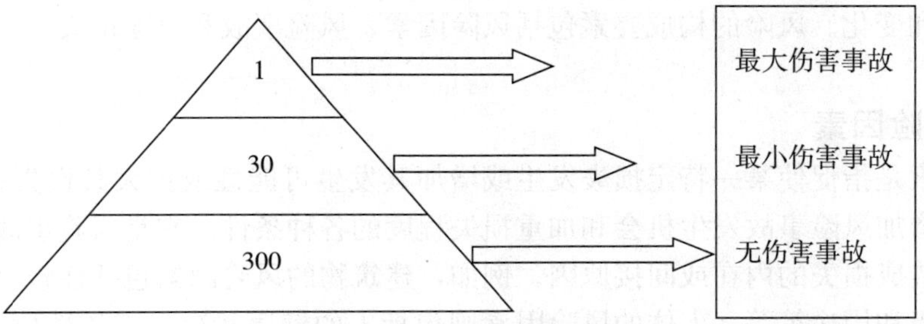

图1-1 海因里希三角形

在保险实务中，常用全损和部分损失来描述损失程度。全损是指保险标的的全部损失，包括实际全损和推定全损。实际全损是指保险标的的物质形态100%的完全灭失，例如地震中完全倒塌的房屋，大火中焚毁的电器、服饰、易燃物等等。推定全损则是指保险标的物质形态接近100%的灭失，或者物质形态尚在，但从经济利益上已接近100%的损失。例如，生长中的农作物以及水果等在雹灾中损失达到90%以上时，通常按推定全损来处理；已被严重污染的香烟、茶叶，发霉变质的食物、饮料等等，其经济价值也已完全灭失。部分损失是指保险标的的尚未达到全损的状态，依据常用毁损价值占被毁损标的全部价值的百分比来计算。在保险实务中，一般来说全损案件较少，部分损失的案件则占大多数。

（四）大数法则

人们在长期的实践中发现，在随机事件的大量重复中往往呈现一种几乎必然的规律，这就是大数法则。具体来说，大数法则是指大量随机事件由于偶然性相互抵消而呈现出一种必然的数量规律，包括伯努利大数法则、切比雪夫大数法则、泊松大数法则等一系列定理。此法则的现实意义是：观测的风险单位数量愈多，实际损失的结果就会愈接近从无限单位数量得出的预期损失可能的结果。即随着风险单位数量的增加，实际损失将趋近于期望损失。例如，假设10 000人中平均每年死亡10人、死亡概率为1‰，然而每年实际死亡人数与理论值会有些差别，某年死亡 7 人，另一年死亡 13 人，与平均数的变差是 3，风险程度可以用 3/10 000 表示。假设 100 万人投保，死亡率仍是 1‰，死亡人数的变化范围相对减少，可能只是从 970 到 1 030，风险程度是 300/1 000 000，其不确定性就会明显减少。据此，保险人就可以比较精确地预测各种风险，合理厘定保险费率，使在保险期限内收取的保险费和损失赔偿及其他费用开支保持平衡。

大数法则是现代保险业赖以建立的数理基础。保险公司正是利用这种在个别情形下存在的不确定性会在大量数据中消失的规律，来计算大量同质承保标的发生损失的相对稳定的概率。按照大数法则的要求，保险公司承保每类标的的数目必须足够大，否则，若缺少相应的数量基础就不能满足大数定理的条件，无法准确地预测风险，从而造成保险经营的盲目性。

第二节 风险的构成要素

客观存在的风险是由多种要素构成的统一体，这些要素相互作用，共同决定了风险的存在、发展和变化。风险的构成要素包括风险因素、风险事故和风险损失。

一、风险因素

风险因素是指促使某一特定损失发生或增加其发生可能性或扩大其损失程度的原因，包括引起或增加风险事故发生机会和加重损失程度的各种条件。它是风险事故发生的潜在原因，也是造成损失的内在或间接原因。例如，建筑物的风险因素包括建筑材料、建筑结构、建筑等级和用途等等；人体的风险因素则包括人的健康状况、工作性质、遗传因子、性别、嗜好和年龄等等。一般来说，构成风险因素的条件越多，其发生损失的可能性就越大，损失就会越严重。风险因素包括有形风险因素和无形风险因素两类。

（一）有形风险因素

有形风险因素是指导致损失发生的各种物质要素，如物质财产所在的地域、建筑结构和用途等。假如有两幢木质结构与水泥结构的房屋，若其他条件都相同，则木质结构的房屋比水泥结构的房屋发生火灾的概率要大。再假如这两幢房屋都是水泥结构的，但一幢房屋附近有消防队和充足的水源，另一幢远离消防队和水源，则后者发生严重火灾损失的概率要比前者大。

需要注意的是，容易遭受某种灾害引起的损失，并不等于说容易遭受一切灾害引起的损失。例如，木质结构房屋要比水泥结构房屋更容易着火，但若发生地震灾害，前者遭受损失的概率则会小一些。

物品的用途或是否正在使用，也会产生一些有形风险因素。例如，一幢房屋如果用作生产烟花爆竹的工厂，就会比用作仓库或杂货店等发生火灾损失的概率大得多。同样，一辆汽车如果每天都被使用，显然要比长期停在车库里有更多的受损机会。

（二）无形风险因素

无形风险因素是指文化习俗、生活态度、个人习惯等与人类心理活动相关的一类非物质形态的因素，它们也会影响损失发生的概率和受损程度。无形风险因素包括道德风险因素、行为风险因素和法律风险因素三种。

1. 道德风险因素

道德风险因素是指人们以不诚实、不良企图或欺诈等不道德行为故意促使风险事故发生，或扩大已发生风险事故所造成的损失的因素，如抢劫、杀人、放火、偷盗、坑蒙拐骗、弄虚作假、投毒或故意破坏等等。在保险活动中，道德风险主要表现在投保人利用保险牟取不正当利益，如虚报保险财产价值，制造虚假赔案骗取保险赔款等等。

2. 行为风险因素

行为风险因素也叫心理风险因素，是指与人们的心理和行为密切相关的风险因素，具体包括由于人们心理行为上的漠不关心、粗心大意、疏忽过失、玩忽职守、争强好胜、过分自信、迷信、侥幸或依赖保险心理等等，易于引发风险事故和扩大损失程度的因素。如经常躺在床上吸烟的不良习惯，必然会增加火灾发生的可能；外出不锁门就会增加偷窃事故发生的可能；驾驶车辆时不系安全带，增加了发生车祸以后伤亡的可能性等等。在人们购买了保险以后，通常更易于产生上述行为风险因素。

对许多人来说，影响其健康和寿命的行为风险因素常在不知不觉中产生。这些风险因素包括过度吸烟、酗酒，过量服药，接触放射性物质和其他有害物质，疲劳工作，不良的饮食、睡眠和运动习惯，以及其他危及生命和身体的情况等，也属于行为风险因素。

3. 法律风险因素

法律风险因素是指法律系统中增加损失概率或者损失程度的因素。例如，在保险纠纷案件中，法院对保险公司的不利判决；或者政府颁布法令，强制要求保险公司在保险合同中必须承担一些本不该承担的责任。

二、风险事故

风险事故又称风险事件，是指造成生命及财产损失的偶发事件，也是造成损失的直接或外在原因。风险事故是损失的媒介物，即风险只有通过风险事故的发生才能导致损失。例如，汽车刹车失灵酿成车祸而导致车毁人亡，其中刹车失灵是风险因素，车祸是风险事故。如果仅有刹车失灵而无车祸，就不会造成人员伤亡。如果说风险因素只是损失发生的一种可能性，风险事故则意味着损失的可能性已经转化为现实性，即风险的发生。因而，它是直接引起损失后果的意外事件。风险事故发生的根源一般有三种：一是自然现象，如台风、洪水、地震、海啸等；二是社会经济的变动，如社会动乱、价格波动、汇率变动等；三是人或物体本身所引起的，如疾病、过度劳累、自残、设备故障、自燃等。

一般来说，风险因素是促成风险转化为风险事故的原因或条件。但对于某一事件而言，在一定条件下，它可能是造成损失的直接原因，该事件则成为风险事故；而在其他条件下，它可能是造成损失的间接原因，该事件则成为风险因素。例如，下冰雹使得路滑而发生车祸，造成人员伤亡，这时冰雹是风险因素，车祸是风险事故。若冰雹直接击伤行人、农作物或动物，冰雹则是风险事故。

从风险因素和风险事故之间的关系来看，风险因素只是风险事故产生的原因或可能性，或是使损失增加的条件，它并不直接导致损失，只有通过风险事故这个媒介才会产生损失。即风险因素是产生损失的内在条件，而风险事故则是外在条件。

三、风险损失

风险损失是指非故意、非计划和非预期的经济价值的减少。该定义强调两个重要条件：一是“非故意、非计划和非预期”，二是“经济价值的减少”，两者缺一不可，否则就不构成损失。例如，恶意行为、固定资产折旧、面对正在遭受损失的物资可以抢救而不抢救等造成的后果，因分别属于故意的、计划的和预期的，因而不能称之为损失。再如记忆力的衰退，虽然满足第一个条件，但没有满足第二个条件，因而也不是损失。但车祸使某受害人丧失一条胳膊便是损失，因为车祸的发生满足第一个条件，而人的胳膊虽然不能以货币价值来衡量，但丧失胳膊后所需的医疗费以及因残废而导致的收入减少却可以用金钱来衡量，所以车祸的结果也满足第二个条件。

风险损失既可直接产生于风险事故的发生，也可间接产生于风险因素的存在。

风险事故直接造成的损失，是指风险事故发生后，对个人、家庭、团体、经济单位和社会造成的损失，包括直接损失和间接损失。主要包括：财产本身毁损或灭失的损失；因财产毁损或灭失所致收益的损失，如爆炸导致工厂停产，不仅毁损原材料、半成品和成品，还导致产量的减少；因财产损失所致的额外费用损失、人身方面的损失、责任损失（即由于过失或故意，造成他人身体伤害或财产毁损而产生的经济赔偿责任）等。

风险因素本身的存在间接造成的损失，包括以下三个方面：(1) 由于风险的存在，引起人们担心、忧虑而导致生理及心理上的紧张、痛苦和福利的减少。(2) 资源运用的扭曲。如由于风险的存在，使得土地、劳动力、资本、技术、知识等资源过多地流向风险较小的部门或行业，而风险相对较高的部门或行业则缺少资源，从而影响资源的最佳组合；或者使得人们不愿意投资长期的项目计划，从而降低了资源的使用效率。(3) 处理风险的相关费用。即由于风险的存在，必须设立相关机构进行风险管理，该机构要支出防灾防损等费用，同时要建立后备基金以备补偿，由于这笔资金不能用于生产经营，因此导致资本收益率降低。

四、风险要素之间的关系

综上可见，风险因素、风险事故和风险损失之间的关系是：风险因素可能引起风险事故，风险事故则可能导致风险损失，风险因素本身的存在也可能间接引起风险损失。

当然，上述关系并不具有必然性，即风险因素并不一定引起风险事故和风险损失，风险事故也不一定导致风险损失。因此，尽管风险因素客观存在，人们还是有可能通过运用适当的方法而减少或避免事故的发生，或在事故发生后减少或避免损失。风险要素之间的相互关系如图 1-2 所示。

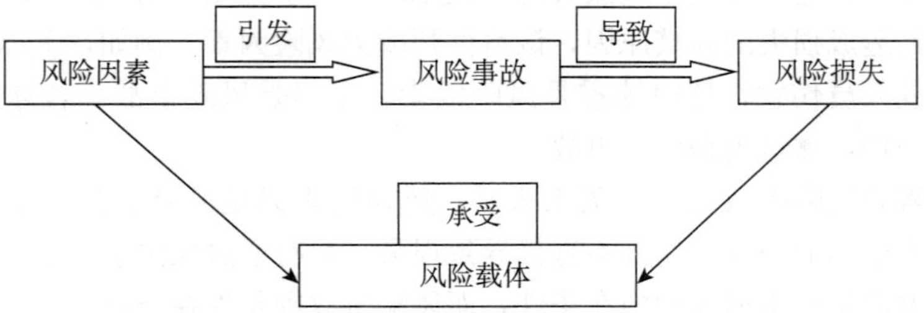

图 1-2　风险要素之间的关系

区分风险因素和风险事故，对确定保险合同责任有着重要意义。只有引起风险事故的近因属于保险责任时，所造成的损失才能获得保险人的赔偿。

第三节 风险的基本分类

风险从不同角度，按不同的标准就会有不同的分类。常见分类有以下七种。

一、按风险产生的原因分类

按风险产生的原因，可分为自然风险、社会风险、经济风险、政治风险和技术风险。

（一）自然风险

1. 自然风险的含义

自然风险也叫自然灾害，是指由于自然力的不规则变动导致物质毁灭或人员伤亡的风险。这种因自然力的不规则变化引起的各种现象，会对日常经济生活、物质生产及生命造成损害，即自然风险事故。自然风险也是保险人承保最多的风险。

2. 自然风险的特征

自然风险具有三个特征：一是形成的不可控性。自然灾害的发生是自然规律作用的结果。人类对其虽有基本认识，但对灾害却无法控制，往往束手无策，如地震、山洪、台风、海啸等。二是发生的周期性。虽然自然灾害的形成具有不可控性，但其发生却有一定周期性，因此人类能够事先对灾害进行防御。如春季可能出现沙尘暴、流行病，夏季可能出现冰雹、涝灾和旱灾，秋季可能出现连阴雨、洪灾、寒露风，冬季可能出现雪灾、冻害等。三是所致后果的普遍性。自然灾害一旦发生，危害的对象往往很广，可能是某一地区、某一国家，甚至全世界。一般而言，自然灾害的影响面越大，人类所蒙受的经济损失就越惨重；反之，人类所受的经济损失则较轻。

3. 自然风险的主要种类

自然风险主要包括以下六种：

（1）恶劣气候，指飓风、龙卷风、暴雨、暴雪、浓雾等破坏力大的自然现象。

飓风指风速达到 33 米/秒以上的超强热带气旋。由于发生的地域不同，因此飓风拥有不同的名称，如生成于西北太平洋和我国南海的超强热带气旋被称为“台风”；生成于大西洋、加勒比海以及北太平洋东部的超强热带气旋则被称为“飓风”；而生成于印度洋及周边的超强热带气旋则被称为“旋风”。美国国家飓风中心根据飓风中心每小时推进的距离，将飓风分为五级：一级飓风 119～153 公里/小时，二级飓风 154～177 公里/小时，三级飓风 178～209 公里/小时，四级飓风 210～249 公里/小时，五级飓风 249 公里/小时以上。飓风在一天之内就能释放出巨大能量，破坏力超强。如 2005 年 8 月发生在美国、墨西哥和巴哈马群岛的“卡特里娜”飓风，造成 1 193 人死亡，直接经济损失高达 450 亿美元。2005 年 10 月发生在墨西哥、危地马拉、萨尔瓦多、洪都拉斯等国的“斯坦”飓风，共造成 1 600 人死亡或失踪。

龙卷风一般伴随着飓风而产生，属于瞬间爆发，时间很短暂，最长也不超过数小时。龙卷风最大的特征在于它出现时，往往有一个或数个如同“大象鼻子”一样的漏斗状云柱，同时伴随狂风暴雨、雷电或冰雹。龙卷风经过水面时，能吸水上升形成水柱，然后同云相接，俗称“龙取水”。经过陆地时，常会卷倒房屋，甚至把汽车、行人吸卷到高空中。

暴雨指在短时间内突降大雨量的雨。暴雨一般由台风带来，往往造成洪灾、泥石流、滑坡等灾害。暴雨预警信号分四种颜色：蓝色、黄色、橙色、红色。蓝色预警信号的标准是：12 小时内降雨量将达 50 毫米以上，或者已达 50 毫米以上且降雨可能持续。黄色预警信号的标准是：6 小时内降雨量将达 50 毫米以上，或者已达 50 毫米以上且降雨可能持续。橙色预警信号的标准是：3 小时内降雨量将达 50 毫米以上，或者已达 50 毫米以上且降雨可能持续。红色预警信号的标准是：3 小时内降雨量将达 100 毫米以上，或者已达 100 毫米以上且降雨可能持续。

暴雪指 12 小时内降雪量（融化成水）将达 4 毫米以上，或者日降雪量大于或等于 10 毫米的天气现象。降雪量是气象观测者用一定标准的容器，将收集到的雪融化后测量出的量度。气象上对于降雪量有严格的规范，一定时间内所降的雪量分为 24 小时和 12 小时的不同标准。暴雪预警信号分为四种：蓝色、黄色、橙色和红色。暴雪给人们的生活、出行带来了极大影响。当暴雪天气来临时，当地政府部门应做好暴雪预警信号应急预案，及时提醒人们做好各方面的应对措施。

浓雾指能见度不到 200 米的雾。每逢春秋及梅雨季时，在锋面到达前的高压回流影响下，常会有范围大且持续久的浓雾出现。当近地层空气中悬浮的大量小水滴或冰晶微粒影响到人的视线，而当事人的水平能见距离下降到 1 000 米以下时，就称之为雾。雾有等级之分，能见距离在 500 米和 1 000 米之间时称为“轻雾”；能见距离在 200 米和 500 米之间时称为“大雾”；能见距离不足 200 米时称为“浓雾”。浓雾会阻遮能见度，对陆上或海上的交通造成影响，气象局在浓雾出现的地区或海域应及时发布“浓雾特报”。

（2）地质灾害，指由于地球板块间的相互作用导致地壳运动，而引起的地震、火山爆发、地陷、泥石流、滑坡等现象。这些灾害发生频率虽低，但可能造成很大的经济损失。

地震指因地壳发生急剧震动而引起地面断裂和变形的地质现象，是一种突发性的灾害。地震是极其频繁的灾害，全球每年发生地震约 550 万次。我国目前使用的震级标准是国际通用的里氏分级表，共分 9 个等级。震级每相差 1.0 级，释放的能量相差大约 30 倍。比如，一个 6 级地震释放的能量相当于美国投掷在日本广岛的原子弹所具有的能量；一个 7 级地震相当于 32 个 6 级地震，或相当于 1 000 个 5 级地震。按震级大小可把地震划分为以下四类：弱震——震级小于 3 级；有感地震——震级等于或大于 3 级、小于或等于 4.5 级；中强震——震级大于 4.5 级、小于 6 级；强震——震级等于或大于 6 级，其中，震级大于或等于 8 级的又称为巨大地震。地震常会造成严重人员伤亡，能引起火灾、水灾、有毒气体泄漏、细菌及放射性物质扩散，甚至造成海啸、滑坡、崩塌、地裂缝等次生灾害。例如，2005 年 10 月发生在巴基斯坦、印度、阿富汗的地震及山体滑坡，共造成 8.7 万人死亡或失踪。2008 年 5 月 12 日，我国汶川地震造成近 7 万人死亡，1 万多人失踪，财产损失数千亿元。

火山爆发是指地球内部炽热的岩浆在极大的压力下，从薄弱的地方冲破地壳，喷涌而出的自然现象。它往往造成陆地与海上重大财产损失和人员伤亡。

地陷指地面由于地下物质移动而发生的渐进下陷或急剧下沉，其危害相当严重。按照地质条件的不同，地面塌陷可分为岩溶塌陷、采空塌陷及黄土湿陷三种。按照形成的类型可分成自然塌陷和人为塌陷两类，前者是地表岩、土体由于自然因素作用向下陷落而成，属于"天灾"；后者是由于地下水超采、不合理开矿及工程建设等人为作用导致的，即"人祸"。

泥石流指斜坡上或沟谷中的松散碎屑物质被暴雨、积雪或冰川消融水所饱和，在重力作用下，沿斜坡或沟谷流动的一种特殊洪流。其特点是爆发突然，历时短暂，来势凶猛和破坏力巨大。其主要危害是冲毁城镇、企事业单位、工厂、矿山、乡村，造成人畜伤亡；破坏房屋及其他工程设施；破坏农作物、林木及耕地；有时也会淤塞河道、阻断航运，还可能引起水灾。影响泥石流强度的因素较多，如泥石流的容量、流速、流量等，其中泥石流流量对其成灾程度的影响最为显著。此外，各种人为活动也在多方面加剧上述因素的作用，促使泥石流的形成。

滑坡指斜坡土体或岩体在重力作用下失去原有的稳定状态，沿着斜坡内滑动面整体向下滑动的现象。按滑坡体的体积可将其划分为：①小型滑坡：滑坡体积小于 10×10^4 立方米；②中型滑坡：滑坡体积为 10×10^4 立方米至 100×10^4 立方米；③大型滑坡：滑坡体积为 100×10^4 立方米至 $1\ 000\times10^4$ 立方米；④特大型滑坡（巨型滑坡）：滑坡体积大于 $1\ 000\times10^4$ 立方米。

（3）海洋灾害，指发生在海上的飓风、海啸、浮冰、巨浪等灾害。

海啸指由地震或风暴引起海水巨大涨落的现象。海啸的破坏力很大，尤其是袭击某一拥挤的港口或地区时，会使船舶互相碰撞，船只搁浅甚至沉没。2004 年 1 月发生在东南亚的海啸，就造成了巨大的财产损失和 15.6 万人遇难。

浮冰指由极地大陆冰川或山谷冰川末端因崩裂而滑落海中形成的冰山。它们大部分沉于水下，仅小部分露出水面，随海流向低纬度地区漂流，沿途不断融解破裂，经常对海上设施及航海安全造成危害。

（4）洪涝灾害，指某地长期降雨或偶降暴雨，从而导致雨量过于集中而引起的山洪暴发、河流泛滥、潮水上岸及倒灌或使低洼处积水，人员财物被淹没或冲毁等现象。它包括三种情况：①由于河流泛滥而淹没两岸大片田地的称为水灾；②由于长时间降雨或暴雨而形成巨大的地面水流，淹没了低洼田地并造成积水的，称为涝灾；③水灾和涝灾同时发生则为洪涝灾害。洪涝灾害往往会造成大量房屋倒塌、人畜伤亡和财产损失。

（5）雷电，也称为闪电，它是发生于大气中的一种瞬态（1 秒以内）的、大电流（峰值电流平均高达几十千安）、高电压（负地闪头部相对于地面的电位超过十几兆伏）、高功率（其峰值功率可达 1 亿千瓦）、长距离（几十千米）的放电现象。闪电具有强大的功率，可以造成巨大的破坏力，但能量很小，利用价值微不足道。

（6）冰雹，指从发展强烈的积雨云中降落至地面的小冰珠或冰块。其直径一般为 5～50 毫米，大的可达 300 毫米以上。由于下冰雹时常常伴有强烈的阵风和暴雨，因此对农业生产危害极大，甚至会进一步危害到人民群众的生命财产安全。我国冰雹灾害的多发地区是中纬度的高原、多山地区。

（二）社会风险

1. 社会风险的含义

社会风险是指伴随着人类行为的变化而产生损害的可能性。即由于个人或团体的过失行为、故意或不当行为等所致的损害风险。例如，因个人或小团体的反常或不可预料的行为所致盗窃、抢劫、罢工、斗殴、杀人、自杀等风险，都是社会风险。社会风险的最高形式是政治风险。国家内部的政治风险伴随着阶级社会的产生而产生，通常发生在政体的选择、法律的更改、政权更替、政令的颁布和实施等各种政治活动中，其表现形式有宗教或种族冲突、叛乱、战争、恐怖主义等。经济风险是社会风险的一种特殊形态，即在生产经营过程中，由于各种因素的变化或预测失误所造成的经济收入或价值的减少。

2. 保险人经常承保的社会风险

（1）火灾指在时间上或空间上失去控制的燃烧所造成的灾害。比如房屋和仓库货物被烧毁造成的重大财产损失和人员伤亡。

（2）爆炸指物体内部发生急剧的分解或燃烧，迸发出大量的气体和热力，致使物体本身及周围物体遭受猛烈破坏的现象。包括：①物理性爆炸，指由于液体变为蒸汽或气体膨胀，压力急剧增加并大大超过容器所承受的极限压力而发生的爆炸；②化学性爆炸，指物体瞬间分解或燃烧时释放出大量的热和气体，并以很大压力向四周扩散的现象。

（3）交通事故指各种交通工具在运行或停放中发生碰撞、倾覆、爆炸、坠落、掉入山沟等，从而造成乘客伤亡和财产损失的意外事故。一般包括公路交通事故、铁路交通事故、水路交通事故和航空事故等。

（4）偷窃抢劫指人们外出时钱财不小心被小偷偷走或抢走，或出门上班时小偷破门而入，家中财物被盗等现象。

（5）民事经济赔偿责任指个人或团体因行为上的疏忽过失或不当行为，造成他人财产损失或人身伤亡，依照法律、合同或道义应负的经济赔偿责任。

（三）经济风险

经济风险是指由于个人或团体的经营行为或者经济环境的变化而导致经济损失的风险。即在生产经营活动中，由于受各种市场供求关系、经济贸易条件等因素变化的影响，或经营决策失误、预测出现偏差等，使得经济上遭受损失的风险，比如生产数量的增减、价格的涨落、经营亏损等方面的风险。经济风险广泛存在于社会经济生活的各个环节和各个方面，如经济结构的不合理、分配的严重失衡、人才流失、财务制度漏洞、物资供销脱节、产品质量低劣、严重的通货膨胀等，都可能带来较大的经济风险。企业大量破产最终导致经济危机是经济风险发展的顶级结果。

（四）政治风险

政治风险又称为国家风险，它是指在对外投资和贸易过程中，因政治或订约双方无法控制的原因，使得债权人可能遭受损失的风险。比如，因输入国发生战争、革命、内乱而中止货物进口；或因输入国实施进口或外汇管制，对输入货物加以限制或禁止输入；或因本国变更外贸法令，使得输出货物无法送达输入国，造成合同无法履行而造成的损失等。

（五）技术风险

技术风险，指科学技术的进步带来的生产、生活方式的改变而造成财产毁损、人员伤亡的风险。科技在给人类带来繁荣与发展的同时，其相关工作的失误或副作用，也会给人类带来巨大的风险，甚至威胁着人类的生存。例如，失业、环境污染、职业病、核泄漏、航天飞行器爆炸等，都是科技进步所产生的风险。

二、按风险危害对象分类

风险按其危害对象来分类，可分为财产风险、人身风险、责任风险和信用风险。

（一）财产风险

财产风险是指导致一切有形财产毁损、灭失或贬值的风险。例如，建筑物有遭受火灾、地震、爆炸等而导致损失的风险，船舶有遭受沉没、碰撞、搁浅等而导致损失的风险。这些都是实质风险，属于可保的风险。但因市价跌落致使某种财产贬值则属于经济风险，通常不在可保风险范围之内。

（二）人身风险

人身风险是指人们因生、老、病、死、伤残等原因而遭受损失的风险。生老病死虽为人生的必然现象，但在何时、何地发生并不确定，加之一旦发生，必会使其本人或家属遭受若干经济损失，甚至陷于财务困境，故其可以作为可保风险来承保。

（三）责任风险

责任风险是指个人或团体因行为上的疏忽或过失，造成他人财产损失或人身伤亡，依照法律、合同或道义应负的经济赔偿责任。例如，司机因驾驶车辆不慎撞人致伤残或死亡；医生因医疗事故致使病人病情加重、伤残或死亡；制造商销售的有缺陷的商品给消费者带来的损害；雇员在从事职业范围内的活动中身体受到的伤害等，均属于责任风险范畴。

（四）信用风险

信用风险是指在经济交往中，权利人与义务人之间因一方的违约或违法行为给对方造成经济损失的风险，如商业信用风险、银行信用风险、出口信用风险、海外投资风险等。市场经济属于信用经济，信用风险随时随地都有，因而必须重视并努力防范。

三、按风险的性质划分

风险按其性质不同，可以分为纯粹风险和投机风险。

（一）纯粹风险

纯粹风险指只有损失机会而无获利可能的一类风险，即造成损害可能性的风险。其所致结果有损失和无损失两种。例如，洪水只会导致损失，交通事故肯定会给人民的生命财产带来危害，而不会有利益可得。在现实生活中，纯粹风险是普遍存在的，如地震、水灾、火灾、疾病、意外伤残等都可能导致巨大损失。但这种灾害事故何时发生，损害后果多大，往往无法事先确定，于是，它就成为保险经营的主要对象。人们通常所称的“危险”，也就是指这种纯粹风险。

（二）投机风险

投机风险指既有损害可能也有收益机会的风险，其所致结果有损失、无损失无盈利和盈利三种。例如，赌博和买卖股票、期货等风险活动，都可能导致赔钱、赚钱和不赔不赚三种结果。投机风险的变化往往无规律可循，难以通过大数法则加以测算。而且，发生投机风险往往是社会财富的转移，而不一定是社会财富的净损失。因而，保险人通常将投机风险视为不可保风险，并在保险合同的除外责任中予以列明。

四、按风险产生的环境分类

风险按产生的环境分类，可分为静态风险与动态风险。

（一）静态风险

静态风险是指由自然力的不规则变动或人们的不当行为所引起的风险。静态风险一般与社会经济、政治的变化无关，在任何经济条件下都不可避免。例如，由于雷电、风暴、火灾、滑坡等自然力的不规则变动，意外事故或人的故意侵害（如抢劫）或过失（如违章驾驶）所导致的财产损失或人身伤亡的可能性，都属于静态风险。

（二）动态风险

动态风险是指由社会经济或政治的变动所导致的风险。例如，生产方式和生产技术的变动、消费者的偏好转移、政治经济体制改革等引起的风险，都属于动态风险。

（三）两种风险的区别

（1）风险性质不同。静态风险一般为纯粹风险，而动态风险则既有纯粹风险也有投机风险。例如，商业萧条时期的商品大量积压属于投机风险；而商品积压，遭受各种意外事故所致损失的机会就大，此为纯粹风险。

（2）损失后果不同。静态风险对个体和社会来说都是纯粹损失，绝无获利的可能；而动态风险中的一部分个体可能有损失，但另一部分个体则可能因此获利，从社会整体上看也不一定会有损失，甚至可能受益。例如，消费者偏好的转移会引起老产品失去销路，同时会增加对新产品的需求。

（3）发生特点不同。静态风险的变化在一定条件下具有规律性，可应用概率论加以测算，并能够对风险损失发生的频率和强度进行统计估算和推断；动态风险的变化却不规则，往往无规律可循，难以用概率论等进行测算。

（4）影响范围不同。静态风险通常只影响到少数个体；而动态风险的影响则较广泛，往往会带来连锁反应，造成重大损失。

五、按风险的影响程度分类

风险按照其影响程度，可分为基本风险和特定风险。

（一）基本风险

基本风险就是非个人行为引起的、损害范围较大的风险。这种风险属于团体风险，可能影响到整个社会及主要生产部门，本质上是个人不能预防的风险。比如，经济制度的不确定性、社会与政治的变化以及特大自然灾害等造成的风险，都属于基本风险。

（二）特定风险

特定风险是指风险的产生及后果只与特定的人或部门相关的风险。如火灾、爆炸、破坏、绑架、恐怖袭击、盗窃风险等，对他人财产损失及人身伤害负法律责任的风险均属于特定风险。特定风险通常只影响个别人或个别企业与部门，并且较易为人们所控制及防范，一般可以由个人或组织对其采取某种措施加以控制。

六、按风险的可保程度分类

按可保程度分类，风险可分为可保风险与不可保风险。

（一）可保风险

可保风险是指可以用保险方式来分散、减轻或转移的风险。可保风险必须是纯粹风险，即只有遭受损失而无获利可能的风险。例如，自然风险、大多数意外事故、静态风险、政治风险等都属于可保风险，可以列入保险责任并予以承保。

（二）不可保风险

不可保风险是指无法或难以通过保险方式来管理与分散的风险。例如，故意行为、投机风险、市场风险、经常发生的小额损失风险等都属于不可保风险，一般把其列入保险合同中的除外责任，不予承保。

当然，可保风险与不可保风险的界限是相对的，两者可以在一定条件下相互转化。事实上，随着社会经济和经营技术的提高，特别是现代保险事业的迅速发展，可保风险的范围正在不断扩大。

【延伸阅读 1－1】信贷风险由不可保变为可保

在我国保险业发展初期，信贷风险一直被认为是不可保风险，但是随着我国保险公司风险管理水平的不断提高，技术的不断进步，信贷风险慢慢变成了可保风险。1997 年 7 月，中国人民银行批准中国平安保险公司试办汽车分期付款贷款保证保险。1998 年，中国人民银行颁布《汽车消费贷款管理办法》后，随着商业银行按揭贷款业务的恢复和发展，贷款保证保险也随之快速发展。1999 年，中国保险监督管理委员会（以下简称“中国保监会”）批准中国人民保险公司在全国开办《中国人保机动车辆消费贷款保证保险》，中国太平洋保险公司深圳分公司与中国建设银行深圳分行合作开办汽车消费贷款保证保险，车贷险进入高速发展时期。

七、按风险发生的经济主体分类

根据风险发生的经济主体不同，可分为个人与家庭风险、企业风险、政府风险等。

（一）个人与家庭风险

个人与家庭风险，是指以个人和家庭作为风险承担主体的一类风险。个人和家庭面临的风险主要有各种人身风险、财产风险、投资风险、责任风险和信用风险等。

（二）企业风险

企业风险是指以企业或社会团体作为风险承担主体的风险。企业面临的风险主要有企业的财产风险、员工人身风险、经济风险、投资风险、信用风险和责任风险。

（三）政府风险

政府风险是指以政府作为风险承担主体的风险。主要有政府的财产风险、雇员人身风险、政治风险、预算风险、信用风险和责任风险等。

第四节 风险成本与可保性

一、风险成本

风险成本也被称为风险代价，指由于风险的存在或发生而引起的有形及无形损失，即人们必须支出的费用和预期经济利益的减少。它主要包括：物质利益损失、无形损失、风险处置费用。

（一）物质利益损失

物质利益损失是风险损失的实际成本，由风险造成的直接损失和间接损失构成。

直接损失是指风险造成的财产及人身的实际损害成本，如企业财产受损的重建、重置成本，汽车被抢劫或偷窃，人员因疾病、死亡、残疾、失业等等造成的损失。

间接损失是指风险发生带来的相关利益损失，如营运收入的减少或绝收，额外费用的增加以及责任赔偿成本等。其中，营业收入损失主要包括营业中断损失、营业中断连带损失、成品利润损失、应收账款损失和租金损失等；额外费用的增加主要包括额外租金、搬运费、安装调试费、市场价格变化等带来的损失及行政性罚金等；责任赔偿成本是因侵权或违约行为造成他人人身或财产损失而应依法承担的法律赔偿责任额。

【延伸阅读 1-2】损失巨大的“9·11”事件

当人们寄希望于提高灾难预测，尽量减轻灾难后果时，人们也再次将关注的目光投向了保险。2001 年 9 月 11 日，恐怖分子劫机撞击美国纽约世界贸易中心大楼，共造成 3 000 多人死亡，1 000 亿美元的直接损失。“9·11”事件发生后，保险公司赔付了 420 多亿美元，超过了联邦政府 200 亿美元的拨款，成为纽约市重建的主要财务来源。

（二）无形损失

风险的无形损失，是指由于风险的发生或存在而对社会福利、社会生产率、资源配置以及社会再生产过程等方面造成的破坏性后果。

例如，由于新工艺、新技术、新产品的开发与生产都会存在一定的风险，因而风险会阻碍新技术的推广和应用，结果限制了生产率的提高。又如，由于风险的存在，人们总是希望尽快收回投资本利，致使那些风险大、投资回收期长的能源、交通、基础设施建设投资严重不足，形成社会生产与投资的短期化行为，进而造成国民经济基础产业萎缩，阻碍了国民经济的快速发展。另一方面，过量的资金都集中在安全系数高的加工业与商业，从而使得一些部门资源过剩，造成不必要的浪费，也会导致社会经济形成巨大的无形成本。

此外，风险本身的存在也使人们对其后果充满忧虑和恐惧，造成巨大的社会心理负担和精神痛苦。如人们普遍担心失业、贫困、罹患疾病，害怕遭遇灾害事故等，这些忧虑和恐惧可能诱发一些疾病，降低劳动工作效率；在一定条件下还有可能成为社会经济和政治风险因素，进而给社会和谐稳定发展带来无法弥补的风险成本。

（三）风险处置费用

风险处置费用，是指预防或控制风险损失的相关费用。为了预防和控制风险，或对风险损失进行经济补偿，人们会采取各种措施将风险的不利影响降到最低限度。例如，在家里的门窗上安装防护网、防盗门，在超市安装探头、报警系统等，以降低被盗窃的可能；人们定期进行常规身体检查，有助于提早发现癌症等恶性疾病，以便及时治疗。以上各项费用的支出，就构成了预防和控制风险损失的成本。这种成本既包括预防和控制风险的直接成本及间接成本，也包含预防和控制风险损失的个体成本和总体成本。在当今社会，风险损失的间接成本往往要大于其直接成本，总体成本要大于个体成本。

要了解风险成本产生的原因，还需要简单分析风险成本负担的对象。根据负担的对象不同，风险成本可分为私人负担成本和社会负担成本。前者是指个人或企业从事某项特定活动所产生的必要成本；后者则是从特定活动引出的、由其他人或社会全体来负担的成本。例如，一个加工企业遭受火灾事故而被全毁，这一损失该由企业自己负担，为私人负担成本；而如果与之相关的厂商，如原材料供应商、为该厂职工服务的相关部门也将为这次火灾支付必要的成本，这就是社会负担成本。风险成本框架如图 1－3 所示。

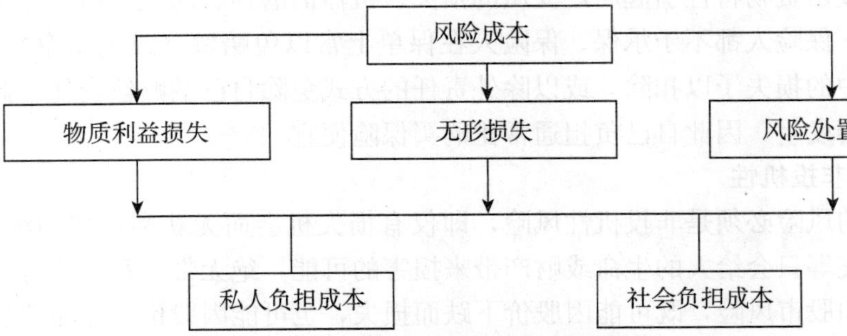

图 1－3 风险成本框架图

（四）部分行业的风险成本比较

部分行业的风险成本比较如表 1－1 所示。

表 1－1 部分行业的风险成本比较

行业类别	风险成本（占收益的百分比，%）
交通运输服务业	4.46
医疗卫生行业	2.78
建筑业	1.77
教育、非营利性机构	0.84
房地产和证券代理人	0.47
电子设备行业	0.24
保险业	0.15
银行业	0.07

二、可保风险及其条件

可保风险是指可以用保险方式来分散、减轻或转移的风险，即符合既定承保条件、保险人愿意承保的风险。并非所有的风险都可通过保险的方式转移给保险公司。一般而言，可保风险必须同时具备以下条件。

（一）风险损失的意外性

保险风险必须是意外且非故意的，即风险导致的损失后果必须是在被保险人意料之外，而非意料之中，是非主观预谋的风险，意料之内且有预谋的风险是不能承保的。其原因有三点：首先，一旦被保险人能在一定程度上控制损失发生与否或损失的严重程度，就有可能产生道德风险。例如，预谋纵火、沉船或保险标的遭灾后坐视不救而扩大其损失。其次，从社会角度来看，若对被保险人故意引起的损失仍然给予赔偿，显然有失公平，不利于保险事业的发展。再次，有些损失随时间的推移而自然出现，比如汽车的自然损耗、货物固有的瑕疵或由货物特性引起腐烂变质的损失、机器的磨损、房屋折旧、储运货物的合理损耗等损失，保险人都不予承保。保险人在保单上常以免赔额（或免赔率）的形式，把这种非意料之中的损失予以扣除，或以除外责任的方式免除自己的赔偿责任。此外，由于这种损失必然会发生，因此自己负担通常比购买保险便宜。

（二）风险的非投机性

保险人承保的风险必须是非投机性风险，即仅有损失机会而无获利可能的纯粹风险。例如，台风、火灾等只会给人的生命或财产带来损害的可能，绝无带来利益的可能。而投机风险则不同，如股市风险，既可能因股价下跌而损失，也可能因股价上涨而获利，这类投机风险保险人是不能、也无法承保的。

可保风险必须是非投机风险的原因在于：其一，投机风险的发生不规则，难以适用大数法则准确计量；其二，有些投机风险为国家明令禁止，为社会公德所不允；其三，承保投机风险，有可能引起道德风险，使被保险人因投保而获得额外利益，违反保险的原则；其四，承保投机风险有可能使整个社会失去发展的动力。而纯粹风险的结果只有损失而无获利，这种性质有助于对损失的科学预测。同时，该风险的一大特征是个人受损时，社会也会受损。因此，可容许多人参加保险，这时可充分发挥保险的风险配置作用，将个别人的损失分散给多数人来共同分担、共渡难关。

（三）风险损失的可测性

这是指可保风险导致的损失在原因、时间、地点和金额上必须是可以确定的，并能够用货币来衡量。因为保险赔偿大都采取货币形式，若风险导致的损失是不明确的，或不能以货币衡量，保险人就无法承保，也就无法进行补偿。因此，保险人可以承保个人的房屋火灾损失，却不能承保因精神病患者滋事而引起的损失，因前者的损失可测而后者难以测量。另外，对承保风险损失的可测性也同样重要，如丢失一只可爱的宠物会令人非常伤心，但这种痛苦不易度量；而饲养的家畜却具有可保风险，因为其所造成的损失可以用经济方法度量。同理，虽然人的身体和生命不能以货币来衡量其价值，但因人身保险不是补偿性，而是给付性的，是为满足人们特定的合理经济需要，是可以公平合理确定的，因而人的生命和身体就可以进行保险。

由于风险所反映的某种现象及其所造成的损失在总体上具有必然性，是可知的，而在个体上是偶然和不可知的、非必然的，因此我们可以使用大数法则和概率统计来估测风险发生的频率，进而测算出保险费率。

（四）非巨灾损失

非巨灾损失是指不能有大规模同质风险暴露单位在同一时间内发生损失。损失过于重大的巨灾风险或巨额风险，一般是不可保的，或只有在特定的条件下才可保。可保风险导致的损失应该是频率较低、程度重大的风险。如果风险可能造成的损失轻微，风险发生的频率极低，这些风险损失企业和个人可通过自保的方式解决，则无须参加保险。只有那些发生的可能性较大，且一旦发生就会造成重大损失的风险，企业或个人无法依靠自己的力量解决，或自己解决极不经济，才会通过参加保险来转移风险。所谓损失重大，是相对于企业或个人能够并愿意承担多大损失的风险来说的，不是绝对的。

（五）可计算的损失机会

保险人必须能准确地计算风险导致损失的平均频率及平均额度，即损失机会，以便能准确地计算出保费，从而能满足在保险期限内产生的索赔支出、业务费用及公司利润。

然而，某些巨灾损失，例如地震、洪水、战争和周期性的失业等，就很难准确估计其损失机会，故不构成可保风险，一般应由政府出面辅助解决。

（六）大量风险单位均有遭受损失的可能性

风险必须是大量标的均有遭受损失的可能。因为积累保险基金需要真正大量的风险单位来得到一个事先的准确度，即大数法则的统计效应。只有在保险基金吸收了大量风险单位时才可以进行准确预测。通过运用大数法则计算风险概率和损失程度，可以确定费率。如果风险只是一个或几个单位所具有的，那保险人承保该风险就等于下赌注进行投机。

保险经营是通过科学方法对大量风险单位进行观察，估测出损失率，并把损失在被保险人之间进行分摊，这是保险赖以存在的基础。如果只对一个或几个风险单位进行观测就失去了这一基础，因此它们是不可保风险。

（七）经济可行的保费

保险人对客户风险收取的保险费，一定要同他所承担的赔偿义务成正比。若保费过高，保险消费者则负担不起；若保费过低，保险人又无法经营。所以，只有长期大量的统计观察，才能使保险人有可能估测出比较精确的损失概率，并作为其制定保险费率的依据。

凡满足上述条件的财产风险、责任风险、个人风险和信用风险等，都是可以承保的可保风险。相反，大多数市场风险、金融风险、动态风险和政治风险等，商业保险公司一般不予承保。因为在这些风险中，首先，投机性风险居多，商业保险很难经营；其次，每个风险的潜在损失很大，政治风险和战争风险尤其如此；最后，这些风险的保险费也很难计算，因为损失机会是不能准确估计的，比如，为使零售商免遭因顾客品味改变而造成损失的保险，就是不可能实现的。

随着我国保险业的不断发展，巨灾保险的面世使得“非巨灾损失”和“可计算的损失机会”已经不再是必要的可保条件，但是对于大多数风险而言，这七大条件仍然可作为判断是否是可保风险的主要依据。

本章小结

1. 广义的风险是指在一定时期内的特定客观条件下，某一事件的实际结果和预期结果的差异程度。其差异程度越大，风险越大；反之，则越小。狭义的风险是指未来可能发生损失的不确定性。保险学中的风险一般属于狭义风险，即风险是指在特定时期内的特定客观条件下，未来可能发生损失的不确定性。

2. 风险的特点是：客观性、损害性、不确定性、可测性、普遍性与社会性、可变性与发展性、风险的相关性。

3. 风险的计量方法与主要指标是：(1) 风险单位，指一组可能遭受损失的人、场所或事物，是人们进行风险管理、控制、预测和分析的独立单元。(2) 损失概率，指未来一定时期某种损失发生的概率，是对损失不确定性的具体描述。(3) 损失程度，是指每发生一次风险事故所致标的毁损的状况，即毁损价值占被毁损标的全部价值的百分比。可用公式表示为：损失程度＝毁损价值÷危险标的总价值×100％。(4) 大数法则，指大量随机现象由于偶然性相互抵消而呈现出一种必然的数量规律，包括伯努利大数法则、切比雪夫大数法则、泊松大数法则等。大数法则是近代保险业赖以建立的数理基础。

4. 风险的构成要素通常包括风险因素、风险事故和风险损失。风险因素是指促使某一特定损失发生或增加其发生可能性或扩大其损失程度的原因，包括引起或增加风险事故发生机会和加重损失程度的各种条件。包括有形风险因素和无形风险因素。风险事故又称风险事件，是指造成生命财产损失的偶发事件，也是造成损失的直接或外在原因。风险损失是指非故意、非计划和非预期的经济价值的减少。风险损失可直接由风险事故引发或者间接产生于风险因素的存在。三者之间的关系是：风险因素可能引起风险事故，风险事故则可能导致风险损失，风险因素本身的存在也可能间接引起风险损失。

5. 风险常见分类有：(1) 按产生的原因，风险可以分为自然风险、社会风险、政治风险和技术风险；(2) 按其危害对象，风险可分为财产风险、人身风险、责任风险和信用风险；(3) 按其性质，风险可以分为纯粹风险和投机风险；(4) 按产生的环境，风险可分为静态风险与动态风险；(5) 按照其影响程度，风险可分为基本风险和特定风险；(6) 按其可保程度，风险可分为可保风险与不可保风险；(7) 按其经济主体，风险可分为个人与家庭风险、企业风险、政府风险。

6. 风险成本亦称为风险代价，指由于风险的存在或发生而引起的有形及无形损失。主要包括：物质利益损失、无形损失及风险处置费用。

7. 可保风险是指可以用保险方式来分散、减轻或转移的风险，即符合保险人承保条件并愿意承保的风险。构成可保风险必须同时具备以下条件：(1) 风险损失的意外性；(2) 风险的非投机性；(3) 风险损失的可测性；(4) 非巨灾损失；(5) 可计算的损失机会；(6) 大量风险单位均有遭受损失的可能性；(7) 经济可行的保费。

复习思考题

1. 何谓风险？它有哪些特点？
2. 什么是风险单位、损失概率、损失程度和大数法则？
3. 简述风险的构成要素及其关系。
4. 简述风险的分类及其含义。
5. 何谓可保风险？它必须同时满足哪些条件？
6. 如何理解风险产生的成本？

第二章

风险管理理论与实践

⊙内容提要⊙

本章包括风险管理概述、风险管理的发展演进、风险管理的组织与流程以及风险管理的方法四节内容。应掌握风险管理的概念、组织和目标，风险管理的六种方法。理解风险管理的作用和意义，保险与风险管理和谐发展的关系；风险管理操作流程与基本原则；了解风险管理的概念演变和发展演进。

第一节　风险管理概述

一、概念和内涵

（一）概念演变

1. 风险管理概念的提出

1930年，美国宾夕法尼亚大学的所罗门·许布纳博士在美国管理协会的一次研讨会上首次提出风险管理的概念。他认为风险管理的对象是风险，而风险无处不在，并一直处于运动变化中，因而其概念相当宽泛，且处于不断发展变革中。

风险管理作为一门新兴学科，在其形成和发展过程中，由于各国以及各行业的学者们对其作用、目标和运用范围等强调重点不同，因而提出了各种不同的风险管理学说，这些学说也随着经济社会的发展而不断演变。

2. 风险管理概念的发展

1964年，美国学者威廉姆斯和汉斯最早较为全面准确地提出了风险管理的定义，并将其看作一门新兴的学科。作者在其著作《风险管理与保险》中指出，风险管理是通过对风险的识别、衡量和控制，并以最小成本使风险所致的损失达到最低程度的管理方法。

1974 年，梅尔和赫奇斯在其著作《风险管理：概念与应用》中认为，风险管理的目的与经营目的是一致的。其目的有两点：一是生存、效益与发展；二是摆脱困境与履行社会责任。从前者的角度来看，风险管理的目的是控制实际损失；从后者的角度来看，风险管理的目的是控制潜在的损失。1976 年，巴格利尼在其著作《国际企业的风险管理》中指出，风险管理的主要目的是保持企业财务稳定性，同时应尽量减少因各种风险的损害而支出的总费用。1978 年，格林和塞宾在《风险管理：教案与案例》一书中认为，风险管理的主要目的是为了在意外损失发生后，尽快恢复财务稳定性和营业活力以及对所需资源的有效利用，即以固定的费用使长期风险的损失降低到最低程度。

英国学者则把风险管理的研究重点放在经济控制方面。伦敦特许保险学会认为，风险管理的定义是：为了减少不确定事件的影响，计划、安排、控制各种业务活动和资源。《实用风险管理》一书对风险管理的定义是：风险管理就是对威胁企业资产和收益的风险进行识别、测定和经济的控制。

1992 年，弗农·莱斯利·格罗斯博士在《日内瓦风险与保险论文集》中的一篇论文里，通过回顾 1950 年代的“可靠性”运动以及随后的“系统安全”运动，论述了风险管理在工程方面的发展。他提到了完全统一的风险划分系统、自上而下的风险管理方向、全组织范围内的风险管理过程以及风险管理操作中的福利溢出等观念。

3. 风险管理的权威概念

1998 年，美国当代风险管理与保险学权威斯基珀教授在《国际风险与保险》的著作中，对风险管理作了简明而又权威的定义：风险管理是指各个经济单位通过对风险的识别、估测、评价和处理，以最小成本获得最大安全保障的一种管理活动。

我国理论界目前对风险管理较全面的定义是：风险管理是研究风险发生规律和控制技术的一门新兴管理学科，是各经济单位通过风险识别、风险估测、风险评价等方式，在对风险衡量的基础上选择合理的风险管理技术，有目的、有计划地主动对风险加以处理，以最小成本去争取最大安全保障和经济利益的行为。风险管理是人们主动认识、控制和处理风险的行为，其对象是可以预料及不可预料的各种风险。

综上我们认为风险管理是指经济单位通过对其风险的识别、估测、评价和处理，以最小成本谋求最大安全保障的科学管理活动。

（二）现代风险管理的内涵

现代风险管理的内涵非常丰富，主要包括以下五个方面。

（1）风险管理既是一套管理方法，又是一门新兴的管理学科。它以观察、实验、分析各种损失和历史资料为手段，运用概率论等数理统计工具，以系统论的科研方法，综合研究风险管理理论、组织结构风险和发现所致损失发生的规律。它是一门与自然科学、社会科学、系统科学、行为科学等密切联系的边缘学科。

（2）风险管理的主体是各种经济单位，如个人、家庭、企业、政府机构、跨国集团、国际组织等。风险管理的对象以处置静态风险为主，也包括对动态风险的处置。

（3）风险管理是一套风险信息管理系统。由风险识别、估测、评价、控制、管理效果等环节组成，每个环节信息的多寡及其准确性会直接影响到风险管理的效果。

（4）风险管理是由组织、计划、指导、管理等过程组成的一套系统科学的管理方法。其核心是选择最佳的风险管理技术组合，必须以经济单位的财务安全为中心，充分体现成本与效益的关系。

（5）风险管理的目标是以最小的成本获得最大的安全保障，尽量避免和减少损失，以保障经济发展的稳定性、连续性和人民生活的安定，即以最少的费用支出达到最大限度的分散、转移和消除风险，以实现保障人们经济利益和社会稳定的目的。具体分为三种情形：一是损失发生前的目标——避免或减少风险事故发生的机会；二是损失发生中的目标——控制风险事故的扩大和蔓延；三是损失发生后的目标——努力使资产恢复到损失前的状态。

二、重要意义

风险管理的目的是以最小的成本使得损失降至最小。基于安全保障的需要，和降低风险损失成本、提高自身效益的愿望，人们必须对风险进行管理。科学有效的风险管理，对于个人、家庭、企业，乃至整个社会都有十分重要的意义。

（一）对个人和家庭的意义

对居民个人及家庭而言，有效的风险管理有助于减少因风险所致的费用开支，安定其家庭生活，也可以防范个人和家庭可能遭受的经济损失，使个人和家庭在遭受意外损失时，可以继续保持原有的生活方式和生活水平，不断提高其生活品质。

（二）对企业经营发展的意义

风险管理对企业的经营发展具有以下三个方面的重要意义。

1. 有利于维持企业生产经营的稳定

有效的风险管理，可以使企业充分认识自己所面临风险的性质以及严重程度，从而能够及时采取措施避免或减少风险损失；或者当风险发生时，使得自身遭受的损失及时得到补偿。而且通过系统处置与控制风险，可以为企业提供安全稳定的生产经营环境，有利于提高其工作效率和利润水平，最终保障企业经营目标的顺利实现。

2. 有助于提高企业经济效益

首先，通过风险管理可以降低企业的施救费用，从而直接增加企业的经济效益。其次，有效的风险管理会使企业上下获得安全感，并增强企业发展壮大的信心，加快企业发展。最后，有效的风险管理信息有利于领导人更加正确大胆地进行科学决策，减少决策失误而导致的损失。

3. 有利于树立企业的良好形象

有效的风险管理会帮助企业创造一个安全稳定的生产经营环境，激发员工的积极性和创造性，提高企业员工间的凝聚力，为企业更好地履行社会责任创造条件，从而树立良好的社会形象。

（三）对经济社会和谐发展的意义

通过实施有效的风险管理，首先，有利于消除风险给经济社会发展带来的灾害损失及其他连锁反应，避免经济社会发展的波动，创造有利于经济发展、保障人民生活的良好的社会经济环境。其次，可以提高社会资源的分配和利用效率，有利于资源分配实现最佳组合。再次，科学的风险管理可以减少经济单位对风险的恐惧与忧虑，调动各类人员的积极性与创造性，消除其后顾之忧。最后，有助于减少社会资源的浪费。严重的自然灾害和意外事故必然会减少社会收入，其巨额损失后果又是生产性资源和社会收入的浪费。积极实施风险管理，采取有效的风险控制措施，进行合理的经济补偿，可在一定程度上减少社会资金和社会收入的浪费。

三、保险与风险管理的和谐发展

现代保险是社会经济发展到一定阶段的产物，也是风险管理中最普遍、最基本的方法。没有一个企业或者家庭能够在财务上完全自留其所有风险。所以，必须把潜在的风险和损失转移出去，而保险就是进行风险转移的最佳方法。就购买保险而言，风险管理具有许多优势，而个人、家庭、保险公司或者社会都会因此受益。

风险管理和保险二者无论在理论上还是实务上，都存在着密切关系。保险性质的学说就是风险管理理论的主要组成部分，保险研究的深入对风险管理的发展起到了巨大的推动作用。同时，现代风险管理理论的发展也推动了保险理论与实践的发展。可以说，保险是风险管理理论中最重要、最常用的方法之一，在每个人的风险管理计划中，保险也许是效果最好的。风险管理和保险的关系具体体现在以下四个方面。

（一）风险是两者共同的对象

风险是保险的经营对象，也是保险生存和发展的客观条件。然而，保险并非是处理风险的唯一办法，而且只有可保风险才可以通过投保来转嫁。风险管理所管理的风险要比保险的范围大得多，其风险处理的手段也比保险多。保险只是风险管理的财务手段，它着眼于可保风险事故发生前的预防、发生中的控制和发生后的补偿等综合治理。尽管两者在处理风险的手段上存在区别，但其共同对象都是风险。

（二）保险是风险管理的基础，风险管理推动了保险学的发展

首先，风险管理思想源于保险，在风险管理学科形成以前，人们主要通过保险来管理企业或者个人的风险，保险长期以来一直是风险管理的主要工具。

其次，由于保险历史较早，业务范围广泛。经过长期的经营活动，保险人积累了丰富的识别风险、预测和估测风险以及防灾防损的经验和技术资料，掌握了很多风险发生的规律，制定了大量预防和控制风险的有效措施。这些都为风险管理理论和实践的发展奠定了基础。

再次，风险管理是提高保险经济效益的重要手段。保险公司是专门经营风险的企业，同样需要进行风险管理。优秀的保险企业不是通过提高保险费率、扩大规模、减少赔付等方法增加利润，而是通过承保大量的同质风险以及自身防灾防损等管理活动获得良好收益的。

保险在风险管理中虽有很大优越性，但也有局限性，如可保风险有很多条件，保险的成本一般较高等。因此，现代保险业虽然十分发达，但专业风险管理仍不可或缺。从一定意义上讲，现代风险管理正是为了弥补保险的局限性而产生的。风险管理的产生和发展，使人类认识和处理风险的活动达到了一个科学化、系统化的新阶段。

（三）保险经营过程始终以风险管理为主线

保险经营的本质是一种集散风险与补偿损失的机制，因此，保险经营也可以被看作风险管理的过程，风险管理贯穿于保险经营的始终。风险管理发展至今，始终将保险作为其行之有效的财务型风险管理技术，保险也是风险管理中最普遍和最重要的方法。通过保险，投保人可将自己承担的风险转嫁给保险人，以小额保费换取弥补巨大损失的经济保障。保险通过平时积累应对风险发生时的补偿金，能将在时间和空间上不平衡的各种风险进行有效分散。

订立保险合同，对投保人而言是风险的转移，对保险人而言则是风险的集中处理。保险虽然可以集散风险，补偿经济损失，却不能完全避免风险事故的发生。为了减少理赔支出，增加经营效益，保险企业必须重视风险管理，搞好防灾防损，运用风险管理技术控制风险，从而实现其持续健康的发展。

（四）概率论和大数法则等是其共同的数理基础和方法

二者风险估测的科学基础相同，都是运用概率论和大数法则等数理方法，在准确估测预期损失率的基础上，达到以最低成本获得最大安全保障的经济目的。

风险一直与人类共存，随着人类文明的进步以及科学技术的发展，我们面临的风险更加严峻复杂。因此，我们需要不断地提高风险意识，逐步改进和完善防灾防损措施。人类可以通过各种手段认识风险，了解风险的主要特征和类型，掌握风险发生、发展的规律，研究风险管理过程，实施风险管理措施，进而“化险为夷”，降低或消除风险可能带来的损失。

第二节　风险管理的发展演进

人类很早就具有一定应对风险的能力。到20世纪中期，风险管理作为一门系统的管理科学开始发展，并形成了近乎全球性的风险管理活动。这是社会生产力和科学技术发展到一定阶段的必然产物，也推动着人类文明的发展进步。

一、风险管理产生的基础及社会背景

（一）社会基础

风险管理是社会生产力和科学技术发展到一定阶段的产物，其产生需要一定的社会基础。人类风险意识的日渐形成和增强，是风险管理产生的思想基础；现代物质文明的发展，则是其产生的物质基础；而动荡的社会局势和尖锐的社会矛盾，是其发展的社会基础。运筹学、概率统计、系统论、控制论、计算机技术等，则为其提供了理论基础和先进的技术手段。近代科学管理思想的完善，为其产生做好了最后的准备。

（二）社会背景

工业革命后社会生产力空前发展，社会财富不断增加，国际贸易和国际市场空前扩大，新的风险也不断增加。尤其是随着社会化生产技术的提高，原来较为松散的社会联系开始变得十分紧密，这又进一步促进了人们安全需求的增长。在现代企业经营中，以下原因致使企业风险管理普遍增强，并成为其产生的社会背景。

第一，巨额损失机会迅速增加。在工业化社会，企业积累的增加和生产规模的不断扩大使得社会财富越来越集中，生产经营中的任何疏忽都可能造成不可估量的巨大经济损失。

第二，损害范围不断扩大。随着经济发展过程中经营范围不断地扩大，工业越来越集中，企业之间的联系也越来越紧密。风险事故的影响范围大大超过以往，一旦在某一局部发生，就可能波及整个市场，甚至会影响到其他国家。

第三，社会福利意识日渐增加。人们在创造物质文明的同时，也要求提高社会福利水平，从而推动社会保障事业不断发展。风险的频繁发生与增长造成了人们的担忧，降低了民众满意程度，风险损害也会对生产造成破坏，并给人们的生存带来威胁。因此，为了提高社会救济及福利水平，人们不得不采取各种措施预防和消除风险造成的损害。

第四，对经济效益无止境的追求。在商品经济条件下，每个企业和个人都希望获得越来越多的利益，企业经营的目的就是获得最大利润。但利润的获取一般与风险成正比，风险越大，利润越高。往往只有高风险行业才能获得超额利润，如新技术、新工艺、新材料的运用，新产品的开发等都可能产生巨额利润，当然也可能产生巨额损失。这就迫使人们重视并寻找避免和化解风险的办法。

二、风险管理的萌芽与发展

(一) 现代风险管理的萌芽

19 世纪末 20 世纪初，随着工业革命的诞生，企业风险管理思想开始产生萌芽。1906 年，美国钢铁公司从多次事故教训中总结了“安全第一”的思想。1913 年，芝加哥创立了“全美工业安全协会”，次年改名为“全美安全协会”，研究制定了有关企业安全管理的法律草案。

1916 年，法国的管理科学大师亨利·法约尔首次把风险管理的思想引入企业经营中，他认为安全职能是企业经营六种职能（技术职能、营业职能、财务职能、安全职能、会计职能及管理职能）的基础和保证。1917 年，英国伦敦成立了“英国安全第一协会”。

20 世纪 30 年代初，“风险管理”一词正式提出。由于受到 1929—1933 年世界经济危机的影响，美国约有 40%的银行和企业破产，经济倒退了约 20 年。美国企业为应对经营危机，许多大中型企业都在内部设立了保险管理部门，负责安排企业的各种保险项目。在当时，保险是风险管理依赖的主要手段。

1931 年，美国管理协会保险部率先探讨风险管理和保险的问题。1932 年，美国纽约的几家大公司成立了“纽约保险经纪人协会”，定期讨论有关风险管理与保险的理论和实践问题，后来逐渐发展成为“美国保险管理协会”，该协会的成立标志着风险管理学科的兴起。1938 年以后，美国企业开始采用科学方法管理风险，并逐步积累了丰富的经验。

(二) 现代风险管理学科的诞生

20 世纪 50 年代，风险管理开始在美国以学科的形式发展起来，产生了风险管理的基本思想，并形成了独立的理论体系。当时，美国一些大公司相继发生重大损失，使得公司高层决策者开始认识到风险管理的重要性。1953 年 8 月，通用汽车公司的汽车变速箱厂因火灾损失了 5 000 万美元。这场大火同当时的其他一些偶发事件一起推动了美国风险管理活动的发展。

20 世纪 60 年代，企业风险管理的方法进一步扩大，很多学者开始系统研究风险管理的方法，寻求风险管理方法的多样化，并取得了丰硕成果。1960 年，美国保险管理协会纽约分社与乌普萨拉大学合作，首次试验开设期限为 12 周的风险管理课程。1961 年，印第安纳大学的一位教授主持成立了美国保险管理协会的风险及管理学课程概念特别委员会，并发表《风险与保险学课程概念》一文，为该学科领域的培训与教育工作指明了方向。1962 年，美国管理协会出版了一本有关风险管理的专著《风险管理的兴起》。1963 年和 1964 年，梅尔和赫奇斯、威廉姆斯和赫汉斯分别出版了《企业风险管理》和《风险管理与保险》，这两本著作引起了欧美各国的广泛重视，标志着风险管理研究系统化、专业化的开始，风险管理由此成为企业管理领域的一门独立学科。

（三）全球风险管理运动的兴起和发展

20 世纪 70 年代后，风险管理在欧洲、亚洲、拉丁美洲等地区获得了广泛传播，逐渐掀起了全球性的风险管理运动，控制企业环境中的风险和不确定性成为企业管理的核心问题。同时，风险管理逐步规范化、标准化和程序化，管理方法不断丰富，管理领域也不断扩大。在这一阶段，风险管理从企业管理领域逐渐扩大到了社会管理领域，成为政府管理和制定政策的重要组成部分。

随着经济、社会和技术的迅速发展，人类开始面临更多、更严重的风险。科学技术的进步在给人类带来巨大利益的同时，也带来了前所未有的潜在风险。例如，1979 年 3 月美国三里岛核电站的爆炸事故；1984 年 12 月美国联合碳化物公司在印度博帕尔的一家农药厂发生毒气泄漏事故；1986 年苏联的切尔诺贝利核电站发生核事故等。这些事件都大大推动了风险管理在世界范围内的发展。随着企业面临的风险复杂多样性和风险费用的增加，法国和日本均从美国引进了风险管理理念与方法，并在本国内研究和传播。

1983 年，在美国纽约召开的风险和保险管理协会年会上，世界各国专家共同讨论并通过了“101 条风险管理准则”。该准则包括：风险管理的一般准则、风险的识别与衡量、风险控制、风险财务管理、索赔管理、职工福利、国际风险管理、退休年金、行政事务处理、交流、管理哲学和保险单条款安排技巧等等。各国视自身情况和风险环境可对准则予以修正，用于指导本国的风险管理理论及其事务。它的诞生标志着全球风险管理的发展已进入了推广阶段。

1986 年，欧洲 11 个国家共同成立了“欧洲风险研究会”，将风险研究扩大到国际交流范围。1986 年 10 月，风险管理国际学术讨论会在新加坡召开，风险管理已经由环大西洋地区向亚洲太平洋地区发展。同时，美国、英国、法国、德国、日本等国家也先后建立起了全国性和地区性的风险管理协会。

1995 年，由澳大利亚和新西兰联合制订的《澳大利亚—新西兰风险管理标准》（AS/NZS 4360），明确定义了风险管理的标准程序，成为世界上第一个国家风险管理标准，并广为各国采用。同时，西方许多大中型企业也纷纷设立了风险管理部门，对本公司的业务发展进行研究，控制公司发展中所面临的风险，并进行及时防范和化解。

2001 年 7 月，英国时任首相布莱尔宣布成立战略小组，以研究风险和不确定性。2002 年，英国内阁办公室发布《风险：提高政府应对风险和不确定性的能力》，提出了政府风险管理的范围和总体方法。

2003 年，经济合作与发展组织发布题为《21 世纪面临的风险：一项行动议程》的报告，强调风险具有持续变化的动态特征。该报告以一些重要系统在未来变得更加脆弱的可能性为重点，分析了 21 世纪可能出现的风险。

2004 年，联合国发布了报告《与风险共存：全球减灾情况回顾》和《减少灾害风险：发展面临的挑战》，强调要将风险管理战略全面纳入国家可持续发展的主流规划之中。

2005 年，国际风险管理理事会（IRGC）发表了《风险治理白皮书——面向一体化的解决方案》，提出了风险管理的综合分析框架。

（四）中国风险管理的研究与发展

我国的风险管理研究起步较晚，主要是从风险决策开始的，这与我国长期实行的计划经济体制相关。从 20 世纪 80 年代后期开始，企业经营领域的风险管理专著已开始面世；在工程建设领域，风险分析的理论也开始被应用；风险管理课程也已逐步进入大学课堂。但目前大部分中国企业仍然缺乏风险管理意识，除大型企业以外，很多中小企业都没有设立风险管理机构。可以说，风险管理这门学科在中国仍处于起步阶段。

2002 年，中国国家工商局核准的第一家风险管理服务商，北京甘同风险管理咨询有限公司成立，拉开了风险管理专业化经营的序幕。其主要经营的业务是：为顾客提供风险识别、度量、评估、预防、规避、转移等各种风险管理解决方案；开发和运用数据库网络技术，并利用各种风险管理模型来提供商务应用。

2003 年 4 月，北京第一会达风险管理科技有限公司成立，它是中国第一家进行全面风险管理的专业服务公司。该公司专注于为企业，特别是大型企业提供全方位、多层面的风险管理服务。其服务内容包括：全面风险管理体系建设、内部控制系统建设、企业重大风险管理解决方案、风险管理信息系统建设和风险理财服务，旨在帮助企业全面提高风险管理的综合实力，提升企业价值与核心竞争力。该公司作为咨询专家参与了财政部《企业内部控制基本规范》的制定，代表中国国家标准化管理委员会参与了国际标准化组织（ISO）风险管理标准（ISO31000）的制定，并作为工作组组长单位，参加了国家标准化管理委员会的中国风险管理标准（GB/T 24353—2009）的制定。作为重要课题研究单位，承担了国家科学技术部“关键技术标准推进工程”的研究，通过参与国内外一系列标准规范的制定工作，推动了中国风险管理行业的发展。

2006 年 1 月 6 日，经国务院国有资产监督管理委员会商业技能鉴定中心批准，风险管理师职业资格认证机构“风险管理师职业资格认证管理委员会”在北京成立，其资格认证考试于 2006 年 12 月 10 日举行，中国终于迎来第一批自主培养的风险管理师。2006 年 6 月 6 日，国务院国有资产监督管理委员会发布了《中央企业全面风险管理指引》（以下简称《指引》），这是中国的第一个全面风险管理指导性文件。该《指引》下发后，中国保监会、证监会、银监会、全国工商联等政府部门、监管机构和行业协会下发了一系列风险管理的文件，旨在增强相关企业的风险管理建设力度。这标志着中国走上了风险管理的中心舞台，开启了中央企业风险管理历史的新篇章。

2008 年 5 月 22 日，中国财政部联合中国保监会、证监会、银监会、审计署等四部委，共同下发了《企业内部控制基本规范》（以下简称《规范》），要求所提及的企业包括上市公司在内，于 2009 年 7 月 1 日前构建自己的内部控制体系。该《规范》被称为中国的“萨班斯法案”，旨在通过法律形式，加强企业的内部控制体系建设，从内部防范风险事件的发生。

2015 年 9 月 17 日，中汇国际保险经纪股份有限公司成立十周年庆典大会暨中汇国际风险管理（集团）有限公司揭牌仪式在北京成功召开。作为中国第一家风险管理集团，它以风险管理为主营业务，以风险管理研究、咨询、策划、实际操作、风险管理产品研发、风险投资等为业务范围。该集团由风险管理咨询公司、保险公司、保险经纪公司、保险公估公司、保险代理公司、养老风险管理公司、医疗健康风险管理公司、财务风险管理公司、互联网公司、风险管理学院、风险管理基金会、风险管理学会等公司和机构组成，还将在海外设立机构，分步实施“立足中国，走向全球”的战略规划，逐步将集团做实、做大、做强。风险管理作为保险经纪行业的核心竞争力，是保险经纪公司最大的价值所在，中汇国际率先成立中国首个风险管理集团，开启了保险经纪公司由保险管理向风险管理的转型，为保险经纪行业的发展探索出了新方向，值得肯定和借鉴。

（五）现代风险管理的新发展

近年来，全球风险管理进入了一个新阶段，开始得到各国政府的普遍重视和全方位支持。各国纷纷投入大量人力、物力和财力，强调政、研、企多方合作，开展风险管理的理论研究和实际运作。在此过程中，政府、企业、社会等不同利益主体之间形成了新颖的合作关系——民间和企业是风险技术的使用者，科学家是风险科学的研究者，而政府则是风险事务的管理者。

而今，风险管理作为新的管理方法得到了广泛发展。其推动力是：第一，企业内外部日趋复杂的风险环境。当代世界市场变幻莫测，风险数量及其复杂性与日俱增。据美国一家公司研究统计，一个典型的大型跨国公司可面临多达 1.1 万种风险，其中能够利用现有手段管理控制的只有 2 600 种左右。第二，风险管理技术不断创新。期货、期权、远期互换、资产证券化等金融衍生产品层出不穷，为企业提供了转移风险的新工具，使得企业应对风险的策略和手段日益丰富。同时，信息技术的发展虽然提高了企业风险的发生水平，但也使得对许多风险的有效监控成为可能。风险管理的手段更趋多样化、系统化，风险应对策略也更趋复杂化、专业化。第三，国际组织及各国风险管理协会的大力推动。1980 年以来，美国、英国、法国、日本等国家先后建立起全国性和地区性的风险管理协会，积极推动各国的风险管理理论研究和实践，先后出台了各国的风险管理标准。第四，企业内部风险管理机构的设立。目前，发达国家的大中型企业中，通常设有一个首席风险管理官及专门的风险管理机构，专门负责检查和监督自身的风险管理活动。

三、现代风险管理发展的新趋势

21 世纪以来，全球风险管理得到了飞速发展，风险管理理念和思维框架不断完善，风险控制、转移等具体方法与技术也得到了不断的创新。

（一）危机管理

危机管理是企业为应付各种突发危机而进行规划决策、动态调整、化解处理、员工训练等活动的过程，其目的在于消除或降低突发危机带来的相关威胁。危机管理认为“危机不仅意味着威胁、危险，更意味着发展机遇”，危机管理有不确定性、应急性以及预防性三大特征。其内容包括危机监测、危机预控、危机处理计划、危机处理和恢复管理等内容。危机的突然爆发会给企业和社会组织带来难以估测的损失和破坏，所以，国内外的大企业都加强了对各种危机的管理。

（二）整合性风险管理

整合性风险管理是国际风险管理领域最前沿的思想之一。其基本理念是：在公司整体经营管理目标的约束下，建立分层级的整合风险管理主体，对各种风险和风险管理方法进行整合，将风险管理与公司整体经营管理进行整合。而对风险管理和资本管理的整合是整合性风险管理的核心，是从整个组织所有的业务范畴出发，积极、超前、系统地理解和交流经验，从组织的整体目标出发制定风险管理策略。一个企业或组织会面临多方面的风险，如操作风险、财务风险、市场风险和经营风险等，而通过整合性的风险管理，各风险管理责任者可以定期进行沟通和合作，制定战略性风险管理方案。整合性风险管理思想的思维和决策体系的逐渐产生和发展，使得风险管理超越传统的金融和保险领域，成为21世纪最具发展前景的领域。

（三）灾难备份

在现代信息化社会，大数据的连续可用性已成为增强企业竞争能力的重要指标。天灾防不胜防，人祸也不可低估。来自公司职员的安全事件、对IT系统和数据资料安全造成威胁的病毒、间谍软件和恶意软件等，也是企业信息安全的一大威胁。各行业在遭受灾难打击而造成服务中断时，损失十分巨大。因此，企业普遍意识到信息安全的重要性，开始投资搭建存储架构，灾难备份以及灾难备份中心等也应运而生。

灾难备份是指利用技术、管理手段以及相关资料，确保既定的关键数据、关键数据处理信息系统和关键业务在灾难发生后可以迅速恢复和重续运营的过程。灾难备份是信息系统安全的关键措施，重要信息系统必须构建灾难备份系统，以保证数据的一致性与完整性，防范和抵御灾难导致的毁灭性打击，消除系统使用者和操作者的后顾之忧。灾难备份始于1970年代的美国，随着计算机在全球的普及应用，灾难备份已形成完善的理论体系，发展成了灾难备份行业。在发达国家，灾难备份已成为信息工业中增长最快的行业之一。

目前，我国政府及行业用户对信息安全系统的建设越来越重视，其投入呈现稳定增长态势。灾难恢复已不仅仅是信息技术部门的事，而是上升到企业上层高度关注的事。由国务院信息化工作办公室牵头，银行、保险、证券、电力、铁路、民航、海关、税务八大重点行业相关主管部门，就灾难恢复预案制定了《重要信息系统灾难恢复规划指南》（以下简称《指南》）。该《指南》中定义了灾难恢复常用的术语，描述了灾难恢复的管理，进行了灾难恢复的需求分析，规范了灾难恢复策略的制定与实现，以及灾难恢复预案的制定、落实和管理。

灾难备份中心是为了确保重要信息系统的数据安全和关键业务的可持续服务，提高抵御灾难能力，减少灾难造成的损失而建设的数据信息备份系统。其主要应用是：在政府或企业的信息数据中心遭遇自然灾难或人为侵害时，启用同城或异地建立的备份数据中心，提供不间断的数据信息服务，从而保证政府或企业的业务连续性。在政府、金融、电信、交通、能源、公共服务业、大型制造业及零售业等信息化依存程度高的行业，灾难备份中心被广泛应用。特别是美国“9·11”恐怖事件发生后，“灾难备援”成为全球性的信息化课题。目前，灾难备份中心的建设模式有自建模式、共建模式以及服务外包模式三种。

（四）非传统风险管理产品

现代企业风险管理属于全面综合风险管理，涉及范围除了传统意义上的财产风险、人身风险、责任风险等，更多的是对市场风险的管理，如信用风险、外汇风险、利率风险、破产风险等，也包括来自政府和社会方面的政治、法律风险等。传统商业保险是企业转移作业风险的重要手段，但随着新风险的不断出现以及传统风险承担需求规模的日益扩大，全球传统保险市场出现了结构性失衡：一方面是传统保险产品供过于求，竞争日趋激烈；另一方面是非传统保险产品及巨灾保险产品供不应求，保险公司承保能力不足，信用风险增大。因此，对新的非传统保险产品的研究开发势在必行。

1990 年代以来，随着资产证券化的兴起，风险证券化也被引入到风险管理领域。美国芝加哥期货交易所 1992 年发行的自然灾害风险期权、期货等产品，瑞士再保险公司发行的巨灾债券，就是非传统风险管理产品最为成功的创新案例。由此，风险管理的研究从对纯粹风险的研究转向对投资领域的研究；从对人身和财务风险的研究转向对财务风险管理的研究。

【延伸阅读 2-1】风险管理师——未来的金领职业

全球第一个首席风险管理执行官（CRO）诞生于 1993 年。2002 年，美国只有 20%的大型企业设有 CRO 职位，而到 2004 年已有 40%的大企业设有 CRO 职位。目前 80%以上的世界性金融机构已设定了 CRO 职位。2006 年 1 月 6 日，经国务院国有资产监督管理委员会商业技能鉴定中心批准，风险管理师职业资格认证机构“风险管理师职业资格认证管理委员会”在北京成立，其资格认证考试于 2006 年 12 月 10 日举行，终于迎来第一批由中国自行培养的风险管理师。在不久的将来，中国也将出现大批年薪百万的首席风险管理执行官。风险管理工作的日益重要及不可或缺决定了风险管理人才的高需求性。时至今日，全球已有 160 多个国家与地区拥有了风险管理专职人才，跨国公司和国际金融业超过 80%的企业已经设置了首席风险官、风险总监等高级管理职位。

第三节　风险管理的组织与流程

一、组织机构与实施

（一）风险管理的组织机构

风险管理的组织机构，是指组织进行风险管理事务的专门机构或部门。一般包括依法设立并专门从事风险管理的机构，如风险管理（咨询）服务公司、风险管理事务所等机构，也包括企业单位内设的风险管理部（处）等内部机构。

由于各个经济单位对风险管理的重视程度、实力与规模等不同，其风险管理部门又有小型、中型和大型之分。小型部门一般配备 1～2 名风险管理专家，全面负责本单位的风险管理工作。中型部门一般配备 3～4 名风险管理专家，在风险管理经理的全面协调领导下，各位专家分工负责本单位的风险管理工作。大型部门一般配备 5 名以上风险管理专家，部门内设若干个子部门（如保险部、防灾防损部、劳动保障部等），分别负责本单位的某项风险管理工作。

目前，发达国家的大中型企业中，普遍设有首席风险管理官及专门的风险管理机构，配备了风险经理和风险管理顾问，专门负责检查监督自身的风险管理活动。中国的许多大型企业尤其是央企和金融机构，都设立了专门的风险管理机构，并配备了风险经理。

风险管理部门的主要职责包括：(1) 设计安全程序，减少风险隐患，减轻灾害事故的财产损失。(2) 做好职员防卫工作，防止职员工伤事故。(3) 识别和估算风险，决定是否投保。(4) 制订雇员福利计划，包括安排和管理各种保险等。(5) 企业损失统计资料的记录、分析和管理等。

(二) 风险管理的组织实施

风险管理的组织实施，是指风险管理机构（部门）依据风险管理的目标和原则，科学制定出风险管理总体方案与管理重点，并组织落实到企业各部门与个人，从而确保企业风险管理各项目标的实现。

组织实施风险管理必须以风险管理目标和基本原则为出发点，选择合适的风险管理工具和方法，在风险分析的基础上做出购买保险或者自留风险的决策。尤其需要充分考虑在实施全面风险控制的前提下，进行保险决策与自留风险决策的科学合理组合，以体现风险决策的价值。即通过各种风险管理方法的最佳组合，以最小的风险成本实现企业价值的最大化。

二、风险管理的目标

风险管理的目标就是经济单位通过风险管理活动所要达到的预期效果。进行风险管理必须首先明确风险管理的目标，这是制订风险管理计划的基本出发点。风险管理的目标包括直接目标和间接目标。

(一) 直接目标

直接目标是通过实施风险管理活动需要直接达到的目标和效果。主要包括三个方面。

(1) 减少或消除风险因素。风险因素是风险事故发生最初的直接原因。减少和消除风险因素，可以从根本上消减风险事故发生的机会。通过着手解决相关风险因素，就能以最小的成本控制风险。

(2) 积极控制风险事故。风险因素是导致事故发生的可能性，它转化为风险事故需要一定的条件。因此，控制风险事故就是控制风险因素向风险事故转化的相关条件，进而降低事故发生率。

(3) 努力减少损失。通常减少风险因素或控制风险事故并不能完全防止风险事故的发生，因而在风险事故发生后，必须考虑如何减少风险事故所造成的各种损失以及如何弥补这些损失。

(二) 间接目标

间接目标是通过实现风险管理的直接目标需要达到的各种间接效果，分为损前目标和损后目标。风险管理的总体目标是以最小成本获得最大的安全保障，该成本是指实施风险管理所投入的人力、物力、财力，以及放弃一定收益机会所形成的机会成本。安全保障则是指风险管理的最终效果，是预期损失的减少和实际损失的经济补偿。

1. 损前目标

损前目标是指风险事故发生前通过实施风险管理措施应该达到的目标。包括以下四个子目标。

(1) 经济合理目标。风险管理计划和方案的实施必须经济合理，尽量减少不必要的费用开支和损失，尽可能地降低成本。只有这样，才可以保证其总目标的实现。

(2) 安全系数目标。应当将风险控制在可以承受的范围内。风险因素的存在对正常生产和生活造成了各种心理及精神压力，通过制定切实可行的损前风险管理目标，可减轻和消除人们的这种压力。因此，必须使人们意识到风险的存在，并给予足够的安全保障，从而有利于社会和家庭的稳定。

(3) 合法性目标。企业不是独立的社会个体，它受到各种法律规章的制约。企业必须依法合规经营，对其每一项经营行为、每一份合同都必须加以合法审视，否则企业就无法可持续发展。

(4) 社会责任目标。当一个企业遭受损失时，受损的还有其股东、债权人、客户、消费者、雇员以及一切与之相关的人员和经济组织。一个良好的风险管理计划不仅要考虑到转嫁自身风险，还要兼顾关联方的风险，承担社会责任，并以降低社会损失为目标。

2. 损后目标

损后目标是指通过实施有效的损害融资安排及其他风险管理方法，保证企业和组织在遭遇不确定的风险损害时能够及时得到补偿，从而保证企业的正常生存或经营，实现企业的稳定收益。具体包括以下五个子目标。

(1) 维持企业生存的目标。在损失发生以后，企业至少要在一段有效的时间内能部分恢复生产和经营，这是损后企业风险管理的最低目标。只有在损后能够继续维持受灾企业的生存，才能使企业有机会减少损失所造成的影响，尽早恢复到损前的生产状态。

(2) 保持正常服务能力。企业的职责之一，就是保证其对社会和消费者所作出的服务承诺的正常履行，这种责任的履行不仅是为了维护企业自身形象，也是为了保证企业发挥作为整个社会正常运转的一个链条的作用。对于企业来说，此目标具有强制性和义务性的双重特点。

(3) 确保生产能力与利润计划的实现。如何使风险事故对企业造成的损失降为最小，保持企业生产能力与利润计划不因损失的发生而受到严重影响，是企业风险管理必须考虑的目标。为保证此目标的实现，企业在制定和设计损后风险管理目标中，必须根据企业的资本结构和资产分布状况，确定消除风险事故的最佳经济和技术方案。

(4) 可持续发展目标。企业只有不断推出更新更好的产品，才能牢牢吸引顾客。企业只有不断地开拓新市场，才能在市场竞争中占据领先地位，并获得源源不断的持续发展动力。

(5) 社会责任目标。即在企业受损时尽可能减轻其对其他人和整个社会的不利影响。企业应及时有效地处理风险事故带来的损失，减少损失导致的不利影响，减轻对国家财税收入的影响，保护与企业相关的人员和经济组织的利益，这样才有利于企业承担社会责任，并树立良好的社会形象。

三、风险管理的基本原则

经济单位在进行风险管理时，若要提高管理效果，应遵循以下基本原则。

（一）符合企业发展总目标原则

企业发展的总目标，是企业一切经营管理活动的出发点和归宿。因此，风险管理目标的确定应该符合企业发展总目标的要求。

（二）积极主动、量力而行原则

风险管理是一项全社会的责任和义务，任何经济单位都应该重视，并积极主动地进行风险管理。同时，技术性的风险管理活动需要一定的人力、物力、财力、管理和技术手段，不同的企业在风险管理技术和实力上存在很大差别。因此，企业应该从自身的实力出发，综合考虑企业的财务状况、经营规模、经营性质及面临的社会与市场环境等因素，量力从事风险管理活动。

（三）成本效益比较原则

企业可能面临多种不同的风险，即使面临同一种风险，不同企业处理的手段也不一样。在选择风险管理方式和手段时，就必须考虑其成本和效益。以最小的成本获得最大的安全保障是风险管理的总目标，其本身就揭示了成本和效益相比较的重要性。

四、风险管理的操作流程

风险管理是一个决策过程，由于风险的存在和发生会给个人、家庭、企业等带来损失，并且此损失会造成严重的财务后果。因此，识别并找到处理这些潜在损失的方法非常重要。人们在长期实践中总结出的风险管理操作流程包括：风险管理目标确定、风险识别、风险估测、风险评价及处理、实施决策和风险管理效果评价等。风险管理的流程如图 2－1 所示。

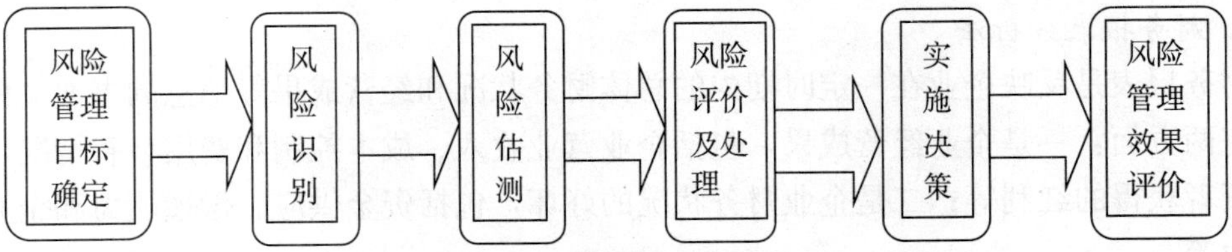

图 2－1　风险管理流程图

（一）风险管理目标确定

风险管理的目标就是经济单位通过风险管理活动所要达到的预期效果。进行风险管理必须首先明确风险管理的目标，这是制订风险管理计划的基本出发点。

（二）风险识别

在日常风险管理中，我们并不惧怕已知的风险，怕的是未被识别出来的风险。风险管理实践中一般涉及风险的类别、风险识别、风险概率、风险后果、风险定性与定量分析、风险登记等理论知识，其中风险识别是最重要的。因为风险识别是基础和源头，只有及时发现问题才可能有解决问题的机会。

风险识别就是对风险的认识和鉴别。它是整个风险管理的基础，是在风险事故发生之前，运用各种方法系统、全面、连续地认识所面临的对象可能存在的各种风险，并对这些风险及潜在的风险加以分析、判断、归纳整理，对风险的性质进行鉴定的过程。即通过大量来源可靠的信息资料系统地了解、分析和辨别经济单位存在的各种风险因素，进而确定经济单位面临的风险及其性质，并把握其发展趋势。简单地说，它是对经济单位面临的及潜在的风险加以判断、归类和鉴定风险性质的过程。在识别风险以后就要对风险进行分析，分析风险就需要评估这些风险的严重性和发生的频率。只有全面地了解各种风险，才能预测风险可能对经济单位造成的危害，进而选择处理风险的正确手段。识别风险的常用方法包括以下四种。

1. 实地调查法

风险识别最直接的方法就是对所有经营地点的运营、日常维护、工作过程、安全措施以及其他活动进行实地调查，分析存在的潜在风险并及时对风险进行处理。但其缺点是，风险管理部门可能对具体业务缺乏足够的了解和认识，从而不能识别所有风险或不能揭示所有风险。因此，要加强对风险管理人员的业务培训，让他们多了解业务流程。当然，仅仅依靠实地调查法是不够的，还必须结合其他的风险管理方法。

2. 生产流程分析法

生产流程分析法就是对工业企业的整个生产经营过程进行全面分析，对各个生产环节逐项分析可能遭遇的风险，找出各种潜在的风险因素。该方法包括风险列举法和流程图法。风险列举法是指风险管理部门根据本企业的生产流程，列举出各个环节的所有风险，然后对风险的性质与要素进行划分，进而逐一进行消灭。流程图法是指风险管理部门将企业生产过程的一切环节顺序化、系统化，并制成流程图，以便及时发现企业面临的风险。生产流程分析法简明扼要，可以有效地揭示生产流程中的薄弱环节，进而对风险进行科学的组织和防控。

3. 财务报表分析法

财务报表是反映企业在一定时期内的总体财务状况和经营成果等信息的书面文件。其内容有两方面：一是企业经营成果，包括企业营业收入、成本控制和费用节省情况、利润和投资者获得的红利等；二是企业财务状况的好坏，包括资金供应、偿债能力和企业的发展潜力等。

财务报表分析又称财务分析，是以财务报表和其他资料为依据和起点，采用专门方法系统分析和评价企业过去和现在的经营成果、财务状况及其变动情况。其目的是了解过去，评价现在和预测将来，帮助利益集团改善其经营决策。财务分析的最基本功能，是将大量报表数据转换成对特定决策有用的信息，减少决策的不确定性，从而有效控制风险发生的可能性。

财务报表分析法，是按照企业的资产负债表、财产目录、损益表等材料，对企业的财产分布进行风险分析，以便从财务角度发现企业所面临的各种潜在风险或损失的一种分析方法。财务报表分析的基本方法有趋势分析法、结构分析法、对比分析法、因素分析法、比率分析法等。

4. 风险调查法

该方法是指利用专业风险管理机构或者风险管理人员，对企业可能遭遇的风险进行详细调查分析并编制风险调查表，据以识别和发现风险。风险调查表是列有某个经济单位可能面临的各种潜在风险的清单或调查表，是风险管理的一种基本工具。

风险识别是一项系统性、持续性和制度性的工作。由于风险具有可变性，风险识别需要系统持续地进行，要密切注意原有风险的变化，并及时发现新的风险。系统性是指风险识别不能局限在某个部门或某个环节中，而要研究经济单位这个完整系统所具有的全部风险。持续性则是因为任何事物都在不断发展变化，风险的质和量都在变化，一个很小的非危险因素随着时间的改变也可能演变为严重的风险事故。若非连续的工作，则很难发现经济单位所面临的潜在风险。只有常存谨慎之心，对风险保持连续警惕，才可减少或消灭不断出现的风险隐患。制度性则是因为风险管理作为一项科学的管理活动，其本身就需要有组织、有制度。

（三）风险估测

风险估测又叫风险测量，是对特定风险的损失概率与损失程度进行科学测算，用以评价风险对预定目标的不利影响及其影响程度，从而为选择风险处理方法和进行风险管理决策提供依据。风险估测一般是通过对所收集的大量详细损失资料加以分析，运用概率论和数理统计方法，估计和预测风险发生的概率和损失程度。目的是提供可靠的科学依据，分析自身风险承受力，为正确选择风险处理方法提供依据。

风险估测通常包括损失概率、损失程度和损失变异度三方面。

（1）损失概率又称损失机会，是指在一定时间范围内实际发生损失或预期发生损失的数量与所有可能发生损失数量的比值。损失概率通常用分数、百分比或小数来表示。

（2）损失程度是指损失的严重性。在风险估测中，常用两个指标反映风险损失程度：①损失期望值：即未来某一时期内预期的损失平均值。②损失幅度：指一旦损失发生，可能形成的最大损失范围。

（3）损失变异度是风险损失的波动程度。这种变异度一般通过损失变量的方差或标准差来度量。某种损失的波动性越大，其损失额度的不确定性就越大，相应地，其风险也就越大。

一般而言，风险损失的发生概率和损失程度成反比。损失程度大的风险事故发生的损失频率小；而损失程度小的风险事故发生的损失频率大。例如，一家大型企业发生较小损失额的火灾次数远远大于可能造成大量损失或全部损失的火灾次数。

风险估测在风险管理中的重要意义体现在：一是有助于估计和衡量风险程度，降低损害后果的不确定状态；二是有利于把握风险损害波动情况及变化幅度，为选择风险管理方法和进行风险管理决策提供科学依据。

同时，也可以借助风险矩阵图来估测风险。风险矩阵图是一种有效的风险管理工具，可用于分析项目的潜在风险，也可用于分析采取某种方法的潜在风险。其步骤为：（1）列出该项目所有的潜在问题。（2）依次估计这些潜在问题发生的可能性，按低、中、高三个层次进行分类。（3）依次再估计这些潜在问题发生后对整个项目的影响，按低、中、高三个层次表示。（4）列出风险矩阵图，如图 2-2 所示。（5）找出预防性措施。（6）制订应急计划。

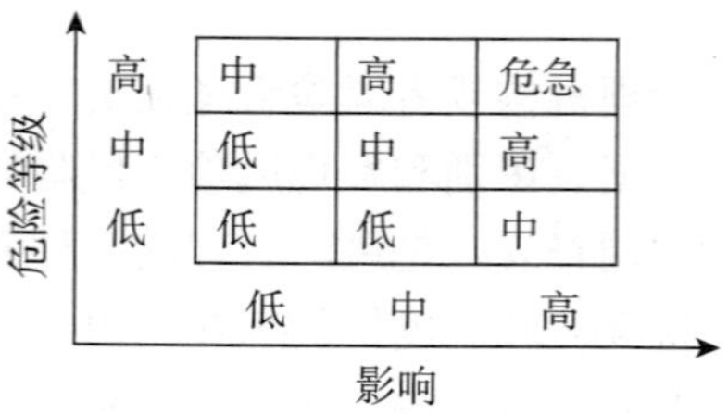

图 2-2　风险矩阵图

（四）风险评价及处理

风险管理者在对风险进行识别和估测以后，接下来就是风险评价及处理，即根据不同风险选择应对的各种方法，它可以是采取或者不采取行动的决策。管理方法的选择是风险管理中的关键环节，它是一种综合性的科学决策。在选择中既要考虑实际风险情况，又要考虑经济单位的资源配置状况，还要注意各种风险处理方法的可行性与效果。一般情况下，不是选用一种风险处理方式，而是将几种方法组合起来运用。

风险处理方式分为控制法和财务法两类。控制法即防损减损的方法，目的是降低损失频率和减少损失幅度，重点在于改变引起意外事故和扩大损失的各种条件。财务法即风险自留和风险转移方法的运用，目的是以提供基金的方式，消化发生损失的成本，即对无法控制的风险做出财务安排。

如果能够准确预测可能发生的损失，那么选择风险管理方法就会比较简单，如可以回避那些很有可能发生的损失，同时为不能回避或防止的风险损失购买保险或用其他方式进行风险转移。但是，没有人能够准确预测意外损失，所以风险管理方法选择要建立在期望损失基础上，如可能造成的损失，可能发生的时间、地点等。因此，选择何种风险处理方式，必须以风险管理目标与基本原则为出发点。选择的标准，通常是财务标准或其他一些指导性原则。

基于财务标准，我们要求做出的决策能够增加财务收益或提高效率。通过预测特定风险管理决策如何影响企业利润，可以判断出哪项风险处理方式在财务上是最有利的。如通过分析公司财务状况，该公司决定对每股收益超过 6%的任何损失风险均不保留，如果公司发行在外的股票价值 1 亿人民币，那么在一个会计年度，对于所有风险最多可以自留 600 万人民币。

其他选择风险处理方式的指导性原则还有，不要保留超过自身承受能力的损失，因为经济单位能够承受的损失数额取决于财务状况。不要为节约一点保险费而保留大量风险，对于损失发生频率较低而严重性较大的风险一般应投保。如火灾一旦发生，可能会造成巨额损失，危害程度很大，为了节约少许保费而使企业蒙受巨额损失是不划算的。还有应将保险资金花在能发挥最大作用的地方，而不要为一点保障而花费大量金钱，因为对那些损失频率高而程度低的风险来说，自留和损失控制是最好的选择。

（五）实施决策

在选择风险处理方式之后，就是风险管理方案的实施。风险管理方案的实施是指将风险管理的各项任务付诸实践，并在各职能部门分配，具体落实购买保险计划、风险控制计划、自留风险计划等。这个过程需要明确如何恰当地执行，应该由何人负责，是否需要编制风险管理报告书和风险管理手册等。

损前预防胜过事后的补偿。在风险管理实施阶段，应充分发挥损前风险控制工具的重要作用，通过采取积极的风险防范措施，启动预警系统，尽可能消除可能存在的隐患。在事故发生后，要尽可能快地启动抢救机制和救助机制，将损失后果和人员伤亡减少到最低限度。由于风险的不确定性和复杂性，风险管理方案在实施过程中，应注意体现实施措施的综合配套及风险管理方案灵活调整的管理原则。

（六）风险管理效果评价

风险管理效果评价，是指对风险管理方法的适用性及收益性的分析、检查、修正和评估。风险随着时间推移是不断变化的，新的风险不断出现和产生，原有的风险会消失，在对风险处理以后，应该对管理效果进行检查和评估，并不断修改和调整计划。

风险管理效果的监督与评估要贯穿于风险管理的全过程。即通过对风险管理方法的选择、决策过程、实施程序进行系统评估，分析比较已实施风险管理方法的结果与预期目标的契合程度，以此来评判管理方案的科学性、适应性和收益性。

基于风险性质的可变性、风险认识的阶段性以及风险技术的日趋完善性，人们需要对风险识别、估测、评价及处理方式进行定期检查和修正，不断运用反馈机制对风险管理方案进行动态调整，使之与每一个具体目标更加接近，这对于风险管理总目标的实现，提升风险管理决策水平，提高风险管理绩效等，均具有重要意义。

风险管理效益的大小，取决于是否能以最小风险成本取得最大的安全保障，同时还要考虑与整体管理目标是否一致，以及具体实施的可行性和有效性如何。在一定时期内，某风险管理的方案是否最佳，其实施效果如何，常用以下公式进行评估。

$$\text{效益比值}=\frac{\text{采用风险管理方案减少的风险损失}}{\text{采用风险管理方案支付的各种费用}+\text{机会成本}}$$

若计算出的效益比值小于1，则该方案不可取；若比值大于1，则该方案可取。比值最大的方案就是最佳方案，可以继续实施。

例如，某公司在年初根据公司发展的目标，首先确定了公司在发展中存在的主要风险；然后针对这些风险，公司作出了具体的风险管理安排，包括购买保险，增加风险管理人员，找专业风险管理机构对公司的风险进行评估等。在这一年当中，公司需要在日常经营中经常对风险保持了解和调查，确定公司面临的主要风险是否发生了变化，是否需要增加风险防范措施，是否需要购买风险防范的器械等等。而到年底，则需要编制风险管理报告，对公司这一年的风险管理活动进行全面评价，以便为下一年度的风险管理积累经验，并改进风险管理中存在的问题。

第四节　风险管理的方法

风险管理方法是指通过采用不同的措施和手段，以最小成本达到最大安全保障的经济运行过程。风险管理的方法很多，主要是控制型管理方法和财务型管理方法。

一、控制型管理方法

控制型管理方法是一种“防患于未然”的方法，是指在风险识别与评估的基础上，针对存在的风险因素，积极采取控制措施以消除、减少风险因素的处理方法。包括风险回避、风险预防和风险抑制三种方法，这些方法在事故发生前可以降低风险的发生概率，在事故发生后可以降低损失程度。例如，完全回避风险，采取措施预防可能发生的风险，或者在风险事故发生时抑制风险继续扩大等等。

（一）风险回避法

风险回避法是指风险主体设法避免损失发生的可能性，是有意识不让个人或者企业面临特定风险的行为。它从根本上消除特定的风险单位和中途放弃某些既存的风险单位，是一种消极的风险处理技术，也是最简单的风险管理方法。通常有两种方法：一是根本不从事可能产生某种特定风险的行动。比如，因担心飞机失事放弃乘坐飞机，而改乘火车等其他交通工具；远离赌博，可防止债台高筑、家破人亡；工厂为了免除爆炸的风险，不从事易爆炸物品的生产等。二是中途放弃可能产生某种特定风险的活动。如关闭有风险隐患的核电站，可有效防止核泄漏等风险；某团队原本计划去某地考察，因临行前获悉该地最近可能会有洪水、泥石流等灾害而取消本次行动，从而回避了相关风险。

风险回避是避免风险最彻底的方法，它完全避免了该种风险发生的可能性。然而，并非所有风险都可用此法来处理，其适用性受到很多限制。一是很多风险是不可避免的。比如死亡风险、地质灾害等。二是风险的回避可能同时意味着利益的丧失。比如，某企业为了回避信用风险而放弃一大笔生意，此法虽然回避了风险，但也丧失了大赚一笔的机会。三是回避一种风险但可能同时又会面临另外一种风险。例如，为了避免空难放弃乘飞机而改乘火车，虽然躲避了空难，却增加了乘坐的火车出轨或碰撞等风险。

风险回避属于主动放弃风险的决策，它可以避免损失的发生，是一种事前避免风险的行为，对已经存在的风险则不适用。而且在很多情况下，风险回避是无法使用的。其适用情形包括：损失频率和损失幅度都较大的特定风险；损失频率不高，但损失后果极为严重，且无法得到补偿的风险等。

（二）风险预防法

风险预防法是指在事故发生前为消除或减少可能引发损失的各种因素而采取的处理风险的技术措施。其目的是防患于未然，通过消除或减少风险因素而降低损失发生的概率。按照控制措施的侧重点不同，风险预防法可分为工程物理法和人类行为法。

工程物理法是早期的事故原因分析方法，它强调事故发生的机械原因或物理原因，如性能较差的汽车、结构不合理的建筑物、电气性能不良的高压电器等。处理工程危险是任何损失控制方案中不可缺少的内容，其重点是预防各种物质性风险因素。

人类行为法是根据海因里希的“多米诺骨牌理论”，侧重于人际关系和人为因素的损失预防技术。其中人的不安全行为是造成大多数事故的原因，该方法包括对设计、施工人员以及住户进行教育等，其重点是预防人为风险因素。

预防风险涉及一个现时成本与潜在损失比较的问题：若潜在损失远大于采取预防措施所支出的成本，就应采用预防风险的手段。以兴修堤坝为例，虽然施工成本很高，但与洪水泛滥造成的巨大损失相比就显得微不足道了。

风险预防的主要措施有三种：一是预防措施，即尽可能地消除某些风险因素，例如，建造防护林和兴修水利可预防旱涝及风灾损失；随手关好、锁好门窗可防盗并降低损失。二是保护措施，即对某些可能受损的目标事先进行积极保护。例如，高速公路上的隔离栏、人行天桥上的保护栏、汽车上的保险杠、安全带等等。三是事先的减损措施，即事先采取一些技术手段，在风险事故发生后尽可能减小损失范围，将损失降到最低。例如，事先在建筑物内安装火灾警报器和自动喷淋系统等，可减轻火灾损失，防止损失扩大。

（三）风险抑制法

风险抑制法也叫损失控制法或抢救保护法，是指在损失事故发生时或发生之后，为防止损失扩大或者缩小损失幅度，而采取的抢救、保护、整理、维修等技术措施。

风险抑制法是亡羊补牢之法，多在损失程度高且风险无法避免和转嫁时采用。它是一种特殊状态的隔离，是将风险单位分隔为许多独立的小单位。例如，火灾发生后应组织人力及时灭火，请消防队协助灭火，抢救人员和财产，开辟防火隔离带等等；洪涝灾害发生后应及时抢救和转运物资，及时排水，晾晒受潮或水淹物资等等，这些都可以有效控制损失程度，减小损失金额。

二、财务型管理方法

财务型管理方法，指通过预先的财务计划或合同安排来筹措资金，以便对风险事故造成的经济损失进行补偿的处理方法。根据资金的来源不同，该方法分为风险自留、风险分散和风险转嫁等方法。

（一）风险自留法

风险自留法即风险的自我承担，指由面临风险的经济单位自己承担风险事故所致损失的处理方法。它是通过内部的资金融通来弥补损失，也是处理风险最普遍的方法。

1. 风险自留的种类

风险自留分为主动自留和被动自留。

主动自留，是指风险管理者在识别和衡量风险的基础上，对各种风险处理方法与费用进行比较和权衡，最终决定由自己承担风险损失。例如，进行风险投资、买卖股票、走私等等。主动自留风险的具体措施包括以下四种。

（1）组建专业自保公司。专业自保公司是指由其母公司拥有的，并且主要业务对象为母公司的保险公司。它是一种由其组织上隶属的母公司紧密控制的，专为其母公司提供保险服务的组织机构。母公司直接影响并支配自保公司的运营，包括承保、索赔处理的政策和投资行为等。专业自保公司是决定自留风险的企业避免不合理税收的技术性产物，也是企业利用内部基金进行风险融资的高级形式。

（2）建立意外损失准备基金。该基金的建立可以采取一次性转移一笔资金的方式，也可以采取定期注入资金，长期积累的方式。企业愿意提取意外损失基金的额度，取决于其现有的变现准备金的大小，以及它的机会成本。企业每年能负担多少意外损失基金，则取决于其年现金流的情况。建立意外损失基金的方法能够积聚较多的资金储备，因而能自留更多的风险。其不足之处是，按照税务和财务法规，损失费用不可预先扣除，除非损失实际已经发生，但向保险公司缴付的保险费却可以税前列支。建立此项基金的财源一般是税后的净收入。这一缺陷也说明了为什么许多大公司要设立自己的专业自保公司。

（3）将损失摊入事先经营成本。很多自留财产损失和责任损失的决定都不包括任何正式的预备基金。损失发生后，组织只是简单地承受这种损失，将损失计入当期损益，摊入经营成本。这种方法能最大限度地减少管理细节，但如果损失在不同年度里波动很大，那么较大的损失会使企业陷入困境。企业可能被迫在不利的情况下变卖资产，以便获得现金来补偿损失。此外，企业的损益状况也有可能发生剧烈波动。这种方法显然只适用于那些损失概率高但是损失程度较小的风险，企业可以通过风险识别将这些风险损失直接计入预算。

（4）借入资金。风险事故发生后，企业可以通过借款以弥补事故损失造成的资金缺口。企业某部门受损，可以向企业或企业其他部门求得内部借款，以解燃眉之急，但会有一定的困难。即使借贷成功，由于需求的迫切，也将导致利率提高或产生其他苛刻的贷款条件。当意外损失发生后，企业无法依靠内部资金度过财务危机时，就可以向银行寻求特别贷款或从其他渠道融资。由于风险事故的突发性和损失的不确定性，企业也可以在风险事故发生前，与银行达成一项应急贷款协议，一旦风险事故发生，企业就可以及时获得贷款来应急，并按协议约定的条件还款。

被动自留也叫非计划风险自留，是指风险管理者因为主观或客观原因，没有意识到风险的存在；或者由于对风险的存在和严重性认识不足，没有对风险进行处理；或者认识到了风险的存在和严重性，但因为客观条件的限制没有及时处理，最终由经济单位自行承担风险损失。在现实生活中，被动的自留风险大量存在。如车辆保险免赔额以内的风险损失，农业保险、医疗保险中必须由被保险人自担一定比例的风险损失等。

2. 风险自留的原因

人们自留风险的原因包括：（1）对风险的严重性估计不足或某项风险不可避免。（2）承担某项风险可以获得厚利，经过慎重考虑决定自己承担风险。（3）估计自身有能力承担某种风险可能发生的最大损失。（4）处理风险的成本大于承担风险所付出的代价。（5）缺乏处理风险的技术知识或忽视风险的处理，导致自己不得不承担风险损失。

3. 风险自留的利弊

风险自留的好处是：（1）主动性风险自留的成本一般较低。（2）风险自留可以控制理赔进程。（3）可以获得相关备用金的投资利益。（4）可以避免保险中的社会负担，如保险税负，保险人以及保险中介的费用与利润等。

风险自留的弊端是：（1）有发生巨损的可能。（2）风险成本变化无常，不好把握。（3）可能引起员工关系和公共关系的紧张。（4）无法获得专业性的风险管理技术服务。

（二）风险分散法

1. 风险分散法的含义

风险分散法是指通过多元经营或投资来分散和降低风险的方法。即设法将同一风险分散到相关的多个个体上，从而使每一个体所承担的风险相对以前减少。“不要把所有鸡蛋放在同一个篮子里”的古老投资格言，形象地说明了这一方法，此法常见于各行业及个人的资产组合投资策略中。

2. 风险分散法的种类

风险分散法具体包括隔离法、复制法、集合法等。

(1) 隔离法是指将某一风险单位分割成许多独立而较小的单位，从而能够减小一次事故中损失幅度的方法。例如，个人在旅行中把自己的现金分几处放置，投资组合方案应尽量多元化，大型运输公司分几处建立自己的车库，巨额价值的货物分批运送，单位高管不同时乘坐一辆交通工具等等。

(2) 复制法是指通过主动增加同类风险单位的数目，预备备用资产或设备，达到控制风险、减少损失的目的。例如，备份重要的信息资料，储存易损坏的机器零件、汽车的备用胎，企业准备两套账簿，传说中曹操的七十二疑冢等等。

(3) 集合法是指集合性质相同或相近的多数风险单位来直接分担所遭受的损失，以提高每一单位承受风险的能力，实现良好效益的方法。例如，保险产品、信托产品、证券投资基金等，可以集合客户分散的资金，提高风控能力和资金收益；建立工业集中区有利于消防、防污治污、减少物流风险等；城市化有利于减少贫困和环境破坏，降低环境风险等。

3. 风险分散法的现实意义

风险分散法对商业银行、投资公司等金融机构的信用风险管理具有特别重要的意义。例如，商业银行的信贷业务不应集中于同一业务、同一性质，甚至同一国家的借款者，应是多方面开展，从而分散和降低信用风险。

4. 风险分散法的条件与成本

实施风险分散的策略，其前提条件是要有足够多的相互独立的投资形式。风险分散策略也有成本，其成本主要是分散风险过程中发生的各种交易费用。同时，该方法虽然有利于降低一次事故的损失程度，但也会增加损失概率。

(三) 风险转嫁法

风险转嫁法是指经济单位或个人为避免承担风险损失，有意识地将损失或与损失有关的财务后果转嫁给其他单位或个人的方法。从实践来看，其常见方法包括保险转嫁和非保险转嫁。

1. 保险转嫁

保险转嫁是指通过向保险公司投保，以交纳保险费为代价，将风险转嫁给保险人的方法。当合同约定的风险事故发生并造成损失时，由保险人赔付给被保险人一定的保险金，从而实现风险的化解和转移。购买保险是转嫁风险的常用手段，也是最经济实用的方法。

2. 非保险转嫁

非保险转嫁是指通过订立经济合同，将风险以及与风险有关的财务结果转移给别人或其他经济组织。例如，出售或租赁风险资产，业务外包，担保和备用信用证，金融期货、期权类产品交易，以及发行巨灾债券等。其常见形式有三种。

(1) 公司组织。在公司这种组织形式中，企业是独立法人，股东的个人财产与企业的财产是分离的。企业如果经营失败，股东的损失仅限于他们在该企业的投资部分。

(2) 合同安排。合同安排是指通过买卖或租赁合同中的保证条款等来转移风险。通过合同上事先约定好的责任来区别各自的风险。此法适用于企业将具有风险的生产经营活动承包给对方或租赁给他人，并在合同中明确规定由对方承担风险损失的赔偿责任。

（3）委托保管。委托保管是指将个人财产及其风险交由他人进行短期保护、服务和处理的方法。

三、风险处理的适宜方法

财务法和控制法的各种形式各有利弊，适用于不同的风险管理类型。例如，商业银行在发展过程中，主要面临信用风险、利率风险、流动性风险、汇率风险、市场风险、法律风险、经营风险、管理风险、国家风险、竞争风险等。不同的风险可以用不同的风险处理方法来解决。比如信用风险，因它涉及银行和贷款客户，所以在避免这种风险时可以采用风险自留，银行只要加强贷前的贷款质量检查以及贷后的监管就可以防范。而利率风险涉及国家政策，变动性较大，且银行无法控制，所以采取积极预防措施比较好。流动性风险与银行自身的发展经营和政策有关，也可以采取积极预防的措施。对于汇率风险，公司无法预测未来汇率的变动趋势，可运用期货交易的方式进行转嫁或者回避。对于复杂多变的市场风险，银行在经营中要根据市场变化及时作出预测，分析市场变化对自己的发展是否有利，对于小的风险可以自留，大的风险可以采取回避或者转嫁的方式。对于法律风险和管理风险，因任何公司均不可避免，只要公司存在总会面临这些风险，因而应以积极预防为主，当然，在风险发生时，应视其对公司的危害程度再决定如何化解。

表 2－1 是不同风险损失类型及相应的最佳处理方法分析表。

表 2－1　　不同风险损失类型及最佳处理方法

类型	风险频率	损失程度	最佳处理方法
1	低	低	自留
2	高	低	自留或回避
3	高	高	回避或预防
4	低	高	转嫁

本章小结

1. 风险管理是指各个经济单位通过对风险的识别、估测、评价和处理，以最小成本获得最大安全保障的一种管理活动。

2. 风险管理的意义主要体现在对个人、家庭、企业及经济社会等方面。

3. 风险管理和保险存在着密切关系。保险学上关于保险性质的学说是风险管理理论的主要组成部分，保险研究的深入对风险管理的发展起到了积极的推动作用。同时，现代风险管理理论的发展也推动了保险理论与实践的发展。保险是风险管理理论中最重要、最常用的方法之一。

4. 风险管理的组织机构是指组织进行风险管理事务的专门机构或部门。一般包括依法设立并专门从事风险管理的机构和企业单位内设的风险管理处（部）等内部机构。其组织实施是指风险管理机构（部门）依据风险管理的目标和原则，科学制定出风险管理总体方案与管理重点，并组织落实到企业各部门与个人，从而确保企业风险管理各项目标的实现。

5. 风险管理的目标就是经济单位通过风险管理活动所要达到的预期效果。进行风险管理必须首先明确风险管理的目标，这是制订风险管理计划的基本出发点。风险管理的目标包括直接目标和间接目标。

6. 风险管理的基本原则是：符合企业发展总目标原则；积极主动、量力而行原则；成本效益比较原则。其操作流程包括：风险管理目标确定、风险识别、风险估测、风险评价及处理、实施决策和风险管理效果评价等。

7. 风险管理方法是指通过采用不同的措施和手段，以最小成本达到最大安全保障的经济运行过程。风险管理的方法很多，最常用的是回避、预防、抑制、自留、分散和转嫁六种，前三种属于控制型管理方法，后三种属于财务型管理方法。

8. 风险回避是指风险主体设法避免损失发生的可能性，是有意识不让个人或者企业面临特定风险的行为。它从根本上消除特定的风险单位和中途放弃某些既存的风险单位，是风险处理的消极方法，也是风险管理方法中最简单的方式。

9. 风险预防是指在事故发生前为消除或减少可能引发损失的各种因素而采取的处理风险的技术措施。其目的在于通过消除或减少风险因素而降低损失发生的概率。按照控制措施的侧重点不同，可分为工程物理法和人类行为法。

10. 风险抑制法也叫损失控制法或抢救保护法，是指在损失事故发生时或发生之后，为防止损失扩大或者缩小损失幅度，而采取的抢救、保护、整理、维修等技术措施。它是一种特殊状态的隔离，是将风险单位分隔为许多独立的小单位，以防止损失继续扩大。

11. 风险自留法就是风险的自我承担，是指由面临风险的经济单位自己承担风险事故所致损失的风险处理方法。它是通过内部的资金融通来弥补损失，也是处理风险最普遍的方法。风险自留分为主动自留和被动自留。

12. 风险分散法指通过多元经营或投资来分散和降低风险的方法。即设法将同一风险分散到相关的多个个体上，从而使每一个体所承担风险相对以前减少。风险分散法具体包括隔离法、复制法、集合法等。

13. 风险转嫁法是指经济单位或个人为避免承担风险损失，有意识地将损失或与损失有关的财务后果转嫁给其他单位或个人的方法。常见方法包括保险转嫁和非保险转嫁。保险转嫁是指通过向保险公司投保，以交纳保险费为代价，将风险转嫁给保险人的方法。非保险转嫁是指通过订立经济合同，将风险以及与风险有关的财务结果转移给别人或其他经济组织。常见的形式有公司组织、合同安排、委托保管。

复习思考题

1. 解释名词：风险管理、风险识别、风险估测。

2. 风险管理对个人、家庭、企业及社会有什么意义?
3. 请阐述保险和风险管理之间的关系。
4. 风险管理的直接目标和间接目标是什么?
5. 简述风险管理的组织机构及操作流程。
6. 请比较风险管理几种方法的异同。

第三章 现代保险的本质与功用

⊙内容提要⊙

本章包括现代保险的概念与本质、保险的基本分类、保险的功能、保险的作用与地位四节内容。要求掌握保险的概念与本质，构成要素与基本特征，保险的八个分类，基本功能和派生功能，保险的宏观经济作用和微观经济作用。理解保险的法律定义和经济学定义，保险与保证、救济、储蓄、赌博的异同，保险作用的含义以及保险的社会地位。

第一节 现代保险的概念与本质

一、概念与内涵

理论界对现代保险一般从两个不同角度进行定义，但更侧重于经济学定义。

（一）保险的法律定义

从法律角度来看，保险是体现当事人权利义务关系的经济合同行为，是一种民事经济保障法律关系。这种关系是保险双方当事人以签订保险合同的方式建立起来的。根据保险合同的约定，投保人有交纳保险费的义务，保险人有收取保险费的权利；被保险人有在合同约定事故发生致损时获得经济赔付的权利，而保险人有提供合同约定的经济补偿或给付义务。这种保险主体间的权利义务关系正是保险民事法律关系的体现。

根据《中华人民共和国保险法》（以下简称《保险法》）第二条规定，保险是指投保人根据合同约定，向保险人支付保险费，保险人对于合同约定的可能发生的事故因其发生所造成的财产损失承担赔偿保险金责任，或者当被保险人死亡、伤残、疾病或者达到合同约定的年龄、期限等条件时承担给付保险金责任的商业保险行为。

（二）保险的经济学定义

从经济学角度来看，保险是投保人和保险人之间一种分摊意外损害的经济保障关系，是管理风险的一种财务安排。在保险经济关系中，投保人把相关风险以交付保险费的方式转移给保险人，保险人集中了大量同质风险，就能借助大数法则来预测损害发生的概率，并据此制定保险费率，通过向大量投保人收取保险费形成保险基金，补偿其中少数被保险人的意外损害。因此，保险既是一种经济保障关系，又是一种有效的财务安排。它以保险人为中介，使少数遭受不幸的被保险人的损害，得以在全体被保险人（包括受损者）中进行分摊，帮助其渡过经济难关。

简而言之，保险是以合同方式集合众多单位或个人的同类风险，通过科学计收分担金，实现对少数成员因特定风险事故发生所致的损害给予经济补偿的社会互助制度。

【案例 3-1】保险分散风险的原理

假设某市有 1 万个人，每人有一座房屋。为简化起见，假设每座房屋的价值都是 50 万元，这些人都向保险公司投保了一年期的房屋保险。保险公司从多年经营房屋保险的经验中知道，每千座房屋每年有 1 座遭受损害，因而制定每年缴纳保险费为 550 元，保险金额为 50 万元。则保险基金为

550 元×1 万＝550 万元

如果损失结果正如保险公司预测那样，则有 10 座房屋共得到赔款 50 万元×10＝500 万元，剩余 50 万元由保险公司用来支付职工工资、中介佣金、各项支出和利润。

这样，每个参加保险的人以事先可知的、少量的确定保险费 550 元为代价，转移了未来可能发生但无法预测的、不确定的巨大损失 50 万元。

二、保险的构成要素与特征

（一）保险的构成要素

现代保险作为一种经济保障制度与损失补偿方式，通常由以下五个要素构成。

1. 特定风险的存在

保险作为管理风险的一种财务安排，具有赔付特定风险损失的功能。风险是保险存在的前提条件，若无风险，保险也就失去了存在意义。但并非任何风险都可以进行保险，保险人只经营可保风险，即承保约定的特定风险及事故损失。可见，特定风险的存在是保险的重要构成要素。

2. 多数经济单位的结合

保险通过集合风险来实现其经济补偿功能，即由多数人参加保险来分担少数人的损失，故保险以多数经济单位的结合为必要条件。“多数”的含义一般没有具体规定，但是必须以收支平衡为最低保险基金，即收入应与支出的保险金总额保持平衡。参加保险的经济单位越多，则保险基金越雄厚，赔偿损失的能力越强，每个单位的分摊金也就相应减少。

多数经济单位的结合方式有两种：一是直接结合，即在一定范围内，处在同类风险中的多数经济单位，为一致的利益而组成保险结合体，例如相互保险、合作保险等。二是间接结合，即由第三者充当保险经营主体，使处在同类风险中的多数经济单位，通过缴纳保险费的方式，由保险经营主体促成其结合，例如各种商业保险、社会保险等。

3. 签订保险合同

现代保险是以合同方式运作的，保险合同是当事人权利和义务的载体。没有保险合同，保险活动就失去了载体，保险经营就无法正常开展。所以，签订保险合同也是保险的重要构成要素。

4. 合理厘定费率

保险既是一种经济保障活动，也是一种商品交换行为。保险费率（即价格）如果厘定得过高，就会增加被保险人的负担，抑制其投保积极性，从而失去保险的保障意义；如果费率过低，又无法对参加者的损失提供可靠足额的补偿，也会失去保障的意义。因此，必须科学合理地厘定保险费率。一般商品的价格制定要依据“成本加平均利润”的原则，保险费率同样要依据这一原则来厘定。但由于保险具有自身的核算特点，其价格厘定还要依据概率论、大数法则等精算原理进行科学计算。

5. 建立保险基金

保险基金是通过保险经营机构建立起来的后备基金，是用于赔付由灾害事故和人生自然规律所致的经济损失以及人身损害的专项货币基金。保险基金是保险机构履行其经济赔付义务的物质基础，主要来源于保险机构的开业资本金、公积金和保险费收入等。就财产保险公司的保险准备金而言，包括未到期责任准备金、赔款准备金、总准备金和其他准备金几种形式；而人寿保险准备金主要是未到期责任准备金。保险基金具有来源的分散性和广泛性，基金的返还性、专项性、增值性，赔付责任长期性等特点。可见，无保险基金的建立，就无保险的补偿和给付活动，现代保险就无法存在。

（二）保险的特征

现代保险作为一种风险分担的经济保障机制，具有以下五个基本特征。

1. 互助性

保险自古以来就体现了一种“我为人人，人人为我”“一方有难，八方支援”的损失分担和互助友爱精神。对每个社会个体而言，其风险是不确定的，但对于某个群体来说，风险所导致的损失就具有较高的确定性和稳定性。如果个体参与保险，就可以有效转嫁其不确定性风险，并将个别参与者的损失在团体中进行分摊。因此，保险具有明显的互助性特征。

2. 经济性

保险是一种分担经济损失的社会经济保障机制，通过向投保人收取保险费，并在出现了相应的风险事故损失后，以保险金的形式向被保险人进行经济补偿，帮助其渡过经济难关，这体现了经济性特征。人身保险的保险标的是人的生命和身体，难以用价值衡量，但只要提前约定具体的保险金额，就可作为保险公司履行责任的限度。在财产保险的保险标的受损后，可以按合同约定从保险公司处获得相应财产损失部分的经济赔偿。

3. 法律性

保险关系是一种法律关系，其确立是以保险合同为基础，并受到法律的保护和规范。保险消费就是一种合同行为，也是双方订立和履行保险合同的过程。另外，国家还颁布了专门的法律来规范保险业的发展，并约束相关当事人尤其是保险人的行为。因此，保险行为主要受到《合同法》《保险法》等一系列相关法律的制约，具有法律性特点。

4. 商品性

在保险经营活动中，保险人负责生产和销售保险产品，投保方购买和消费保险产品，体现了保险商品的交换关系。但保险属于特殊的无形商品，它依托于保险合同，由保险人给购买者提供经济保障服务以及保险资金的投资收益。而且，投保人只有按规定支付一定保险费，才能获得相应的保险商品及其保障权利，这是一种典型的商品交换关系。

5. 科学性

现代保险经营是以概率论和数理统计等科学理论与方法为数理基础的。从市场调查、数据统计、产品开发到费率厘定，从准备金的提取、再保险安排到公司管理等，都体现了精算科学的相关知识，具有严密的科学性特征。

（三）保险的比较特征

1. 保险与保证

保险与保证都是对将来偶然事件所致损失的补偿方法，但仍有下列区别。

（1）保险是多数经济单位的集合组织；保证仅为个人间法律关系的约束。

（2）保险以其行为本身的预想为目的，并不附属于他人的行为而生效；保证则附属于他人的行为而发生效力。

（3）保险合同成立后，投保人必须交付保险费，保险人于保险事故发生时赔付保险金。保证合同成立后，在特定风险事故发生时，就买卖保证而言，仅卖方负一定的义务，并无对价关系；就债务保证而言，仅保证人负责代偿债务的给付，债权人不作任何对等的给付。

（4）保险基于科学计算，有共同的赔偿准备金；保证并无任何精算应用，仅出于当事人当时心理或主观上的确信，或有特别的准备财产，但仅为当事人的个人行为。

2. 保险与救济

社会救济是国家对社会贫困户或受灾户给予一定帮助的保障制度。由民政部门进行钱物救济或收容安置，分定期救济和临时救济两种形式。保险与救济同为借助他人安定自身经济生活的一种方式，都属于社会保障范畴，但两者的根本性质完全不同。

（1）提供保障的主体不同。保险保障是由保险公司提供的，是一种商业行为。救济包括民间救济和政府救济，民间救济由个人或单位提供，这类救济纯粹是一种慈善施舍行为，而政府救济属于社会行为。

（2）提供保障的资金来源不同。保险保障以保险基金为基础，主要来源于投保人交纳的保险费，其形成有科学的数理依据，而且国家对保险公司有最低偿付能力标准的规定。而民间救济的资金是救济方自有的，政府救济资金则来源于国家财政拨款。

（3）提供保障的可靠性不同。保险以保险合同约束双方当事人的行为，任何一方违约都会受到惩罚，因而被保险方能得到及时可靠的保障。而民间救济则是一种单纯的临时性施舍，任何一方都不受法律约束。尤其对救济人而言，其行为完全自由，因而获得的保障是临时的、不稳定的。

（4）提供保障的水平不同。保险的保障水平取决于保险双方当事人的权利和义务，即保险的补偿水平要根据损失情况而定；同时，与投保人的交费水平直接相关，因而能使保险人的实际损失得到充分的保障。而救济是单方行为，被救济者得到的救济不取决于实际损失，而是救济方的心愿和支付能力。

3. 保险与储蓄

保险与储蓄都是为将来的经济需要进行资金积累的一种形式，尤其是长期寿险和储蓄差异小，购买者经常将其进行比较。其区别是：①性质不同。储蓄属于货币信用范畴，是一种单独的经济自助行为。保险属于独立经济范畴，是一种自助加他助的经济行为。②参加条件不同。储蓄可以随时随地参加，保险则必须具备相应的投保条件。③支付的条件不同。储蓄款项可以随时支配或主张，保险金则取决于合同约定的责任事故及损失是否发生。④计算技术要求不同。保险需要复杂的精算技术，储蓄则不需要。⑤准备金性质不同。储蓄属于私人性质，保险准备金则是由全体被保险人所有。

4. 保险与赌博

保险与赌博同属于由偶然事件引起的经济行为，并且在给付与反给付的总量上都是相等的。两者的本质区别有：①目的不同。保险的目的是获得经济保障，赌博的目的是侥幸发财。②法律地位不同。保险是合法产业，属于金融和社会保障范畴。赌博属于非法经营，不受法律保护。③风险性质不同。保险经营的是非投机性风险，赌博属于投机性风险。④对标的的要求不同。保险要求对投保标的具有保险利益，赌博则无要求。⑤结果不同。保险有利于经济发展及社会的和谐稳定。赌博则扰乱社会秩序，不利于社会安定。

三、现代保险的本质

保险的本质是指其社会属性。保险是顺应社会生产力的发展要求而产生，伴随着人类社会的前进而不断完善的复杂经济行为，对人类社会的进步做出了巨大的贡献。现代保险已发展成为一个非常完善的经济体系，渗透到社会每个角落，与民众生活息息相关，成为社会制度中不可或缺的有机组成部分。因此，可从经济、法律和社会功能三个角度来揭示现代保险的本质。

（一）从经济视角看

1. 保险是一种经济保障行为

保险最主要的特征是一种经济保障行为。现代保险产品是无形的经济保障服务，对被保险人现实生活中面临的不确定风险给予经济保障。

现代保险有利于整个经济社会的稳定运行，并提高社会生产效率。社会对保险产品有需求和供给，是保险经济行为能够持续发展的原因。在保险经营中，投保人缴纳保险费购买了保险产品，换取被保险人在遭受风险事故损失时获得经济补偿；保险人出售保险产品，收取了保险费，就要对被保险人遭受保险事故的损失承担经济补偿责任。

从供给角度看，保险人用精算原理进行论证，证明完全可以通过收取保险费对被保险人因风险事故造成的损失进行补偿，并且获得盈利，因此，从事保险经营是有利可图的。

于是，保险人将众多面临同样风险的人或单位组织起来，按照损失分摊原则向其收取保险费，建立保险基金，当被保险人遭受损失后对其进行经济补偿，而保险人则承担了未来的不确定损失。保险人之所以愿意这样做也是出于成本收益考虑，当保险人从被保险人处收取的资金及带来的相应收益大于未来的损失时，便可向社会供给各种保险产品和服务。

从需求角度看，由于社会主体的大量标的面临着同样的风险，而与之有利害关系的人就希望付出一定代价来获得保障，希望在遭受损失后及时获得补偿。而对于单个投保人而言，参加保险付出确定的财务成本（保险费）之后，一旦遭受损失就可以获得经济补偿，从而将风险损失转移出去。投保人购买保险也是出于成本比较的考虑，现在付出的成本小于将来的损失估计，从而对保险产品产生需求。

2. 保险是一种金融行为

对社会而言，保险人通过收取保险费聚集了大量的损失分担资金，再将这些资金运用出去，实际上在社会范围内起到了资金融通的作用。因此，保险公司是一个金融中介机构。但保险的资金融通有别于商业银行，其资金聚集不以放贷为目的，而是以对被保险人可能的损失赔偿（融资）为出发点，因此，各国政府都对保险投资方向予以限制，尽量保证其安全。

对于保险人而言，收取保费、进行保险投资、安排分保、组织保险理赔是其日常经营中最主要的业务，而且都是以货币收支的形式进行。因此，保险企业的经营行为具有浓厚的金融行为色彩。

对于被保险人而言，参加保险以及受损后获得赔偿也是以货币的形式进行，是一种对风险损失进行融资的金融行为。尤其是人寿保险更多的带有储蓄和投资的色彩，是对未来巨额支付的财务准备，具有典型的个人金融行为特征。

3. 保险是对国民收入的再分配

从被保险人之间的关系来看，保险还是一种收入调节杠杆，起到了国民收入再分配的作用。保险的运作机制是参与者共同缴纳保险费，共同出资组成保险基金，当一个被保险人遭受损失时，就可以从保险基金中获得补偿。因此，实际获得的赔付是全体被保险人的共同经济支持。即一个人的损失可以由大家分担，各个被保险人之间是一种互助合作与相互支援的关系，集合大家的力量一同应对风险损失。因此可以说，保险是一种分摊意外事故损失的财务安排，是被保险人之间的一种收入再分配。

（二）从法律视角看

从法律角度看，保险是一种经济合同行为，保险合同明确规定了当事人双方的权利义务关系。保险人的权利是向投保人收取保险费，义务是当约定的风险事故发生后向被保险人赔偿或给付保险金。保险消费者的权利是，当约定的风险事故发生后能够向保险人要求赔付保险金，义务是向保险人支付保险费，并履行合同规定的其他义务。

（三）从社会功能视角看

保险是一种风险管理和损失转移机制。风险是客观存在的，人们一直在不断寻找应对风险的办法，希望建立一种机制，避免风险或减少风险造成的损失，力图将风险事故对人类生产、生活造成的危害降到最低点。保险正是人们经过长期的实践，逐步建立起来的这样一种机制。保险是将众多单位和个人集合起来，将个体应对风险转变为大家共同应对风险，因而从整体上提高了社会对风险的承受能力。这种风险转移机制有助于整个社会的风险管理及经济生活的稳定运行，因此，保险有“社会稳定器”之称。

综合而言，保险的本质是在参与平均分担损失补偿的单位或个人之间形成的资金再分配关系，是为参与者进行意外损害融资的一种财务保障制度。

第二节 保险的基本分类

为了更好地对保险理论和实务进行研究，按照一定标准对保险业务进行分类非常重要。以下根据不同的标准，从不同视角来介绍保险常见的分类方法及对应业务。

一、按保险的性质分类

按保险的性质不同，一般分为社会保险、商业保险和政策保险。

(一) 社会保险

社会保险是指国家通过立法形式，为社会成员提供基本生活保障，促进社会和谐安定的一种社会保障制度。社会保险一般为强制保险，是以法律保证的社会成员的一种基本社会权利。其功能是让以劳动为生的人在暂时或永久丧失劳动能力或劳动机会时，能利用这种权利来维持劳动者及其家属的生活。社会保险的主要项目包括养老保险、医疗保险、失业保险、工伤保险和生育保险等。在现实生活中，有许多风险是商业保险不能解决的，比如大规模的失业以及贫困化等问题。如果不对这些风险加以管理，就可能造成社会动荡，直接影响经济发展，所以只能依靠社会保险的办法来解决。

(二) 商业保险

商业保险也叫自愿保险、任意保险，是指保险当事人双方以平等互利、等价有偿为条件，以风险转嫁和损害赔付为合同内容的货币交易行为。即投保人根据合同中的自愿约定向保险人支付保险费。而保险人对合同约定的风险所导致的被保险人的经济损失承担赔偿责任；或当被保险人死亡、伤残、生病，或者达到合同约定的年龄、期限时承担给付保险金责任。商业保险与社会保险相对应，一般实行自愿保险，按照市场规则运营。

(三) 政策保险

政策保险是政府出于实现某种经济政策的目的，委托商业保险公司或成立专门保险经营机构，运用商业保险技术开办的一种保险。比如，目前我国的出口信用保险就是由专门的中国出口信用保险公司来经营的，很多国家的农业保险也属于政策性保险业务。

政策保险是国家为实现其某种经济政策目的而举办的，体现了公共利益和公共政策性，这就决定了政策保险在经营目标上与商业保险不同，其不以营利为目标。实际上，很多国家政府都对政策性保险业务给予费用补贴或政策优惠。

二、按保险的实施方式分类

按保险的实施方式不同，可分为自愿保险和强制保险。

(一) 自愿保险

自愿保险也称任意保险，是指保险双方采取自愿方式签订保险合同的保险。自愿保险的保险关系，是当事人之间自由决定、彼此合意后所成立的合同关系。保险人可以根据情况决定是否承保，以什么条件承保。投保人可以自行决定是否投保，向谁投保，也可以自由选择保障范围、保障程度、保险金额和保险期限等。

（二）强制保险

强制保险也称法定保险，是指保险人与投保人以法律、法规为依据而强制建立的保险关系。例如，为了保障交通事故受害者的利益，很多国家把汽车第三者责任保险、环境责任保险等规定为强制保险。强制保险具有全面性和统一性的特点，凡是在法令规定范围内的保险对象，不论法人或自然人，不管是否愿意，都必须依法参加保险。实施强制保险通常是为了满足政府某些社会政策、经济政策和公共安全方面的需要。

三、按保险标的分类

按保险标的或对象不同，可分为财产保险和人身保险，这也是我国保险法中的分类。《保险法》第九十五条第一、第二款规定，保险公司的业务范围：（1）人身保险业务，包括人寿保险、健康保险、意外伤害保险等保险业务；（2）财产保险业务，包括财产损失保险、责任保险、信用保险、保证保险等保险业务。

（一）人身保险

人身保险是以人的寿命和身体为保险标的的一类保险业务。根据保障范围的不同，人身保险分为人寿保险、意外伤害保险和健康保险等。

1. 人寿保险

人寿保险是以被保险人的生命为保险标的，以生存和死亡为给付保险金条件的人身保险。人寿保险是人身保险的主要组成部分，被保险人在保险期内死亡或期满生存，都可以作为保险事故，即当被保险人在保险期内死亡或达到保险合同约定的年龄、期限时，保险人按照合同约定给付死亡保险金或生存保险金。它包括生存保险、死亡保险、年金保险、两全保险等业务种类。此外，为了更好地满足投保人灵活性、投资性等多方面的需求，20世纪后期出现了以投资连结保险、万能保险、分红保险为代表的新型人寿保险，受到消费者的追捧。

2. 健康保险

健康保险是以人的身体作为保险标的，在被保险人因疾病或意外事故产生医疗费用支出或收入损失时，保险人承担赔偿责任的一类人身保险。按照保险责任不同，主要分为医疗保险、重大疾病保险、工资收入保险、专业人员劳务收入保险、护理保险等。

3. 意外伤害保险

意外伤害保险是当被保险人因遭受意外伤害而导致身体残疾或死亡时，保险人按合同规定给付保险金的人身保险。在该保险中，保险人承保的风险是意外伤害风险，保险人承担赔付责任的条件是被保险人因意外事故而残疾或死亡。按保险风险分类，意外伤害保险可分为普通意外伤害保险、特种意外伤害保险等险种。

（二）财产保险

财产保险是以财产及其有关利益、责任和信用作为保险标的的一种保险，属于广义的财产保险。按照保障范围不同，财产保险业务可进一步分为财产损失保险、责任保险、信用保险和保证保险四类。

1. 财产损失保险

财产损失保险是狭义的财产保险，是指以物质财产为保险标的的一类保险业务。通常包括以下六类业务：(1) 普通财产保险。是指以存放在固定场所的各种物质财产作为保险标的的一类保险。(2) 运输工具保险。是指以各种运载工具及有关利益作为保险标的的一类保险。(3) 货物运输保险。是指以运输中的货物作为保险对象的一类保险。若承运的货物遭受保险责任事故并导致经济损失，则由保险人负责赔偿。(4) 工程保险。是指以工程建设和机器设备安装工程中的各种物质财产作为保险对象的一类保险。(5) 农业保险。是指以各种约定的种植物和养殖动物为保险标的的一类保险。保险人对承保的各种农作物、经济作物及各种牲畜、家禽等因遭受灾害事故给被保险人带来的经济损失，按规定负赔偿责任。它包括种植业保险和养殖业保险两类，分为若干个险种。(6) 盗抢保险。是指保险人对承保的财产因遭受强盗抢劫或窃贼偷窃行为而造成的经济损失负经济赔偿责任的一种保险。

2. 责任保险

责任保险是以被保险人依法应负的民事赔偿责任或经过特别约定的合同责任为保险标的的保险业务。包括公众责任保险、雇主责任保险、产品责任保险、职业责任保险等业务种类。(1) 公众责任保险。也叫公共责任保险、第三者责任保险，是以被保险人因违反法律规定义务，对他人（第三者）造成的人身伤亡或财产损失依法应负的经济赔偿责任作为保险标的的一类保险。(2) 雇主责任保险。也叫劳工保险，是以雇主依照法律或雇佣合同，对受雇者人身伤亡应负的经济赔偿责任作为保险标的的保险。该保险多以强制形式实施。(3) 产品责任保险。也叫商品瑕疵保险，是以被保险人因制造、销售、修理或试验品质有缺陷的产品，致使消费者或使用人遭受人身伤亡或财产损失，而依法应负的经济赔偿责任作为保险标的的一类保险。(4) 职业责任保险。又叫职业赔偿保险，是以各种特殊职业者（如律师、工程师、会计师、医师等）因工作疏忽或过失，造成他人人身伤亡或财产损失，依法应负的经济赔偿责任作为保险对象的一类责任保险。

3. 信用保险

信用保险是指由权利人向保险人投保债务人的信用风险的一类保险。它是一项用于企业风险管理的保险产品，主要功能是保障企业应收账款的安全。其原理是把债务人的保证责任转移给保险人，当债务人不能履行还款义务时，由保险人承担经济赔偿责任。信用保险可分为以下几种。

(1) 商业信用保险，是以企业在商品交易过程中所产生的信用风险为保障对象的保险。包括贷款信用保险、赊销信用保险、预付信用保险等业务。

(2) 出口信用保险，也叫出口信贷保险，是各国政府为提高本国产品的国际竞争力，推动本国的出口贸易，保障出口商的收汇安全和银行信贷安全，促进经济发展，以国家财政为后盾，为企业在出口贸易、对外投资和对外工程承包等经济活动中，提供风险保障的一项政策性支持措施。它属于非营利保险业务，是政府对市场经济的一种间接调控手段，也是世界贸易组织补贴和反补贴协议中原则上允许并支持出口的政策手段。

(3) 投资保险，又称政治风险保险，承保投资者的投资和已赚取的收益因承保的政治风险而遭受的损失。投资保险的投保人和被保险人是海外投资者，开展该保险的主要目的是为了鼓励资本输出。

4. 保证保险

保证保险是指投保人（被保证人）根据权利人的要求，请求保险人担保自己信用的保险。即保险人为被保证人向权利人提供担保的保险。其保险标的是被保证人的信用风险，当被保证人的作为或不作为致使权利人遭受经济损失时，保险人负经济赔偿责任。因此，保证保险实际上是一种担保业务。保证保险主要分为合同保证保险、忠实保证保险、商业信用保证保险三类。

四、按承保方式分类

按承保方式不同，可分为原保险、再保险、重复保险、共同保险等。

（一）原保险

原保险也叫直接保险，是指投保人与保险人之间直接签订合同所确立的保险关系。当被保险人在保险期内因保险事故遭受损失时，保险人对被保险人承担赔付责任。这里的投保人是指除了保险公司以外的其他经济单位和个人。广大企业、家庭、个人等与保险公司之间建立的保险关系就是一种原保险关系。

（二）再保险

再保险也被称为分保，是指保险人在原保险合同的基础上，通过签订分保合同，将其承保的保险业务部分转移给其他保险人承担的保险。《保险法》第二十八条规定：保险人将其承担的保险业务，以分保形式部分转移给其他保险人的，为再保险。分出业务的一方是原保险人，接受业务的一方是再保险人。原保险人转让部分保险业务的动机是避免过度承担风险责任，目的是稳定自身业务经营。

（三）重复保险

重复保险是指投保人就同一保险标的、同一保险利益、同一风险事故与两个以上的保险人订立保险合同，且保险期限重复、保险金额总和超过保险价值的保险。在这种情况下，若发生保险事故并使得保险标的遭受损失，需按法律规定的方法在保险人之间进行赔款的分摊。

（四）共同保险

共同保险是指由两个或两个以上保险人联合起来对同一标的、同一保险利益、同一风险事故提供保险保障，且保险金额总和不超过保险价值的保险。发生保险损失时，则按照各自承保的比例进行赔付。

数个保险人可能以某一保险人的名义签发保险单，每个保险人按照约定的比例承担保险责任。虽然在保险实务上，投保人仅须与一个首席保险人接洽，而非所有保险人；但在法律上，投保人仍然要与所有保险人直接发生关系，故属于直接保险。共同保险与再保险均为风险分散原则的具体应用。共同保险的产生早于再保险，而再保险富于融通性。但相对于再保险而言，共同保险存在明显的不足，一是要求共同保险人必须在同一地点，只有劳合社保险市场才能满足这个要求，其他保险市场难以办到；二是共同保险手续烦琐、费时费力，投保人必须与每个保险人商洽有关保险事项，而保险人之间的商洽也很繁杂费时，因而共同保险一般较少被采用。

【案例3-2】平安产险联合国内同行共保资源三号02卫星发射

2016年5月30日11时17分，伴随着发动机的巨大轰鸣声，平安产险首席承保、国内20余家保险公司联合共保的资源三号02卫星搭载长征四号乙运载火箭在太原卫星发射中心成功发射。资源三号02卫星顺利进入预定轨道，并与资源三号01卫星在轨交付，实现双星组网运行。资源三号02卫星发射保险是国内首个完全按照政府采购招标程序公开招标的卫星发射险项目，平安产险牵头国内20余家中小财险公司组成竞标联合体，在与两家主要竞争对手临时组成的竞标联合体竞争中脱颖而出，成功中标，首席承保了资源三号02卫星的发射加在轨测试保险及发射第三方责任保险一揽子项目，保额分别达到7.87亿和6.3亿元人民币。平安产险在三个工作日内即完成了资源三号02卫星保险条款量身定制、共保、再保安排的全部工作，保障了卫星按计划发射。

资料来源：阳江新闻网，2016年5月31日。

五、按经营性质分类

按经营性质不同，可分为营利保险和非营利保险。

（一）营利保险

营利保险是指以营利为目的而经营的保险形式。商业性保险机构一般都属于营利保险，它们按照利润最大化原则开展各种保险业务。

（二）非营利保险

非营利保险是指不以营利为目的的保险业务形式，包括社会保险、政策保险、相互保险及合作保险。

六、按经营主体分类

按经营主体不同，可分为公营保险、私营保险和合作保险三类。

（一）公营保险

公营保险是指由政府投资并出面经营的保险形式。一般分为国家经营的保险和地方政府经营的保险。公营保险的目的如下：一是通过营利增加国家财政收入；二是实施某种政策。营利性的国营保险机构在经营方面与私营保险并无区别，二者自由竞争，共同生存。而以实施某项政策为目的的国营保险，一般具有独占性，只能由国家经营。

（二）私营保险

私营保险是指由私人投资经营的保险形式。它的组织形式较多，主要有股份保险公司及合作保险组织。

（三）合作保险

合作保险是由社会上需要保险的人或单位共同组织起来采取合作方式办理的保险。合作保险分为相互保险社和相互保险公司两种形式。

七、按投保主体分类

按投保主体不同，可分为团体保险、企业保险和个人保险。

（一）团体保险

团体保险，是指投保人为某一集体，由投保团体与保险人签订一份保险总合同的保险。团体保险一般用于人身保险。该保险使用一份总合同向一个团体的许多成员提供保险，保险费率一般低于个人保险。其业务程序不像个人保险那样烦琐，如团体人身保险一般不要求成员进行体检，而是发给每人一份保险证。

团体人身保险在各国有不同的险种，在美国有团体健康保险、团体养老保险和团体年金保险。在我国有团体意外伤害保险、团体定期寿险、团体年金保险、团体短期健康保险等。企业一般把团体保险作为职工福利的一种方式而列入雇员福利计划。

近年来，团体保险的范围已经由过去的人身保险领域延伸至财产、责任保险领域。例如，美国的一些企业在其雇员福利计划中就包括团体私用汽车保险和团体房主保险。

（二）企业保险

企业保险是以企业作为投保人与保障主体的保险。企业除了面临生产和经营风险外，还面临各种财产损失、营业中断、责任信用和人员损害的风险，因而需要购买各种保险来保障。企业可以使用一揽子保险单来满足自己的保险需要，也可以分别购买不同的险种，如企业财产保险、公众责任保险、产品责任保险、雇主责任保险等。

（三）个人保险

个人保险是以个人名义向保险人购买的保险，其投保人是单个的自然人。个人保险是以家庭和个人为保障主体，家庭财产保险、私用汽车保险和个人意外险、年金保险等都属于个人保险。

八、按风险转嫁程度分类

按照保险金额占标的价值的比例或风险转嫁程度不同，可分为足额保险、不足额保险和超额保险。

（一）足额保险

足额保险是指保险合同中约定的保险金额与保险标的出险时的保险价值等额，即保险金额刚好等于保险价值的保险。在足额保险的场合，当保险事故发生造成保险标的全部损失时，保险人应依据保险价值进行全部赔偿。如果保险标的存有残值，则保险人对此享有物上代位权，也可以作价折给被保险人，并在赔款中扣除该部分价值。当保险事故的发生造成部分损失时，保险人按实际损失确定赔付的数额。

（二）不足额保险

不足额保险也称部分保险，是指保险合同中约定的保险金额比保险标的出险时的实际价值低，即保险金额小于保险价值的保险。其产生的原因大致有以下三点。

（1）投保人仅以保险价值的一部分投保，其原因或者是为了少缴保险费，或者是投保人认为标的发生全损的可能性较小，没有必要足额投保。

（2）投保人因没有正确估计保险标的的市场价值而产生不足额保险。

（3）在订立保险合同以后，因保险标的的市场价格上涨而产生不足额保险。

由于不足额保险的保险金额低于保险价值，投保人并未将其差额部分的风险转嫁给保险人，因此，应将不足额部分视为投保人自保。当保险标的发生全损时，保险人按约定的保险金额支付保险金；当发生部分损失时，保险人按照保险价值的保障比例承担损失。

（三）超额保险

超额保险是指保险合同中约定的保险金额超过其保险价值的保险。其产生的原因有以下几点。

（1）投保人过高地估计了保险标的的价值，或不了解市场行情。

（2）投保人希望在保险事故发生后获得多于实际损失的补偿，或利用超额保险合同进行欺诈，谋取不正当的利益。

（3）保险合同成立后，因保险标的的市场价格跌落，导致保险事故发生时的保险金额超过保险价值。

在超额保险情况下，保险事故发生后，保险人只按照保险标的的实际价值赔偿。如果投保人存在欺诈行为，则保险合同无效。

第三节 保险的功能

一、保险功能的一般含义

保险的功能是指由保险本质和内容决定的、内在的固有功能，是社会分工赋予保险的社会使命。

保险的功能包括基本功能和派生功能。保险的基本功能是保险独有的原始功能，且不会随着时间和外部环境的改变而改变，它是保险区别于其他事物的根本标志。保险的派生功能则是随着保险业的发展和客观环境的变化，在基本功能的基础上派生出来的非独有的功能。

二、保险的基本功能

现代保险的基本功能可以概括为：集散风险，赔付损失。

（一）集散风险功能

集散风险功能即收集和分散风险的功能，是保险的内在功能，是通过保险人的展业与承保工作来实现的。现代保险机制是：具有同类风险的组织和个人（被保险人）被聚集，同时向聚集者（保险人）交纳一定费用，被保险人约定的风险就转移给了保险人，即后者承担了前者的风险。而后者能够集中承担前者的风险，是以向众多投保人（或被保险人）收取一定保险费为基础的。因此，实际上不是保险人承担了被保险人的风险，而是面临同类风险的所有被保险人通过保险机制，共同承担了少数人的风险，也就是通过多数人分散少数人的风险。

（二）赔付损失功能

赔付损失功能是保险的外在功能，即对保险责任事故造成的经济损失及时进行补偿，或者对约定的人身保险事件的发生进行保险金给付。

长期以来，财产保险等损害保险就是以合同的形式向众多投保人收取保险费，然后在少数被保险人发生约定风险事故所致损失时，根据合同约定进行经济补偿。其目的就是对保险标的发生保险事故后导致的经济损失进行补偿，因而损失补偿是保险的基本功能。这也是“一人为众，众为一人”的保险互助共济精神的集中体现。

对于大多数人身保险而言，其基本功能是经济给付。因为在人身保险中，人的价值无法用货币来衡量，人所遭受的伤害也难以用货币进行补偿。因此，人身保险的保险金额是由保险双方当事人在订立保险合同时，按被保险人的需求通过协商确定的。根据人身保险合同的约定，投保人应向保险人支付保险费，当被保险人死亡、伤残、发生疾病或者达到合同约定的年龄、期限时，保险人应承担给付一定保险金的责任。

保险人通过实施保险的经济赔付功能，为被保险人及其关系人提供约定的经济保障，帮助其渡过经济难关。集散风险与赔付损失是手段与目的的统一，是保险本质特征最基本的反映。

三、保险的派生功能

保险的派生功能包括融通资金、防灾防损、均衡消费及社会管理功能。

（一）融通资金功能

融通资金功能，是保险人将保险资金中的暂时闲置部分，以有偿返还的方式重新投入社会再生产过程，以扩大社会再生产规模的功能。保险公司在收取保险费到赔付保险金之间存在着一定的时间差和规模差，导致保险资金中始终有一部分资金处于暂时闲置状态，从而为保险公司的资金融通提供了可能性。

融通资金功能是在实现保险基本功能的基础上，顺应一定的社会经济条件而派生出来的特殊功能。它最初产生于市场经济较发达的西方国家。在市场经济社会里，资金闲置是一种不容宽恕的浪费。为此，就需要将处于暂时闲置状态的保险资金加以运用，使之参与社会资金周转，通过保险资金的运用产生收益，在扩大社会再生产规模的同时，增大保险资金总量，降低保险经营成本，稳定保险公司的经营。

损失赔付活动是保险人的负债业务，而利用保险资金进行的融资活动则是其资产业务。保险资金的运用已成为保险公司收益的重要来源。

（二）防灾防损功能

保险业是经营风险的行业。保险人为了稳定自身经营，需要分析、预测、评估哪些风险可以作为承保风险，哪些风险可以进行分散，哪些风险不能承保。由于人为因素与风险发生的可能性具有相关性，通过人为的预防措施，可以减少损害的产生；同时，防灾防损也是保护顾客生命财产安全、承担社会防灾义务的体现。因此，现代保险又派生出了防灾防损功能。该功能在发达国家的保险经营活动中受到广泛重视，保险人通过分析潜在的损害风险，评价保险标的的风险管理计划，提出费用合理的替代方案，采取损害管理措施等风险管理服务，来实现其防灾防损功能。防灾防损功能既具有社会效益，又具有自身经济效益和顾客效益，因此是多方互利共赢之举。

（三）均衡消费功能

人身保险还具有均衡消费的功能。人身保险基金的大部分来自于各种养老保险、年金保险、子女教育婚嫁保险等缴纳的保费，以便保证未来的养老、子女求学、创业、结婚及生活所需的费用。这不是对已存在的社会财富的损失赔付，而是用过去节省的财富来应对未来的生活需要。这种用过去结余来满足未来消费需要的功能就是“均衡”功能。它是将人们在一定时期内获得的生活资料，在一生消费中进行均衡分配，因而也是人身保险的特殊功能。

（四）社会管理功能

社会管理功能，是指保险业通过自身运作而对社会发展进步及资源科学配置等所发挥的积极作用。随着经济社会的迅速发展，保险业已完全融入现代社会经济制度，渗透到各行业以及社会生活的各个方面。保险业不仅创造了更多更丰富的产品和服务，而且也是一种有利于经济社会安定繁荣的制度设计和社会管理平台。

在现代社会，保险业以风险管理手段为平台，积极为各级政府管理分忧，为社会稳定出力，为经济建设保驾护航。其社会管理功能主要表现在：①建立风险数据库，参与社会风险控制，承担风险管理功能；②灵活调剂运用保险资金，承担社会资源管理功能；③秉承最大诚信原则，承担社会信用管理功能；④分担部分社会保障任务，承担部分社会改革管理功能；⑤承担各种责任风险，协调社会成员关系，发挥社会维稳功能；⑥大力支持科技进步，承担部分社会创新管理功能；⑦融入社会生产及日常生活，承担部分社会生产与生活管理功能；⑧改变各方行为模式，承担部分社会关系管理功能等。

保险的社会管理功能与政府对社会的直接行政管理不同，它是通过保险特有的功能，发挥社会的“稳定器”、“助推器”和“润滑剂”的作用，促进经济社会的协调有序发展，保障社会各领域的正常运转。

第四节 保险的作用与地位

一、保险的作用

（一）含义

保险的作用是指保险在实施其功能时所产生的客观社会经济效应，是保险保障功能发挥的结果。保险作用既有重要的积极作用，又有个别消极作用。其积极作用又分为微观经济作用和宏观经济作用。

（二）保险的微观经济作用

保险的微观经济作用，是指保险作为管理风险的财务手段而对保险消费者所产生的积极经济效应。主要表现在以下六个方面。

1. 帮助投保企业灾后及时恢复生产经营

风险是客观普遍存在的。灾害事故的发生尤其是重大灾害事故的不断出现，会破坏企业的资金循环，缩小其生产经营规模，甚至导致生产经营过程中断，使其蒙受巨大经济损失。但是，如果企业参加了各种保险，在遭受保险责任损失时，就能从保险公司及时获得赔款，尽快恢复生产经营活动，进而减少各种间接损失。

2. 促进投保企业加强风险管理

保险本身就是风险管理方式之一，而其防灾防损功能的发挥，更能够促进企业加强自身风险管理。保险公司常年与灾害事故为伴，积累了丰富的风险管理经验，可以帮助投保企业有效消除风险的潜在因素，实现防灾防损的目的。保险公司还可以通过保险费率这一价格杠杆，调动企业防灾防损的积极性，共同搞好风险管理工作。尽管保险能对保险责任事故损失进行经济补偿，但风险一旦发生就可能造成社会财富的损失，被保险企业也不可能从风险损失中获得额外利益。因此，加强风险管理符合投保企业和保险公司的共同利益，有利于实现互利共赢。

3. 助力投保企业加强经济核算

通过保险方式转移风险是常用的财务型风险管理方式之一。如果企业参加了保险，就能够将其面临的不确定的大额经济损失，变为确定的定期的小额保费支出，并摊入到企业生产成本或流通费用中，使企业以交纳保险费为代价，将风险损失转嫁给了保险公司。这既符合企业的经营核算制度，又保证了企业财务成果的稳定。

4. 确保民事赔偿责任的履行，保障无辜受害人利益

在日常生活及社会活动中，因致害人的过错或无过错，难免发生导致第三者遭受财产损失或人身伤亡，进而引起民事损害赔偿责任。致害人可以作为被保险人，将这种责任风险通过投保责任保险转嫁给保险人；受害人则成为受益人，直接得到保险赔款。这样，既可以分散被保险人的意外责任风险，使其从法律纠纷中解脱出来，又能切实保障受害人的经济利益。

5. 安定保险消费者的经济生活

风险的发生对于个人及家庭而言是难以预料、不可避免的，参加保险则是个人及家庭风险管理的有效手段。各种家庭财产保险、交通工具保险、盗窃保险等，可以使受灾的家庭恢复原有的物质生活条件；责任保险可以将保险消费者从法律纠纷中解脱出来；人身保险可以转嫁被保险人的生、老、病、死、残等风险，对家庭的正常生活起到保障作用。可见，通过保险人的保险金赔付，可有效帮助保险消费者重建家园，使其家庭生活保持安定状态。

6. 有效提高投保企业信用和个人的信用

在市场经济条件下，每个企业或个人均有遭受责任风险和信用风险的可能，保险消费者通过购买责任保险便可为保险责任范围内的损失取得经济保障；而投保信用和保证保险则为义务人的信用风险提供了经济保障，从而增加或提高其信用，使其获得更多的投资与商业机会。因此，企业和个人可通过购买相关保险来提高其信用与偿债能力。

（三）保险的宏观经济作用

保险的宏观经济作用，是指保险功能的发挥对全社会及国民经济总体发展所产生的经济效应。主要表现在以下六个方面。

1. 保障社会再生产的正常进行

社会再生产过程由生产、分配、交换和消费四个环节组成，要求在时间上连续，在空间上均衡。社会再生产连续进行的必要条件是，各生产部门之间必须保持合理的比例关系。但这种合理的比例关系以及再生产的连续性，会因灾害事故的发生而被迫中断和失衡，导致连带损失甚至造成比例失调。如果参加了保险，受灾的生产部门就可以从保险公司获得损失补偿，及时恢复生产经营，这样就不会造成连带损失，从而保证社会再生产的连续性和稳定性。保险带来的社会总效益将远远大于其补偿总额。由于保险补偿功能帮助

受灾单位恢复了正常生产经营，因而对社会再生产的正常进行，对各生产部门保持合理比例关系也具有重要的保障作用。

另外，保险在要素投入量增长以及要素效率提高方面也有重要作用，从而保障了社会再生产的正常进行。

（1）保险在要素投入量增长方面的作用。

在要素投入量的增长中，资本的增长取决于储蓄的增长，劳动的增长取决于人口和劳动力的增长。经济增长率一般与储蓄率正相关，而储蓄和储蓄率的提高在一定程度上归功于包括保险在内的金融机构和金融市场的发展。

保险在提高储蓄率方面的贡献主要有两方面：①保险的发展为组织和个人管理自身风险提供了便利，投保人只要支付少量保险费就可以获得一定的风险保障。随着经济增长和社会财富的增加，人们通过购买保险来转移风险的需求日益增加，保险人的保险费收入不断提高。而且，人寿保险费收入中有相当一部分是带有储蓄性质的业务收入。保险费对保险人是负债，对保险消费者则是储蓄，即保险费中的保险准备金是消费者的储蓄。保险人通过承保大量分散的风险载体而积聚了大量的保险资金。②按照有关政策，保险人积聚的一部分保险资金可直接投资于实业或资本市场，其他部分也可以间接投资于经济建设，从而增加了社会资本量。

保险对资本投入量增长的作用表现在：提高了可用于投资的储蓄量；促进了储蓄向投资的转化。就业的稳定增长是一个国家的宏观经济目标之一。保险对劳动投入的增长，主要是通过促进就业量的增长体现出来的。即保险通过促进资本形成的增长增加了就业机会，而保险行业的发展也直接提供了大量就业机会，保险行业已成为我国就业安置的重要行业。

（2）保险在要素效率提高方面的作用。

在现代经济中，企业外部融资的比重逐渐提高，这与金融市场的发展相一致。因为金融市场的发展为企业外部融资降低了交易成本，便利了资本的集中、转移和重组。在一个有效率的金融市场中，保险公司与其他金融机构一样，有利于提高资本配置效率。它们在履行投资者和贷款人的职责时会收集大量信息，以便对企业、项目和经理人员进行评估，从而保证稀缺的资金投向有效率的领域并获得较高回报。而且，作为债权人或股东，在破产制度完善，存在有效的内控机制和竞争的法人控制市场的前提下，保险公司有权监督获得外部融资的企业经营行为，从而有利于提高企业的内部治理结构和市场效率。所以，在保险产业发挥保险功能过程中，在有关市场环境完善和监管有效率的条件下，保险可以起到提高要素效率的作用，从而促进经济的有效增长。

2. 有助于财政收支和信贷收支平衡的顺利实现

财政收支计划和信贷收支计划是国民经济宏观调控的两大资金宏观调控计划。而财政和信贷所支配的资金运动与周转，取决于物质资料生产、流通与消费是否正常进行。因此，当生产、流通等环节上的物质资料因灾害事故而受损时，将在一定程度上造成财政收入减少和银行贷款回流的中断，同时还要增加财政和信贷的支出，从而给国民经济正常运转和国家宏观经济调控带来困难。

然而，企业普遍参加保险以后，由于灾害事故造成的财产损失可以及时得到保险补偿，使得企业迅速恢复生产，从而保证财政收入的基本稳定，银行贷款也能得到及时清偿或者重新获得物质保证。可见，保险有助于财政和信贷预算计划的顺利实施，实现其收支的平衡。此外，保险基金还是财政和信贷基金来源的重要补充。

3. 确保商品流通的顺畅进行

在市场经济中，保持商品流通的顺畅，对社会再生产的持续进行及人民生活具有重要作用。但商品流通会因灾害事故而遭受各种经济损失。例如，商品在运输过程中会因装卸事故、交通事故、途中失火、遭受暴风雨等原因受损；商品在储存期间，会因仓库失火或遭受洪水而受损等。从社会再生产角度看，商品的损失不仅直接造成商品流通规模的缩小（商品短缺），也会影响生产部门的正常运行。因此，保险保障机制的存在，将能保持商品流通的正常规模，既满足了消费者的需要，又保证了商业部门对生产部门的需求不会因灾害事故而下降。

4. 促进对外经贸发展及国际收支平衡

保险同国际贸易十分密切，因为保险本身就是伴随着国际贸易中转移风险的需要而产生的，并随其发展而发展。现代保险本身已融入了全球经济交往活动中，成为其中的重要环节。涉外保险业务的发展，既可促进对外贸易，保障国际经济交往，又能带来无形贸易收入，平衡国际收支。因此，外汇保费收入作为一项重要的服务贸易收入，已成为欧美等许多国家外汇资金的重要来源，为平衡国际收支做出了很大贡献。

改革开放以来，我国涉外保险得到了迅速发展，对外贸易中的出口货物约50%由我国承保，进口货物约90%由我国承保，为国家带来了高额的外汇收入。此外，我国保险业还为“三资”企业、来料加工、补偿贸易、技术引进项目提供各种保障，这一切都促进了国际经济贸易的发展。

5. 推动科学技术与新产业的发展

现代社会的商业竞争，越来越趋向于高科技和新技术的竞争。在商品价值方面，技术附加值的比重越来越高。但对于熟悉原有技术工艺的经济活动主体来说，新技术的采用既可提高劳动生产率，又意味着新风险的出现。科学技术及新产业的发展与推广应用，需要保险业作为经济后盾。例如，我国核电站的发展、海上石油勘测与开发、航空航天事业的发展都需要保险提供相应保障。而保险的作用就是通过对新产业或采用新技术的风险提供全面保障，为企业开发新技术、新产品以及专利保驾护航，从而促进科学技术向现实生产力的转化。

6. 有利于调节金融、稳定经济

由于保险基金积累极快且规模庞大，其投资运用成为金融市场的核心力量。保险人通过在公开市场买卖各种金融证券，对金融市场及国民经济发挥着调节作用。根据我国保险法的规定，保险资金可以运用于银行存款、买卖债券、股票、证券投资基金份额等有价证券，投资基础设施与不动产，以及国务院规定的其他资金运用形式。通过对保险资金的积极运用，对金融市场及经济发展的调节作用将不断增大。

二、保险的社会地位

（一）一般含义

通常意义的社会地位是指团体或个人在社会关系中所处的位置。保险的社会地位主要体现于保险在国民经济中所处的位置以及与其他行业的关联性等问题上。保险的作用决定其社会地位。

（二）保险的总体社会地位

保险的总体社会地位在于保险是国家金融体系和社会保障体系不可或缺的重要组成部分，是国民经济的核心部门及重要一环，也是现代服务业的龙头行业之一。保险业被誉为国民经济调节器，市场经济的保护神，社会风险的大管家，社会和谐的稳定器。

《国务院关于保险业改革发展的若干意见》（国发〔2006〕23 号）就指出：保险具有经济补偿、资金融通和社会管理功能，是市场经济条件下风险管理的基本手段，是金融体系和社会保障体系的重要组成部分，在社会主义和谐社会建设中具有重要作用。《国务院关于加快发展现代保险服务业的若干意见》（国发〔2014〕29 号）指出：保险是现代经济的重要产业和风险管理的基本手段，是社会文明水平、经济发达程度、社会治理能力的重要标志。改革开放以来，我国保险业快速发展，服务领域不断拓宽，为促进经济社会发展和保障人民群众生产生活作出了重要贡献。但总体上看，我国保险业仍处于发展的初级阶段，不能适应全面深化改革和经济社会发展的需要，与现代保险服务业的要求还有较大差距。加快发展现代保险服务业，对完善现代金融体系、带动扩大社会就业、促进经济提质增效升级、创新社会治理方式、保障社会稳定运行、提升社会安全感、提高人民群众生活质量具有重要意义。

（三）保险的具体社会地位

保险的具体社会地位是，为企业单位和个人家庭等提供经济保障，是其"风险大管家"、"资金大管家"和"灾难救助者"。保险实现了社会利己动机的利他效果；并给各行业的诚信建设带来了功不可没的积极影响，深化了"我为人人，人人为我"的互助互信社会理念，增强了人们应对风险、管理风险的能力。

总之，在现代经济体系中，保险是最重要的制度设计和保障系统之一。如果不存在保险，整个社会再生产过程就将难以完成或不可能完成。

本章小结

1. 保险是以合同方式集合众多单位或个人的同类风险，通过科学计收分担金，实现对少数成员因特定风险事故发生所致的损害给予经济补偿的社会互助制度。

2. 现代保险作为一种经济保障制度与损失补偿方式，其基本构成要素是：特定风险的存在、多数经济单位的结合、签订保险合同、合理厘定费率、建立保险基金。保险的基本特征包括互助性、经济性、法律性、商品性和科学性。另外，保险与保证、救济、储蓄、赌博等经济现象既有联系，又有区别。

3. 现代保险的本质是在参与平均分担损失补偿的单位或个人之间形成的资金再分配关系，是为参与者进行意外损害融资的一种财务保障制度。

4. 为了更好地对保险理论和实务进行分析研究，按照一定的标准对保险业务进行分类十分必要。根据不同的要求，可从不同的角度对保险进行分类。可从保险的性质、实施方式、保险标的、承保方式、经营性质、经营主体、投保主体、风险转嫁程度八个方面对保险进行分类。

5. 保险的功能包括基本功能和派生功能。基本功能是保险独有的原始功能，且不会随着时间和外部环境的改变而改变，它是保险区别于其他事物的根本标志。派生功能则是随着保险业的发展和客观环境变化，在基本功能的基础上派生出来的非独有功能。现代保险的基本功能就是集散风险、赔付损失；派生功能包括融通资金、防灾防损、均衡消费及社会管理。

6. 保险的作用体现为在微观经济和宏观经济中的作用。微观经济作用包括帮助投保企业灾后及时恢复生产经营、促进投保企业加强风险管理、有助于投保企业加强经济核算、安定保险消费者的经济生活、确保民事赔偿责任的履行和保障无辜受害人的利益、有效提高投保企业信用和个人信用等。宏观经济作用包括保障社会再生产的正常进行、确保商品流通的顺畅、促进财政收支和信贷收支平衡的顺利实现、促进对外经济贸易发展和平衡国际收支、推动科学技术与新产业的发展、有利于调节金融、稳定经济等。

7. 保险的作用决定其社会地位。保险是国家金融体系和社会保障体系不可或缺的重要组成部分，是国民经济的核心部门及重要一环，也是现代服务业的龙头行业之一。保险业被誉为国民经济调节器、市场经济的保护神、社会风险的大管家、社会和谐的稳定器。

复习思考题

1. 何谓保险？其本质是什么？
2. 保险的构成要素和特征有哪些？
3. 简述保险的八种常用分类。
4. 商业保险按保险标的可以分为哪些种类？
5. 简述现代保险的基本功能和派生功能。
6. 请论述保险的宏观和微观经济作用。

第四章
现代保险的发展历程与趋势

⊙内容提要⊙

本章包括现代保险产生的基础、国际保险的历史与现状、中国保险的历史与现状、现代保险的发展特点与趋势四节内容。要求掌握保险产生的四大基础，中国保险发展现状以及现代保险的发展特点与趋势；了解原始保险的萌芽、现代保险的起源与发展；理解中国保险的发展历史。

第一节　现代保险产生的基础

现代保险是经济社会发展到一定阶段的产物，是社会分工的必然结果。它的产生必须同时具备以下基础。

一、自然基础

灾害事故的客观存在是保险产生和发展的自然基础，也是其存在的必要条件。

(一) 风险与保险的关系

“无风险，无保险”是对保险产生和发展的最好诠释。自然灾害和意外事故是客观存在的，这就意味着风险的存在。当人们要承担风险责任时，就会想出很多办法来应对处理。一是通过各种措施手段尽可能防止风险事故的发生，防患于未然，从而降低风险事故的发生概率，减小由风险事故发生所带来的损失；二是建立后备基金，对由风险事故发生所造成的损失及时进行补偿。保险就是通过建立后备基金制度，对相关风险损失进行补偿的保障机制。

建立保险制度的目的，是应对风险事故发生所带来的重大损失，保障人们的正常工作与生活。只要存在发生意外事故的风险，就有必要建立补偿损失的保险机制。因此，风险的存在是构成保险的第一要素。

（二）保险制度中风险具有不确定的特点

风险的不确定性表现在三个方面：一是是否发生的不确定性。如果某一特定意外事故肯定不会发生就没有必要进行保险；如果某一特定风险确定会发生，那肯定没人愿意承担由该风险带来的损失，也无法进行保险。只有风险事故的发生与否存在着不确定性，既可能发生又不一定发生时保险才能成立。二是风险何时发生的不确定性。对于某一特定意外事故的发生，人们是难以预测其发生时间的。比如，人总是要死的，但何时死，在健康状况正常的情况下是不可预知的。三是意外事故发生后所致损失结果的不确定性。如果意外事故确定发生了，但其结果是不确定的，则属于保险制度中的风险。例如，沿海区域年年都会有台风出现，这是可以确定的，但由台风导致的损失却不确定，有时造成少量财产损失，有时损失却异常严重。

二、物质基础

人类社会发展到一定阶段，剩余劳动产品的存在和增多便成为保险产生和发展的物质基础，使得保险的产生有了物质保证。剩余劳动产品的存在，使得物质损失的补偿有了实现基础。当人类社会发展到原始社会末期和奴隶社会时，社会生产力得到了很大发展，出现了部分社会剩余劳动产品之后，劳动者才有可能将一部分剩余劳动产品储存起来，作为后备。可见，随着社会剩余劳动产品的不断生产，人类社会有了一定的物资储备，从而为保险制度的产生和发展建立了物质基础。

三、经济基础

社会商品经济的发展，是专业性保险产生和发展的经济基础，也是其必要前提。现代商业保险的形成与发展，需要依托商品经济的进一步发展。其原因有以下几点。

其一，商品经济的发展使得社会分工进一步细化，使得保险能够从商品生产环节独立出来，作为一个特殊的职能部门。

其二，在保险经营中，商品等价交换原则的运用使得保险合同关系能够成立，因而保险基金得以不断累积。

其三，社会商品经济关系的不断发展和人们日常经济交往的日益普遍，加强了广大生产者的经济联系，使得社会产生了大量的同质风险，从而奠定了保险经营的科学基础，因此可以运用大数法则来对保险费率进行科学的计算。

社会商品经济发展带来的社会分工、等价交换和经济往来，是现代保险形成的必要经济条件。历史上，保险资本逐渐从社会总资本中分离出来，形成并产生社会化的现代商业保险，也就是说，保险是在从封建社会向现代社会的过渡中，伴随着商品经济逐渐发展而产生的。

四、数理基础

大数法则及精算科学的产生是保险产生的数理基础。大数法则是大量的随机事件由于偶然性的相互抵消所呈现的必然数量规律的一系列定理的统称，包括切比雪夫大数法则、伯努利大数法则、泊松大数法则等。大数法则在大量的保险统计资料及数据上的运用为保险经营（特别是非寿险经营）估算损失概率提供了理论基础，也为保险经营中应承保保险标的的数量提供了理论支持。

（一）保险数理基础的原理

由于单一风险的发生与否具有极大的不确定性，但总体风险事故的发生却是有规律可循并可测算的。因此，在保险理论中风险的不确定性是指单一风险的发生具有偶然性；而风险的可测性是指在大量同类同质风险的集合基础上，对风险发生概率进行科学的测定和评估。因为单个风险的不确定性，人们想将风险损失转嫁给保险企业。而众多的同类风险向保险企业转嫁，使得单个风险的不确定性在集合层面上具备了可测性，这种由不确定性向可测性转化的运动就构成了保险经营的数理基础。因此，保险企业若不承接单个风险的转移，就不能完成风险由不确定性向可测性转化的矛盾运动。没有这种数理基础，保险就难以存在与发展。

风险的可测性是相对的，而其不确定性是绝对的。同时，风险测定的前提条件也决定了风险可测的相对性。测定风险时理想的前提条件有三个：(1) 风险单位数量很大并无限接近于无穷。(2) 各个风险单位之间是相互独立、不相关的。(3) 风险单位具有同质性，即各个风险单位没有区别，是相同的。尽管保险经营的数理基础是非常重要的，但在现实生活中，这些条件是无法完全满足的。例如，不管怎样，能够承保的风险单位数量总是有限的。

（二）保险精算

1. 含义及其必要性

保险精算就是将数学、统计学、金融学、保险学及人口学等相关学科的理论知识，与现实情况结合起来进行分析，从而解决商业保险中需要精确计算的现实问题。

在保险经营管理过程中，每个环节都需要进行一系列财务管理决策。比如，制定的保险费率是否合理？应该提取多少准备金才合适？怎样确定自留风险和进行再保险的比例？如何保证保险公司资产和负债的平衡以维持必要的偿付能力？这都是保险公司经营的核心问题。解决这些问题，需要保险精算为决策者提供有力支持。

2. 保险精算的任务

保险精算是保险数理基础产生的主要表现形式，其主要任务之一就是当保险数理基础的基本前提不能全部满足时，可通过数理方法找到最合适的解决方案。一般来说，可保风险的前提条件是自动满足的，但保险数理基础的前提条件不可能完全符合理论要求。例如，最少需要承保多少个风险单位才能满足可测性的要求？也就是说，在保险经营过程中，承保多少单位的可保标的，才能实现财务平衡？此类问题就需要运用保险精算来寻找答案。

3. 保险精算的理论基石

收支平衡原则和大数法则是保险精算的两大基本理论基石。

收支平衡原则，是指保险期内纯保费收入的现金价值与支出保险赔付金额的现金价值相等。运用这一原则，需要选择不同的时点，运用不同的计算公式，主要原理如下：（1）根据保险期末保费收入的本利和（即终值）与支付保险金的本利和（即终值）相等进行计算；（2）根据保险期初保费收入的现值与支付保险金的现值相等进行计算；（3）根据保险期间内任一时点的保费收入与支付保险金的本利和或现值相等进行计算。

第二节　国际保险的历史与现状

一、古代原始保险的萌芽

国外保险思想最早产生于古埃及、古巴比伦、古罗马、古希腊等文明古国，它们都位于连接古代东西方贸易的交通要道上。

早在 5 000 年前，古埃及的石匠就成立了一种丧葬互助组织，通过收取会费的方式，支付会员意外伤害或死亡的收殓安葬费及遗属的困难补助。大约在 4 500 年前，古巴比伦国王通过僧侣、法官、村长等征收税款，作为救济火灾的资金。而在古罗马帝国的军队里也有一种互助组织，以集资方式为阵亡将士家属提供生活费。

公元前 1792 年，随着古巴比伦商贸往来的繁荣，第六代国王汉谟拉比为了支持商业发展及保护商队，对商旅途中损失的骡马和货物进行损失补偿，颁布了世界上第一部关于保险的法规《汉谟拉比法典》，其中规定了共同分摊补偿损失的条款。这可以被视为未来海上保险普遍适用的“共同海损”原则的由来，而海上保险则被公认为现代保险的起源。

大约 3 000 年前，以色列所罗门王对其从事海外贸易的国民课征税金，作为对遭遇海难者的损失补偿。这具有类似现代的积累基金的性质。

到了中世纪，欧洲各种行会间的互助保险制度开始逐渐盛行，各国城市陆续效仿这种制度。这些行会具有互助共济性质，其共同出资救助的范围包括死亡、疾病、伤残、年老、火灾、盗窃、沉船、监禁、诉讼等不幸的人身和财产损失事故。应该说，这些古代互助思想尽管并非现代意义上的保险，但已蕴含了保险的部分本质。

二、现代保险的起源与发展

（一）海上保险的起源与发展

海上保险在各类保险中起源最早，这与 16、17 世纪繁荣的海上贸易和复杂多变的海上风险有关。

1. 海上保险的起源

公元前 2000 年，地中海一带就有了海上贸易活动。当时的船舶简陋，从事海上贸易会面临巨大风险。在船舶遭遇危险时，要防止船舶迅速沉没，最有效的方法是抛弃部分货物，减轻船舶重量。为了有效补偿航海商被抛弃的货物，“一人为众，众为一人”的原则应运而生。即在船舶遭遇风险时抛弃的货物损失由全体货商和船主共同分担，此即著名的共同海损分摊原则。公元前916年，该原则被写入法律，在罗得岛的《罗地安海商法》中规定：凡因减轻船只载重投弃入海的货物，如为全体利益而损失的，须由全体分摊归还。

共同海损分摊原则可以说是海上保险的萌芽，而真正具备保险思想的早期商业行为，则是意大利中世纪流行的船舶抵押贷款。它又被称为冒险借贷，是指船主把船舶作为抵押品向放款人取得航海资金的借款。如果船舶安全完成航行，船主归还贷款并支付较高利息，有时候甚至以贸易的实物来支付利息；如果船舶不幸沉没，则船主不必偿还本金和利息。这种当时流行的借款方式，甚至可在莎士比亚的经典作品《威尼斯商人》中见到。在这一作品中，安东尼奥向犹太人夏洛克请求的借款就是一项典型的船舶抵押借款，只不过夏洛克要求的利息不是现金或者货物，而是安东尼奥身上的一块肉而已。

当时的海上抵押贷款已类似于保险形式，放款人相当于保险人，借款人相当于被保险人，船舶或者货物则是保险标的，借款人支付的利息则相当于保险费。因此，具有现代保险特征的海上抵押贷款，被公认为海上保险的起源。此种贷款迄今仍然存在，并作为船长在发生紧急灾难情况下筹措资金的最后手段。

目前，保存在意大利热那亚国立博物馆的世界上最古老的保险单，是一个名叫乔治·勒克维伦的热那亚商人，在1347年10月23日出立的一张船舶航程保单，该保险单承担了圣·克勒拉号从热那亚至马乔卡的保险。该保单的措词类似一种虚设的借款，它规定船舶在安全到达以前，贷款人（即保险人）承担风险及负责还款，船舶如在6个月内安全到达，借款合同即告失效。该保单没有订明保险人所承保的风险，尚不完全具备现代保险单的基本形式。直到1384年出现的一张航程保单，才是第一份从形式到内容都与现代保险单几乎一致的最早保单。1384年3月24日，在佛罗伦萨诞生了世界上第一份具有现代意义的保险单。这张保单承保一批货物从法国南部阿尔兹安全运抵意大利的比萨。该保单中有明确的保险标的和保险责任，如“海难事故，其中包括船舶破损、搁浅、火灾或沉没造成的损失或伤害事故”；在其他责任方面，也列明了“海盗、抛弃、捕捉、报复、禁运、突袭”等带来的船舶及货物的损失。世界上第一部规定标准保单格式的条例，是1523年在意大利的佛罗伦萨制定的《海上保险条例》。

2. 海上保险的发展

15世纪以后，海上保险中心随着海上贸易中心从地中海逐步向北海转移。这时，英国取代西班牙与荷兰成为世界海上强国，伦敦也成为当时的国际贸易中心。到16世纪下半叶，经英国女王特许，在伦敦皇家交易所内建立了保险商会，专门办理保险单的登记事宜。世界上第一部较完善的海上保险法案，是在1601年由英国女王伊丽莎白下令颁布的，并一直沿用到1906年，它奠定了现代海上保险与商业保险的基础。17世纪，经过大规模海战与殖民掠夺，英国在世界贸易和航运中占据了垄断地位，成为世界海上贸易中心。海上保险中心也转移到了伦敦，这为英国商人开展全球海上保险业务提供了便利条件。保险经纪人制度也在这一时期随之产生。

英国海上保险的发展还催生了著名的劳合社。17世纪中叶，爱德华·劳埃德曾在泰晤士河畔开设了劳合咖啡馆，很多海上商人、船主、保险人来到这里洽谈业务，达成保险协议。久而久之，劳合咖啡馆就成为伦敦商人们购买海上保险的地方。由于提供保险交易比卖咖啡更赚钱，劳埃德与其后人就将劳合咖啡馆逐渐发展成了一个保险交易市场。该市场后来规模越来越大，最终成为世界闻名的保险交易所，其会员遍布世界各地。

1906年，英国国会通过了著名的《1906年海上保险法》，规定了海上保险的标准保单格式和条款，它又被称为劳合社船舶和货物标准保单，被世界上许多国家沿用。1911年的英国法令取消了劳合社成员只能经营海上保险的限制，允许其成员经营一切保险业务。至此，英国海上保险进一步发展，奠定了世界海上保险中心的统治地位，迄今仍无人撼动。

此外，当时其他海运强国如西班牙、法国、荷兰，以及后来的美国都相继开展了海上保险业务。早在1435年，西班牙就颁布了有关海上保险的承保规则及损失赔偿手续的法令。1563年，西班牙国王菲利普二世签发了著名的《安特卫普法典》，该法典除了航海法令外，有较大篇幅是关于海上保险及保险单格式的法令，该法典后来也为欧洲各国效仿。法国关于海上保险的较早法令是1681年路易十四颁布的海上条例，里面有关于海上保险的详细规定。荷兰、德国等也都在16、17世纪先后颁布过有关海上保险的法令和条例。

美国海上保险业务晚于欧洲各国，但发展非常迅速。1792年，独立后的美国仅有一家保险公司即北美保险公司办理海上保险业务，到1845年已经增长到75家。随着美国国际地位的增强，其海上保险发展得很快。仅在1845—1860年间，美国船舶的总吨位数就增加了3倍。1882年，为了方便国内海上保险业务的交易，纽约建立了类似劳合社的组织——由100多个成员组成的纽约海上保险承保人组织。

（二）火灾保险的起源与发展

1. 传统火灾保险的起源

火灾保险的起源可以追溯到欧洲的中世纪。当时，手工业者按照各自行业结成的行会，对其会员遭到的意外火灾损失给予救济补助，这是相互保险的发端。在12世纪的冰岛，曾有法律规定村民必须组织火灾相互保险，但不久即告失效。

16世纪初期，火灾的频繁发生导致德国城市中出现了类似火灾保险的会员制互助组织。当其会员遭到火灾损失时，可申请互助组织的援助。16世纪中叶以后，现代火灾保险开始在欧洲兴起。迄今仍有16、17世纪成立的火灾相互保险公司，如1543年成立的雪尔维格堆尔斯坦火灾公司与1676年成立的汉堡火灾保险社。1591年，德国工业和航运中心汉堡市发生了重大火灾，特别是酿造行业损失惨重。灾后为了筹集巨额重建资金，维护不动产的信用而设立了火灾合作社，推动了火灾保险的兴起。到17世纪中期，该市的火灾合作组织已经非常普及。为了进一步扩充资金力量，1676年汉堡的46家火灾合作社联合成立了世界上第一个政府火灾保险组织——市营公众火灾合作社。此后，德国皇帝还颁布法令，在全国推广这一做法，规定各城市都要联合起来，成立市营火灾合作社。不久，又在全国实行了强制火灾保险的特别条例，开创了世界公营强制火灾保险的先河。

以上各国的火灾保险或者火灾保险趋势，都是通过国家强制或者社团组织的形式来开展的，并非正统意义上的商业火灾保险。

2. 商业火灾保险的起源

1666年9月2日，一场持续了五天的大火灾将整个伦敦城几乎全部烧毁。尽管火灾伤亡者不多，但物质财产损失非常严重，共烧毁了全城1.3万多栋房屋及90多座教堂，造成20多万人无家可归。此后重建的伦敦改以砖石结构的房屋为主，木结构房屋基本被放弃。

1667年，医学博士兼房地产投机商尼古拉·巴蓬改行，在伦敦专门经营房屋火灾保险业务。这是世界第一家专门经营房屋火灾保险的商行。1680年，巴蓬与他人合伙集资4万英镑，成立了合伙性质的凤凰火灾保险公司。这也是世界上第一家专业火灾保险公司。巴蓬的贡献并不限于此，他还采用了按房屋种类、结构、价值、租金及其他风险因素来分别计收保险费的收费标准，实行差别费率，砖石建筑的费率定为年房租的2.5%，木屋的费率为5%。这是现代火灾保险差别费率的起源。这种根据保险标的风险差别的收费方式，充分体现了保险的特点和作用，差别费率一直沿用至今，巴蓬也因此被称为“现代保险之父”。

3. 商业火灾保险的发展

18世纪末到19世纪中叶，英、法、德、美等国相继完成工业革命，大机器生产使物质财富大量增加和集中，客观上产生了对火灾保险保障需求的增加，火灾保险公司也不断成立，业务发展一片繁荣。

1710年，英国人波文创立了伦敦保险人公司，后改名为太阳保险公司，开始承保不动产保险，后来扩展到承保动产保险业务。它是英国迄今仍在经营的、世界上最古老的保险公司之一。到19世纪初，欧洲的保险公司不断增加。随着市场需求变化，火灾保险所承保的风险日益扩大，如地震、暴风、暴动等风险，均可以作为附加险承保。火灾后的利润损失（即灾后损失险）在19世纪也逐渐兴起。

1861—1911年，火灾保险业务发展迅速，仅英国登记在册的火灾保险公司就达到567家。1909年，英国政府通过制定法律，加强对火灾保险的监管，使得火灾保险业务日渐发展，并推动了世界火灾保险业的繁荣。直到第二次世界大战之前，火灾保险一直是保险市场上最大的保险业务。

火灾保险传到美国之初，保险人分别使用自己设计的保单，导致保险市场混乱且经营成本居高不下。1873年，马萨诸塞州制定法律，要求州内的火灾保险单必须采用统一格式。1886年，纽约也通过了类似法律。这种标准火险保单的使用，大大减少了损失理算的麻烦，并降低了争端解释的困难，后来其他保险险种也推广了标准化保单，这是火灾保险乃至保险业的重大进步。

（三）人身保险的起源与发展

1. 人身保险的起源

关于人身保险的起源有三种观点：一是认为其来源于海上保险。15世纪末期，当时商人将海上运输贩卖的奴隶也当作货物来投保海上保险，以后发展到承保旅客因被海盗绑架而需支付的赎金，后来又逐渐扩大到海员、陆上奴隶的生命保险和自由人的生命保险。二是认为最早的人寿保险雏形，可以溯及公元1世纪时罗马的互助协会组织。公元前133年，在古罗马成立的格雷基亚（共济组织）向加入该组织的人收取100泽司和一瓶清酒。另外每个月收取5泽司，积累起来成为公积金，用于会员的丧葬补助费，这是人寿保险的萌芽。三是来源于中世纪欧洲的“行会制度”。那时行会盛行，德国的“扶助金库”、英国的“友爱社”、荷兰和法国的“年金制度”等，均以集资的形式开始经营人寿保险业务。英国在1688年建立的“寡妇年金制”和“孤寡保险会”等保险组织，助推了人寿保险的企业化经营。1706 年成立的“终身保险互助会”开始提供终身人寿保险。

2. 人身保险的发展

现代人寿保险制度的建立，是从运用“生命表”计算其保费开始的。

埃德蒙·哈雷是英国牛津大学的数学教授，他不仅成功预言了哈雷彗星的回归时间，也为保险事业做出了卓越贡献，他绘制了人类有史以来第一份正式的生命表。1693 年，他以西里西亚布雷斯劳市的市民死亡统计资料为基础，编制了第一张生命表——哈雷生命表，精确计算出了每个年龄段的死亡率，提供了计算寿险保费的科学依据。

18 世纪 40—50 年代，辛普森根据哈雷生命表，做出了依死亡率增加而递增的费率表。之后，陶德森依照年龄差等计算保费，并提出了“均衡保险费”理论。根据传统生命表收取的自然保险费，存在人的缴费年龄与收费金额不匹配的特点，即随着年龄增长收入会下降，但缴纳的保险费却逐渐增加，而均衡保险费的出现正好解决了这一问题。简而言之，就是在人的青壮年时期多收保费，在老年时期少收保费，这就有效解决了自然保险费操作上的难题，促进了人寿保险的发展。目前中长期人寿保险的收费方式，基本都是采用均衡保费。

迄今最古老的人寿保险组织是于 1756 年成立，1762 年开始营业的“人寿及遗族公平保险社”（以下简称“老公平”）。“老公平”根据生命表按年龄及身体健康情况来计算保险费。这时寿险的计算已日趋精确，大数法则已得到广泛应用，人寿保险也开始受到公众重视而蓬勃发展。19 世纪后，保险条款逐渐呈现出有利于被保险人的趋势，而简易人寿保险的推行，使得人寿保险迅速普及，成为现代保险的主体。

第二次世界大战后世界经济的恢复和发展带动了人身保险特别是人寿保险的快速发展。这一时期，保险精算技术和经营方式不断改进，资金运用和销售渠道不断拓展，产品创新日新月异。尤其是 1970 年代后期以来，投资连结保险、万能保险、分红保险相继出现并持续热销，极大地提升了寿险业的地位。1987 年，全球寿险保费首次超过非寿险，此后其占比不断提高，成为当代世界保险业的主流业务。例如，1980 年的全球保费总收入达到 4 314.6 亿美元，其中寿险总保费为 1 752.65 亿美元，仅占 40.6%；而到了 2013 年，在全球 47 513 亿美元的总保费收入中，寿险总保费已经剧增至 26 996 亿美元，占到 56.8%，居于保险市场的主体地位。

（四）信用与保证保险的起源和发展

信用与保证保险是保险人对投保人或者被保险人信用的一种担保。随着资本主义金融业的发展，各种道德风险频繁发生，该类保险就应运而生。信用与保证保险起源于英国。1702 年，英国创办了全球第一家专门经营信用与保证保险业务的保险公司——主人损失保险公司，开展诚信保证保险业务，主要承担被保险人因雇员的不洁行为，如盗窃、挪用公款等造成的经济损失。1840 年和 1842 年，英国又相继成立了保证社和保证保险公司，经营保证保险业务。

1876 年，美国纽约也模仿英国开展了信用与保证保险业务。随后，其保险业务由忠诚保证保险扩展到合同保证保险、供给保证保险、出口信用与保证保险等领域。

信用保险随着信用制度的发展而产生，目前已发展成出口信用保险、商业信用保险、投资保险等类别。其中，出口信用保险诞生于 19 世纪末的英国和德国。英国 1919 年建立了出口信用制度，成立了第一家官方支持的出口信贷担保机构——英国出口信用担保局。随后，比利时于1921年成立出口信用保险局，荷兰政府于1925年建立国家出口信用担保机构，挪威政府于1929年建立出口信用担保公司。西班牙、瑞典、美国、加拿大和法国分别于1929年、1933年、1934年、1944年和1946年，相继建立了以政府为背景的出口信用保险和担保机构，专门对本国的出口和海外投资提供政策支持。

第二次世界大战之后，世界各国政府普遍把扩大出口和资本输出作为本国经济发展的主要战略，从而作为国家政策性金融工具的出口信用保险也获得大力扶持。1950年，日本政府在通产省开设贸易保险课，经营出口信用保险业务。1960年代以后，众多发展中国家也纷纷建立了自己的出口信用保险机构。

（五）责任保险的起源与发展

责任保险产生于19世纪的欧美，1970年代以后在工业化国家得到迅速发展。

1. 责任保险的起源

责任保险萌芽产生于19世纪的法国，在《拿破仑法典》中已有了民事赔偿责任的规定。但第一份责任保险保单却出现在1855年的英国，当时英国的铁路乘客保险公司首次向铁路部门提供铁路承运人责任保障，开创了责任保险的先河。此后，各种责任保险迅速开发出来。1870年，建筑工程公众责任保险问世。1875年，马车第三者责任保险面市。1880年，英国颁布了《雇主责任法》，在其激励下，当年就有专门的雇主责任保险公司成立，以承保雇主在经营过程中因过错致使雇员受到人身伤害或财产损失时应负的法律赔偿责任。1885年，世界上第一张职业责任保单——药剂师过失责任保险单由英国北方意外保险公司签发。1886年，英国在美国开设雇主责任保险分公司。1889年，美国自己的雇主责任保险公司出现。1900年，责任保险的承保范围扩大到产品责任，开始承保酒商因啤酒含砷而引起的民事赔偿责任。

19世纪末，以法定方式承保的汽车责任保险在英美出现，并被绝大多数国家采用。它和工业保险一起成为近代与现代保险分界的重要标志。1895年，英国法律意外保险公司的汽车第三者责任险问世，开始承保汽车对第三者的人身伤害责任，保险费按每辆汽车10～100英镑不等收取，火险被列为可以加保的附加险。1901年，美国推出了现代意义的汽车第三者责任险，承保属于法律赔偿责任的人身伤害和财产损失的保险。

2. 责任保险的发展

第二次世界大战之后，各种产品责任险以及职业过失责任保险（如医生的医疗事故保险等）迅速增多。在发达国家，它已成为制造商及自由职业者不可缺少的保险。

1970年代以后，随着法律制度不断健全，民众索赔意识不断增强，各种民事赔偿事故层出不穷，从而使得责任保险在工业化国家进入了黄金发展期。各种运输工具的第三者责任保险得到迅速发展，雇主责任保险成了普及化的险种。迄今为止，美国的各种责任保险的保费收入已占整个非寿险业务收入的45％～50％，而日本、欧洲很多国家的责任保险业务收入占整个非寿险业务收入的30％以上。进入1990年代以后，许多发展中国家也日益重视发展责任保险业务，法定责任保险业务越来越多，业务经营日趋完善，已成为非寿险发展的重要增长点。

（六）工程保险制度的起源和建立

进入20世纪后，保险业进入了大发展时期。工程保险就是为适应现代工程技术和建筑业的发展而产生的，以各种工程项目为主要承保对象的保险。它是为适应工程技术和建筑业的发展，由火灾保险、责任保险等演变而来的一种综合性财产保险。

1. 工程保险制度的起源

工程保险起源于1856年英国的锅炉爆炸保险。1866年，美国的工程师仿效英国成立了哈特福德蒸汽锅炉检查和保险公司，该公司收取一定费用为被保险人提供定期勘察服务，并在锅炉及机器发生损失后给予经济补偿。

建筑工程保险最早起源于英国。第一份建筑工程一切险的保单，是1929年在伦敦建设跨越泰晤士河的拉姆贝斯桥时签订的，开创了该保险的先河。1934年，德国设计了一种专门用于工程保险的保单。而工程保险中的雇主责任险则诞生于英国的工业革命时期，是责任保险中最早兴起的险种之一。

2. 工程保险制度的发展

欧洲作为第二次世界大战的主要战场之一，不少国家的经济受到了很大破坏，各类工厂和机器受损严重，无数重要建筑也遭到了毁损。战后各国大兴土木和恢复工业，大规模的工程建设就为工程保险的发展提供了条件。

在欧洲战后大规模重建中，业主及承包商等建设市场主体面临着难以承受的巨大风险。为转嫁这些风险，他们积极投保建筑和安装工程保险以获得保障。1945年，英国土木建筑业者联盟、工程技术协会及土木建筑业者协会共同研究并制定了承包合同标准化条款，并引进了承包人投保工程保险的义务，促进了工程保险的迅速发展。建筑工程保险一开始就以“一切险”形式出现，成为工程保险的主要业务，并促进了安装工程保险等险种的发展，加之政策的支持而发展迅速。同时，国际组织在出面援助发展中国家兴建水利、公路、桥梁以及工业、民用建筑工程的过程中，也要求工程项目提供工程保险保障，工程保险制度因此也在这些国家逐步发展起来。从国际趋势来看，工程保险将成为财产保险市场上的支柱性险种。

（七）农业保险的产生与发展

世界农业保险迄今已有200多年的发展历史。自第二次世界大战以来各国尤其是发达国家在农业保险领域取得了令人瞩目的成功经验。

1. 发达国家农业保险的发展

早在18世纪末期，德国和法国就出现了农作物雹灾保险。1791年，在德国的布伦瑞克诞生了第一家互助雹灾保险机构；1797年，又在梅克伦堡建立了雹灾保险组合，从此拉开了世界农作物雹灾保险的序幕。法国也在18世纪末至19世纪初开办了农作物雹灾险。

19世纪至20世纪20年代，美国曾有多个私人商业保险公司开办农业保险，但均以失败告终。从1922年开始，美国将农作物一切险作为政府的政策工具。1933年，罗斯福政府制定出台了《农业调整法》。1939年，美国颁布了《联邦农作物保险法》，同时依法组建了联邦农作物保险公司（FICC）。从1939年起，该公司开始进行小麦生长期一切险的保险试验。

1980 年至今是美国农业保险的巩固和完善阶段。《联邦农作物保险法》自颁布后，一共修改了 12 次。1994 年，美国国会根据 1939 年实施的《联邦农作物保险法》，修订产生了《克林顿农作物保险改革法》，从而使农业保险法律得到进一步完善。

2. 亚洲发展中国家农业保险的发展

亚洲发展中国家农业保险的发展历史较短，规模也不大，主要是农作物保险和牲畜保险业务。

印度政府在 1948 年即着手筹划农作物保险，但到 1961 年才开始在旁遮普邦的 100 个村庄试办小麦、棉花、甘蔗和豆子的一切险，后来又由于各界认识不一致而搁浅。1972 年 9 月，印度政府决定由印度综合保险公司试办农业保险。1973 年，该公司先与古加拉特肥料公司合作，开办了杂交粮食作物一切险。1979 年，农作物保险试点扩大到三个邦，但只对生产贷款者提供保险，业务规模不大。从 1985 年开始，印度已在全国开办了稻谷和其他农作物保险，并得到了一定发展。随后，菲律宾、韩国、泰国、孟加拉、马来西亚、印度尼西亚、巴基斯坦等国家，也开始试验农作物保险并使其得到发展。

总之，发展中国家的农业保险仍处于初级发展阶段，不少国家的农业保险体系还存在投保的逆向选择、覆盖范围小、国家支持不足等问题，但各国关于农业保险体系的研究和试点却一直没有停止。

(八) 再保险的产生与发展

1. 再保险的产生

最早的海上再保险可追溯到 1370 年。当时一个叫格斯特・克鲁丽杰的保险人，承保自意大利热那亚到荷兰斯卢丝之间的航程，并将其中经凯的斯至斯卢丝之间的航程责任转让给其他保险人承保，这被认为是再保险业务的起源。

2. 再保险的发展

17 世纪初，英国皇家保险交易所和劳合社开始经营再保险业务，从而拉开了欧洲再保险专业化经营的序幕。1681 年，法国国王路易十六曾公布法令，规定“保险人可以将自己承保的保险业务向他人进行再保险”。1720 年，荷兰鹿特丹的保险公司将其承保的到西印度的海上保险业务，向伦敦保险市场办理了再保险。1726 年，丹麦的皇家特许海上保险公司成立后也从事再保险业务。1731 年，德国汉堡法令允许保险人经营再保险业务。1737 年西班牙贝尔堡法律和 1750 年瑞典的保险法律都有类似经营再保险业务的规定。

德国 1931 年颁布实施的《再保险监督条例》是世界上最早的再保险立法。在再保险建设与发展方面，德国一直是最为重要的市场，也是欧洲乃至世界主要的再保险中心。随着保险形式多样化和竞争的加剧，逐渐出现了专业再保险公司，继而推动了再保险的完善与发展。1852 年创办的德国科隆再保险公司是世界上第一家专业再保险公司。稍后成立的还有德国的慕尼黑再保险公司、瑞士再保险公司、美国通用再保险公司等。目前，它们仍位于在营业的世界十大再保险公司之列。

三、国际保险发展的现状

第二次世界大战之后，国际保险业获得了飞速发展，在经济社会发展中扮演着越来越重要的角色，主要表现在以下几个方面。

（一）保险组织形式及其销售渠道日趋多样化

为了适应现代保险事业不断发展的需要，世界各国都根据本国经济的特点，分别采取了符合国情的保险组织形式，包括国营保险公司、私营保险公司、公私合营保险公司、各种合作保险组织以及数千家专业自保机构。在销售渠道方面，既有传统的保险专业代理与经纪渠道，也有兼业代理与个人代理销售；既有门店与员工直销，又有网销、电销、微信、短信等创新销售渠道。

（二）保险经营范围日益扩大，新险种不断增加

随着科学技术的发展，尖端科学日新月异，各种新的风险也不断产生，传统险种已不能满足市场需要。为此，保险人不断进行经营创新，新险种不断增加，保险业务范围也日益扩大。财产保险方面，逐步从水险、火险、汽车险、责任险等险种扩大到卫星保险、海上资源开发保险、核电站保险、航天飞机保险等。人身保险方面，则出现了各类分红险、投连险、万能险、护理保险、年金产品和各类特殊肢体部位功能损失保险等等。经营范围的不断扩大已成为现代保险发展的重要特点。目前，世界各国的保险业务已经延伸到社会生活的各个方面，人类面临的各种风险都可以通过保险进行保障。例如，芭蕾舞演员的脚尖保险、歌唱家的嗓子保险、滑稽演员的酒糟鼻子保险，甚至足球明星的大腿都可以承保。随着西方社会绑架问题的日益增多，绑架保险业务也十分畅销。

（三）保费收入增长迅速，市场竞争日渐激烈

现代社会对商业保险的依赖程度越来越高，特别是资本主义国家，各类保险企业众多，保险产品数以万计，其业务已经渗透到经济社会的各个方面，导致保费收入迅速增长，保险业务竞争不断加剧。例如，全球商业保费 1959 年仅为 423 亿美元，1970 年为 1 111.87 亿美元，1980 年为 4 314.6 亿美元，1990 年为 13 560 亿美元，2000 年为 24 437 亿美元，2013 年则增长至 47 513 亿美元，几乎为 50 年前的 110 倍。为了招揽业务，各国保险人争相降低保险费率，导致保险赔付率居高不下，部分险企生存困难。为了弥补经营亏损，他们纷纷引进人才，进行跨国保险投资，以投资收入弥补承保亏损并获得盈利，从而造成投资和人才等方面的竞争。主要发达国家的保险业，目前已摆脱了以费差益来赚取利润的模式，转而采用依靠积累保费以投资获利的经营模式，因此，在这些国家，保险投资作用巨大。

（四）保险金额不断攀升，巨额索赔日益增多

巨型项目及特大型企业的不断涌现，使得保险财产价值越来越大，保险金额日益提高。例如，一个海洋石油平台、一艘数十万吨的油轮、一个核电站、一颗人造地球卫星，价值往往是几亿甚至几十、上百亿美元。这些巨型保险标的一旦损毁，索赔数额将非常大。另外，巨灾事故及巨额法律赔偿责任的频繁发生，也使得巨额保险及其索赔案件增多，保险人的偿付能力受到严峻考验。例如，美国“9·11”恐怖主义袭击事件造成 3 000 余人死亡，标志性建筑世贸中心双子塔坍塌，财产损失不计其数。但由于美国人保险意识极强，此次袭击受损失最大的反而是保险公司，共约赔付了 402 亿美元，因此，巨额赔款大大减轻了美国政府和民众的负担。此后，美国保险公司普遍将恐怖主义袭击风险排除在一般责任与意外保险单的保障范围之外。如果客户要保障这类风险，必须投保专门的恐怖主义袭击保险。此外，日本阪神地震、东海地震，欧洲的洪水、恐怖袭击等等，都造成了

数百亿美元的保险损失。

（五）发展中国家的保险市场逐步壮大

数十年来，发展中国家为了开拓民族保险事业，相继建立了民族保险市场，并采取各种措施努力发展本国保险业。如颁布了相关保险法令、条例、法规，规定某些项目和种类的保险必须在国内投保，限制或延迟外国保险公司进入本国市场等等，极大地促进了发展中国家保险事业的发展，也提高了其国际地位。例如，全球总保费中，七国集团在1986年占83.6％，1992年降为81.99％，2013年持续下降至63.47％；1996—2003年，工业化发达国家一直占90％，但在2013年下降至82.15％。相反，发展中国家的保险业则得到了较快发展，所占比重不断提高，2013年在全球市场上已占到17.83％。尤其是中国、印度、巴西、俄罗斯、南非等新兴国家，保险业发展更快。例如，1986年中国和印度保险业的国际排名分别居于第29和23名，1996年为第21、23名，2016年则升至第2、10名，一跃成为全球两个重要的保险市场。

第三节　中国保险的历史与现状

一、中国古代的保险思想

（一）中国古代保险思想的启蒙

早在夏周时期，中国就有了储备粮食以防范自然灾害的制度。《逸周书》上记载有："天有四殃，水、旱、饥、荒，其至无时，非务积聚，何以备之?"此外，比较有代表性的是《礼记·王制》中"耕三余一"的预防思想。每年把丰收粮食的三分之一储备起来，连续积储3年，就可以存足1年的粮食，即"余一"。如果每年都坚持储备粮食，经过27年的积累就可以存有9年的粮食，国家就可以丰衣足食了。而孟子的主张"出入相友，守望相助，疾病相扶持"，则体现了古代儒家的社会互助思想。墨子也曾提出"有力者疾以助人"，即要求有余力的人应扶助贫困的人。中国古代原始的保险思想虽未提出明确的保险理念，但这些主张已蕴含了商业保险和社会保险的本质。

（二）中国的原始保险思想

灾害事故在任何社会都不可避免。我国历代封建王朝就通过实行"积蓄备荒"的措施来维持社会稳定和巩固统治政权。封建社会的仓储制度逐渐形成了社会保障的雏形，在中国历代都受到高度重视。为了应对频繁的灾害饥荒，国家建立了国家粮食后备仓储制度，并设置了专门的官职对仓储进行管理，如汉朝的常平仓、义仓、广惠仓等。

公元前54年，大司农中丞耿寿昌向汉宣帝提出建议，"令边郡皆筑仓，以谷贱时增其价而籴，以利农，谷贵时减价而祟，名曰常平仓，民便之。"在灾荒之年，"发常平仓所储……越制赈民"。常平仓具有平抑米价和赈灾两种功能。义仓兴盛于隋唐时期，公元585年，隋文帝下令民间每年秋天每家出粟一石以下，储之里巷，以备凶年。义仓制度是我国相互保险的雏形，在我国维持了近1 200年。在宋、明两朝，也出现了类似的民间社仓和赡养老幼贫病的广惠仓制度，这些都具有原始保险思想。

尽管古代存在保险启蒙思想，也具备了救济后备制度，但由于中央集权的封建制度和重农抑商政策，导致商品经济发展缓慢，缺乏保险产生的必要环境。因此，直到沦为半殖民地半封建社会之前，我国一直没有出现正式的保险制度。但早期的保险思想与实践，仍是人类文明发展和保险历史发展的宝贵财富。

二、现代保险的起源与发展

（一）清朝时期保险业的创立与发展

1. 保险思想的产生和流行

中国正式出现现代保险的思想与保险机构，要追溯到两次鸦片战争期间，英国殖民资本在广州经商之时，开设了中国第一家保险机构——广州保险社，用于保障往返运输途中货物及船舶的安全。这是中国境内第一家现代保险机构。由于它属于舶来品，几乎跟当时的中国人与中国企业毫无关系，所以中国保险历史一般并不完全认为它是中国保险公司的起源。

与国外保险公司一同流入的还有现代保险思想。魏源、洪仁玕等人凭借对西方情况的了解，希望能将中国古代原始保险思想和外国保险理论结合起来，从西方资本主义国家探索寻找出“富国强兵”之策。为了创建中国民族保险业，他们通过著书立说或到西方发达国家进行考察纪实，分别阐述了各自的保险观点，为开办民族保险做宣传和舆论准备。洪仁玕是太平天国后期的年轻领导人，为了维持太平天国的稳定，他提出了一些创新性的改革措施，其中就提到兴办华人保险的主张。此后，又有许多经济思想家丰富和发展了民族保险思想。如王韬主张开展对外贸易保险，郑观应提出设立保险公司以利“商战”，钟天伟提出了海上保险的思想，张謇提出了保险立法的思想等。魏源则在《海国图志》中，比较全面地介绍了西方先进的社会科技与经济文化等知识。其中，他将“insurance”译成了“担保”，将“insurance company”译成“命担保”，将“marine insurance”译成“船担保”。将“insurance”译成“保险”的，则是日本的福泽谕吉，“保险”一词辗转传入我国，当时传入中国时音译为“因苏”，之后正式改名为“保险”，并一直延续至今。

2. 外资保险企业的建立和垄断

我国境内第一家外资保险公司是1805年英国商人在广州建立的谏当保安行（又名广州保险社）。后来该公司被怡和洋行收购，1836年改名为广东保险公司。

1835年，英商又设立了于仁洋面保安行。第二次鸦片战争以后，英商永福和大东方两家保险公司在华设立了人寿保险公司。鸦片战争前后，初次进入中国的外商保险公司在中国获利丰厚，巨大的收益吸引了大批外商，从而引起了19世纪中期外商保险在中国更大规模的入侵，加快了外商保险对中国保险市场的垄断步伐。

随着当时中国经济中心由广州转向上海，外资保险公司也纷纷转战上海。1863年，保家行、保安保险公司、保裕保险公司相继在上海设立。1866年，香港火烛保险公司在香港成立，之后外国商人又陆续在上海设立了扬子保险公司、中华保险公司、保宁险公司、太阳保险公司、巴勒保险公司等，并在各个通商口岸设立了分支机构。这些新行号无论在增设速度还是在业务活动范围上，都超过了老一代行号，形成了19世纪中末期外商保险企业扩张垄断的高潮。当时，上海号称远东金融中心，其背后就有数百家外资保险分支机构的贡献。

在19世纪，英国保险公司一直垄断着中国保险市场，被英国商会控制的外国保险公司同业公会，制定了当时所有的保险条款与费率。20世纪初，法国、瑞士、日本等相继在中国设立了保险公司或代理机构，参与分割中国的保险市场。中国当时的保险市场基本上由外国保险公司控制，他们占据了80%的市场份额，华商保险公司仅占20%。外国保险资本对中国保险市场的扩张和垄断，目的在于掠夺中国人民的财富。市场垄断的结果导致保费大量外流，从而阻滞了中国经济和保险业的发展。

3. 中资保险公司的产生与发展

在外资保险不断扩张的同时，一些自强不屈的华商开始仿效外国保险公司也在国内设立保险机构。1824年，广东某富商在广州城内开设张宝顺行，兼营保险业务。这是中国人经营保险的最早记载，但也仅是兼营保险业务，并非正式保险公司。直到1865年5月25日，中国第一家民族保险企业——上海华商义和公司保险行创立，才标志着中国近代民族保险业的正式诞生。该行设在华商德盛商号内，规模甚小，只经营货运险业务。它虽在1870年因外商排挤和不善经营而倒闭，却短暂打破了外商公司独占中国保险市场的局面，且具有很好的示范效应，为未来华商保险公司的相继建立提供了榜样。

殖民资本并不愿意华商加入保险市场从事保险。在19世纪中后期，外国保险资本不仅垄断和操纵了我国保险市场，还对华商企业实行歧视，企图利用保险来扼杀洋务运动及民族工商业的发展。

1872年，洋务派官员吴大廷向李鸿章等大臣呈报轮船招商局事宜时，提出兴办新式航运业有“五难”，其中一难就是“保险难”。据《国民政府清查整理招商局委员会报告书》所载：“招商局轮船向洋商保险行保险，只准每船限保白银六万两，其超过六万两之额，由局中自行保险，保险费均系通年每月一分九扣，风灾触礁碰船险均保在内，值十万两之船，每年保险费须纳一万两有零。”在此情况下，李鸿章于1872年在《筹议制造轮船未可裁撤》中指出：“各口岸轮船生意，已被洋商占尽。华商领官船另树一帜，洋人势力必挟重资以倾夺，则须华商自立公司，自建行栈，自筹保险。”

1875年12月，轮船招商局精心筹划并募集股份，在上海设立了保险招商局，总办为唐廷枢，会办为徐润。并在汉口、天津等17个国内口岸，新加坡、横滨等8个国外口岸设立分支机构。它的开设是近代民族保险业产生的标志，打破了帝国主义对中国保险市场的垄断。

1876年7月，唐廷枢等人一鼓作气再次集股25万两白银，创办了仁和保险公司，这是中国人自办的第一家保险公司。1878年唐廷枢又集股20万两白银，开办了济和船栈保险公司，进一步提高了市场竞争力。为了加强实力，1886年2月，仁和、济和两家保险公司合并为仁济和保险公司。该公司一直经营到1937年宣告解散，成为中国近代颇有影响力的一家华商保险企业。

此后，中国民族保险业得到一定发展，相继成立了20多家水火保险公司。例如，1877年3月，安泰保险公司成立；1880—1881年，常安保险公司和万安保险公司先后在香港成立；1882年，上海火烛保险公司成立。1907年，上海的9家华商保险公司组成历史上第一家中国人的保险同业公会组织——华商火险公会。1911年，总共有45家华商保险公司，但外商保险公司仍牢牢垄断着中国保险市场。

4. 保险立法的探索

清朝末年，在铺天盖地的外来资本和思潮的影响下，一向故步自封的清朝政府也开始接受一些进步人士的建议，实施商业立法，其中也包括对保险立法的探索。

1907年，清政府聘请日本专家制定了中国近代第一部保险法规《保险业章程草案》，但没有获得政府的批准实施。1909—1911年，拟定了《海船法草案》和《大清商律草案》，但辛亥革命很快爆发，因此这些法律无果而终。但这些保险法草案的内容比较全面，对涉及的商法、海法两大法系的法规制定都进行了积极探索。这在一定程度上促进了民族保险业的发展，并成为北洋政府时期制定保险法的借鉴和依据。

（二）民国时期保险业的发展

1. 第一次世界大战期间保险业的第一次大发展

1912年中华民国成立后，北洋政府组织专家拟订了“保险契约法草案”，共4章109条；1917年又拟订了《保险业法案》，在一定程度上推动了保险业的发展。但直至北洋政府解散，这些法案也没有真正颁布实施。

第一次世界大战期间，帝国主义放松了对中国的经济侵略，为民族工商业及保险业发展提供了良机。从1912年开始，相继有39家华商保险公司设立，且经营实力不断增强。其中，中国第一家人寿保险公司——华安合群保寿股份有限公司，于1912年由民国大总统黎元洪等官僚投资设立，由吕岳泉经营。该公司专门聘请了人寿保险的精算和管理人才，并大力宣传人寿保险的作用。到1931年，华安合群保寿股份有限公司已成长为能与外商寿险公司相抗衡的著名华商保险公司。

华商保险公司发展的黄金期并不太长。第一次世界大战结束后，美国和日本在中国的势力得到了大幅扩张，以英、美、日为主的多国势力联手再次控制住了中国保险市场。在当时100多家保险机构中，华资保险公司仅有24家，保险市场的大部分利润都被外国垄断资本掠夺。根据1930年代的资料，当时中国每年流出保费外汇高达235万英镑，占全国总保险费收入的75%。

2.1930年代前期的第二次大发展

（1）保险机构的发展。

1926年以后，中国的银行业开始相继投资保险业，这是当时中国保险业出现的新形势。1926—1936年，中国的银行业大量涉足保险业，改善了中国保险公司的经营管理，培养了保险专业人才，拓展了保险业务新险种，并利用银行贷款关系争取了保险业务，中国的民族保险业由此得到迅速发展。相比于1914年，华商保险公司数量增加了2倍多，资本金增加了5倍多。一些大型民族保险机构从上海金融中心向其他口岸和内地商埠延伸，其保险业务从国内扩展到了东亚和东南亚。

（2）保险立法的发展。

1929—1937年，国民政府曾先后颁布了《保险法》《保险业法》及其修正稿。但由于外商保险公司的反对和其他原因，这些法规在抗日战争以前一直没有实施。

1928年，国民政府金融管理局制定了《保险条例》（草案），共9章29条。1929年，国民政府通过了《保险法》，分为总则、损害保险、人身保险3章共计82条。1935年，国民政府颁布了《简易人寿保险法》和《简易人寿保险章程》。1937年修正后的《保险法》、《保险业法》和《保险业法施行法》颁布。直到抗日战争全面爆发，上述法规中仅《简易人寿保险法》和《简易人寿保险章程》付诸实施。在帝国主义压迫下的中国，为了维护民族权益，希望通过保险立法冲破外国列强不平等条约的约束，限制外国保险公司的经营范围和特权，但由于国民政府的软弱及对帝国主义的依赖，这些限制外商权益的立法是很难颁布施行的。

(3) 保险同业机构与学术研究的发展。

1932 年，中华人寿保险协进社成立。1935 年，中国保险学会成立。中国有史以来第一部《保险年鉴》也于同年问世。1936 年，《保险年鉴》改名为《中国保险年鉴》，全书分为保险概论、世界各国保险概况、中国保险业概况、保险法规共四篇内容。1935—1938 年，《中国保险年鉴》先后出版了四册。

1925 年，我国第一部保险学专著《保险学》由王效文编著并出版。但此后的十几年，全中国总共出版的保险书籍不过十余种，严重制约了我国民族保险业的进一步发展。

3. 抗日战争期间的保险业

(1) 国统区的保险市场。

抗日战争全面爆发后，保险中心由上海转移到重庆，这是中国近代保险史上比较重要的一个阶段。当时，抗日战争大后方的保险机构包括中央信托局产物保险处、人寿保险处、中国产物保险公司、中国人寿保险公司、太平洋产物保险公司、中国农业保险公司、邮政储金汇业局寿险处、资源委员会保险事务所共 8 家，主要以官办保险公司为主。而地方性、民办的保险机构也急剧增加，保险市场竞争激烈。抗日战争以前，外商保险机构和业务在西南地区曾占一定的比重。随着第二次世界大战的爆发和中国民族保险业的崛起，大部分外商保险公司陆续撤离回国，其势力逐渐衰落。到抗日战争胜利为止，中国内地保险机构有 60 余家。

国民政府迁都重庆以后，重新制定了一些保险法规和办法。在 1941 年以前公布施行的法规有《国民寿险章程》《公务员团体寿险简章》《战时兵险法》《健康保险草案》等。1942 年，国民政府公布了修正后的《简易人寿保险法》。但真正属于比较系统的保险法令规章，还是从 1943 年起陆续颁布的《战时保险业管理办法》及其施行细则，火险、水险、人寿保险基本条款和《保险业代理人经纪人公证人登记领证办法》等。

抗日战争期间，重庆成为后方各地保险业的分保中心。尤其是在上海、香港等地相继被日本侵占之后，外商联系分保的渠道被彻底割断。同时，中国出现了各种形式的再保险组织。特别是中央信托局产物保险处，曾想通过再保险的国有化来垄断中国国内的再保险市场，但因遭到各方面的反对而流产。1945 年 10 月，国民政府财政部拨出巨款作为基金，让中央信托局产物保险处在内部设立再保险科来办理再保险。但不久保险业中心再次迁回上海，中国再保险市场出现另一番景象。

(2) 敌占区的保险市场。

中国保险市场从鸦片战争开始，被外商保险公司垄断长达 100 余年。外商保险公司以上海为中心，不断渗透发展，在各重要城市开设分支机构。据当时的《中国保险年鉴》记载，1937 年，上海共有 126 家外商保险公司及其代理机构，而华商保险公司仅有 24 家。外商保险公司无论在数量上还是业务上都占有绝对优势，特别是最早进入中国的英商保险机构，凭借着在中国的特权，雄厚的资金实力，丰富的保险经营、技术经验以及再保险优势，率先垄断了中国保险市场。第一次世界大战结束后，美国保险公司逐渐进入中国，经营各种保险业务。到了1930年代，英美保险公司长期垄断了中国保险市场，获取了大量的超额利润。

抗日战争以前，中国保险业的所有分保业务，一般都在上海保险市场办理，其中大部分的分保费会流入外国保险商的口袋。抗日战争初期，上海的其他外商保险公司已被迫关闭，华商保险公司只能通过组织自己的分保集团进行分保，期间先后成立了6家分保集团，共有80家公司参与。抗日战争期间，敌占区的日本、德国保险公司处于垄断地位，民族保险公司和其他外国保险公司受到排挤，业务下滑，经营困难。

4. 抗日战争后保险业的第三次发展

抗日战争胜利后，官僚资本保险机构与外商保险公司重新勾结，再次控制了中国保险市场。期间，上海集中了大量游资并竞相投资于保险业，保险机构数量暴增，迎来了中国民族保险业发展的第三次高潮。截至1947年3月底，全国保险业共有507家总分支机构，其中总公司129家，分支机构378家，50家依法注册的外商保险公司。截至1946年底，依据1944年《保险业代理人经纪人公证人登记领证办法》进行登记的中介人员数量如下：经纪人358个、代理人42个、公证人22个。据国民政府财政部对全国金融机构的调查，截至1948年6月底，全国保险业的总分支机构已有602家。当年上海的中外保险公司，包括外商保险代理机构，最多时有275家，屡破纪录。在此期间，中央信托局产物保险处驻美分处于1948年5月6日在纽约华尔街开业，开办资本为250万美元。它是中国在美国第一家获准特许设立的保险机构。

抗日战争胜利后，再保险机构在抗战期间建立分保集团的基础上有所调整，并得以进一步发展。该机构包括三类：第一类是以官僚资本保险公司为主体，如1946年在上海成立的中国再保险公司；第二类是以上海的一些华商分保集团为主体；第三类是以外商保险公司为主体。这时美国保险公司凭借其新的特权，控制了官僚资本保险机构和一些民营保险公司的分保业务，进一步垄断了中国的再保险市场。

中华人民共和国成立前夕，保险业与其他行业一样陷入混乱，如保费折扣，佣金滥发，收费期限任意放宽，自负保险责任随意扩大。1949年，华商保险公司的总分支机构已由1948年6月底的602家减少至369家，实际上其中一部分保险机构已经停止经营。

1947年，一些大中城市相继解放，解放区的政策规定：凡企业股份中官僚资本占50%以上，或虽未超过50%但其行政实权掌握在官僚资本手中的保险公司应予接管，对其他保险公司进行监理。1949年5月30日，上海解放，随后开始接管官僚资本保险机构的工作，9月1日成立联合清理处，10月23日基本结束接管清理工作。为了有利于经济恢复和发展，上海贯彻落实保护工商业的政策，积极让私营保险公司恢复营业，并加强管理。期间有104家私营保险公司恢复营业，其中包括62家华商，42家外商保险公司。

三、中华人民共和国成立后保险业的发展

（一）中华人民共和国成立后保险业的创立与发展（1949—1958年）

中华人民共和国成立后，人民保险事业创立的第一步是对原有私营保险公司进行整顿

和改造。这项工作首先是从东北开始的。东北解放后，在哈尔滨将私营保险公司改造成为公私合营的新华保险公司。后来国营东北保险公司成立，新华保险公司改组为东北保险公司的分公司。随着苏联把设在大连的国外保险局东北代理处移交给我国，从此东北地区的保险业务统一由东北保险公司办理。中华人民共和国成立后，在上海、天津、汉口等地全面开展了对旧保险业的清理、整顿和改造。从此结束了我国保险事业长期依赖洋商保险公司的局面，对当时国民经济的恢复发展起到了积极作用，也为建立中国人民保险事业打下了基础。

1949 年 8 月，由陈云主持的在上海召开的华东、华北、华中、东北、西北 5 个地区的财经会议上，提出了创建中国人民保险公司的建议。1949 年 9 月 25 日—10 月 6 日，第一次全国保险工作会议在北京举行。1949 年 10 月 20 日，中国人民保险公司在北京成立，宣告了中华人民共和国第一家国家保险机构的诞生，中国保险史从此进入了崭新的历史时期。到 1950 年 5 月，全国保险市场的保费收入比例发生了根本性变化，其中国营保险公司保费收入占 70%，华商私营保险公司占 8%，外商保险公司占 22%，这标志着国营公司领导地位的确立。1950 年 6 月，中国人民保险公司从中国人民银行划归财政部领导。

1951 年 2 月 3 日，中央人民政府政务院作出了《关于实行国家机关、国营企业、合作社财产强制保险及旅客强制保险的决定》，该文件中指定中国人民保险公司为办理强制保险的机关，从而极大地推动了国内保险业的发展。1951 年下半年，上海和天津的 28 家私营保险公司（中外合资与未复业的寿险公司不包括在内）分别组成太平和新丰保险公司，中国人民保险公司投入了多数资金并成为控股方。

中华人民共和国成立初期，由于外商保险公司失去了巨额的分保费收入，而且直接业务来源也越来越少。在中国的外商保险公司的保险费收入，1949 年要占全国保险费收入的 62%，1950 年则降到 9.8%，1952 年则为 0.01%。此后，外商保险公司陆续申请停业，自动退出了中国保险市场。1953 年 3 月，全国保险工作会议在北京举行，会议决定整顿城市保险业务，停办农村保险业务，调整保险机构。

受特定历史条件的影响，苏联的国家保险理论与实践对中华人民共和国成立初期的保险业发展有着重要作用。当时，为了学习苏联先进的保险经验，提高我国保险工作人员的保险业务水平，从 1954 年 2 月起，中国人民保险公司的员工开始学习《苏联国家保险》等保险业务材料。1954 年 12 月 15 日，由中国人民保险公司制定、财政部批准的《解放前保险业未清偿的人寿保险契约给付办法》公布施行。中华人民共和国成立前的人寿保险清偿工作基本上在 1957 年底结束，其中只有一小部分清偿工作延期到 1959 年。1955 年，我国完全废除了保险经纪人制度。1956 年 8 月，中国整个保险行业实现全行业公私合营，太平、新丰两家保险公司的合并，标志着中国保险业的社会主义改造完成。到 1958 年年底，全国设有各级保险机构 4 600 多个，保险职工近 5 万人，与世界许多保险公司建立了广泛的业务联系。

1958 年 12 月，在西安召开的全国财贸工作会议上，我国正式决定于 1959 年全面停办国内保险业务。此后，数万名保险干部转业，几千个机构被撤销，只保留了部分国内保险、涉外保险和国际分保业务。

（二）中国保险业的瘫痪与停办（1958—1978 年）

1958—1978 年，受特定历史因素的影响，我国保险事业也受到了严重冲击。

1958 年 12 月，财政部决定停止办理国内保险业务。此后，除了上海、哈尔滨、广州、天津的保险业务办理到 1966 年外，国内所有保险业务全部停止办理。1959 年，中国人民保险公司取消了独立建制，并从财政部被划归中国人民银行领导。1964 年，全国仅剩保险机构 27 个，只有 114 名干部。直至 1965 年，中国人民保险公司重新恢复独立建制，共有职工 86 人。

1966 年开始，中国保险业的国外业务与再保险业务几乎全部停办。1969 年，中国人民保险公司被精简机构，当时的国外业务仅留下由 13 人组成的保险业务小组继续“守摊和收摊”。1969 年上半年，发生了进口手表以及白金丢失事件，周恩来总理明确强调指出，必须继续办理涉外保险及国际再保险业务。

1970 年 6 月—12 月，中国人民银行相继抽回一部分保险业务骨干，逐渐充实了保险业务的力量。从 1971 年起，对我国进口的贵重货物与外国保险商签订固定的、不声明价值的分保合同，从而使濒于消亡的人民保险事业出现了重大转机。此后，我国涉外保险和国际分保业务得以延续、恢复和发展，并为 1979 年国内业务的全面恢复、发展奠定了基础，储备了人才。

（三）中国保险业的恢复与发展（1979—2001 年）

1. 中国保险业的全面恢复（1979—1985 年）

1979 年 4 月，《中国人民银行分行行长会议纪要》得到国务院的批准，做出了“逐步恢复国内保险业务”的重大决策。1979 年 11 月，全国保险工作会议在北京召开，我国停办 20 多年的国内保险业务开始慢慢复苏，标志着中国保险业进入了崭新的发展时期。会后，全国各地保险分支机构的组建工作全面展开，国内保险业务开始恢复经营。到 1980 年底，除西藏以外的全国各省、自治区、直辖市，全部建立、恢复了保险公司的分支机构。1982 年 12 月，国务院批准了《中国人民保险公司章程》，批准成立中国人民保险公司董事会、监事会，以完善保险公司的组织结构，特别是为了满足对外活动的需要。

1982 年，香港民安保险公司经中国人民银行批准，在深圳设立了分公司。这标志着自中华人民共和国成立以来，所形成的由中国人民保险公司独家经营的格局被打破，从而促进了我国保险事业的发展。但该公司当时实质是中国人民保险公司的全资子公司。

1983 年 9 月 1 日，国务院颁布《中华人民共和国财产保险合同条例》，这是中华人民共和国成立后第一部财产保险合同方面的规范性法规。

1984 年 11 月 3 日，国务院批准中国人民保险公司《关于加快发展我国保险事业的报告》，加速了保险业的发展步伐。

2. 中国保险市场的对内开放（1986—1992 年）

1985 年 3 月，《保险企业管理暂行条例》由国务院批准颁布，此条例共 6 章 24 条，是中华人民共和国成立后第一部保险业的法律文件。按照该条例的相关规定，经中国人民银行批准，新疆生产建设兵团农牧业生产保险公司于 1986 年 7 月 15 日成立。中国保险市场自此开始对内开放，业务竞争由此拉开。

1986 年 10 月，交通银行恢复开业不久，就将总部从北京迁到上海。1987 年，交通银行由上海分行率先成立保险业务部，正式开展保险业务。1991 年 4 月，按分业管理的要求，交通银行保险业务部被分离出来成立了中国太平洋保险公司，总部设在上海。中国太平洋保险公司是改革开放以来第一家总部设在上海的保险公司，也是我国第二家全国性综合商业保险公司。

1988 年 3 月 21 日，经中国人民银行批准，我国第一家股份制保险公司——平安保险公司由深圳蛇口工业区招商局等单位合资创办，总公司设在深圳。1992 年，平安保险公司经营区域扩大到全国，并正式更名为中国平安保险公司，该公司是我国第三家全国性综合商业保险公司，至今已发展成为融保险、银行、投资等金融业务为一体的多元综合金融服务集团。

3. 中国保险市场的对外开放（1992—1995 年）

1992 年，邓小平南方谈话后，保险业也开始加快对内开放，并逐步对外开放。

1992 年 9 月，经中国人民银行批准，美国国际集团的子公司美国友邦保险公司和美亚保险公司在上海开设分公司，成为改革开放后第一家进入中国保险市场的外资保险企业。1994 年 11 月，日本的东京海上火灾保险公司也获准在上海开设分公司。这标志着我国保险市场开始迈出国际化的第一步。

1994 年 12 月和 1995 年 1 月，中国天安保险有限公司和大众保险有限公司两家区域性保险公司分别在上海成立。在这一时期，我国部分经济发达地区先后成立了数十家地方性保险公司、经纪公司和公估公司。

4. 保险法的实施与分业经营（1995—2001 年）

1995 年 6 月《中华人民共和国保险法》的颁布，标志着新中国保险业有了法律依据和保障，我国保险市场自此更加规范，也为市场发展创造了法律环境。1996 年 2 月，《保险代理人管理暂行规定》颁布。1996 年 7 月，《保险管理暂行规定》颁布。1997 年 11 月，《保险代理人管理规定（试行）》颁布。1998 年 2 月，《保险经纪人管理规定（试行）》颁布。

根据保险法规定的分业经营原则，1995 年 10 月，中国人民保险公司开始进行改制，于 1996 年成立中国人民保险（集团）公司，下设中保财产保险有限公司、中保人寿保险有限公司、中保再保险有限公司三家专业保险公司。1996 年 8 月，中国人民银行又批准成立五家中资保险公司，其中华泰财产保险股份有限公司、泰康人寿保险股份有限公司、新华人寿保险股份有限公司三家是总部设在北京的全国性保险公司；永安保险股份有限公司、华安保险股份有限公司则是总部分别设在西安和深圳的区域性保险公司。1997 年 5 月，第一家获准在我国开业的欧洲保险公司——瑞士丰泰保险集团在上海设立了分公司。1998 年 11 月，中国人民保险集团公司被撤销，其三家专业保险公司分别改制为中国人民保险公司、中国人寿保险公司、中国再保险公司。1998 年 11 月 18 日，中国保险监督管理委员会正式成立，接替中国人民银行专门行使对保险业的监管。

1999 年 5 月 15 日，中国保险监督管理委员会为规范中介市场，举行了全国首次保险经纪人资格考试。1999 年 8 月 19 日，由原中国人民保险（集团）公司所属海外营业性机构组合而成的中国保险股份有限公司暨香港中国保险（集团）有限公司宣告成立。该公司为一家大型国有跨国保险企业集团，其下属公司包括香港中国保险（集团）有限公司在内共达30余家。2000年6月16日，江泰保险经纪有限公司在北京揭牌，成为中国第一家全国性的综合保险经纪公司，保险中介行业进入了加速发展期。

2000年11月16日，中国保险行业协会在北京宣告成立，在成立大会上通过了《中国保险行业公约》，这是我国保险行业自律机制建设的重要举措，也是迈向规范有序竞争的重要开端。2000年的全国保费收入达到1 595.5亿元，世界排名为第16位。

（四）中国保险业发展的新纪元（2001年至今）

1. 保险市场的完全开放（2001—2006年）

2001年12月11日，我国正式加入世界贸易组织，对保险业做出了“高水平、宽领域、分阶段开放”的承诺，拉开了对接国际市场、实行完全开放的序幕。

2002年，国有以及大型保险公司相继启动了重组改制工作，以完善内控机制，提高竞争能力和管理水平。2003年1月1日，首次修订的《中华人民共和国保险法》开始实施。同年，中国人民保险公司率先顺利完成重组改制，旗下的人保财险公司在香港联交所成功上市。随后，中国人寿保险公司也完成重组改制，并于2003年年底在纽约、香港成功上市。

2003年年底，我国开始取消外国非寿险公司在华设立公司的限制。同时，除有关法定保险业务外，我国向外资非寿险公司放开所有业务限制。至此，我国保险业全面对外开放。2004年5月，4家外资财险分公司改建为独资公司。至此，外资财险公司在华设立的营业机构包括分公司、独资公司、合资公司。2004年12月11日，中国根据世界贸易组织的协定，全面开放保险市场，对外资保险公司取消了地域限制。同时，除有关法定保险业务外，向外资寿险公司放开所有业务限制。到2005年年底，中国保险业总资产已达1万多亿元，当年保费收入为4 927.3亿元，是1980年4.6亿元的106倍。截至2006年年底，15个国家和地区的41家外资保险公司在中国内地设立115个营业性机构，而设立代表机构和办事处的国家和地区则达到19个。同时，中国人保、中国人寿、中国平安、中保国际、民安控股等中资企业也先后“走出去”，在广阔的国际市场上一显身手。

2. 保险业的迅速崛起（2006—2015年）

2006年6月，《国务院关于保险业改革发展的若干意见》（简称“国十条”）正式发布。2007年1月9日，中国保险行业第一股——中国人寿进入A股市场。2007年3月1日，在创下当时全球最大保险公司IPO纪录之后，中国平安保险（集团）股份有限公司成功进入A股市场。2007年12月25日，国内第三大保险集团——中国太保正式进入A股市场。到2007年底，中国保险业总资产超过3万亿元，当年保费收入7 033.4亿元，世界排名为第9名。2011年12月16日，新华人寿保险公司在A股上市。截至2013年年末，全国共有保险集团公司10家，保险公司143家，保险资产管理公司18家，其他公司3家。从保险公司资本结构属性来看，中资保险公司共有89家，外资保险公司共有54家。其中，中资产险公司43家，中资寿险公司43家，中资再保险公司3家；外资产险公司21家，外资寿险公司28家，外资再保险公司5家。全国共有省级（一级）分公司1 700家，中支及以下营业机构73 819家。保险从业人员377.42万人，其中，营销员

290.07 万人。2013 年我国保费收入 1.72 万亿元，世界排名为第 4 名，比 2000 年上升了 12 位，成为全球保险大国。

2015 年 3 月 13 日，《中国保险消费者权益保护报告（2015）》出版发行。2015 年 10 月 14 日，《中华人民共和国保险法》迎来了第三次修订。2015 年 12 月 29 日，上海保险交易所的设立申请获国务院同意。2015 年，国内保险业实现原保险保费收入 2.43 万亿元，同比增长 20%。其中，财产险保费收入 7 994.97 亿元，同比增长 10.99%；人身保险原保费收入 13 241.52 亿元，同比增长 21.46%，其中意外伤害险保费收入 635.56 亿元，健康险保费收入 2 410.47 亿元，分别增长 17.14%、51.87%。从保险投资的情况来看，2015 年保险资金投资额为 111 795.49 亿元，较年初增长 19.81%。其中，银行存款 24 349.67 亿元，占比 21.78%；债券 38 446.42 亿元，占比 34.39%；股票和证券投资基金 16 968.99 亿元，占比 15.18%；其他投资 32 030.41 亿元，占比 28.65%。截至 2015 年年末，产险公司总资产 18 481.13 亿元，较年初增长 31.43%；寿险公司总资产 99 324.83 亿元，较年初增长 20.41%；再保险公司总资产 5 187.38 亿元，较年初增长 47.64%；资产管理公司总资产 352.39 亿元，较年初增长 46.44%。保险公司净资产 16 089.70 亿元，较年初增长 21.38%。

3. 保险业的发展现状与特点

2016 年，中国保险市场保持了强劲增长势头，结构调整成效显现，有效防范风险、助实体惠民生能力明显提升。全国原保险保费收入 30 959.1 亿元，同比增长 27.5%。其中，财产险和人身险业务分别同比增长 9.12%和 36.51%。赔付支出过万亿元，同比增长 21.2%。保险业资产总量 15.12 万亿元，较年初增长 22.31%。2016 年，我国保险业的世界排名为第 2 名，比 2000 年上升了 14 位，仅次于美国，对国际保险市场增长的贡献度超过 30%，居全球首位。

目前，中国保险市场运行主要呈现出以下特点。

（1）业务规模增长快，增速创新高。2016 年，保险市场业务规模快速增长。一是寿险业务一马当先，实现原保险保费收入 17 442.22 亿元，同比增长 31.72%。其中，普通寿险贡献突出，实现原保险保费收入 10 451.65 亿元，同比增长 55.34%，对行业保费收入增长的贡献率为 55.77%。二是健康险业务高速增长，实现原保险保费收入 4 042.5 亿元，同比增长 67.71%。三是财产险业务增速保持稳定，实现原保险保费收入 8 724.5 亿元，同比增长 9.12%。其中，车险业务实现原保险保费收入 6 834.55 亿元，同比增长 10.25%。

（2）结构有所优化，市场集中度不断下降。从 2016 年的保险业务结构来看，农业保险和责任保险保持良好发展势头，原保险保费收入分别为 417.71 亿元和 362.35 亿元，同比增长 11.42%和 20.04%；占产险业务的比例分别为 4.79%和 4.15%，分别同比上升 0.1%和 0.37%。人身险公司普通寿险业务原保险保费收入 10 451.65 亿元，同比增长 55.34%，占人身险公司全部业务的 48.18%，同比上升 5.76%；健康险业务占人身险业务的 18.18%，同比上升 3.38%。从行业结构来看，全国已开业保险机构共 203 家，较年初增加 9 家。其中，保险集团公司 12 家，新增 1 家；财产险公司 79 家，新增 6 家；人身险公司 77 家，新增 1 家；保险资产管理公司 22 家，新增 1 家。人身险前 10 家公司原保险保费收入合计 15 683.75 亿元，市场份额为 72.3%，同比下降 3.55%。财产险前 10 家公司原保险保费收入合计 7 924.67 亿元，市场份额为 85.52%，同比下降 0.72%。

（3）保障能力增强，发展理念得到彰显。从风险保障来看，2016 年保险业提供风险保障金额 2 372.78 万亿元，同比增长 38.09%，高于原保险保费收入增速 10.59 个百分点，保额增速明显快于业务增速。其中，财产险公司提供风险保障金额 1 282.88 万亿元，同比增长 36.22%；人身险公司提供风险保障金额 1 089.9 万亿元，同比增长 40.35%。从赔付支出来看，保险业 2016 年累计赔付支出 10 512.89 亿元，同比增加 1 838.75 亿元，增长 21.2%。其中，财产险、意外险、健康险业务赔款支出 5 652.27 亿元，同比增长 14.85%；人身险业务死伤医疗给付 461.23 亿元，同比增长 23.28%；满期给付 3 647.56 亿元，同比增长 31.26%；年金给付 751.83 亿元，同比增长 25.41%。

（4）服务大局作用显著，服务能力再上新台阶。2016 年，保险业积极发挥保险功能作用，抓住服务供给侧结构性改革和脱贫攻坚战略两大主线，推动保险服务能力再上新台阶。从服务供给侧结构性改革方面来看，一是助力振兴实体经济。首台（套）保险和科技保险分别为我国装备制造企业和科研机构、科技创新企业提供了风险保障资金 486.62 亿元和 1.03 万亿元，同比大幅增长 196.72%和 631.25%。二是促进外向型经济发展。出口信用保险累计为 8.22 万家出口企业提供风险保障资金 4 167 亿美元。三是支持国家重大战略项目。截至 2016 年底，累计发起和设立债权、股权和项目支持计划 659 项；合计备案注册规模 1.7 万亿元，为“一带一路”、长江经济带、京津冀协同发展等国家战略项目提供了大量的资金支持。四是为稳就业作出了积极贡献。截至 2016 年底，保险营销员达 657.28 万人，较年初增加 185.99 万人，占当年城镇新增就业总数的 14.15%，就业吸纳能力显著增强。从助推脱贫攻坚和民生改善方面来看，2016 年农业保险参保农户 2.04 亿户次，提供风险保障资金 2.16 万亿元，为 3 822.71 万户次农户支付赔款 299.21 亿元，同比增长 26.22%。从大病保险看，2016 年全国 31 个省（区、市）保险公司承办的大病保险业务覆盖人群达 9.7 亿人，累计支付赔款 300.9 亿元。大病保险患者实际报销比例在基本医保的基础上提升了 13.85%，整体报销比例达到 70%。

（5）创新行业发展，新技术应用方兴未艾。2016 年，云计算、移动互联网等新技术在保险业的应用不断深入。从云计算应用来看，已有 50 余家保险机构与第三方社会化云平台合作，有效降低了运营成本，并促进了产品创新。从电子保单应用来看，全行业有 104 家机构签发了 3.61 亿张电子保单。其中财产险公司 46 家，电子保单数量 1.98 亿张；人身险公司 58 家，电子保单数量 1.63 亿张。从互联网保险业务看，117 家保险机构开展互联网保险业务，实现签单保费 2 347.97 亿元。其中财产险公司 56 家，实现签单保费 403.02 亿元；人身险公司 61 家，实现签单保费 1 944.95 亿元。全年新增互联网保险保单 61.65 亿件，占全部新增保单件数的 64.59%。其中，退货运费险签单件数达 44.89 亿件，同比增长 39.92%；签单保费 22.36 亿元，同比增长 24.97%。1980—2016 年我国保险主要发展指标情况见表 4－1。

表 4-1　　1980—2016 年中国保险主要发展指标

年份	保费收入（亿元）	保费增长速度（%）	保险密度（元/人）	保险深度（%）	保险公司数量（个）
1980	4.60	0	0.47	0.10	1
1981	7.80	69.56	0.78	0.16	1
1982	10.30	32.05	1.01	0.20	2
1983	13.20	28.16	1.28	0.22	2
1984	20.00	51.52	1.92	0.27	2
1985	33.10	65.50	3.13	0.37	2
1986	45.80	38.37	4.26	0.49	3
1987	71.10	55.24	6.51	0.59	3
1988	109.50	54.01	9.86	0.73	4
1989	142.40	30.05	12.61	0.84	4
1990	177.90	24.93	15.56	0.96	4
1991	235.60	32.43	20.35	1.09	5
1992	367.90	56.15	31.39	1.38	—
1993	499.60	35.80	42.16	1.44	—
1994	600.00	20.09	49.00	1.28	—
1995	683.00	13.83	56.39	1.17	—
1996	777.10	13.78	63.49	1.15	—
1997	1 087.90	39.99	88.02	1.46	—
1998	1 247.60	14.68	99.97	1.59	25
1999	1 393.20	11.67	110.75	1.70	28
2000	1 595.50	14.52	125.93	1.78	34
2001	2 109.00	32.18	165.28	2.20	35
2002	3 053.10	44.76	237.78	2.98	42
2003	3 380.40	10.72	287.44	3.33	62
2004	4 318.10	27.74	332.00	3.40	68
2005	4 927.30	14.10	379.00	2.70	93
2006	5 641.40	14.49	431.30	2.80	107
2007	7 033.40	24.70	533.00	2.85	110
2008	9 784.10	39.10	736.75	3.25	130
2009	11 137.30	13.80	834.40	3.32	138

续前表

年份	保费收入（亿元）	保费增长速度（%）	保险密度（元/人）	保险深度（%）	保险公司数量（个）
2010	14 527.97	30.44	1 100.00	3.60	146
2011	14 339.25	−1.30	1 064.30	3.00	152
2012	15 487.93	8.01	1 143.80	3.00	165
2013	17 222.24	11.20	1 265.67	3.02	174
2014	20 234.81	17.49	1 449.00	3.18	185
2015	24 282.52	20.00	1 766.49	3.59	194
2016	30 959.10	27.50	2 239.02	4.16	203

第四节　现代保险的发展特点与趋势

一、寿险的市场主导地位逐渐削弱，非寿险蓄势待发

国际保险市场通常分为寿险市场和非寿险市场。寿险主要有定期寿险、终身寿险、两全寿险以及各类分红险、投连险、万能险和各类年金产品；非寿险主要涵盖人身意外险、健康险、财产损失保险、责任险、信用及保证保险等。根据数据统计比较发现，亚洲寿险市场一般占据整个亚洲保险市场75%以上的份额，而北美洲大致为50%，西欧占比61%，全球平均接近60%。例如，2000年全球寿险保费比重为62.25%，但在2011年降为57%。将亚洲国家和地区进行比较可以看到，中国台湾、中国香港、新加坡、韩国和日本寿险保费比重都在70%以上，虽然中国寿险消费比重也由2001年的61%降为2016年的56.13%，但寿险业务的主导地位在亚洲市场仍不容撼动。

但从另一方面来看，全球寿险比重由2000年的62.25%下降至2013年的56.2%，可见寿险的主导地位逐渐削弱，非寿险业正蓄势待发。2000年，非寿险业务仅占37.75%，此后比重不断增加，2010年为41.96%，2013年增加至44%。近年来，非寿险业仍保持着平均2.0%的增长率，增长态势良好。

二、保险投资规模庞大，在经济发展中影响力巨大

从收取保费到支付赔偿金，保险资金的流动存在一个时间差，这期间积累的资金就是保险基金。由于保险客户众多、保费来源广泛，保险基金数额十分巨大，因此保险是金融市场上不可忽视的投资力量。

保险行业是社会经济发展的稳定器。当灾难出现并带来损失时，保险可以帮助单位和个人摆脱困境，社会因而能保持稳定，国家也得以健康持续发展。保险行业又是社会经济的助推器，保险公司将客户的保费收入投资到有发展潜力的行业，从而使保险资金升值，反过来又能让保险客户获得更大利益。社会闲散资金发挥了更大作用，从而刺激经济的发

展。目前，各主要国家都通过大力扶持保险业以促进社会安定，减轻政府的资金压力。

拥有巨额保险基金的保险业，已成为许多国家金融业的核心之一。特别是在美国、日本和西欧等工业发达国家，保险公司可运用的资金量远远超过其他金融组织，不少保险公司甚至成为许多大型工商企业的幕后老板。例如，美国最大的综合性保险集团伯克希尔哈撒韦集团、最大的人寿保险集团埃脱那保险公司就通过巨额的资金投资，渗透到国家各个支柱产业部门中，如金融、工业、商业、交通、石油等企业，从而对其所投资的企业有着直接或间接的控制权。所以，保险投资基金几乎掌握着一个国家的经济命脉，在发达国家经济中居统治地位。

三、保险需求不断增长，消费面越来越广

随着全球经济社会的发展，风险在不断增加，保险的基础与需求也随之扩大。一国的保险需求随国民收入水平的提高而不断提高。国际保险发展的历史经验证明，人均 GDP 在 0.2 万美元和 1 万美元之间，保费增长率可以达到 15%～20%。数据显示，1980 年中国全国保费收入仅为 4.6 亿元，但在 2016 年，保费收入已增加到近 3.1 万亿元，年均增长 25%以上。2015 年，中国保险密度为 271.77 美元，保险深度 3.59%；而 2013 年世界总体保险密度是 676 美元，保险深度 6.6%。目前，中国国内居民保险资产占金融资产的比例不足 8%，美国居民中该比例达到 30%以上，韩国为 22%。因此，随着居民保障需求和消费能力的提高，保险行业保费增速将会继续保持平稳快速增长。中国等新兴国家经济的持续稳定发展，也将带来更多的保险需求。

生产技术的日新月异，尖端科技的广泛应用使社会上各种新的风险因素不断增加，也给保险事业带来了广阔的服务领域。如互联网保险、核能保险、航天保险等纷纷问世。国际贸易方式的多样化、企业合作新方式的不断出现、资源联合开发的兴起，使产品、职业、个人等责任保险和信用保证保险成为全球普遍重视的保险业务。而作为社会福利制度补充的各种商业性特色险种也被研究开发出来，从航天保险，到爱情保险、雾霾保险、航班延误险、运费险等，几乎无所不包。另外，把一些互相关联的保险产品组合起来的新兴综合保险，可以实行“一揽子”保险计划，更能刺激消费，满足投保人的各种保险需求。

四、保险业集团化与专业化经营并存

保险业的集团化发展，顺应了当前国际金融市场和金融监管政策发展的趋势，走综合经营道路的大型保险集团已成为国内外市场的主导力量。

现代保险集团发展的新模式主要是通过横向分工和纵向分工两条路径来实现。前者为充分发挥主体公司的品牌优势，利用其原有业务机构的成熟网络和客户群向相关业务扩延，在主体公司的基础上设立若干专业子公司。如财产险、寿险、健康险、养老险、责任险、再保险等子公司。后者则按照公司的经营环节成立专业子公司，专营不宜“外包”但需要实行公司化经营的业务。如组建保险资产管理公司进行专业化投资；建立保险销售或代理公司；组建进行风险评估、保险方案设计和客户服务的经纪公司；提供保险损失勘查、责任认定和赔款理算的公估公司等。保险集团化经营模式能较好地应对国际竞争，有效满足保险市场需求，并通过多元化发展达到利益最大化，实现集团资源的有效利用。

保险控股（集团）公司充分利用集团的综合金融服务能力和子公司的专业化经营水平来展开多元化经营，已成为保险市场的主导力量。充分发挥整体优势，推出综合创新服务，努力降低经营成本，提高以专业化经营为基础的综合经营能力，已成为保险企业竞争能力的重要标志。同时，大量中小保险公司越来越依靠专业化经营生存，依靠专业技术寻求发展。例如，近些年出现的艺术品保险公司、环境保护保险公司、爱情保险公司、互联网保险公司等等，无不如此。

五、保险创新日新月异，备受重视

创新是保险业发展的动力之源，在许多发达国家备受重视，已成为保险公司可持续发展的必由之路。数据显示，美国 90%以上的家庭都参加了寿险，其保单密度已经超过了150%。保险作为市场化的风险转移机制、社会互助及管理机制，通过金融市场一体化来促进货币和资本市场的创新；通过保险监管的创新来推动政府监管的完善；并通过风险管理模式、金融体系、社会管理模式和社会保障体系的创新，来推动创新型国家的建设。

当前，国际保险创新日新月异，表现在保险经营的各个层面，包括经营理念、管理制度、组织结构、保险产品、保险技术、保险营销、保险理赔等。树立以客户为中心的服务观念，在公司各个层面开展服务创新是关键。同时，保险监管也在进行制度创新，以保证保险业能更好更快地发展。

六、保险从业者的知识化与专业化日益增强

保险的专业性和技术性很强，要在激烈竞争的保险市场上发展业务，提高市场份额，除了降低费率外，关键是在产品开发、承保技术、理赔服务上进行创新。因此，各种保险组织都要求从业者具有较高的专业知识与技术水平，还要求保险高管人员、核保、理赔、投资和财务人员等经常进行专业训练，熟悉业务流程。各种保险专业技能人员如保险经纪人、保险公估人和保险精算师等，要经过严格考试并取得相应资格后才能开展业务。当然，保险从业者素质能力要求高、工作挑战性强，也会获得丰厚的待遇，获得大大高于社会平均收入的报酬，有利于吸引各种人才加盟。如保险精算师被认为是“金领”岗位，2014—2015 年广东地区薪酬显示，保险精算师人均月入 2 万余元，是该项调查中薪水最高的岗位之一。

七、保险服务手段日益现代化

在现代信息社会，人们对保险工作效率提出了新要求。保险服务手段必须适应信息社会的动态发展，只有提供最便捷的保险服务，才能使保险企业在竞争中立于不败之地，并更好地运用保费收入获取更多的投资收益。

在科技发达国家，利用先进技术处理保险业务，提供多样化便捷服务，已成为保险公司巩固和发展业务的重要手段。例如，一些保险公司进行了类似 ATM 的保险业务创新，保险 ATM 机可以很快打印出一份简易保单。保险先进技术可以带来以下好处：（1）节约大量人工成本。例如，高效可靠的计算机可以节省大量人工和时间，降低经营成本，从而提高其经济效益比。（2）提高业务竞争能力。利用现代通信技术能够迅速处理案情，及时

支付赔款，从而增强了保险消费者的信任，也提高了服务能力和业务竞争能力。(3) 提高企业科学管理水平。利用各种专业应用程序软件进行业务分析研究，可以将各种业务资料进行归类，通过对数据进行统计分析来编写分析报告，使得管理人员能够迅速掌握国内外保险市场的动态和资料，对保险业务及时进行分析研究，从而提高经营管理水平。

本章小结

1. 保险产生和发展的四大基础：灾害事故的客观存在是自然基础；剩余劳动产品的不断生产和增多是其物质基础；商品经济的发展是其经济基础；保险精算是保险产生的数理基础。

2. 保险思想的萌芽最早出现在古代文明国家。古巴比伦的《汉谟拉比法典》是世界上第一部涉及保险的法规。保险是从经济互助形式逐渐发展起来的，先是冒险借贷，随后发展到海上保险合约，再发展到海上保险、火灾保险、再保险、人寿保险、责任保险和其他保险，并逐渐演变为现代商业保险。

3. 第二次世界大战后国际保险业获得了飞速发展，主要表现在：(1) 保险组织形式及其销售渠道日趋多样化；(2) 保险经营范围日益扩大，新险种不断增加；(3) 保费收入增长迅速，市场竞争日渐激烈；(4) 保险金额不断攀高，巨额索赔日益增多；(5) 发展中国家的保险市场逐步形成与壮大。

4. 中国现代商业保险始于 1805 年的广州保险社。1865 年，中国第一家民族保险企业上海华商义和公司保险行创立。1876 年的仁和、济和两家保险公司以及合并后的仁济和保险公司，成为中国近代颇有影响的华商保险企业。民国时期，我国保险业得到了三次大发展，但外商保险公司却一直垄断着中国保险市场。

5. 新中国保险业经历了 1950 年代的整顿、创立与发展；1958—1978 年的瘫痪与停办；改革开放后的恢复与发展；加入 WTO 后进入高速发展的新纪元。

6. 现代保险的发展特点与趋势：寿险的市场主导地位逐渐削弱，非寿险蓄势待发；保险投资规模庞大，在经济中影响力巨大；保险需求不断增长，消费面越来越广；保险集团化与专业化经营并存；保险创新日新月异，备受重视；保险从业者的知识化与专业化日益增强；保险服务手段日益现代化。

复习思考题

1. 现代保险产生的基础是什么？
2. 简述各类保险产生与发展的历程。
3. 简述我国保险业的发展历程。
4. 分析我国保险业的发展现状及其发展前景。
5. 浅论现代保险的发展特点与趋势。

第五章 保险合同理论与实践

⊙内容提要⊙

本章包括保险合同概述、保险合同的分类、保险合同的构成要素、保险合同的循环过程四节内容。应掌握保险合同的概念及特点，保险合同的基本分类与形式，保险合同的构成要素，保险双方的权利与义务；了解保险合同主体、合同内容、合同效力的变更；理解合同的无效、解除、复效及终止，保险合同的解释原则及解决方式。

第一节　保险合同概述

一、概念和内涵

保险合同也称保险契约，是投保人与保险人约定权利义务关系的经济保障协议。保险当事人是在平等的基础上充分协商，本着真实、自愿和诚实信用的原则订立保险合同的。根据当事人双方的约定，投保人支付保险费给保险人，保险人在保险标的发生约定事故时，承担经济补偿责任；或者当约定事故发生时，履行给付保险金的义务。

可见，投保人和保险人建立保险关系，是通过订立保险合同来实现的。保险合同是保险关系存在的基础，是双方当事人为建立、变更和终止保险关系而达成的经济保障协议，也是保护当事人享受权利和约束当事人履行义务的法律依据。

二、基本特点

保险合同具有一般合同的法律特征，即保险合同必须合法；合同当事人必须具有民事行为能力，处于平等法律地位且意思表示一致。但保险合同又是一种特殊的民商合同，具有自身的法律特征。

（一）对价有偿性

对价有偿性，是指投保人为了获得保险合同中约定的经济保障，必须支付相应的保险费。但保险合同的对价有偿性不同于一般经济合同，不是完全等价交换。因为投保人交付的保险费并非一定会换取保险人支付赔偿金或保险金，而且投保人交付的保险费与保险人支付的赔偿金或保险金也并非相等。所以，保险交换关系是一种对价关系，投保人以支付保险费作为对价，换取保险人承担起转移风险的承诺。当保险人承保的风险发生时，保险人将对投保人的实际损失承担赔付的义务，这也是保险合同的本质所在。

（二）射幸性

射幸就是碰运气、赶机会的意思。保险合同的射幸性，是指单个保险合同的履行结果是建立在事件可能发生也可能不发生的基础上。在保险合同有效期内若保险标的发生损失，则被保险人从保险人那里获得的赔款有可能远远大于其缴纳的保险费；反之，如无损失发生，则只付出了保险费而没有得到任何货币补偿。保险人则与之相反，当保险事故发生时，其赔款可能大于所收缴保费；而保险事故如果没有发生，则只收取了保费而无赔付的责任。因此，这种以偶然事件的发生作为合同当事人履行条件的合同称为射幸合同。该特点源于保险事故发生的偶然性，这在财产保险合同中尤为明显。而在大部分人寿保险中，由于保险人给付保险金的义务是确定的，只是存在一个给付时间不同的问题，因此，人寿保险合同大多具有储蓄性，射幸性特点不如财产保险合同明显。必须强调，射幸是针对单个保险合同而言的。就保险合同整体来说，保险人收取的保费总额与其应承担的赔款数额理论上是相等的，因为保险费与保险赔偿额的关系是依据概率精确计算出来的，因而就整体保险合同来说其不具有射幸性。

（三）最大诚信性

诚信是指诚实、守信。保险合同就是建立在诚实信用基础上的一种射幸合同。最大诚信性，是指保险合同要比其他经济合同要求双方更高程度的诚实与信用。保险合同的权利义务完全建立在诚实信用基础上，任何一方的不诚实行为都会影响保险合同的效力。因为保险合同是保障性合同，保险人决定是否承保和以什么条件承保，主要以投保人或被保险人的申报和保证事项为依据，如果他们不如实申报保险标的的风险情况或以隐瞒、欺骗等手段签订合同，都可能影响保险人的利益。所以，保险合同要求双方当事人在订立和履行合同时必须保持最大限度的诚信，否则合同无效。

我国《保险法》第五条明确规定：保险活动当事人行使权利、履行义务应当遵循诚实信用原则。最大诚信原则是保险的基本原则，每个保险合同的订立、履行都应当遵守该原则。它主要通过保险合同双方的诚信义务来体现，包括投保人或被保险人如实告知的义务及保证义务，保险人的说明义务及弃权和禁止反言义务。《保险法》第十六、十七条对其作了详细规定。对于双方当事人违反最大诚信原则的行为，《保险法》中也规定了严厉的处罚措施。

最大诚信性的要求源于在保险关系上普遍存在的信息不对称。具体而言，第一个信息不对称体现在投保的保险标的的情况上，不管是被保险人的身体还是其拥有的财产，保险人都处于信息的弱势地位，往往只能通过投保人与被保险人的告知与陈述才能了解保险标的的情况；第二个信息不对称主要体现在保险合同的起草上，由于保险合同都是由保险公司单方面制定的标准化合同，因此对投保方来说，关于合同条款的理解与术语的掌握等都处于信息弱势地位。保险关系中这种信息不对称的存在，要求履行保险合同必须坚持最大诚信性要求，这样才能消除合同履行中的信息不对称，保障双方权利与义务的执行。

（四）双务性

合同有单务合同和双务合同之分。单务合同是只对当事人一方拥有权利，另一方只发生义务的合同，如赠与合同、无偿保管合同等即是单务合同。而双务合同是指合同当事人双方相互享有权利，同时也承担义务的合同。保险合同的双务性，是指在保险合同成立后，保险人享有收取保险费的权利，同时承担约定事故发生时给付保险金或补偿被保险人实际损失的义务；投保人承担支付保险费的义务，同时被保险人在保险事故发生时，依据保险合同享有请求保险人赔付保险金的权利。当然投保人与保险人还有一些具体的其他义务，但缴纳保险费与赔付保险金是其最主要的义务。

（五）附和性

保险合同的附和性，是指合同条款先由当事人一方拟定，另一方只能选择接受与不接受，且不能就该条款进行修改或变更。保险条款一般由保险人事先拟定，经监管部门审批或备案后执行。投保人由于不熟悉保险业务，很难对条款提出异议。如果有必要修改或变更保单的某项内容，只能采用保险人事先准备的附加条款或附属保单，而不能完全依照投保人的意思来做出改变。当然，保险合同具有附和性，并不是说所有保险合同都是采用标准合同的形式，有些特殊保险合同也采取双方协商的办法来签订，但这属于个别情况。

（六）要式性

要式性是指保险合同的订立必须依据法律规定的特定形式来进行。世界上大多数国家都明确规定，保险合同的订立必须采取书面形式才具有法律效力。这是因为保险合同的订立既依赖于投保人对保险标的的陈述，也依赖于保险人对各种保险责任的承诺。如果不采取固定的书面形式，就可能导致口说无凭的结果，引起保险合同双方的争议。我国《保险法》第十三条规定：保险人应当及时向投保人签发保险单或者其他保险凭证。尽管随着承保技术的进步，目前也有投保人通过电话、短信或互联网等非书面形式投保，但最终还要以出具保单作为保险关系成立和有效的证明。

（七）个人性

个人性主要体现在财产保险合同中。个人性是指保险合同保障的是遭受损失的被保险人，而非遭受损失的财产。由于个人的秉性、态度、行为等将极大地影响风险标的发生损失的可能性和严重性，因此，保险人在审核投保申请时，必须根据各个不同投保人的条件以及投保财产的状况来决定是否承保，或者有条件承保。此特征表明，保险合同生效后不能随意变更或转让，只有经过保险人审核同意才可以变更或转让，否则合同无效。人寿保险单的转让无须得到保险人同意，但转让前需要书面通知保险人。

三、保险合同的书面形式

我国要求保险合同必须采用书面形式，保险单就是保险合同的正式法定形式。但在特定情形下，亦可采用暂保单、保险凭证和批单等形式。投保单虽非保险合同的正式形式，但也是其必不可少的法律文件，是保险人决定承保以及证明被保险人是否遵循最大诚信原则的首要依据。

（一）投保单

投保单是投保人向保险人提出投保要求和订立保险合同的书面要约，是保险合同的组成部分。亦称“投保申请书”，是保险人出具保险单的依据和前提。投保单一般由保险人事先根据险种需要设计内容格式，投保人依据保险人所列项目逐一如实填写，并签字盖章。在投保单中，投保人要向保险人如实告知保险标的的风险程度或状态等有关事项，保险人据此核实情况，决定是否承保。

尽管投保单并非正式保单，但其关键内容会直接影响到保险合同的执行，若保险人事后能够证明投保人在投保单上并未如实告知，且不如实告知的情况属于影响保险合同成立与否的关键事实，则保险人可以宣布保险合同无效，拒绝支付保险金。因此，保险当事人双方都应重视投保单上的内容。

（二）暂保单

暂保单也叫临时保险单，是正式保险单或保险凭证签发之前出具的临时保险证明。暂保单通常只记载保险单中的被保险人、保险标的、保险金额、保险险种等重要事项，以及保险单以外的特别约定。经保险人或保险代理人签章后交付投保人。暂保单在保险单未签发之前，与保险单具有同样的法律效力。暂保单有效期较短，一般以 30 天为期限。30 天过后正式保单若未签发则暂保单自动失效，或者在 30 天内正式保险单签发时自动失效。保险人亦可在正式保险单发出前终止暂保单效力，但必须提前通知投保人。

暂保单的签发适用如下情形：(1) 签订保险合同的保险分支机构受经营权限或经营程序的限制，需要经过上级管理部门批准，在未批准之前以暂保单作为保险证明。(2) 保险人与投保人在洽谈或续订合同时，就合同的主要事项已达成协议，但还有一些条件尚未完全谈妥，保险人在此情况下可以向投保人开出暂保单。(3) 保险代理人在争取到业务且暂时没办妥手续之前，以暂保单为保险证明。

（三）保险单

保险单简称保单，是投保人和保险人之间订立保险合同的正式书面文件。保险单必须明确、完整地记载有关保险双方的权利与义务，而且所记载的内容是双方履约的依据。保险单一般由保险人在全面审核投保单与投保人条件以后签发，同时签发的还包括收取保费的凭证等。保险单一经签发，就表明保险双方正式缔结了保险合同关系。

（四）保险凭证

保险凭证又称小保单，是保险合同的一种书面形式。它具有与保险单相同的效力，但在条款的列举上较为简单。保险凭证未列明的内容要以保险单为准，当保险单与保险凭证的内容有抵触时，则应以保险凭证为依据。它一般在车险、团体保险等少数业务中使用，通常用于方便携带保险证明的场合。

（五）批单

批单是保险双方就保险合同进行修改、补充或增删的证明文件。批单的使用情况有：一是对已印制好的标准保单的内容作部分修改；二是在保险合同有效期内对保险项目进行更改和调整。由于批单是对原保单或保险凭证进行批注的文件，因此其法律效力高于保险单。当批单内容与保险单不一致时以批单内容为准，如多次批改，应以最后一次的批改为准。

第二节　保险合同的分类

保险合同的种类很多，一般根据合同的不同标的、特征、作用等分为以下几类。

一、根据保险合同的标的不同划分

根据保险合同的标的不同，可以将其分为财产保险合同和人身保险合同。这是我国保险法对保险合同的分类，也是最常见的分类方法。财产保险合同的保险标的是财产及其产生的有关利益，一般属于补偿性合同；人身保险合同的保险标的是人的寿命和身体，大多是保险金给付性合同。

二、根据保险合同所负责任的顺序划分

根据保险合同所负责任的顺序，可以将其分为原保险合同和再保险合同。

原保险合同是指投保人直接与保险人订立的保险契约。保险标的如有损失，由保险人直接对被保险人或受益人承担保险金赔付责任。再保险合同也称为分保合同，是指原保险人通过与再保险人订立保险契约，将所承保的保险业务分出一部分由再保险人承担的合同。从合同的关系上来看，再保险合同是以原保险合同的存在为前提的。

三、根据其保险价值是否确定划分

根据保险合同中是否载明保险标的的保险价值，可将其分为定值保险合同和不定值保险合同。由于人身保险不能以价值来衡量，故仅适用于财产保险。

定值保险合同，是指保险合同中列明由双方当事人事先确定保险标的的实际价值，即保险价值的合同。在实践中，它多适用于以艺术品、矿石标本、贵重皮毛、古董等不易确定价值的财产为标的的财产保险。货物运输保险、海上保险等也多采用这种合同方式。如果发生了保险事故，赔偿金额按照保险金额和损失程度确定，计算公式如下：

$$损失程度=\frac{保险标的实际价值-保险标的残值}{保险标的实际价值}$$

$$赔偿金额=保险金额\times 损失程度$$

不定值保险合同，是指保险合同中不列明保险标的的实际价值，只载明保险金额作为赔偿的最高限额。发生保险事故损失时，先按照保险金额与保险标的的实际价值计算出保障程度，再按照损失额的相应比例赔偿。具体计算公式如下：

$$保障程度=\frac{保险金额}{损失当时保险标的完好的实际市场价值}$$

$$损失额=损失当时保险标的完好的实际市场价值-残值$$

$$保险赔偿额=损失额\times 保障程度$$

四、根据保险金额与保险价值的关系划分

根据保险合同中保险金额与保险价值的关系，可将其分为足额保险合同、不足额保险合同和超额保险合同。

足额保险合同，是指保险金额与保险价值相等的保险合同。这里的保险价值，在定值保险中指的是合同中载明的保险价值；在不定值保险中指保险标的发生损失时的完好市场价值。在保险事故发生时，如果保险标的全部受损，保险人按照保险金额全部赔偿；如果保险标的部分受损，保险人则以实际损失为准支付赔偿金。

不足额保险合同又称低额保险合同，是指保险金额小于保险价值的保险合同。不足额保险的产生有以下三种原因：一是投保人仅以保险价值的一部分投保，原因可能是为了少缴保险费，也可能是投保人认为标的发生全损的可能性非常小，没必要足额投保。二是因为保险标的发生保险事故的可能性非常大，保险人只接受不足额投保，要求投保人也承担一部分损失，从而增强其防灾防损意识。三是保险合同签订后，因保险标的的市场价格上涨，导致足额保险变成了不足额保险。

在不足额保险合同中，保险人的赔偿方式有两种：一种是当标的发生全损时，保险人根据保险合同中确定的保险金额赔偿，不足部分由投保人自行承担，这种赔偿方式又称为第一危险赔偿，一般常见于家庭财产保险的赔偿。另一种是当标的发生部分损失时，保险人按照对保险价值的保障比例承担损失，这种赔偿方式是大多数不足额保险合同的处理方式。具体的计算方法为：

$$\text{赔偿金额}=\text{损失金额}\times\frac{\text{合同中约定的保险金额}}{\text{保险价值}}$$

超额保险合同，是指保险金额超过保险标的价值的保险合同。我国《保险法》中明确规定：保险金额不得超过保险价值。其产生原因有两点：一是投保人高估了保险价值，投以超额保险而保险人没有发现，造成了超额保险；二是投保人明知保险金额超过保险价值，仍然故意投保，以预期获得超额赔偿。保险人针对这两种情况有不同的处理方式，前者可以给予保险金额内的保险金赔偿，并退还多缴纳的保费；而对后者保险人可以拒绝赔偿，也可以不予退还保费，对投保人存在明显欺诈行为的，还可以送交执法机关进行处理。

五、根据合同承担风险的多少划分

根据合同中对保险标的承担风险的多少，可分为单一保险合同、综合保险合同和一切险合同。

单一保险合同中载明仅对一种保险事故承担保险责任。比如，地震保险合同只对地震引起的损失承担保险责任，盗窃保险合同只对盗窃行为所致的损失承担保险责任。

综合保险合同中载明对多种不同保险事故承担保险责任。最常见的综合性保险合同是火灾保险，合同对火灾、爆炸、雷电、暴雨等多种灾害事故引起的损失承担保险责任。

一切险合同中仅列明除外不保的风险，未列明的风险都属于保险责任。这意味着保险人承担了其他一切普通风险的责任。一切险合同主要在海上保险、工程保险中运用较多，

如海上运输保险的一切险条款，就是对除外责任以外的风险事故造成的损失负保险责任。当然，一切险合同并非保险人承担一切风险，而是承担除外风险以外的其他普通风险，通常不包括道德风险和特殊风险。

六、根据保险标的组合情况划分

根据保险标的的组合情况，可分为单个保险合同、集合保险合同和综合保险合同。保险标的的组合情况不同，保险人的承保和理赔方式也不同。

单个保险合同又称单独保险合同，是指以一人或一物为保险标的的保险合同。在保险实践中，单个保险合同居多。如个人寿险、养老保险、家财险合同等就是单个保险合同。

集合保险合同是指集合性质相似的多数人或多数物作为保险标的的合同，如各种团体人身保险合同。

综合保险合同是指保险人对同一地点、同一所有人的保险标的，不分项目及类别，确定一个总的保险金额，而不分项规定保险金额的保险合同。在财产保险中，综合保险合同一般有三种情况：第一，以一个总的保险金额承保被保险人不同地方的货物，至于各个地方的货物数量则不在保单上列明。第二，以一个总保险金额承保一幢或数幢房屋及其中的设备，但各房屋及设备的保险金额则不列明。第三，对于拥有许多房屋的大企业来说，以一个总保险金额以及三个分项保险金额来承保其全部财产。即在总保险金额之下再细分为全部房屋、全部货物以及货物以外的全部财物三项。

第三节　保险合同的构成要素

保险关系本质上是一种民事法律关系，保险合同由主体、客体和内容三个要素组成。

一、保险合同的主体

按照民法规定，合同主体是指在合同中享有权利、承担义务的人。保险合同的主体是指与保险合同发生直接或间接关系的人，包括保险合同当事人、关系人和辅助人。

（一）保险合同的当事人

保险合同的当事人是指直接参与订立保险合同，确定合同权利与义务关系的行为人，是与保险合同有直接利害关系的人，包括保险人和投保人。

1. 保险人

保险人也叫承保人，是指与投保人订立保险合同，收取保险费，并按照合同承担赔偿或给付保险金义务的人。保险人通常应具备以下三个条件。

（1）保险人要具备法定资格。保险人常以各种经营组织形态出现。由于保险经营的特殊性，各国法律都对保险人从业的法律资格作出专门规定。只有符合国家规定，并经政府批准方可成为保险人，并且保险人只能在营业执照规定的范围内经营保险业务。

（2）保险公司必须以自己的名义订立保险合同。保险公司只有以自己的名义与投保人签订保险合同后，才能成为保险合同的保险人。

（3）依照保险合同承担保险责任。订立保险合同的目的在于使保险人在合同约定的保险期内，对于发生的保险事故或事件承担赔付保险金的责任。这也是保险人最主要、最基本的合同义务。

2. 投保人

投保人又称要保人，是指与保险人订立保险合同，并按保险合同负有支付保险费义务的人。作为保险合同的当事人，投保人应具备以下条件。

(1) 具有完全的权利能力和行为能力。一般来说，未取得法人资格的组织和无行为能力或限制行为能力的自然人，不能成为保险合同的投保人。

(2) 投保人必须对标的有保险利益。投保人如果对标的没有保险利益，则不能申请订立保险合同；已订立的合同也被视为无效合同。

(3) 负有缴纳保险费的义务。保险合同作为有偿合同，投保人取得经济保障的对价是缴纳保险费。保险合同无论是为他人利益而订立，还是为自己的利益而订立，投保人都有义务缴纳保险费。

(二) 保险合同的关系人

关系人是指不一定直接参与保险合同订立，但与保险合同履行有经济利益关系的人。包括被保险人、受益人、保单所有人。

1. 被保险人

被保险人是指其财产或者人身受保险合同保障，并享有保险金请求权的人。其财产、生命、身体、经济赔偿责任等是保险合同的保险标的，也是保险事故发生的主体对象。投保人将被保险人的财产、生命、身体等作为保险标的而投保。

投保人与被保险人之间的关系有两种情形：(1) 投保人为自己的利益而签订保险合同时，被保险人和投保人是同一个人。(2) 投保人为他人的利益签订保险合同时，投保人与被保险人不是同一个人。投保人是保险合同当事人，被保险人是保险合同的关系人。当投保人以他人为被保险人进行投保时，必须遵守以下规定：第一，须在保险合同中指定被保险人；第二，须征得被保险人的同意。第三，不得为无民事行为能力的被保险人投保以死亡为给付保险金条件的人身保险。父母为未成年子女投保的人身保险，可以不受此限制，但是死亡给付保险金额总和不得超过保险监督管理部门规定的限额。

保险合同的被保险人可以是一个人或多个人。对于确定的被保险人，可以在保险合同中明确列明其姓名或组织的名称。对于被保险人可能发生变化的情形，则可以通过变更保险合同条款的方式来确认被保险人，即在合同中增加一项变更被保险人的条款。一旦该条款约定的条件成立，补充的对象就自动取得了被保险人的地位。对于存在多个被保险人，而在投保时并不确定的情形，则可通过订立“多方面适用的保险条款”来确认。

2. 受益人

受益人又叫保险金受领人，是指人身保险合同中由被保险人或者投保人指定的享有保险金请求权的人。在人身保险合同中，投保人、被保险人都可以是受益人，受益人与投保人为同一个人时，受益人就是保险合同的当事人；否则，受益人就是保险合同的关系人。

(1) 受益人的指定。

受益人必须是被保险人或投保人在人身保险合同中指定的人。由投保人指定受益人的，必须经过被保险人同意方才有效。投保人为其雇用的劳动者投保人身保险时，不得指定被保险人及其近亲属以外的人为受益人。被保险人为无民事行为能力人或者限制民事行为能力人的，可以由其监护人指定受益人。法律对受益人的资格并无限制，因此，受益人可以是自然人或者法人。通常情况下，受益人如果不是被保险人、投保人，则多为与其有利害关系的自然人。出生时存活的胎儿也可以是受益人。此外，投保人变更受益人时须经被保险人同意。所以，受益人主要是由被保险人决定的。

（2）受益顺序和份额。

被保险人或者投保人可以指定一人或数人为受益人。受益人为数人的，被保险人或者投保人可以确定受益顺序和受益份额。未确定受益份额的，受益人按照相等份额享有受益权。

（3）受益和继承的区别。

虽然受益人和继承人都在他人死亡后受益，但其性质是不同的。受益人享有的是受益权，是原始取得；而继承人享有的是遗产的分割，是继承取得。受益人没有用其领取的保险金偿还被保险人生前债务的义务。但如果是继承人，则在继承遗产的范围内有为被继承人偿还债务的义务。但在特殊情况下，保险金可成为被保险人的遗产。按照我国《保险法》第四十二条的规定：被保险人死亡后，有下列情形之一的，保险金作为被保险人的遗产，由保险人依照《中华人民共和国继承法》的规定履行给付保险金的义务：第一，没有指定受益人，或者受益人指定不明无法确定的；第二，受益人先于被保险人死亡，没有其他受益人的；第三，受益人依法丧失受益权或者放弃受益权，没有其他受益人的。受益人与被保险人在同一事件中死亡，且不能确定死亡先后顺序的，推定受益人死亡在先。

（4）受益人的形式。

受益人在合同中有两种形式：一是不可撤销的受益人，在保险合同签订时确定且不得随意撤销，只允许在原受益人同意下更换受益人；二是可撤销的受益人，在保险合同的有效期内，投保人或被保险人可以中途变更受益人和撤销受益人的受益权，并应及时通知保险人。受益人的形式在保险合同签订过程中确定。由于涉及受益人的保险纠纷较多，因此我国《保险法》第三十九条至第四十三条对受益人做了详尽的法律规定。

3. 保单所有人

保单所有人又称为保单持有人，是拥有保单各种权利的人。主要适用于人寿保险合同。人寿保险的保单所有人通常有以下权利：变更受益人、领取退保金、领取保单红利、以保单作为抵押品进行借款、在保单现金价值的限额内申请贷款、放弃或出售保单的一项或多项权利以及指定新的所有人。保单所有人是在投保人和保险人订立合同的同时产生，它可以是一个人，也可以是一个组织，既可以与受益人是同一个人，也可以是投保人等其他任何人。目前，在我国的寿险合同中没有此概念。通常保单所有人所拥有的权利由投保人、被保险人或受益人单独或分别享有。

（三）保险合同的辅助人

辅助人也叫保险中介人，是指协助保险合同的当事人签署或履行保险合同，并办理有关保险事项的人。由于保险业务的专业技术性强，因此要求有专门的从业人员参与、协助办理有关业务。保险辅助人对保险合同没有直接权利，也不承担直接义务，但对保险合同的订立起着保险人或保险客户的代理人的作用。由于保险辅助人所担任的角色具有中介性质，故也被称为保险中介人，主要包括以下三种人。

1. 保险代理人

保险代理人是根据保险人委托，向保险人收取佣金，并在其授权范围内代为办理保险业务的机构或者个人。我国的保险代理人分为专业代理人、兼业代理人和个人代理人三种。代理人的权限以及如何向保险人收取手续费，均依代理合同或授权书而定。

2. 保险经纪人

保险经纪人是基于投保人的利益，为投保人与保险人订立保险合同提供中介服务，并依法收取佣金的机构。经纪人与投保人是居间关系，不是投保人的代理人，保险合同仍由投保人自己与保险人订立。保险经纪人在办理保险经纪业务的过程中，因其过错而给投保人、被保险人造成损失时，要承担由此引起的赔偿责任。保险经纪人诞生之初，主要功能是为投保人选择适合的保险公司与保险险种。现代保险经纪人提供的服务则包括了保单选择、理财咨询、信息提供、索赔、风险管理等综合性中介服务内容。

3. 保险公估人

保险公估人是指接受保险合同当事人的委托，以独立第三方的身份为保险标的提供评估、鉴定、查勘、估损、理算等业务，依法收取佣金，并出具公估报告书的保险中介服务机构。这些机构或专家受当事人的委托对事实进行评估调查，其提出的证明是订立保险合同，进行保险理赔的重要依据。保险公估人由于过错给保险人、被保险人造成损失时，应当承担相应的法律责任。

二、保险合同的客体

保险合同的客体，是指保险合同双方权利和义务所共同指向的对象，即双方当事人要求保险保障和提供保险保障的目标。保险合同的客体不是保险标的本身，而是投保方对保险标的拥有的保险利益，也是保险合同的重要组成要素。这主要是因为保险合同保障的不是标的本身的安全，而是其在遭到灾害事故后，投保人、被保险人、受益人受损的经济利益。保险利益是保险标的所蕴含的合法利益，而保险标的是保险利益的载体，没有保险标的，保险利益则无从谈起。保险标的的名称、价值、使用性质、所在地点以及与投保人的关系，都是投保单中明确载明的重要内容。

三、保险合同的内容

保险合同的内容是对保险双方具体权利义务的规定。它是双方履行合同义务和承担法律责任的依据，也是决定合同合法性和有效性的依据。内容通常由保险人与投保人依法约定，以条文形式表现。所以，保险合同的内容就是保险合同的条款，简称保险条款。

（一）保险条款的特征

保险条款是指记载保险合同内容的条文，是保险合同双方享受权利与承担义务的主要依据。其特征有以下两点。

（1）保险条款由保险人事先拟定。保险合同为附和性合同，通常由保险人事先拟定，投保人投保时只需要在保险单上填上姓名、保险标的、保险金额、保险期限等，经保险人同意承保，保险合同即成立，并产生法律效力。

(2) 保险条款规定了各险种最基本的事项。例如保险责任、责任免除、保险费率、保险金额、保险赔偿、被保险人义务等。由于保险条款大都由保险人事先拟定，因此，投保人若要与保险人签订合同，只能接受该险种的保险合同。若投保人有特殊要求，则必须与保险人协商，在原合同基础上订立特殊约定条款；或在基本条款的基础上选择附加条款，以便增加保障范围。

(二) 保险条款的类型

1. 基本条款

基本条款又称法定条款，它是根据法律规定保险合同必须具备的条款。我国的《保险法》用列举的方式，对保险人在保险合同中必须制定的基本条款做出了明确规定。基本条款一般由保险人制定，直接印在保险单背面，不能随投保人的意愿而变更。

2. 特约条款

除了基本条款外，保险当事人还可以特别约定双方同意的其他条款，即特约条款。特约条款有广义和狭义之分。广义的特约条款包括保证条款、附加条款两种类型；狭义的特约条款仅指保证条款。

(1) 保证条款是指投保人、被保险人就特定事项担保某种行为或事实的真实性条款。如人寿保险合同约定，被保险人在保险合同订立前未曾患有某种疾病。保证条款是投保人、被保险人必须遵守的条款，否则保险人有权解除保险合同。

(2) 附加条款是指保险合同双方当事人在基本条款基础上附加的，用来调整原条款中所规定的权利和义务的补充条文。也是对基本条款的修改或变更，其效力优于基本条款。通常采取在保险单上加批注或采用批单的方式，使之成为合同的一部分。

3. 法定条款和选择条款

(1) 法定条款是按照法律规定必须列入保单和保险合同中的条款。

(2) 选择条款又称任意条款，是由保险合同当事人自由选择加入合同的条款。

此外还有行业条款，行业条款是指在长期实践中形成的保险行业间统一约定的条款。它是依据保险管理和保险行业发展的需要，在一定地域或业务范围内使用的国别条款、地区别条款、险别条款等的统称，如伦敦协会条款等。

(三) 保险合同的基本内容

根据业务险别的不同，各类保险合同的内容也不同。按照我国保险法的规定，保险合同中均应当包含以下事项。

1. 当事人的姓名和住所

保险当事人包括保险人、投保人、被保险人和受益人。明确当事人的姓名和住所是履行保险合同的前提。因为保险合同订立以后，有关保险费的缴纳、日常的防灾服务、定损与保险赔偿等等均与当事人及其住所有关。由于保单是由保险人印制的，因此保险公司的名称及住所已印在上面，保单上需要填写的是被保险人及其关系人的姓名和住所。如果被保险人不止一个人，则需要在保险合同中列明。对于有多个受益人的，必须标出受益顺序及份额。

2. 保险标的

保险标的是保险合同中载明的保险保障对象，是保险利益的载体。明确保险标的，保险人就可以明确保险责任范围，有利于其判断承保的风险程度以及投保人是否具有保险利益，并为确定保险金额和赔偿金额提供依据。

3. 保险责任和责任免除

保险责任是在保险合同中载明的保险标的发生合同约定的保险事故后，保险人应承担的保险赔付责任。规定保险责任的法律意义在于确定保险人承担风险责任的范围。

责任免除又叫除外责任，是指在合同中列明的保险人不予承担的保险赔偿与给付责任。合同里同时规定保险责任与责任免除，是为了最大限度地减少分歧及争议。除外责任进一步明确了保险责任的范围。

4. 保险期间和保险责任开始时间

保险期间也叫保险期限，是指保险人为被保险人提供保险保障的有效期间，是订立保险合同双方当事人享受权利和履行义务的起止时间。在此期间内合同有效，保险人承担保险赔付责任。保险期限的长短依据合同种类及投保人的需求不同而不同，长的可达几十年，短的可以按年或者分钟计算。

保险期间有两种计算方法：(1) 按日历年、月计算，这是最常用的方法。(2) 以一项事件的始末为存续期间，常在运输货物保险、工程保险、短期意外险等中运用。因为在后一种情况下，货物运输或者工程施工的日期有时候存在一定弹性，如果采用按照具体时期来确认保险期限，会存在货物仍在路上或者工程仍在施工但保险期限已结束的问题，故实务中一般采用航程或者工期来替代具体保险日期。

保险责任开始时间一般由合同双方约定，通常以年、月、日、时在合同中标示。在我国的保险实务中，是以开始承担保险责任之日的零时为具体开始时间的，即“零时起保”。保险期限及保险责任开始时间的规定，明确了当事人享有权利和承担义务的起止时间，便于合同的履行。

5. 保险金额

保险金额简称保额，是由保险合同的当事人确定，并在保单上载明的保险标的的金额，也是保险人承担赔付保险金的最高限额。保险金额既可以由投保人根据保险标的的实际价值来确定，也可以由投保人和保险人根据保险标的的实际价值来协商确定。财产保险的保额，必须在标的的实际价值与投保人对标的所具有的保险利益范围之内；人身保险的保额，一般由投保人的支付能力和保险需求决定。由于人身保险的标的具有一定特殊性，因此从理论上来说，人身保险的保额可以很大。

6. 保险费及其支付方式

保险费简称保费，是投保人为取得保险保障而需按合同约定向保险人支付的费用。明确保险费的支付办法，就是确定投保人的缴费义务。保险费的支付方式可以由保险当事人在合同中约定，一般有趸缴、分期缴付等多种方式。在财产保险实务里，由于保险期限较短，且保费数额不高，因此一般是一次缴清的居多；而在人身保险尤其是中长期寿险里，由于保险金额及保费较高，保险期限也较长，分期支付保费则是最普遍的方式。

保险费率也叫保险价格，一般用百分率或者千分率表示。保险费率由纯费率和附加费率组成。其中，纯费率是保险费率的主体部分，其对应的保险费完全用于保险赔付。在财产保险中，主要依据保险标的的损失率来确定纯费率。而在人身保险中，主要依靠人的死亡率或者生存率来确定纯费率。附加费率是保险费率的附属部分，其对应的保险费用于弥补保险经营的各种费用。它主要依据保险企业在一定时期内的各种营业费用及预定利润来确定。

7. 保险赔付方式

保险赔付方式是保险人履行保险合同义务的具体方式。明确保险金赔付方式就是明确保险人的赔付义务，一般由当事人双方在保险合同中依法约定。在补偿性保险合同中，按合同规定的方式计算赔偿金额；在给付性保险合同中，按约定的保险金额给付。

8. 违约责任和争议处理

当合同当事人因过错不履行合同或不能完全履行合同约定的义务时，所应承担的法律后果即违约责任。明确合同的违约责任，在一定程度上可以防范违约行为的发生。争议处理则明确了解决合同争议的途径。

9. 订立合同的时间

写明订约的时间十分重要，因为这是确定投保人是否有保险利益、保险事故是否发生或消灭、保险费的缴纳期限以及合同生效期限等的重要依据。

第四节　保险合同的循环过程

保险经营的永续性，决定了保险合同是周而复始、循环往复的运动过程。该循环包括保险合同的订立、履行、变更、终止、争议处理五个环节。

一、保险合同的订立

保险合同的订立是投保人与保险人意思表示一致而进行的法律行为。其订立过程就是当事人双方就合同内容协商一致、达成协议的过程。

(一) 订立程序

我国《保险法》第十三条规定：投保人提出保险要求，经保险人同意承保，保险合同成立。因此，保险合同的成立，要经过投保人提出保险要求和保险人同意承保两个阶段，即保险要约和承诺。

保险要约又称订约提议或投保，是指当事人一方以订立合同为目的而向对方提出的订立合同的意思表示。保险合同的要约通常由投保人提出。一般来说，投保人填写由保险人事先拟定并印制好的投保单，并将其提交给保险人的行为就是订立合同的要约行为。一个有效的要约应具备三个条件：(1) 要约需具备合同主要内容；(2) 要约必须明确表示订约愿望；(3) 要约在其有效期内对要约人具有约束力。

承诺又称接受订约提议或承保，是承诺对要约人的要约行为作出同意与其缔结合同的意思表示。保险人接受投保人填写的投保单，并在投保单上进行签章的行为被视为订立保险合同的承诺行为。因此，当投保人与保险人就保险合同条款进行协商并达成协议后，保险合同即告成立。作出承诺的人称为承诺人或承保人。保险承诺满足下列条件时便被视为有效：(1) 承诺不能附带任何条件，是无条件的；(2) 承诺必须由受约人本人或其合法代理人作出；(3) 承诺必须在要约的有效期内作出。

需要注意的是，承诺人若对要约不能完全赞同，只能部分同意或附有条件接受的，则不能认为是承诺，而是拒绝原要约。此时，承诺人可提出新要约，由原要约人选择承诺或拒绝。承诺通常采用书面形式。

可见，保险合同的订立过程也可能是反复要约直至承诺的过程。在双方达成一致协议后保险合同宣告成立，保险人应及时签发保险单或其他保险凭证。

（二）保险合同的成立与生效

保险合同的成立是指投保人与保险人就保险合同条款达成一致协议。

保险合同的生效是指保险合同对当事人双方发生约束力，即合同产生了法律效力。

我国《保险法》明确指出：依法成立的保险合同，自成立时生效。投保人和保险人可以对合同的效力约定附条件或者附期限。这就意味着，一般情况下投保人提出保险要求，经保险人同意承保后，保险合同成立，合同成立即生效。但在保险实务中，保险合同多为附生效条件、附生效时间的合同。即保险合同成立并非立即生效，其生效的条件和时间一般由双方约定，只有符合双方约定的条件和时间，保险合同才生效。因此，在保险合同成立但并不立即生效的情况下，保险人的责任是不同的：保险合同成立以后但未生效以前发生保险事故的，保险人不承担保险责任；保险合同生效后发生保险事故的，保险人应按约定承担保险责任。当然，投保人与保险人也可在保险合同中约定，保险合同一经成立就发生法律效力，此时，保险合同成立即生效。

二、保险合同的履行

保险合同的履行是指当事人双方依法全面完成合同约定义务的行为。一是保险人义务的履行；二是投保人或被保险人义务的履行。

（一）保险人的主要义务

1. 保险条款说明义务

保险合同是附和性合同，保险条款一般由保险人事先拟定，因此，投保人只能作出接受或者不接受的选择。对此格式化的条款，由于专业性较强且技术复杂，投保人无法完全理解合同条款的内涵。因此，保险人有义务在订立合同时将保险条款解释清楚，使投保人真正理解保险条款的内涵，不至于因理解不清而得不到预期的保险保障，从而损害被保险人的利益。同时，对保险合同中责任免除的条款，保险人在订约时应当在投保单、保险单或者其他保险凭证上做出足以引起投保人注意的提示，并对该条款的内容以书面或者口头形式向投保人作出明确说明；未作提示或者明确说明的，该条款不产生效力。

2. 及时签发保险单证义务

保险合同成立以后，及时签发保险单或其他凭证是保险人的法定义务。因为保险单或其他保险凭证是履行保险合同的依据，及时签发保险单就为投保人的财产及时得到保险保障创造了条件，也减少了不必要的矛盾纠纷。

3. 承担保险赔付义务

保险人按照法律规定或者合同规定的保险责任赔偿或给付保险金，是保险人最基本的义务。保险人承担保险责任的赔付行为，主要包括保险赔偿金的内容和支付方式等。

保险人承担保险责任的赔偿金主要包括赔付金额，合理的施救保护费用，为确定保险责任范围内的损失所支付的受损标的的检验、估价、出售的合理费用，以及在保险纠纷中产生的诉讼和辩护费用。保险人通常以现金的形式赔付损失和费用，而不负责实物补偿或恢复原状，但双方在合同中有约定的除外。如在财产保险中，保险人按约定负责重建或修理；在健康保险中，保险人可以按约定负责医疗、护理等。

4. 为客户保密义务

在保险业务经营中，保险人掌握了大量投保人、被保险人、受益人或再保险分出人的业务、财务和技术信息，甚至于个人隐私，因此必须为客户保密，否则就要承担相应的法律责任。

（二）投保人或被保险人的义务

1. 如实告知的义务

如实告知是指投保人在订立保险合同时必须将有关保险标的的重要事实，以口头或书面的形式向保险人做真实陈述。这是因为保险人在做承保选择以及保险价格选择时，是根据投保人的描述来决定的，投保人对保险标的的重要事实是否告知以及告知是否真实，将直接影响到保险人对风险的判断。因此，如实告知是投保人必须履行的首要义务。这样可以保证保险合同的信息对称，维护保险合同订立的公平公正。对于投保人的不如实告知行为，保险人将获得有条件的解除保险合同的权利。

2. 缴纳保费义务

缴纳保费是投保人最基本的义务。虽然《保险法》并未明确规定缴纳保险费是保险合同生效的要件，但作为保险人承担保险责任的对价，投保人有履行交付保费的义务，并按照约定的时间和方法缴纳保费。缴纳保费与合同效力的关系，一般由保险合同双方当事人约定。

投保人如果不能如期履行缴纳保费的义务，将产生下列法律后果：第一，在约定以保费按时缴纳作为保险合同生效要件的场合，保险合同不生效。第二，在财产保险合同中，保险人可以请求投保人缴纳保险费及迟延利息，也可以终止保险合同。第三，在人身保险合同中，如果投保人未按约定期限（包括宽限期在内）缴纳保费，保险人应进行催告。投保人应在约定期限内缴纳保险费，否则保险人可以宣布保险合同中止，并不再承担保险给付责任。

3. 维护保险标的安全的义务

在财产保险合同中，被保险人应当遵守国家有关消防、安全、生产操作、劳动保护等方面的规定，维护保险标的的安全。被保险人不能因为参保而放松对保险标的安全的谨慎态度，这样会增加保险标的的风险程度，从而增加风险事故发生的可能性。因此，保险人可以按照合同约定对保险标的的安全状况进行检查，及时向投保人、被保险人提出消除不安全因素和隐患的书面建议。若投保人、被保险人未按照约定履行其对保险标的的安全责任，保险人有权要求增加保险费或者解除合同。详见保险法第五十一条规定。

4. 风险增加的通知义务

在保险合同中，风险增加是指在订立保险合同时，当事人双方未曾估计到的保险事故风险程度的增加。保险合同订立后，由于投保人或被保险人自身的行为会产生保险标的风险程度增加的现象，而且投保人或被保险人以外的原因也会导致保险标的的风险程度增加。

在保险合同有效期内，若保险标的风险程度显著增加，被保险人应当按照合同约定及时通知保险人，保险人可以按照合同约定增加保险费或者解除合同。在提高费率的场合，如果投保人不同意，则保险合同自动终止。在保险人接到风险增加的通知，或虽未接到通知但已经知晓的情况下，应在一定期限内做出增加保费或解除合同的意思表示。否则可视为默认，以后不得再主张提高费率或解除保险合同。

对风险程度增加导致保险人解除合同的情况，保险人应当将已收取的保险费按照合同约定扣除自保险责任开始之日起至合同解除之日止应收的部分，剩余部分退还投保人。对于被保险人未履行通知义务的，因风险程度显著增加而发生的保险事故，保险人不承担赔偿保险金的责任。详见保险法第五十二条规定。

对于保险标的风险减少的情况，实际上是保险人承担赔付责任的概率下降了，因此保险人一般不会要求投保方对风险下降进行说明，甚至还鼓励其从事风险减少的安全措施与行为，当然投保方可以因风险减少向保险人提出减少保费的要求，具体则由双方自行商议。

5. 保险事故发生的通知义务

我国《保险法》规定：投保人、被保险人或者受益人知道保险事故发生后，应当及时通知保险人。强调投保人、被保险人或受益人履行保险事故发生的通知义务的目的主要在于：第一，方便保险人获得取证的时间，迅速调查事实真相，明确事故责任。第二，方便保险人及时采取救助措施，避免损失的扩大。第三，方便保险人有相对充裕的时间准备保险金。关于通知的期限，各国法律规定有所不同，我国规定为 48 小时。但当不可抗力等因素导致无法及时通知的，该时间限制可以自动延后。

如果投保人因故意或者因重大过失未及时通知，致使保险事故的性质、原因、损失程度等难以确定的，保险人对无法确定的部分，可以不承担赔付保险金的责任；但保险人通过其他途径已经及时知道，或者应当及时知道保险事故发生的情况除外。

6. 避免损失扩大的义务

我国《保险法》第五十七条第一款规定：保险事故发生时，被保险人应当尽力采取必要的措施，防止或者减少损失。这就意味着，在保险事故发生后，被保险人不仅应及时通知保险人，还应当采取各种必要措施进行积极施救，以避免损失的扩大。这既能减少保险赔款支出，又能减少社会财富损失。为了鼓励投保方积极履行施救义务，《保险法》还规定：保险事故发生后，被保险人为防止或者减少保险标的的损失所支付的必要的、合理的费用，由保险人承担。投保人、被保险人未履行施救义务并由此而扩大的损失，应当自行承担责任。施救费用赔偿的范围包括施救产生的财物成本、人员救助费用、交通成本等，但施救费用的数目一般不允许超过保险金额。

7. 提供单证义务

保险事故发生后，投保人、被保险人或者受益人作为提出索赔的一方，应当向保险人提供其所能提供的，与确认保险事故的性质、原因、损失程度等有关的证明和资料。主要包括：保险单或其他保险凭证、缴纳保险费的凭证、事故证明、被保险人的身份证明、必要的鉴定结论、损失评估书、索赔请求书等。投保方及时提供相关证明和资料，有利于保险人确定损失，作出合理的理赔决策。如果保险人按照合同约定，认为有关证明和资料不完整，应及时一次性通知投保人、被保险人或者受益人补充提供。

8. 协助追偿义务

在财产保险中，如果保险事故的发生涉及第三者责任方，则保险人向被保险人支付赔偿金后，取得了代位追偿权，即保险人有权以被保险人的名义向第三者责任方追偿。由于保险人是以被保险人的名义向第三者责任方追偿，所以，被保险人在获得保险赔偿后，有义务提供必要的文件和告知相关重要事实，为保险人向第三者责任方追偿提供一切可能的便利条件，来协助保险人进行追偿。

三、保险合同的变更

保险合同的变更是指在保险合同有效期内，基于一定法律事实而对保险合同主体或内容所作的修改。保险合同生效后便具有法律约束力，双方当事人都必须全面履行合同规定的义务，不得擅自变更合同，否则要承担相应的法律后果。保险合同是双方当事人的协议，只要结果是双方协商同意或者符合法律规定的，都可以对合同的主体或内容进行变更。变更有狭义和广义两种：狭义的变更是指合同内容的变更，即双方当事人权利和义务的变更；而广义的变更除包括狭义的变更外，还包括保险合同主体和客体的变更。

（一）保险合同的主体变更

保险合同的主体变更是指保险合同的当事人或关系人的变更。

1. 保险人的变更

保险人的变更是指保险公司因分立、合并或者公司章程规定的解散事由的出现而变更，或者保险公司因依法撤销、依法宣告破产而变更。前者属于保险公司的任意解散，后者属于强制解散。

由于保险公司的解散会给被保险人带来较大影响，尤其是长期人寿保险业务涉及大量的未了责任，因此，各国保险法一般都对保险公司的自行解散做出了限制。不论是出自何种原因，我国保险公司的任意解散都必须经过保险监督管理机构的批准，未经批准的保险公司不能自行解散。

若保险公司在经营过程中发生严重违法、违规以及违背被保险人和公众利益的行为，可以由保险监督管理部门吊销其经营保险业务的许可证，并依法撤销。保险公司一旦出现资不抵债而破产时，公司自然解散。保险公司不管是依法撤销还是破产解散，都会对被保险人、受益人带来影响，尤其是带有储蓄和投资性的长期人寿保险合同，其负面影响更大。因此，必须对人寿保险合同的效力维持予以特别的规定，才能保障被保险人和受益人的利益，维护社会安定。为此，我国保险法规定，经营人寿保险业务的保险公司解散后，一定会有其他保险公司来接受其持有的人寿保险合同和准备金，相关保险合同的保险利益会得到维护，只是保险人的名称将由原保险公司变更为接受其债权债务的新保险公司。而财产保险公司被依法解散以后，被保险人只能按照清偿顺序参与清算后财产的分配。

2. 投保人、被保险人或受益人的变更

（1）财产保险合同中的变更。

在财产保险中，常常因为保险标的的所有权发生转移（包括买卖、让与和继承）而出现合同被保险人的变更问题。我国保险法规定，保险标的的转让应当通知保险人，经保险人同意继续承保后，依法变更合同，保险合同才能继续有效。但是，货物运输保险合同和另有约定的合同除外。如果在保险标的转让后未及时履行通知义务，对于因转让导致保险标的的风险程度显著增加而发生的保险事故，保险人可以不承担赔偿责任。

（2）人身保险合同中的变更。

人身保险合同中的变更往往体现为投保人或受益人的变更。投保人的变更通常是因为被保险人或受益人为了保证保险合同的价值，在不改变被保险人或受益人的基础上，通过变更投保人来继续履行缴纳保险费的义务。投保人的变更需要经过被保险人的同意并通知保险人，经保险人核准批注后，方可变更。受益人的变更通常是因为被保险人重新指定受益人或被保险人撤销了原有的受益人。受益人的变更需要经过被保险人同意并书面通知保险人。保险人收到变更受益人的书面通知后，在保险单或者其他保险凭证上批注或者附贴批单，变更的受益人才有效。

在个人的人身保险合同中，一般不存在被保险人的变更。因为被保险人的变更意味着保险标的的变化，而个人的风险状况是有区别的，因此，在个人的人身保险中，变更被保险人需要订立新的保险合同。在团体人身保险合同中，则允许变更被保险人，因为团体保险中的被保险人会因各种情况而发生变化，这些随机的变更不影响保险人对整体风险的承担。因此，只要团体投保人提出变更被保险人的要求，并出具相关证明，保险人进行批注即可。

（二）保险合同的客体变更

保险合同的客体变更，主要是指由于保险标的种类、数量的变化而导致保险标的的价值增减变化，引起保险利益的变化，进而需要变更客体以获得足够的保险保障。保险合同客体的变更，也需经保险人同意并加批后才能生效。

（三）内容与效力变更

1. 保险合同内容的变更

保险合同内容的变更，是指在主体不变的情况下改变合同中约定的一些事项。它包括被保险人地址的变更；保险标的数量的增减、用途的改变或风险程度的变化；保险标的品种、价值或存放地点的变化；保险期限、保险金额的变更；保险责任范围的变更；货物运输保险合同中航程的变更、船期的变化等。

在保险合同中，当事人任何一方都有变更合同内容的权利，也有与对方共同协商的义务。因此，投保人需要变更合同内容时，应先向保险人申请办理批改手续，并经保险人审批同意、签发批单或对原保险单进行批注之后，变更才会产生法律效力。

2. 保险合同效力的变更

（1）保险合同的无效。

无效保险合同是指当事人虽然订立但不具有法律效力，国家不予保护的保险合同。

无效保险合同根据合同无效的原因分为约定无效和法定无效。约定无效由合同的当事人任意约定，只要双方约定的事项出现则合同无效。法定无效由法律进行规定，法律规定的无效原因一旦出现，则合同无效。无效保险合同的确认权归人民法院和仲裁机关。只要符合下列条件之一，即可认定保险合同无效：保险合同的当事人不具有民事行为能力；保险合同的内容不合法，即条款内容违反国家法律、行政法规；保险合同的当事人意思表示不真实；保险合同违反国家利益和社会公共利益，如为违法行为提供保险；人身保险中未成年人父母以外的投保人，为无民事行为能力人订立的以死亡作为给付条件的保险合同；人身保险中未经被保险人同意的死亡保险等。

无效保险合同根据其无效的程度分为全部无效和部分无效。全部无效是指保险合同违反国家法律规定被确认为无效合同后，不能继续履行，保险合同从订立时就全部没有效力。如违反国家利益和社会公共利益的保险合同属于全部无效保险合同。保险合同部分无效是指保险合同某些条款的内容无效，但其他部分仍然有效。如恶意的超额保险从合同订立时起就全部不发生效力；善意的超额保险，超额部分无效，即保险总金额超过保险标的实际价值的那一部分无效，与保险标的实际价值相符的那一部分继续有效。

无效保险合同根据时间来划分，可以分为自始无效和失效两种。自始无效是指保险合同自成立起就不具备生效的条件，合同从一开始就不生效；失效是指合同成立后，因某种原因而导致合同无效。失效不需要当事人作意思表示，只要失效的原因一出现，合同即失去效力。

对无效保险合同的处理方式，依合同无效影响程度的不同而不同。一般的无效保险合同采取返还财产的方式：保险合同被确认无效后，当事人应将合同恢复到订约时的状态，即保险人将已收保费退还投保人，被保险人将保险人的赔付款返还给保险人。对给当事人造成损失的无效保险合同采取赔偿损失方式：按照过错责任原则由有过错的一方向另一方赔偿，如果是双方都有过错则相互赔偿。对有违反国家利益和社会公共利益的保险合同采取追缴财产方式：追缴故意方当事人已通过保险合同取得和约定取得的财产，收归国库。

保险合同无效的原因主要有：一是合同主体资格不符合法律的规定。二是当事人意思表示不真实。缔约中当事人任何一方以欺诈、胁迫或乘人之危的方式致使对方作出违背自己意愿的意思表示，均构成意思表示不真实。三是客体不合法。投保人或被保险人对保险标的没有保险利益，则其订立的保险合同无效。四是内容不合法。如果投保人投保的风险是非法的，如违反国家利益和社会公共利益、违反法律强制性规定等，均会导致合同无效。

（2）保险合同的解除。

保险合同的解除，是指当事人基于合同成立后所发生的情况，使合同无效的一种单独行为。即当事人一方行使法律赋予或合同中约定的解除权，使合同的一切效力消失，并回复到合同订立前的状态。合同的解除与无效不同。前者是行使解除权而效力溯及既往；后者则是根本不发生效力。解除权有时效的规定，可因时效而丧失解除权；而无效合同并不会因时效而成为有效合同。

（3）保险合同的中止和复效。

保险合同的中止，是指在保险合同存续期间内，由于某种原因的发生而使保险合同暂时失去效力。在合同中止期间发生的保险事故，保险人不承担赔付责任。保险合同的中止，在长期人寿保险中最为突出。一般而言，除非保险合同另有规定，投保人超过规定期限六十日未支付当期保险费的，合同效力中止。六十日为宽限期，在此期间出现保险事故的，保险公司承担赔偿责任。

保险合同的复效，是指保险合同的效力在中止后又重新开始。根据保险法规定，被中止的保险合同可以在合同中止之日起的两年内申请复效，经保险人与投保人协商并达成协议，在投保人补交保险费及其利息后，合同效力恢复。复效后的合同与原保险合同具有同样的效力，可继续履行。被中止的保险合同也可能因投保人不再申请复效，或保险人不能接受已发生变化的保险标的（如被保险人在合同中止期间患有保险人不能承保的疾病），或其他原因而被解除，不再有效。因此，被中止的保险合同是可撤销的保险合同，该合同可以继续履行，也可能被解除。自合同效力中止之日起两年内双方仍未达成协议的，保险人有权解除合同。

四、保险合同的终止

保险合同的终止，是指保险合同在存续期间，因某些法定或约定的事由发生，使合同的效力自终止时起归于消灭。保险合同的效力终止，意味着当事人双方权利义务关系的消灭。导致保险合同终止的原因主要有以下三种。

（一）期满终止

期满终止，是指保险合同中规定的保险有效期限已届满，则保险责任自然终止。这是保险合同终止原因中最普遍、最基本的原因，保险合同终止，保险人的保险责任亦告终止。绝大多数的财产保险、意外险、短期健康险以及定期寿险都属于期满终止。

（二）义务履行终止

义务履行终止，是指在保险合同有效期内，保险人履行了赔偿或给付全部保险金的责任后，保险合同即告终止。即使保险有效期尚未届满，保险合同也因保险人已经履约完毕而终止。最常见的如终身人寿保险中的被保险人死亡，保险人给付受益人全部保险金后合同终止；或被保险财产被火灾焚毁，被保险人领取了全部保险赔款后合同即告终止。

（三）解除终止

保险合同的解除是较常见的保险合同终止的另一类原因。在保险合同实践中，解除分为法定解除、约定解除和任意解除三种。

1. 法定解除

法定解除是指保险合同一方当事人行使法律赋予的解除权而使保险合同效力终止。法定解除是一种单方面的法律行为。从程序上说，依法有解除权的当事人向对方作出解除合同的意思表示，即可发生解除合同的效力，而无需征得对方的同意。

2. 约定解除

约定解除是双方当事人约定解除合同的条件，一旦所约定的条件出现时，一方或双方即有权力解除保险合同。保险合同一经解除，保险人的责任即告终止。从解除的条件看，以约定方式解除保险合同对于合同双方均作了限制性规定，尤其是对于保险人的限制更严格。

3. 任意解除

任意解除是指法律允许双方当事人有权根据自己的意愿解除合同。但并非所有的保险合同都可以由当事人任意解除和终止，对于任意解除合同一般有着严格的规定。我国保险法规定，除保险法另有规定或者保险合同另有约定外，保险合同成立后投保人可以解除合同，保险人不得解除合同。当投保人或被保险人有下列行为之一时，保险人则可以解除合同。

（1）投保人故意或者因重大过失未履行如实告知义务，足以影响保险人决定是否同意承保或者提高保险费率的；

（2）被保险人或受益人在未发生保险事故的情况下，谎称发生保险事故向保险人提出赔偿或者给付保险金请求的；

（3）投保人、被保险人故意制造保险事故的；

（4）投保人、被保险人未按照约定履行其对保险标的安全应尽的责任；

（5）在合同有效期内，保险标的风险程度增加，被保险人未及时通知保险人的；

（6）投保人申报的被保险人年龄不真实，且其真实年龄不符合合同约定的年龄限制的（但合同成立后逾两年的除外）；

（7）自合同效力中止之日起两年内，双方未达成复效协议的。

五、保险合同的争议处理

（一）含义与意义

保险合同争议是指保险合同在履行过程中，当事人之间由于对合同的条款理解有分歧，对索赔、拒赔等处理不一致而发生的纠纷。虽然在订立作为双方履约依据的保险合同条款时会尽量追求内容完整正确，但在保险实务操作中，由于合同当事人的经济利益冲突、业务习惯差异、情势变更以及不可预见因素的发生等原因，常会导致保险当事人对合同条款内容的解释不一致，从而影响保险合同的履行。

能否及时合理地处理保险合同争议，对规范保险活动，保护保险当事人的合法权益，促进保险事业的健康发展，具有十分重要的意义。

（二）争议解释原则

保险合同的解释，是指当保险双方当事人由于对合同内容的用语理解不同而发生争议时，依照法定或约定俗成的方式，对相关内容或文字含义予以确定或说明。解释通常依据保险合同的解释原则来进行，是对保险合同理解和说明时应当遵循的基本准则。保险合同的解释应首先遵循合同解释的一般原则，即在坚持合法、公平、诚信、互利的基础上，根据合同整体内容和当事人订立合同的目的，对保险合同条款进行全面、公正的解释。同时，解释还应坚持保险的基本原则，保险合同的解释原则一般有五种。

1. 文义解释原则

文义解释是按照保险合同条款所用文字的通常含义、保险法规及保险习惯，并结合合同整体内容对相关条款所作的解释。保险合同的双方当事人意思表示一致时，用合同书面形式记载双方的权利义务。因此，文义解释是对保险合同解释的常用原则。对合同中出现的同一个词语的解释应该是统一的，双方若有争议，以权威性工具书或专家的解释为准。合同中所用的保险专业术语，有立法解释的以立法解释为准；没有立法解释的，以司法解释、行政解释为准；无上述正式解释的，应以所属行业公认的特定含义、技术标准或行业习惯来解释。

2. 意图解释原则

意图解释是指当保险合同条款中出现文义不清、用词混乱或含糊的情况时，对保险合同的解释应该尊重当事人双方订约时的真实意思，并根据订约背景和客观实际情况来分析和推定。保险合同是最大诚信合同，在对合同条款进行解释时，必须充分考虑当事人订约时的真实意思。意图解释只适用于合同条款不精确、语义混乱、不同当事人对同一条款所表达的实际意思理解有分歧的情况。如果文字表达清楚，没有含糊不清之处，就必须按照字面解释，不得任意推测。

该原则在使用过程中，当双方有书面和口头约定，且约定不一致时，应以书面约定为准。当保险单及其他保险凭证与投保单及其他合同文件不一致时，以保险单及其他保险凭证中载明的合同内容为准。当合同的特约条款与基本条款不一致时，以特约条款为准。

3. 有利于非起草人的解释原则

此原则是指对保险条款做有利于非起草人即有利于被保险人和受益人的解释。该原则的确立是基于保险合同是附合性合同的特点。由于保险合同条款是保险人事先拟定的，保险人对合同条款的内容和含义更了解、更清楚。因此，当保险双方对条款内容的合理解释或合理推定有两种以上时，法院或仲裁机关应当作出有利于被保险人或受益人的解释。我国《保险法》第三十条规定：采用保险人提供的格式条款订立的保险合同，保险人与投保人、被保险人或者受益人对合同条款有争议的，应当按照通常理解予以解释。对合同条款有两种以上解释的，人民法院或者仲裁机构应当作出有利于被保险人和受益人的解释。

4. 补充解释原则

补充解释原则，是指在保险合同条款约定内容有遗漏或不完整时，应借助商业习惯和国际惯例，对保险合同欠缺的内容进行务实、合理的补充解释，以保证合同的公正履行。

5. 效力解释原则

保险合同条款内容的效力发生歧义时，应按照批单优于正文，后批注优于先批注，手写优于打印，加贴批注优于正文批注的规则来解释。即以更能反映当事人真实意图的手写的、后批注的文句为准。

(三) 争议处理方式

保险合同的争议处理通常采用以下四种方式。

1. 协商

协商是在保险合同争议发生后，双方当事人在自愿互谅的基础上，按照法律、政策规定，通过对争议事项进行协商并取得共识来解决纠纷的方法。这是解决争议最常用、最基本的方法，该方法具有较大的灵活性，有利于合同的继续履行和维持双方的友好关系。

2. 调解

调解是在协商无效的情况下，由双方接受的第三者出面进行协调，促使双方达成一致，使合同继续履行的方法。调解必须遵循法律、政策与平等自愿原则。只有依法调解，才能保证调解工作的顺利进行。根据第三者的身份不同，调解可分为行政调解、仲裁调解和法院调解。除行政调解外，后两者均具有法律强制执行效力，当事人不得就同一争议事项要求仲裁和诉讼。

3. 仲裁

仲裁是指当事人双方约定在发生争议时，由双方认可的第三方来裁决，并在裁决后双方有义务执行的一种处理争议方式。仲裁以双方达成的仲裁协议为基础，仲裁机构可以是临时性或者常设的，仲裁人可以由双方自由指定，也可以由专业仲裁机构的仲裁人承担。该方式依据有关仲裁法律进行，具有一裁终局、与法院裁决等同效力等特点。

4. 诉讼

诉讼是指保险合同的一方当事人按有关法律程序，通过法院对另一方提出权益主张，并要求法院予以解决和保护请求的争议处理方法。它是解决争议最激烈的一种方式。当事人双方因保险合同发生纠纷时，有权以自己的名义直接要求法院通过审判给予法律上的保护，但提起诉讼必须在法律规定的时效以内。我国的诉讼实行二审终审制度，法院有权强制执行判决。

本章小结

1. 保险合同又称保险契约，是投保人与保险人约定权利义务关系的经济保障协议。保险合同具有对价有偿性、射幸性、最大诚信性、双务性、附合性、要式性、个人性的基本特点。

2. 保险合同必须采用书面形式，保险单是其正式法定形式。此外也使用暂保单和保险凭证，而批单是对保险单的修改或变更，投保单是签订保险合同的依据。

3. 保险合同根据合同的标的不同可分为财产保险合同和人身保险合同；根据合同所负责任的顺序可分为原保险合同和再保险合同；根据保险价值是否确定可分为定值保险合同和不定值保险合同；根据保险金额与保险价值的关系可分为足额保险合同、不足额保险合同和超额保险合同；根据保险标的组合情况可分为单个保险合同、集合保险合同和综合保险合同；根据合同承担风险的多少可分为单一保险合同、综合保险合同和一切险合同。

4. 保险合同由主体、客体和内容三部分组成。保险合同主体是指与保险合同发生直接或间接关系的人，包括当事人、关系人和保险辅助人。保险合同的当事人包括投保人和保险人；关系人包括被保险人、受益人和保单所有人；保险合同的辅助人是指保险代理人、保险经纪人和保险公估人。保险合同客体不是保险标的本身，而是投保人或被保险人对保险标的拥有的保险利益。保险合同的内容是双方履行合同义务和承担法律责任的依据。此内容就是保险合同的条款，具有多种特征和类型。基本内容包括当事人的姓名和住所、保险标的、保险责任和责任免除、保险期间和保险责任开始时间、保险金额、保险费及其支付方式、保险赔付办法、违约责任和争议处理等。

5. 保险合同循环过程包括订立、履行、变更、终止、争议处理五个环节。其中保险合同的订立包括要约和承诺两个程序。保险合同的成立并非合同的生效，保险合同生效后才具有法律效力。保险合同的履行是指双方当事人依法全面完成合同约定义务的行为。保险合同的变更是指在保险合同有效期内当事人依法对合同内容所作的修改或补充，包括主体变更、客体变更、内容与效力变更三部分内容。在合同有效期间，合同有关当事人可对保险合同进行中止和复效，保险合同还会因各种原因终止。

6. 保险合同争议的解释原则有文义解释原则、意图解释原则、有利于非起草人的解释原则、补充解释原则及效力解释原则。争议处理可以采取协商、调解、仲裁、诉讼四种方式。

复习思考题

1. 何谓保险合同？它有哪些特征？
2. 保险合同有哪些种类？包括哪些形式？
3. 简要介绍保险合同的三大构成要素。
4. 保险人和投保人各自应履行什么义务？
5. 保险合同在何种情况下需要变更？何种情况下会出现无效情形？
6. 保险合同的中止和终止有何不同？终止的原因有哪些？
7. 保险合同的解释原则及争议处理方式有哪些？

第六章

现代保险的基本原则

⊙内容提要⊙

本章包括保险利益原则、最大诚信原则、近因原则、损失补偿原则四节内容。要求正确理解并灵活运用这些原则来分析解决保险理论和实务中的问题。

第一节　保险利益原则

一、保险利益原则的产生

保险利益原则是保险活动的一项基本原则，它起源于海上保险，目的是防止保险成为赌博行为，并有效防范道德风险。

早期的保险法规并未对保险利益原则进行明确的界定，当时的保险实务也不要求投保人或被保险人对保险标的具有保险利益。但随着保险业的发展，出现了某些不法之徒为获得巨额保险赔偿，为不具有保险利益的保险标的投保的案例。此种与赌博无异之举的频繁发生，与保险分散风险、补偿损失的初衷背道而驰，因此，需要把保险利益原则法制化，以促进保险法的改革。世界保险发展至今，几乎所有国家在保险立法中均把保险利益原则作为一项基本原则。

二、保险利益及其成立要件

（一）保险利益的概念及法律规定

保险利益又称可保利益，指投保人或被保险人对保险标的具有法律上认可的利益。保险利益产生于投保人或被保险人与保险标的之间的经济联系，是可以向保险公司投保的利益，体现了投保人或被保险人对保险标的所具有的法律上承认的利害关系。即投保人或被保险人因保险标的遭受风险事故而受损失，因保险标的未发生风险事故而受益。保险标的是保险利益产生的前提，保险利益则是保险标的与投保人的经济利益关系。例如，某人拥有一辆汽车，如果车辆安全存在，他就可以驾驶使用，还可以通过出租、变卖车辆而受益；反之，如果车辆被损坏了，他就无法使用，甚至要重新购买，在经济上就会受损。因此，该人对此就有保险利益，他可以以此车辆作为保险标的向保险人投保相关汽车保险。

我国《保险法》第十二条规定：保险利益是指投保人或者被保险人对保险标的具有的法律上承认的利益。人身保险的投保人在保险合同订立时，对被保险人应当具有保险利益。财产保险的被保险人在保险事故发生时，对保险标的应当具有保险利益。

保险利益是保险合同的客体，也是保险合同生效的依据；但保险利益并非保险合同利益。

（二）确定保险利益的必备条件

保险利益是经济利益，但并非所有的经济利益都能成为保险利益。确认某一项利益是否为保险利益，应符合下列条件。

1. 保险利益必须是合法的利益

投保人对保险标的所具有的利益必须为法律所承认。只有在法律上可以主张的合法利益才能受到国家法律的保护，不合法的利益不能作为保险利益，从而不能为保险合同或保险法所保障。例如对盗窃、抢劫之财物的占有利益，走私、贩毒的经济利益均为非法利益，不能构成保险利益。如果投保人为非法手段取得的利益投保，则保险合同无效。

2. 保险利益必须是客观存在的确定利益

保险利益必须是已经确定的利益或者能够确定的利益，该利益不是当事人主观估价的，而是事实上或客观上的利益。所谓事实上的利益包括现有利益和期待利益（预期利益）。现有利益是指客观上或事实上已存在的利益，是已确定的利益，如投保人或被保险人拥有的所有权、实际取得的经营权、抵押权所具有的利益。而预期利益是指客观上或者事实上尚不存在，但根据法律或者有效合同的约定可以确定在今后一段时间内将会产生的经济利益，如预期的营业利润或者租金等。预期利益是基于现有利益未来可能产生的利益，必须具有客观依据才可以作为保险标的进行投保，但是在发生保险事故索赔的时候，预期利益必须已成为实际利益后才能赔付。而对于人身保险而言，可以确定的利益也可称为法律规定或合同约定的利益。

3. 保险利益必须是经济利益

由于保险保障是通过货币形式的经济补偿或给付来实现其职能的，因此投保人对保险标的的保险利益在数量上应该可以用货币来计量，保险人才能对被保险人的损失进行补偿或给付，而无法定量的利益不能成为保险利益。在财产保险中，保险利益一般可以精确计算，对那些像纪念品、日记、账册等不能用货币计量其价值的财产，尽管它们与被保险人有经济利害关系，但不能作为保险利益接受其投保。人身保险合同的保险利益有一定的特殊性，由于人身无价，只要投保人与被保险人具有利害关系，就可认为投保人对被保险人具有保险利益。在某些特殊情况下，人身保险的保险利益也可加以计算和限定，比如债权人对债务人生命的保险利益可以确定为债务的金额加上利息及保险费。

【案例6-1】保险利益纠纷的索赔案

张某（男）和林某（女）从小青梅竹马，但由于双方家长有矛盾而坚决反对俩人的亲事，因此俩人没有登记结婚。2010年2月，二人离家到广州打工，并租用民房以夫妻的名义一起生活，一年后生育一女孩。2013年7月，保险推销员到张某所在单位推销寿险，张某以自己为投保人为自己和林某各买一份人寿保险，死亡保额均10万元，受益人为双方所生女孩。当时林某在外地出差并不知情，不久林某因车祸意外死亡，张某向保险公司提出索赔，保险公司调查后拒赔。张某不服，遂向法院提起诉讼。

分析：人身保险合同的投保人，在合同订立之时应对被保险人具有保险利益。张某和林某之间没有法律上承认的夫妻关系，所以张某对林某没有法律上承认的利益，而且林某对张某的投保行为不知情，亦不符合同意主义的原则。因此，张某对林某不具备任何保险利益，合同无效，保险公司无须承担赔偿金。但是，当时的保险推销员如果清楚他们的关系，却仍为林某承保，则是另一种结果。

三、保险利益原则及其意义

（一）保险利益原则

保险利益原则创设的根本目的在于防止赌博及发生道德风险。英国《1906年海上保险法》第六条规定：①虽然投保时被保险人无需对保险标的具有保险利益，但在保险标的发生损失时，被保险人必须对其具有保险利益；②被保险人如在损失发生时对保险标的无保险利益，在知晓损失发生后，不能因为采取了任何行为或抉择而获得该项利益。从此以后，这一规定为国际上所通用。坚持保险利益原则，无损失则不赔偿，损失多少赔偿多少，从而有效防止为获得不当利益而发生道德风险。保险利益从本质上是投保人对保险标的应具有的保险利益，它的存在是投保人或被保险人获得保险赔偿的必要前提。

（二）保险利益原则的意义

在保险经营中，坚持保险利益原则具有以下意义。

1. 规定保险保障的最高限度

保险利益是保险人根据保险合同对被保险人的经济损失所能补偿的最高限度。保险的宗旨是补偿被保险人在保险标的发生保险事故时遭受的经济损失，但不允许获得额外利益。在财产保险合同中，赔偿应以保险利益为依据，以防止通过保险取得原来所没有的利益。投保时，投保人依据保险利益确定保险金额。保险事故发生时，被保险人请求的损害赔偿额不得超过保险利益的金额或价值，从而有效避免被保险人不当得利。若不坚持保险利益原则，损害赔偿额超过保险利益的金额或价值，即获得和所受损失不相称的利益，这将损害保险人的合法利益，降低甚至颠覆保险活动的价值。

2. 有效防止道德风险发生

道德风险是指由于个人的不诚实、不正直或不轨企图，促使风险事故发生，导致社会财富损毁和人身伤亡的原因和条件，如纵火、抢劫和欺诈会导致社会财产或他人财产及生命蒙受损失。在保险领域中，道德风险是指被保险人或者受益人为获得保险赔付而故意违反道德规范甚至于犯罪，促使保险事故的发生或者在保险事故发生时故意放任使损失扩大。如果投保人为没有保险利益的保险标的投保，则有可能出现投保人为获得保险赔偿而任意购买保险，并盼望事故发生的现象。更有甚者，为了获得巨额赔付，采用纵火、谋财害命等手段，故意制造保险事故，以此来增加道德风险事故的发生。在保险利益原则的规定下，由于投保人与保险标的之间存在利害关系的制约，投保的目的是为了获得一种经济保障，保险事故发生后，给被保险人或者受益人的赔偿仅为原有的经济利益，并在这个限度内根据实际损失进行赔偿，使得由道德风险产生的保险事故发生变得无利可图，进而控制了道德风险。

3. 区别保险与赌博的根本标准

保险合同是射幸合同，保险人赔付义务的履行取决于机会的发生或是不发生，即保险金的赔付以保险合同中约定的保险事故的发生为条件，这与赌博类似。赌博是投机取巧谋取不当利益的行为，为一己之利以图不劳而获，是法律禁止的行为。而保险是基于互助共济精神，通过保险补偿被保险人由于灾害事故所造成的经济损失。如果保险经济关系不以保险利益为成立条件，由于保险费与保险金额相差极大，有可能使没有保险利益的人对任何标的进行投保，以期获得巨额回报，这无异于赌博，与互助共济的保险思想相违背，也丧失了转移风险减少损失的作用，从而有害于公共利益。

在保险业兴起之初，有人以与自己毫无利害关系的远洋船舶与货物的安危为赌注，向保险人投保。若船货安全抵达目的地，则投保人丧失少量已付保费；若船货在航行途中灭失，他便可获得高于所交保险费几百倍甚至上千倍的额外收益，这种收益不是对损失的补偿，而是以小的保费损失谋取较大经济利益的投机行为。于是，人们就像在赛马场上下赌注一样买保险，严重影响了社会的安定。英国政府于 18 世纪通过立法禁止了这种行为，维护了正常的社会秩序，保证了保险事业的健康发展。

四、保险利益原则在不同保险应用上的区别

由于利益确定并不一致，财产保险和人身保险的保险利益各不相同。

(一) 财产保险的保险利益

1. 财产保险的保险利益来源

财产保险的保险标的是财产及其相关利益，投保人对其拥有的，法律保护且承认的所有权、占有权、债权等权利的财产及其相关利益具有保险利益。

在实务上，一般将财产上的保险利益抽象概括为财产权利、合同权利和法律责任三类。财产权利包括基于财产权利而享有的财产利益，含所有权利益、占有利益、股权利益、担保利益等；合同权利为依照合同产生的债权请求权；法律责任是由于合同或者法律规定的侵权行为而发生的责任。根据这三类划分，我们将财产保险的保险利益概括为投保人（被保险人）对保险标的具有的在经济上或法律上的经济利益，包括现有利益、期待利益、责任利益和合同利益。

(1) 现有利益，是投保人或被保险人对财产已享有且可继续享有的利益。投保人对财产具有合法的所有权、抵押权、质权、留置权、典权等关系且继续存在的，均具有保险利益。现有利益随物权的存在而产生。如被保险人对自己拥有所有权的房屋、汽车就是依据

所有权而享有其所有的利益，但现有利益并不以所有利益为限，抵押人对于抵押物，质权人对于质押物，债权人对于留置物等都具有合法的经济利害关系，都属于现有利益。

(2) 期待利益，是因财产现有利益而存在且确实可得的，依法律或合同产生的未来一定时期的利益。它包括利润利益、租金收入、运费收入等利益。没有现有利益就不可能存在期待利益，期待利益一般因为具有法律上的权利或者利益而发生，受法律保护，属于财产利益的一种。由合同而产生的利益为期待利益的一种。

(3) 责任利益，是被保险人因其对第三者的民事损害行为应依法承担的赔偿责任。它是基于法律上的民事赔偿责任而产生的保险利益，如第三者责任、职业责任、产品责任、公众责任、雇主责任等。各种固定场所的所有者、经营者或管理者，制造商，销售商，修理商，雇主以及各类专业人员等都具有责任利益。

(4) 合同利益，是基于有效合同而产生的保险利益。例如，雇用合同中雇员对雇主不忠，货运合同中买方拒收货物，债务人不履行支付义务等使得权利人遭受损失，权利人对义务人的信用存在保险利益。

2. 财产保险利益的存在时间

财产保险的保险利益从保险合同订立到合同终止应始终存在。投保时保险利益若丧失，则保险合同无效。但在海洋货物运输保险中，其规定投保时可以不具有保险利益，在事故发生时被保险人对保险标的必须具有保险利益。英国《1906 年海上保险法》规定，在保险合同订立时，被保险人对于标的物固然没有发生利益关系的必要，但在标的物发生灭失时，被保险人必须享有保险利益。这样规定的理由是：首先，便利保险合同的订立，有助于保险业务的开展。其次，只有保险事故发生时有保险利益存在，投保人或被保险人才有实际损失发生，保险人才可确定补偿的程度。如果保险利益在订立合同时存在但事故发生时不存在，则投保人和被保险人对于保险标的已无利害关系，因而就没有补偿可言。

我国《保险法》第四十八条规定：保险事故发生时，被保险人对保险标的不具有保险利益的，不得向保险人请求赔偿保险金。从这条可以看出，保险利益原则不再直接影响保险合同的效力，只是会产生被保险人丧失保险金请求权的法律后果。

《保险法》第四十九条还规定，保险标的转让的，保险标的的受让人直接承继被保险人对于保险合同所享有的权利和义务；只有在因保险标的转让导致危险程度显著增加的情况下，保险人才可以调整保险费或者解除合同。被保险人、受让人应当将交易情况及时通知保险人；未及时通知的，只有对因转让导致保险标的危险程度显著增加而发生的保险事故，保险人才可以不承担保险责任。而修订前的《保险法》规定，保险标的的转让应当通知保险人，经保险人同意继续承保后，才可依法变更合同。该规定没有对危险程度是否显著增加进行区分，因此，只要保险标的转让未经保险人同意，保险合同一律无效，这对于保护被保险人利益十分不利。新版《保险法》修订本着“契约自由，鼓励交易”的精神，在保险标的转让而保险合同效力延续至受让人的基本前提下，再作具体制度安排，以尽量规避风险，平衡各方关系，体现立法的进步。

(二) 人身保险的保险利益

在各国保险法中，人身保险的保险利益在于投保人与被保险人之间的利益关系。当投保人为自己投保时，一般认为对自己的生命和身体是具有保险利益的。而当投保人为他人投保时，如何确定其是否具有保险利益，各国保险法的规定是不同的。如英国《1774年人寿保险法》第三条虽然没有对人身保险中的保险利益做出明确的定义，但是表明保险利益意味着金钱或经济上的利益。美国、澳大利亚等国家的保险法律，对于保险利益的规定也是以利益主义为基础的。同意主义则是不论投保人与被保险人之间是否具有金钱或者情感上的利害关系，只要被保险人同意投保人投保，就认为投保人对其具有保险利益，如韩国、德国的保险法律。而折中主义则是将利益主义和同意主义相结合，作为人身保险中确定保险利益的依据。

我国《保险法》第三十一、第三十四条采用了同意原则和利益原则，但并非折中的原则，而是分别不同情况或取前者或取后者，第一款是基于身份关系采用利益原则，一般情况下是以本人、亲属关系或其他形式的身份关系作为"利害关系"的标准。而对特殊情况辅以同意原则或立法限制，如《保险法》第三十四条第一款规定：以死亡为给付保险金条件的合同，未经被保险人同意并认可保险金额的，合同无效。而第二款则规定以同意原则作为不具有身份上的关系，但因特殊的经济利害关系而对被保险人人身有保险利益的标准，在此情况下，"同意"是对"保险利益"存在的推定，第三十四条前后两款是同意原则与利益原则的分别使用而非同时使用。

1. 人身保险保险利益的形式

《保险法》中第三十一条第一款规定，投保人对下列人员具有保险利益：（1）本人；（2）配偶、子女、父母；（3）前项以外与投保人有抚养、赡养或者扶养关系的家庭其他成员、近亲属；（4）与投保人有劳动关系的劳动者。第二款规定：除前款规定外，被保险人同意投保人为其订立合同的，视为投保人对被保险人具有保险利益。

（1）本人，即投保人自己。任何人对于自己的身体或者寿命都有无限利益。

（2）配偶、子女、父母。依照一般原则，家庭成员相互具有保险利益。无论在英美法中还是在大陆法中，夫妻关系都具有法律上所承认的保险利益。英美法中认为，夫妻关系之亲近足以满足彼此之间的保险利益要求，夫妻之间"可能推定有无限制的可保利益"。但是，英美法在判断父母子女之间是否具有保险利益时，具有与中国截然相反的规定或案例。无论是英国《1774年人寿保险法》的规定还是英美众多案例确立的原则，父母对子女的生命具有保险利益，但不是因为血缘而是因为债权债务关系等。这些做法显然与我国的文化背景有差异，导致了我国与其他国家对于父母、子女的保险利益产生了分歧。我国始终都将父母与子女作为对投保人有着极其重要影响的人，所以他们理应具有保险利益。家庭成员相互间有亲属、血缘以及经济上的利害关系，投保人以其家庭成员的身体或者寿命为保险标的订立保险合同，父母与子女之间应当具有保险利益。

（3）有抚养、赡养或者扶养关系的其他家庭成员、近亲属。投保人的其他家庭成员、近亲属，主要有投保人的祖父母，外祖父母，孙子女以及外孙子女等直系血亲，投保人的亲兄弟姐妹，养兄弟姐妹，有抚养关系的继兄弟姐妹等旁系血亲。投保人与配偶、子女、父母之外的其他家庭成员、近亲属形成抚养、赡养或扶养关系的主要法律依据是《婚姻法》第二十八、二十九条的规定。因为此种抚养、赡养或扶养关系同样会导致保险利益的产生。

（4）与投保人有劳动关系的劳动者。2015年版《保险法》新增了有劳动关系的劳动者的相关内容，并且投保人可以以此为劳动者购买人身保险。该规定实际上是我国保险法的进步，更是对员工保护的一次有益尝试。由于新《劳动合同法》的颁布，员工的利益得到了充分的保障，而保险法对雇主为雇员购买保险的行为采取了积极的态度，有利于保护员工的生命健康权，对员工的切身利益更是质的飞跃，尤其可以为高度危险行业的从业者提供利益保障，因此投保人可以因劳动关系而具有保险利益。

（5）同意投保人投保的被保险人。投保人以他人的寿命或身体投保人身保险的，不论投保人和被保险人相互之间有无其他利害关系，经被保险人书面同意订立人身保险合同后，便可视为投保人对被保险人有保险利益。

因利益关系而具有保险利益似乎更多地倾向于身份关系，但并非投保人与被保险人没有身份关系就不能具有保险利益，他们仍然可以通过同意主义而具有保险利益。根据《保险法》的规定，如果投保人与被保险人不具有利害关系，只要被保险人同意投保人为其订立人身保险合同，则可视为投保人对被保险人具有保险利益。新规定较旧规定去除了被保险人书面同意的强制性规定，更方便了投保人为被保险人购买人身保险合同，简便了合同订立程序，降低了交易成本，因而更符合实际生活的需要。

2. 人身保险利益的存在时间

人身保险利益在合同订立时就必须存在，至于在保险事故发生时是否存在保险利益，则无关紧要。这样规定主要是因为人身保险的保险标的是人的身体或者生命，人身保险合同生效后，如果被保险人的生命或身体受到伤害，获得保险金给付的是被保险人或者受益人，投保人不会因为被保险人发生保险事故而享有领取保险金的权利，投保人在此刻是否对被保险人具有保险利益则没有意义。

人身保险利益的存在时间之所以不同于财产保险，其原因是：（1）避免在合同订立时，投保人与被保险人无密切的利益关系而引起道德风险的发生，从而危及被保险人的生命安全。（2）在保险利益消失后即认为保险责任终止，对保单持有人有失公平。因为人身保险合同的期限可以很长，合同订立后如果投保人与被保险人的关系发生了变化，投保人对被保险人不再具有保险利益（如离婚、解除劳动合同等），但按合同约定的由被保险人及其受益人领取保险金，并不因投保人丧失保险利益而改变，合同效力也不应因此而受影响。所以，人身保险只要求投保人在投保时具有保险利益。

【案例 6-2】前妻与现任妻子，保险金归谁？

张先生 2009 年向保险公司投保了一份人身保险，年缴费 8 000 多元，缴费期 10 年，受益人一栏填写“妻子”；2013 年张先生和黄女士离婚后，2014 年与夏女士结合。2015 年，张先生因意外去世。前妻和现任妻子均以受益人身份要求保险金。黄女士认为，这份保险是在她与张先生婚内购买的，受益人栏所填的“妻子”是自己。而夏女士则认为，张先生在购买保险时没有在受益人栏填写黄女士的名字，仅填写“妻子”，说明张先生明确的受益人应该为其发生保险事故时的合法妻子，所以自己才是受益人。那么，保险金应该归谁呢？

分析：“妻子”一词具有身份指向性，其内涵是一种关系。《婚姻法》规定：取得结婚证，即确立夫妻关系。张先生虽未写明受益人的姓名，但确定受益人的方法是明确的。因此，受益人“妻子”应指与张先生取得结婚证，确立夫妻关系的配偶。2013 年张先生与黄女士离婚后，黄女士不再具有张先生“妻子”的身份。2014 年夏女士与张先生结婚后，夏女士取得了张先生“妻子”的身份，故成为新的受益人。另外，结合保险合同的履行情况，张先生和夏女士结婚后，张先生继续履行交纳保险费义务时使用的应是夫妻共同财产。如果认为此时的受益人“妻子”仍然是指黄女士，显然有悖常理。因此，当张先生身故后，保险金应付给夏女士。值得提醒的是，寿险保单大多数都是期限较长的合同，投保人的家庭结构可能会随着时间变迁发生巨大变化。因此，投保人、被保险人应注意在发生变化后，及时向保险人申请受益人变更。

第二节 最大诚信原则

一、最大诚信原则的含义、产生与要求

（一）最大诚信原则的含义

最大诚信原则，是指在保险活动中当事人应该尽最大诚信和善意，享有权利、履行义务的原则。所谓最大就是在合理范围内尽自己一切的可能。最大诚信原则是民法诚信原则在保险法领域的延伸，而诚信原则是社会对社会成员的基本道德要求，也是法律对社会成员的基本要求。在保险合同关系中，对当事人的要求比一般民事活动更为严格。世界各国的保险法均把诚实信用原则发展为最大诚信原则。

（二）最大诚信原则的产生

最大诚信原则起源于海上保险。在早期的海上保险业务中，双方当事人签订保险合同时往往远离船舶和货物所在地，保险人不可能对投保标的进行实际检查，只能根据投保人对投保标的情况的叙述，决定是否予以承保或者以什么条件进行承保。在此情况下，投保人是否诚实是签订合同的基础。

1906 年，英国颁布的《1906 年海上保险法》对最大诚信原则作出了如下规定：海上保险是建立在最大诚信原则基础上的保险合同，如果任何一方不遵守这一原则，他方可以宣告合同无效。这是最早以法律形式出现的表述。随着保险事业的发展，最大诚信原则成为保险业务履行过程中保险双方当事人必须遵守的一项最基本原则。

（三）最大诚信原则的要求

最大诚信原则要求保险合同当事人订立保险合同，在合同有效期内，应依法向对方提供影响对方作出缔约决定的全部实质性重要事实，同时绝对信守合同的约定与承诺，诚实履行合同义务。如果一方没有履行最大诚信原则，受到损害的另一方可以以此为理由宣布合同无效，或者不履行合同约定的义务或者责任，还可以对由此受到的损害要求对方予以赔偿。

二、最大诚信原则的基本内容

最大诚信原则的基本内容包括如实告知、保证、弃权与禁止反言三个方面。

（一）如实告知

如实告知，是指合同订立之前、订立时及在合同有效期内，投保方对已知或应知的风

险和标的有关的实质性重要事实据实向保险方作口头或书面的申报；保险方也应将对投保方利害相关的实质性重要事实据实通告投保方。如实告知是保险人、投保人或被保险人应尽的法定义务。

1. 投保方的告知

投保方告知的内容包括以下几个方面。

其一，合同订立时根据保险人的询问，对重要事实作如实回答，包括被保险人的年龄、性别、健康状况、职业、嗜好等。保险法规定，订立保险合同，保险人就保险标的或者被保险人的有关情况提出询问的，投保人应当如实告知。在具体操作中，保险公司通常会让投保人首先填写投保单，在投保单上列明投保人、被保险人、保险标的等详细情况，让投保人填写。

其二，在保险合同有效期内，若发生保险标的危险增加、标的转让等有关情况，应通知保险人。根据《保险法》第五十二条规定：在合同有效期内，保险标的的危险程度显著增加的，被保险人应当按照合同约定及时通知保险人，保险人可以按照合同约定增加保险费或者解除合同。保险人解除合同的，应当将已收取的保险费，按照合同约定扣除自保险责任开始之日起至合同解除之日止应收的部分后，退还投保人。

第四十九条还规定：保险标的转让的，保险标的的受让人承继被保险人的权利和义务。保险标的转让的，被保险人或者受让人应当及时通知保险人，但货物运输保险合同和另有约定的合同除外。

其三，保险事故发生后，投保人、被保险人或者受益人应该及时通知保险人，因故意或者重大过失未及时通知，致使保险事故的性质、原因、损失程度等难以确定的，保险人不承担赔偿或者给付保险金的责任。

其四，有重复保险的投保人，应该将重复保险的情况通知保险人。

投保人告知义务的立法形式主要有两种，一是无限告知义务，又称客观告知义务。即法律对告知的内容没有明确规定，只要事实上与保险标的危险状况有关的任何重要事实，投保人都有告知保险人的义务。目前，法国、比利时以及英美法系国家的保险立法均采取这一形式。二是询问回答告知义务，又称主观告知义务。告知内容以保险人的询问为限，投保人对保险人询问的问题必须如实告知，对询问以外的问题，投保人没有义务告知。保险人没有询问到的问题，投保人不告知不构成告知义务的违反。目前，大多数国家的保险立法采用询问回答告知义务的形式。

投保人或被保险人、受益人违反告知义务的法律后果，在国际上通常分为两大类：第一，宣告保险合同无效。告知是保险合同订立的必要条件和基础。如果投保人违反了告知义务，则合同失去了存在的基础，保险合同自始无效。采用该规定的国家有法国、荷兰、比利时等。随着保险技术的提高和保险业的发展，对这种宣告保险合同无效的做法已有新修正。第二，保险人享有保险合同解除权。一般情况下，保险合同一经成立，保险人便不能解除或变更保险合同。如投保人违反了告知义务，则保险人有权在规定期限内解除保险合同。这一规定较宣告保险合同无效的形式要灵活，保险人可以解除保险合同，也可以放弃合同解除权，通过加收保险费或减少保险金额的形式使合同继续有效。目前，英国、日本和德国基本上采取这种做法。保险合同因投保人违反告知义务而解除的，其效力可追溯至保险合同成立之时。在保险事故发生后，保险人行使保险合同解除权的，对保险赔偿金无给付义务。

我国《保险法》第十六条规定，投保人故意隐瞒事实，不履行如实告知义务的，或者因过失未履行如实告知义务，足以影响保险人决定是否同意承保或者提高保险费率的，保险人有权解除保险合同。投保人故意不履行如实告知义务的，保险人对于保险合同解除前发生的保险事故，不承担赔偿或者给付保险金的责任，并不退还保险费。投保人因过失未履行如实告知义务，对保险事故的发生有严重影响的，保险人对于保险合同解除前发生的保险事故，不承担赔偿或者给付保险金的责任，但可以退还保险费。从以上规定可以看出，保险法对投保人在故意和过失两种心态下，违反如实告知义务的法律后果作了不同的规定。因此，确认投保人违反义务的主观心态，对确定其应当承担的法律后果有着重要影响。

2. 保险人的告知

保险人作为保险关系的当事人也应该履行对投保人的告知义务。保险人告知包括以下两个方面：第一，保险合同订立时，应该主动向投保人明确说明合同条款内容特别是免责条款内容。第二，保险事故发生时如果存在拒赔条件，应该及时发送拒赔通知书。保险人的告知形式包括明确列示和明确说明。

《保险法》第十七条规定：订立保险合同，采用保险人提供的格式条款的，保险人向投保人提供的投保单应当附格式条款，保险人应当向投保人说明合同的内容。对保险合同中免除保险人责任的条款，保险人在订立合同时应当在投保单、保险单或者其他保险凭证上作出足以引起投保人注意的提示，并对该条款的内容以书面或者口头形式向投保人作出明确说明；未作提示或者明确说明的，该条款不产生效力。第二十四条规定：保险人依照本法第二十三条的规定作出核定后，对不属于保险责任的，应当自作出核定之日起三日内向被保险人或者受益人发出拒绝赔偿或者拒绝给付保险金通知书，并说明理由。

【案例 6-3】投保未告知患甲状腺疾病，申请赔偿被拒

2013 年 11 月，张某投保了国华人寿的国华终身寿险（分红型）（2009）、国华终身提前给付重大疾病保险（2009）各一份。2015 年 7 月，张某被诊断为“左甲状腺”多灶性乳头状癌，报案申请理赔。国华人寿在理赔过程中发现张某未如实告知既往病史，故不予理赔。张某遂向当地法院提起诉讼，要求国华人寿全额支付保险金 18 万元并承担案件的诉讼费。2016 年 5 月 31 日，法院认定：由于原告张某在投保时未如实告知其已患甲状腺疾病的事实，驳回其诉讼请求。案件受理费 5 800 元由原告张某负担。

分析：本案的胜诉为行业开辟了好的先例，为业内其他同行处理类似纠纷提供了宝贵经验，亦使投保人隐瞒病史骗取保险金成为过去，杜绝了不良客户采取“不如实告知”骗取保险利益的行为，维护了行业形象。

（二）保证

1. 保证的含义

保证是指保险人和投保人在保险合同中约定投保人对某一事项的作为或不作为，或担保某一事项的真实性。保证是保险合同的基础，是最大诚信原则的一项重要内容。保证作为或不作为某些特定事项，或保证履行某项条件，或肯定、否定某些事实特定状况的存在，保证一旦被违反，保险人可以据此解除合同。保证是被保险人订立合同必须履行的某种义务。如无此保证，保险人则可以不订立合同或改变合同的内容。

2. 保证的目的

保证重在恪守合同承诺，其目的在于控制危险，确保保险标的处于安全稳定的状态。保证必须严格遵守，如果被保险人不遵守保证，除保险单另有约定外，保险人可以从被保险人违反保证之时起解除保险责任。所以，保证对于被保险人的要求极为严格。特别是在海上保险中，依照惯例，无论违反保证的事实对风险发生是否重要，保险人均可宣告保险单无效。

3. 保证的种类

保证包括明示保证和默示保证两种。

明示保证，是指以文字形式明确规定于保单之内或附属文件中的保证，包括确认保证和承诺保证。确认保证即认定事项保证，是投保人对过去或现在某一特定事项存在或者不存在的保证，如投保人保证从未得过某种疾病。承诺保证也叫约定事项保证，是指投保人对未来某种特定事项作为或者不作为，对保证的事项涉及现在与将来，如投保人承诺今后不从事高危险性的运动。

默示保证，是指在保险单内虽无文字规定，但习惯上认为被保险人应保证某一事项的作为或不作为，一般是国际惯例所通行的准则。如海上保险的默示保证有三条：一是有适航能力。即被保船舶在构造、性能、人员、装备、供给等方面，均应具备适合预定航行的能力。二是不改变航道。即被保险船只不应驶离两个港口之间的通用航道，除非为了躲避危险或履行人道主义义务。三是合法运营。即被保险人不得从事非法运输，如走私、载运违禁品等。

4. 保证的应用

保险合同多数都有保证的内容。例如，财产险一般要求被保险人做出“不堆放危险品和特别危险品的保证”；机动车辆保险的被保险人必须保证保险车辆“保持安全行驶技术状态”；货物运输保险的被保险人必须保证“货物包装符合政府有关部门规定的标准”。我国保险法第五十一条第一款规定：被保险人应当遵守国家有关消防、安全、生产操作、劳动保护等方面的规定，维护保险标的的安全。

5. 违反保证的法律后果

投保方违反保证的法律后果包括：(1) 被保险人未履行保证义务的，保险人自违约之日起不负赔偿责任，也不退还保险费。(2) 由于不可抗力的原因导致被保险人不能履行保证义务的，保险人可解除合同也可修改保证条件，增收保费以继续承保。(3) 被保险人在违反保证以前已发生保险事故的，保险人应负赔偿责任；而违反后发生保险事故的，保险人不负赔偿责任。(4) 如果保证不真实，保险人不负赔偿责任。(5) 如果确认的情况非被保险人的原因而发生变化，保险人应负赔偿责任。

《保险法》第五十一条第三款规定：投保人、被保险人未按照约定履行其对保险标的的安全应尽责任的，保险人有权要求增加保险费或者解除合同。

（三）弃权与禁止反言

弃权是指权利人以明确方式放弃自己在保险合同中的合法权利，即放弃合同解除权和抗辩权。权利人一旦弃权，就不能重新主张该项权利。弃权是权利主体对自身民事权利的处分行为，法律尊重这种处分行为。弃权行为必须是权利人的真实意思表示，权利人因对方当事人的欺诈或因危难而未行使权利不构成弃权。

禁止反言指权利人弃权后，不得再基于该项权利的存在向对方当事人提出抗辩。禁止反言是法律对民事主体在从事民事行为时的诚信要求，也是人们从事民事行为的一项基本准则。即民事主体在从事民事行为时，应坚守承诺，不得出尔反尔。

一般来说，保险人或其代理人在签订保险合同的过程中，应当对投保人或被保险人就保险标的或被保险人的有关情况提出详细询问，而投保人或被保险人应对这些询问情况作如实告知。在实践中，各方为了自身利益都可能出现道德风险。保险人或其代理人为了能顺利签到保单，拿到佣金，往往对应询问事项避而不谈或胡乱询问，也不将投保人或被保险人不如实告知的后果明示于投保人或被保险人；而保险人也可能明明知道投保人与被保险人有未如实告知的情况，而仍然每年接受投保人所缴纳的保费，待到保险事故发生时，以投保人未如实告知为抗辩理由而拒赔，因此引发的保险纠纷可谓不可计数。同时，投保人为了避免遭拒保或增加保费，也可能故意隐瞒一些情况，以实现投保后得到赔偿。

为了避免此类纠纷，在保护保险消费者利益时，也需兼顾保险人的利益，这项原则是保险法上通行的国际惯例。在我国 2009 年修订前的《保险法》中，并没有很清晰明确地体现这一原则，在新《保险法》的修订过程中则明确引入了这一原则。

构成保险人弃权必须有两个要件：一是保险人必须有弃权的意思表示，无论是明示的还是默示的；二是保险人必须知道有违背约定义务的情况及因此享有抗辩权或者解约权。

一般认为，保险人知道被保险人有违背约定义务的情形而做出下列行为的，可被视为弃权或默示弃权。

（1）投保人有违背按期缴纳保险费或者其他约定义务时，保险人原本应该解除合同，但仍然收受补缴的保险费，则证明保险人有继续维持合同的意思表示。因此，其本应享有的合同解除权、终止权及其他抗辩的权利均视为弃权。

（2）在保险事故发生后，保险人明知有拒赔的抗辩权，仍要求投保人或者被保险人提出损失证明，因而增加投保人在金钱上、时间上的负担，则视为保险人放弃抗辩权。

（3）保险事故发生后，保单持有人应于约定的或者法定的时间内通知保险人，但在逾期通知的情况下保险人仍表示接受，则认为是对逾期通知抗辩权的放弃。

（4）保险人在得知投保人违背约定义务后仍然保持沉默，即视为弃权。如财产保险的投保人申请变更合同，保险人在接到申请后经过一定时间不表示意见，就视为同意；保险人于损失发生前，已知投保人有违背按期缴纳保险费，应该在一定期限之内解除保险合同，但在一定期间内未做任何表示，则视为弃权。

（5）被保险人未采取相关防灾减损措施，保险人可以解除合同，但在此情况下未解除合同，而是指示被保险人采取防灾减损的措施，该行为也视为弃权。

《保险法》第十六条明确规定：订立保险合同，保险人就保险标的或者被保险人的有关情况提出询问的，投保人应当如实告知。投保人故意或者因重大过失未履行前款规定的如实告知义务，足以影响保险人决定是否同意承保或者提高保险费率的，保险人有权解除合同。这是法律赋予保险人可以行使的权利。《保险法》第十六条还规定：前款规定的合同解除权，自保险人知道有解除事由之日起，超过三十日不行使而消灭。自合同成立之日起超过二年的，保险人不得解除合同；发生保险事故的，保险人应当承担赔偿或者给付保险金的责任。这就是国际通行的弃权与禁止反言条款在我国的法律规定。该项规定要求保险人为其行为及其代理人的行为负责，同时也维护了被保险人的权益，有利于保险人和被保险人权利义务关系的平衡。

第三节　近因原则

近因原则是通过判断保险事故与保险标的损失的因果关系来确定保险责任的一项基本原则。该原则旨在确立一种公平合理的保险人的归责机制。

一、近因原则的含义与意义

（一）近因的含义

近因是指引起保险标的损失的直接且最有效的原因，而非最初的原因或最终的原因。这既指原因和结果之间有直接的联系，又指原因十分强大有力，以致在一连串事件上，人们可以从各个阶段逻辑地预见下一事件，直到发生意料中的结果。如果有数种原因同时起作用，近因则是导致该结果而起决定性作用的原因。

（二）近因原则的基本含义

近因原则的基本含义是：若引起保险事故发生、造成保险标的损失的近因属于保险责任，保险人则承担赔偿责任；若近因属于除外责任，保险人则不负赔偿责任。

英国《1906 年海上保险法》第五十五条第一款规定：保险人对由承保风险的近因所致的损失负赔偿责任。而对非承保风险的近因所致的任何损失，概不负责。所以，国际上一般认为，只有承保近因所致的损失，保险人才负责赔偿。如果风险近因不属承保范围，保险人不负责赔偿。

（三）近因原则的法律规定与目的

在保险实践中，根据损害事故发生的原因是否属于保险责任来判断是否对保险标的的损害进行赔偿。而保险标的的损害原因并不总是单一的，其表现总是多种多样。对于损害发生的原因与结果之间存在怎样的关系，各国保险立法不一，但多数国家以近因原则为基础。近因原则是确定保险活动中损失原因与损失结果之间关系的原则，它对于保险合同双方均有利益，既可以防止保险人不当拒赔，逃避合同义务；又能够阻止被保险人不合理的赔偿请求，滥用合同权利。

二、保险事故中认定近因的基本方法

认定近因的关键是确定风险因素与损失之间的关系，确定这种因果关系的基本方法有两种。

（1）顺推法，是从最初的事件出发，按逻辑推理直到最终损失的发生，最初事件就是最后事件的近因。比如雷击折断了大树，大树压坏房子使得房子倒塌，那么房子损毁的近因就是雷击。

（2）逆推法，是从损失开始自后往前推，追溯最初的事件，如果没有中断，最初的事件就是近因。比如，路人被车子碰撞致死，导致车祸的原因是驾驶员酒后驾车，那么酒后驾车就是致死路人的原因。

三、近因认定与保险责任的确定

从近因认定和保险责任认定来看，可分为两种情况。

（一）损失由单一原因所致

若保险标的的损失由单一原因所致，该原因则为近因。若该原因属于保险责任事故，则保险人应负赔偿责任；反之，若该原因属于责任免除项目，则保险人不负赔偿责任。例如，被保险人的车辆因车辆本身设备的原因，发生自燃导致损毁，自燃为近因，如果投保人只保了机动车辆保险基本险，则自燃不属于保险责任，保险人不负保险责任；但投保人如果加保了自燃损失险，则自燃属于保险责任，保险人就要负责赔偿。

（二）损失由多种原因所致

如果保险标的遭受损失有两个或两个以上的原因，则应区别分析。

1. 多种原因同时发生导致的损失

多种原因同时发生而无先后之分，且均为保险标的损失的近因，依据多种原因是否存在除外原因来区别对待。若同时发生导致损失的多种原因均属保险责任，则保险人应负责全部损失赔偿责任。若同时发生导致损失的多种原因均属于责任免除，则保险人不负任何损失赔偿责任。若同时发生导致损失的多种原因不全属保险责任，则应严格区分，对能区分保险责任和责任免除的，保险人只负保险责任范围所致损失的赔偿责任；对不能区分保险责任和责任免除的，国际上的惯例是不予赔付。在我国倾向于与被保险人协商解决，按比例分摊。

2. 多种原因连续发生导致的损失

如果多种原因连续发生导致损失，前因与后因之间具有因果关系，且各原因之间的因果关系没有中断，则最先发生并造成一连串风险事故的原因就是近因。保险人的责任可根据下列情况来确定。

第一，若连续发生导致损失的多种原因不全属于保险责任，最先发生的原因属于保险责任，后因属于责任免除，但后因是前因的必然后果，那么近因属保险责任，保险人负赔偿责任。如英国有个著名的案例，有一艘装载皮革和烟草的船舶遭遇海难，大量海水涌入船舱导致皮革腐烂。海水虽然没有直接浸泡包装烟叶的捆包，但是由于皮革的腐烂发臭，使得烟叶完全变质。当时被保险人以海难为近因要求保险人赔付，但保险人却以烟叶包装没有水渍为由拒赔，最后法院判决本案的近因是海难，保险人应该负责赔偿。

第二，若最先发生的原因即近因属于责任免除，其后发生的原因属于保险责任，那么近因是责任免除项目，保险人不负赔偿责任。该情形下也有一个著名的案例，第一次世界大战期间，利兰公司一艘货船被德国潜艇的鱼雷击中后严重受损，被拖到法国勒哈佛尔港，港口当局担心该船沉没后会阻碍码头的使用，于是该船在港口当局的命令下停靠在港口防波堤外，在风浪的作用下该船最后沉没。利兰公司索赔遭拒后诉至法院，审理此案的英国上议院大法官肖认为，导致船舶沉没的原因包括鱼雷击中和海浪冲击，但船舶在鱼雷击中后始终没有脱离危险，因此，船舶沉没的近因是鱼雷击中而不是海浪冲击。

3. 多种原因间断发生导致的损失

致损原因有多个且是间断发生的，在一连串连续发生的原因中，有一种新的独立原因介入，使原有的因果关系链断裂，并导致损失，则新介入的独立原因是近因。若近因属于保险责任范围的事故，那么保险人应负赔偿责任；反之，若近因不属于保险责任范围，保险人则不负赔偿责任。如某人投保人身意外伤害保险，后在保险期限内发生交通事故并使下肢伤残，但在康复过程中突发心脏病，导致死亡。在该例中，心脏病突发为新介入的独立原因，为本案例的近因，在人身意外伤害保险中不属于保险责任，保险人不承担死亡的保险责任。

从理论上讲，近因原则比较简单，但在实践中，要从众多复杂的原因中判定出某一事故的近因并非容易的事情。尽管《中华人民共和国保险法》和《中华人民共和国海商法》尚未对近因原则作出明文规定，但是，我国法律界、保险界大多数专家学者均主张近因原则为保险理赔的基本原则之一。

【案例 6－4】病源性猝死不属于意外伤害，保险公司可拒赔

2009 年 12 月 26 日，黄某以自己为被保险人投保了人身意外伤害保险，保险期为 2009 年 12 月 27 日至 2010 年 12 月 26 日，保额分别为意外伤害 5 万元和意外医疗 1 万元。2010 年 8 月 9 日凌晨，黄某到其亲友家串门时突然死亡。经当地公安局现场勘查认定其死亡原因为突发疾病猝死。后被保险人家属向保险公司提出索赔请求，双方就黄某身故是否属于保险责任范围产生了争议。

一审法院审理认为，当地公安局刑事科学技术室出具的证明可以作为认定事实的依据，应认定黄某死亡原因为突发疾病猝死。猝死不符合保险合同条款第十三条对意外伤害释义的约定。一审法院遂判决驳回原告的诉讼请求。原告不服一审判决，提起上诉。二审法院经审理后作出了驳回上诉、维持原判的终审判决。

分析：《法医病理学》对“猝死”的解释是：由于机体潜在的疾病或重要器官急性功能障碍导致意外的突然死亡。猝死的诱发因素有精神、心理、外伤和热冷刺激等因素。可见，猝死也包括非疾病的意外死亡。被保险人猝死案的关键在于依法通过尸检等手段获得其死因鉴定结论，从而证明被保险人猝死是其自身疾病造成的。否则，保险公司极有可能因举证不能而被判定承担理赔责任。

【延伸阅读 6－1】比例因果关系理论

学术界对于因果关系判定存在两种理论，即传统的因果关系理论和比例因果关系理论。传统因果关系理论主张对因果关系的判断只有两种可能，要么有因果关系，要么没有因果关系，不同意有第三种结论。比例因果关系理论则主张对因果关系的判断不能采取“有”或者“没有”的简单做法，而应该根据比例来定性。

日本昭和大学医学部主任渡边富雄教授 1980 年提出“事故寄与度”，用于确认人身伤害与伤害因素关系。他最初用这一概念来评价交通事故中原有疾病与交通事故的损伤分别对受害人的死亡或者伤残影响比例关系，并提出事故寄与度等级表，对“行为或者灾害事故”所导致的人身伤害程度进行定量分析，对于既有意外伤害，又有自身疾病致残、致死的原因认定，具有很高的实践价值和理论价值。事故寄与度原则确立后，很快被引入到意外伤害保险的理赔中，当无法判断导致被保险人死亡、伤残的多个原因之间的因与果关系时，利用事故寄与度原则可以较好地处理此类问题，从而提高保险理赔的科学性和准确性，进一步保护保险双方的利益。

事故寄与度原则在国外意外伤害保险的理赔应用中已很普遍，我国则在法医界施行，对该原则在意外伤害保险及其他险种理赔中的理论研究和实际使用还不够。

第四节 损失补偿原则

损失补偿是保险的基本职能，也是保险制度的基础。当保险事故的发生使被保险人遭受损失时，保险人必须在责任范围内对其所受的实际损失进行补偿。损失补偿原则直接体现了保险的经济补偿功能，是贯穿于保险合同立法、司法以及当事人从订立到履行保险合同整个过程中的基本准则。

一、损失补偿原则的含义及意义

（一）损失补偿原则的含义

损失补偿原则是指保险合同生效后，如果保险标的发生保险合同责任范围内的损失，被保险人有权按照合同约定获得全面充分的赔偿，以弥补其保险标的遭受损失而失去的经济利益，但不能因保险赔偿而获得额外利益。

保险的损失补偿原则与一般民事法律关系中的损害赔偿原则相一致，包括两层含义。一是保险合同订立后，一旦发生保险责任范围内的损失，被保险人有权按保险合同的约定，获得全面、充分的赔偿，即有损失有补偿，无损失无补偿。二是保险人对被保险人的赔偿以被保险人的实际损失为限，恰好使保险标的恢复到保险事故发生之前的状况，被保险人不能因保险赔偿而额外获利。被保险人的实际损失既包括有保险标的的实际损失，也包括被保险人为防止或减少保险标的的损失而支付的必要合理的施救费用和诉讼费用。

（二）损失补偿原则的意义

损失补偿原则是保险理赔的重要原则，坚持该原则具有以下重要意义。

（1）维护保险双方的正当权益，真正发挥保险经济补偿职能。如果被保险人发生的保险事故导致了经济损失，但不能得到赔偿，则违背了保险的职能，该原则保证了其正当权益的实现。对保险人而言，在保险合同约定条件下承担保险赔偿责任的同时，其权益也通过损失补偿原则的限额约定得到保护，即超过保险金额或者实际损失的金额部分无须赔付。

（2）有效防止被保险人通过保险赔偿得到额外利益。损失补偿原则中无损失无赔偿的规定，以及被保险人因同一损失所获得的补偿总额不能超过其损失总额的规定，都使得被保险人不能因投保而得到超过损失的额外利益。因此，该原则有利于防止被保险人利用保险获得额外利益的行为。

（3）防止道德风险的发生。由于损失补偿原则无法使被保险人获得额外利益，因而该原则会最大限度地防止被保险人以取得赔款为目的故意制造事故的不良企图和行为的发生，从而保证保险机制良好的社会功能。

二、损失补偿原则的内容

损失补偿原则要求被保险人获得保险赔偿金的数额受到实际损失、保险金额、保险利益等的限制。

（一）损失补偿以被保险人的实际损失为限

在补偿性保险合同中，保险标的遭受损失后，保险赔偿以被保险人所遭受的实际损失为限：全部损失时全部赔偿，部分损失时部分赔偿。

在财产保险中，实际损失是根据当时保险标的损失的实际价值来确定的，而标的的价值与市价有关，所以，实际损失通常要根据损失当时标的的市价来确定，赔偿不能超过保险标的损失当时的市价（定值保险与重置价值保险除外）。这是因为财产价值经常发生变化，只有以受损时的市价作为依据计算赔偿款，才能使被保险人恢复到受损前的状态。例如，某一机器设备投保时保额 100 万元，发生保险事故造成全损，损失时该设备市价为 80 万元，保险人的赔偿金额按实际损失确定，则为 80 万元。

可见，按照损失补偿原则，被保险人的保险标的在经济上恢复到损失前的状态，保险人只能以发生损失时的市场价格来确定赔偿金额，不得超过实际损失金额，以防被保险人获得额外利益。

（二）损失赔偿以保险金额为限

保险金额是保险人收取保险费的基础和依据，也是保险人履行赔偿责任的最高限额。在任何情况下，保险人的赔偿金额都不能超过保险金额。如果赔偿金额超过保险金额，则会使保险人处于不平等的地位。在通货膨胀情况下，仍以保险金额为限。

如果某设备投保期内发生全损时市价为 120 万元，由于保险金额是 110 万元，那么被保险人只能得到 110 万元的赔偿。

（三）损失赔偿以保险利益为限

保险利益是投保人对保险标的所具有的法律上承认的利益。被保险人对所遭受损失的财产具有保险利益是其索赔的基础，其所获得的赔款不得超过其对被损财产所具有的保险利益。保险人对被保险人的赔偿以其具有的保险利益为前提条件和最高限额。例如，在财产保险中，当保险标的受损时，若被保险人不再拥有财产权益，则被保险人对该财产的损失不具有索赔权。债权人对抵押的财产投保，当债务人全部偿还债务后，债权人对该财产不再具有保险利益，即使发生标的损失，债权人也不再对此具有索赔权。再如，在银行抵押贷款中，如果银行将抵押物投保，则银行的保险利益以其贷款利益为限；如果该企业以价值 200 万元的厂房作为抵押物，贷款 100 万元，若发生保险事故导致厂房全损，保险人给银行的最高赔偿金额只能是 100 万元。

在实践中，上述三个限制条件是共同起作用的，并以最小金额为准计算赔款。

（四）其他限制条款及赔偿方式

除用保险金额、保险利益与实际损失额来限制保险赔偿金额外，一般保险合同条款还设立了自负额条款、免赔条款、赔偿方式条款等限制性条款，来实现对保险赔偿金额的限制。

保险人可选择的赔偿方式包括货币赔偿、恢复原状和换置等。

三、损失补偿原则的使用限制

损失补偿原则在各国保险实务中经常受到一些限制，主要有以下三种情形。

（一）人身保险

由于人身保险的保险标的是无法估价的人的生命或者身体机能，其保险利益无法衡量。当被保险人发生伤残、死亡等事件，对本人及家庭所带来的经济损失及精神痛苦是难以衡量的，保险金无法在数量上弥补，只能在一定程度上帮助其缓解保险事故带来的经济困难，尽快摆脱经济困境，并给予一定精神安慰。所以，人身保险合同是给付性合同，不适用损失补偿原则。

人身保险的保险金额是根据被保险人的需要和支付能力来确定的，当保险事故发生后，保险人按双方事先约定的金额进行给付。所以，补偿原则并不适用于人身保险。同样，由损失补偿原则派生出来的代位原则、分摊原则同样不适用于人身保险。

（二）定值保险

定值保险是指保险合同双方当事人在订立合同时就约定保险标的的保险价值，并以此确定为保险金额的保险，一般视为足额保险。当保险事故发生时，保险人以约定的保险价值为基础，计算赔偿金额，无论保险标的在保险事故发生时的实际价值是大于还是小于保险金额，均按损失程度进行赔偿。在此情况下，保险赔款有可能超过实际损失，因此，定值保险不适用损失补偿原则。各种货物运输保险通常采用定值保险，这是因为运输货物出险的地点不固定，货物在各地的市价不一样，如果按照损失当时的市价确定损失容易引起纠纷，故采用定值保险的方式。

（三）重置价值保险

重置价值保险，是指以被保险人重置、重建保险标的所需费用或成本确定保险金额的保险。一般财产保险是按保险标的的实际价值投保，发生损失时按实际价值赔付，使得受损的保险财产恢复到原来的状态，由此恢复被保险人的经济利益。但由于通货膨胀等因素，有些财产即使按实际价值足额投保，保险赔款也不足以进行重建或重置的需要，保险人允许投保人按超过保险标的的重置价值投保，发生损失时按重置费用或成本赔付。这就可能出现保险赔款大于实际损失的情况，因而重置成本保险也是损失补偿原则的一个例外。

四、损失补偿原则的派生原则

（一）代位原则

代位原则是损失补偿原则的派生原则，是为了防止被保险人获得额外利益而规定的。保险代位是指保险人取代投保人的求偿权和对保险标的的所有权。代位原则是指保险人依照法律或者合同规定对被保险人的损失进行赔付后，依法取得向对财产损失负有责任的第三者进行追偿的权利，或者取得对保险标的的所有权。代位原则包括以下两种。

1. 权利代位

权利代位也叫代位求偿权，当保险标的发生的损失是由第三方的疏忽、过失或故意行为所造成的，且这种损害原因又是保险责任事故，作为被保险人则既可以依民法向造成损害的第三方要求赔偿，也可以依保险合同向保险人提出索赔。如果由保险人和第三者同时赔偿被保险人的损失，就有可能使被保险人获得双重赔偿，这与损失补偿原则相违背；如果仅由第三者赔偿，往往会使得被保险人得不到及时和充分的补偿。权利代位是保险人拥有代替被保险人向责任人追求赔偿的权利，该原则既保证了被保险人的保险标的由于第三者责任导致损失时能及时得到保险补偿，同时也能保证保险赔款与第三者的赔偿总额不超过保险标的的实际损失。

（1）权利代位产生的条件。

权利代位的产生必须具备三个条件：第一，损害事故发生的原因及受损的标的都属于保险责任范围。只有在保险责任范围内的事故造成的保险标的的损失，保险人才负责，否则保险人无需承担赔偿责任。受害人也只能向有关责任方索赔或者自己承担损失，与保险人无关，也不存在保险人代位求偿的问题。第二，保险事故发生是第三者责任造成的，肇事方依法应对被保险人承担民事损害赔偿责任，这样被保险人才能有权向第三者请求赔偿，并在取得保险赔款后，将向第三者请求赔偿的权利转移给保险人，由保险人代位求偿。第三，保险人按合同规定对被保险人履行赔偿义务后，才有权取得代位求偿权。因为代位求偿权是债权的转移，在债权转移前是被保险人与第三者之间的特定债关系，与保险人没有直接法律关系。保险人只有在依照合同规定向被保险人进行赔偿后，才依法取得对第三者请求赔偿的权利。

（2）保险人在代位追偿中的权益范围。

第三者对被保险人的损害赔偿责任属于民事损害赔偿责任，其赔偿额应该依法裁定；保险人对被保险人的赔偿属于合同责任，其赔偿额应依据保险责任范围和赔偿方式以及损失情况确定，以保险金额和保险利益为限。代位求偿的目的在于防止被保险人取得双重赔款而获得额外利益，从而保障保险人的利益，但保险人也不能通过行使代位求偿权获得额外利益，损害被保险人的权益。

当第三者造成的损失大于保险人支付的保险金额时，被保险人有权就未取得赔偿部分请求第三者赔偿。

保险实践中要注意：第一，保险人只能在赔偿责任范围内行使代位求偿权，保险人代位求偿所得不能超过其向被保险人的赔款，如果超过，多余部分应该返还被保险人。第二，被保险人从第三者取得损害赔偿但是赔偿不足时，保险人可以在保险金额内予以补足，保险人赔偿保险金时，应该扣除被保险人从第三者已取得的赔偿金额。第三，保险人行使代位求偿权，不影响被保险人就未取得赔偿部分向第三者请求赔偿的权利。

（3）代位求偿原则的适用范围。

首先，代位求偿原则主要适用于财产保险合同，在人身保险合同中仅对涉及医疗费用的险种适用，因为人身保险的被保险人死亡、伤残时，被保险人、受益人可以同时得到保险人给付的保险金和第三者负责的赔偿金额。由于人身价值无法以货币形式衡量，因此不存在额外收益问题。《保险法》第四十六条规定：被保险人因第三者的行为而发生死亡、伤残或者疾病等保险事故的，保险人向被保险人或者受益人给付保险金后，不享有向第三者追偿的权利，但被保险人或者受益人仍有权向第三者请求赔偿。

其次，在财产保险合同中，保险人不得对被保险人的家庭成员或者其组成人员行使代位求偿权。《保险法》第六十二条规定：除被保险人的家庭成员或者其组成人员故意造成本法第六十条第一款规定的保险事故外，保险人不得对被保险人的家庭成员或者其组成人员行使代位请求赔偿的权利。因为被保险人的家庭成员或者组成人员如职工往往和被保险人的利益一致，即他们的利益受损就是被保险人的利益受损，如果先向被保险人理赔，然后再向其家庭成员或者组成人员索偿，被保险人的利益将得不到真正补偿。因此，保险人不得对被保险人的家庭成员或者其组成人员行使代位请求赔偿的权利，除非是他们故意造成的保险事故。

我国《保险法》中关于代位求偿除了以上两条外，第六十条还规定：因第三者对保险标的的损害而造成保险事故的，保险人自向被保险人赔偿保险金之日起，在赔偿金额范围内代位行使被保险人对第三者请求赔偿的权利。前款规定的保险事故发生后，被保险人已经从第三者取得损害赔偿的，保险人赔偿保险金时，可以相应扣减被保险人从第三者已取得的赔偿金额。保险人依照本条第一款规定行使代位请求赔偿的权利，不影响被保险人就未取得赔偿的部分向第三者请求赔偿的权利。第六十一条规定：保险事故发生后，保险人未赔偿保险金之前，被保险人放弃对第三者请求赔偿的权利的，保险人不承担赔偿保险金的责任。保险人向被保险人赔偿保险金后，被保险人未经保险人同意放弃对第三者请求赔偿的权利的，该行为无效。被保险人故意或者因重大过失致使保险人不能行使代位请求赔偿的权利的，保险人可以扣减或者要求返还相应的保险金。第六十三条规定：保险人向第三者行使代位请求赔偿的权利时，被保险人应当向保险人提供必要的文件和所知道的有关情况。

2. 物上代位

物上代位也叫委付，是指保险标的遭受保险责任事故损失后，一旦保险人履行了对被保险人的赔偿义务，那么保险人就拥有对保险标的的所有权，即代位取得对受损保险标的的权利与义务。物上代位通常产生于对保险标的作推定全损的处理。推定全损是指保险标的遭受保险事故尚未达到完全损毁或完全灭失状态，但实际全损已不可避免；或者修复和施救费用将超过保险价值；或者失踪达一定时间，保险人按照全损处理的一种推定性的损失。

由于推定全损时保险标的并未完全损毁或灭失，即还有残值，而失踪可能是被他人非法占有并非物质上的灭失，日后或许能够得到索还，所以保险人在按全损支付保险赔款后，理应取得保险标的的所有权，否则被保险人就可能因此而获得额外利益。

保险人物上代位权的取得一般要通过委付。委付是指保险标的发生推定全损时，投保人或被保险人将保险标的的一切权益转移给保险人，请求其按保险金额全数赔付的行为。委付是一种放弃物权的法律行为，在海上保险中经常采用。

由于保险标的的保障程度不同，保险人在物上代位中所享有的权益也有所不同。按照我国保险法第五十九条的规定，在足额保险中，保险人按保险金额支付保险赔偿金后，则取得对保险标的的全部所有权。保险人在处理标的时所获得的利益如果超过所支付的赔偿金额，超过部分归保险人所有；如有对第三者损害赔偿请求权，索赔金额超过其支付的保险赔偿金额，超过部分也同样归保险人所有。在不足额保险中，保险人只能按照保险金额与保险价值的比例取得受损标的的部分权利。由于保险标的的不可分性，所以保险人在依法取得受损保险标的的部分权利后，通常将该部分权利作价折给被保险人，并在保险赔偿金中作相应的扣除。

（二）重复保险分摊原则

重复保险分摊原则也是损失补偿原则的派生原则，同样只适用于财产保险等补偿性保险合同，不适用于多数人身保险。

1. 重复保险分摊原则的含义与法律规定

重复保险分摊原则是指在重复保险的情况下，当保险事故发生时，为了防止被保险人利用重复保险在各个保险人处重复获得超过损失额的赔偿，确保保险补偿目的的实现，并维护保险当事人之间的公平，各保险人应采取适当的分摊方法分配赔偿责任，使被保险人既能得到充分补偿，又不会超过其实际损失而获得额外利益。

《保险法》第五十六条就重复保险做出了详细规定：重复保险的投保人应当将重复保险的有关情况通知各保险人。重复保险的各保险人赔偿保险金的总和不得超过保险价值。除合同另有约定外，各保险人按照其保险金额与保险金额总和的比例承担赔偿保险金的责任。重复保险的投保人可以就保险金额总和超过保险价值的部分，请求各保险人按比例返还保险费。重复保险是指投保人对同一保险标的、同一保险利益、同一保险事故分别与两个以上保险人订立保险合同，且保险金额总和超过保险价值的保险。

2. 重复保险的分摊方式

在重复保险情况下，对于损失后保险人如何进行分摊，各国的具体做法有所不同。目前多数国家规定，被保险人必须向与所有签订合同的保险人索赔，因为他们都许诺在发生损失时承担一定数额的赔偿。而保险人之间的分摊一般有下列三种方法。

（1）比例责任制。

这种分摊方式是以各家保险公司所承担的保险金额比例来分摊损失赔偿责任。计算公式为

$$某保险人责任=\frac{某保险人的保险金额}{所有保险人的保险金额之和}\times损失额$$

例：某保险财产的保险金额总和是140万元，投保人与甲、乙保险人订立合同的保险金额分别是80万元和60万元。若保险事故造成的实际损失是80万元，那么甲保险人应赔付

$$80\times80/140=45.71(万元)$$

乙保险人应赔偿

$$80\times60/140=34.29(万元)$$

（2）限额责任制。

各家公司对于损失的分摊并不以其保险金额作为分摊基础，而是按照在无其他保险的情况下单独应负的限额责任比例进行分摊。计算公式为

$$某保险人责任=\frac{某保险人独立责任限额}{所有保险人独立责任限额之和}\times损失额$$

例如：A、B两家保险公司承保同一财产，A公司保40万元，B公司保60万元，实际损失为50万元。A公司在无B公司的情况下应赔付40万元，B公司在无A公司的情况下应赔付50万元。在重复保险的情况下，如以责任限额来分摊，则

A公司应赔付

$$50\times40/90\approx22.2(\text{万元})$$

B公司应赔付

$$50\times50/90\approx27.8(\text{万元})$$

(3) 顺序责任制。

顺序责任制是指各保险公司所负责任是依签单顺序而定，先签单的先赔偿，当赔偿不足时，由其他保单依次承担不足的部分。顺序责任对有的保险人有失公平，因而各国在实务中已逐渐淘汰了这种做法，而多采用比例责任制或者限额责任制。

本章小结

1. 保险基本原则包括保险利益原则、最大诚信原则、近因原则和损失补偿原则，每一个原则都体现了保险机制的经营原理。

2. 保险利益原则是投保人对保险标的所具有的法律上承认的经济利益。该原则要求投保人对其所具有保险利益的标的投保，在各类保险中，其应用存在差异，在人身保险中要求投保时存在保险利益，在财产险中则要求事故发生时要具有保险利益。坚持保险利益原则可以防止赌博行为和道德风险等的发生。

3. 最大诚信原则要求保险合同当事人订立保险合同及在合同的有效期内，都要绝对信守合同订立的约定及承诺，这是保险经营的特殊性所决定的，该原则同时适用保险人和投保人。其主要内容包括如实告知、保证、弃权和禁止反言。违反最大诚信原则需要承担相应的法律后果。

4. 近因原则是通过判断保险事故与保险损失之间的因果关系来确定保险赔偿责任的一项原则，只有当承保的风险是损失发生的原因时，保险人才负赔偿责任。运用近因原则应该实事求是，并参考国际判例，做到客观、公正的定责。

5. 损失补偿原则的重要性在于维护保险双方的利益，既要足额补偿，也要避免超额补偿，从而保证保险机制的顺利实施。损失补偿原则要求被保险人获得保险赔偿金的数额受到实际损失、保险金额、保险利益的限制。保险赔偿方式包括货币赔偿、恢复原状、换置。

6. 损失补偿原则在各国保险实务中受到一些限制，不适用于人身保险、定值保险和重置价值保险。其派生原则是代位原则及重复保险分摊原则，目的是防止被保险人获得额外利益。

复习思考题

1. 什么是保险利益？坚持保险利益原则有何意义？
2. 财产保险利益和人身保险利益有什么不同？
3. 简述最大诚信原则的含义和主要内容。
4. 何谓近因原则？在保险实践中如何判定近因？
5. 何谓损失补偿原则？其内容及限制有哪些？
6. 什么是重复保险分摊原则？重复保险的分摊方式有哪些？

第七章

有形财产保险

⊙内容提要⊙

本章包括财产保险概述、火灾保险、运输保险、工程保险和农业保险五节内容。要求掌握财产保险的定义、特征、种类；理解财产保险各险种基本条款的主要内容。

第一节 财产保险概述

国际上通常将保险业划分为寿险和非寿险。我国保险法则将保险业务划分为财产保险与人身保险，这种划分方法存在一定差异，但此差异主要表现在经营业务范围的大小上，并不会对财产保险的性质等产生影响。

一、广义财产保险的概念与内涵

财产保险根据业务经营范围，可分为广义财产保险和狭义财产保险。广义财产保险是以物质财产及有关利益、责任和信用为保险标的的保险，当保险财产遭受保险责任范围内的损失时，由保险人按合同规定提供经济补偿。而狭义的财产保险仅指各种有形财产损失保险。

我国保险法将保险标的分为有形财产、相关经济利益和损害赔偿责任三大类，因此，广义财产保险通常被划分为财产损失保险、责任保险、信用保险和保证保险。

二、广义财产保险的主要特征

广义财产保险的种类繁多，经营复杂，其特征主要表现在以下几方面。

（一）保险标的具有广泛性

财产保险的业务承保范围覆盖面广，既包含各种差异性极大的财产物资，也包含各种预期收益、民事法律风险和商业信用风险。从个人家庭财产到航天工业、核电工程、海洋石油开发，都可以在财产保险领域中找到相应的保险产品，因此，承保范围的广泛性决定了财产保险在保险标的和责任风险上必然存在着较大的差异性。财产保险的保险标的尽管千差万别，但其价值都可以通过货币表现出来，从而进行客观衡量。而在人身保险中，尽管个体的保险标的无显著差异，但个体生命价值却无法用货币来衡量，这一点决定了两者存在着巨大的差别。

（二）业务性质的经济补偿性

财产保险能够充分体现保险分摊损失，组织经济补偿的基本职能。保险人应当合理地精算费率，筹集和积累保险基金，以补偿被保险人的保险损失。当保险事故发生后则遵循损失补偿原则，要求保险人按照合同规定履行赔偿义务，防止被保险人获得额外利益，严格执行代位原则和重复保险分摊原则等，体现了经济补偿的保险要求。而人身保险除了不允许医药费重复赔偿外，对于伤残、死亡则不存在重复保险分摊和代位原则。财产保险业务的补偿性，成为其区别于人身保险的一个重要特点。

（三）经营内容的复杂性

财产保险经营内容的复杂性表现如下。

（1）投保对象与承保标的的复杂性。投保人既有个人家庭，又有法人团体；既可能只涉及单个法人团体、单个保险客户，也可能在同一合同中涉及多个保险客户拥有或占有保险财产，因而不同的保险财产的保险利益差别极大。

（2）承保过程与承保技术的复杂性。财产保险承保的过程，不仅要求保险人进行风险检查，严格核保，确定风险等级，划分风险单位，还要求保险人重视保险期间对风险的控制能力。保险事故发生后要进行查勘定损，确定保险责任等，环节多而复杂。

（3）对财产保险风险管理的复杂性。风险发生的概率难以确定，保险人通常要采用分保等风险管理方式分散风险。有些财产价值高，风险集中，比如卫星保险的风险高度集中，一旦发生保险事故就会给承保人造成重大损失。所以，各种财产保险，例如船舶保险、飞机保险、工程保险等，均需要通过各种风险管理技术手段分散风险。保险行业集中了全社会的风险，其经营能力体现为管理风险能力，管理得好则能够有效而妥善地分散风险，管理得不好则可能在保险领域暴发风险。

（四）单个保险关系具有不对等性

财产保险遵循等价交换、自愿成交的商业法则。保险人根据大数法则与损失概率来确定各种财产保险费率，从而在理论上决定了保险人从保户那里所筹集的保险基金应当与所承担的风险责任相匹配，两者的关系是等价关系。但就单个的保险关系而言，保险双方却在实际支付的经济价值上明显存在着不平等现象。一是保险人承保每一笔业务都是按确定费率标准计算并收取保险费，其收取的保险费是投保标的实际价值的千分之几或百分之几，一旦发生保险损失，保险人往往要付出高于保险费若干倍的保险赔款。在此情形下，保险人付出的代价巨大；而被保险人恰恰会获得巨大收益。二是在所有承保业务中，发生保险事故或保险损失的保户毕竟是少数甚至是极少数，对多数保户来说，保险人收取了保险费却不存在经济赔偿问题，交易双方同样是不平等的。可见，保险人在经营每一笔财产保险业务时，收取的保险费与支付的保险赔款事实上并非等价。而在人寿保险中，被保险人的收益总是与投保人的缴费联系在一起的，绝大多数保险关系是一种互相对应的经济关系。正是这种单个保险关系在经济价值支付上的不等性，构成了财产保险总量关系等价性的现实基础和前提条件。财产保险关系的建立，即是保险人与保险客户经过相互协商、相互选择，并对上述经济价值不平等关系认同的结果。

三、广义财产保险的性质及分类

（一）业务性质

广义财产保险与人身保险的性质不同，属于损失补偿性的保险业务。当承保的保险标的发生保险事故，造成经济损失时，保险人按照保险合同规定，及时进行经济补偿，帮助被保险人渡过经济难关。

（二）主要分类

财产保险根据不同原则、标准有多种分类方法。

（1）按其实施的方式，可分为自愿财产保险和强制财产保险。

（2）按其保险价值的确定方式，可分为定值保险和不定值保险。

（3）按其保险金额确定方式，可分为原值保险、实际价值保险和重置价值保险等。

（4）按保险金额与保险价值的数量关系，可分为足额保险、不足额保险和超额保险。

（5）我国《保险法》中将财产保险按照保险标的的不同，分为财产损失保险、责任保险、信用保险和保证保险。

（6）按其保险标的有无具体形态，可分为有形财产保险和无形财产保险。

四、有形财产保险

（一）概念及内涵

有形财产保险也叫财产损失保险，是以各类有形财产及其相关利益为保险标的的一类财产保险。其保险标的必须是以物质形式存在并可以用货币价值衡量的财产。财产损失是指某一财产的毁损、灭失所导致的财产价值的减少或丧失，包括直接物质损失以及因采取施救措施等引起必要、合理的费用支出。

有形财产保险属于狭义财产保险，主要包括火灾保险、运输保险、工程保险和农业保险四类，每一种保险又由不同的保险险种构成。

（二）性质与特征

有形财产保险作为广义财产保险的传统业务及核心业务，具有广义财产保险的性质，属于损失补偿性的保险业务。广义财产保险的一般特征也适用于有形财产保险。

第二节 火灾保险

一、概念与特征

（一）概念

火灾保险是指以存放在固定场所处于相对静止状态的财产物资为保险标的的一种财产

保险。作为财产保险中最常见的一种业务来源，火灾保险因早期只承保陆上财产的火灾风险而得名，但后来逐渐发展到了承保各种自然灾害与意外事故，因此，就保险责任而言，火灾保险早已超出了当初的承保范围，是保险界对此类业务的传统叫法。

（二）基本特征

火灾保险具有如下三个特征。

（1）其保险标的是陆上处于相对静止状态条件下的各种财产物资。动态条件下或处于运输中的财产物资，不能作为火灾保险的投保标的。

（2）承保财产的存放地址是固定的，被保险人不得随意变动。如果被保险人随意变动被保险财产的存放地址或处所，将直接影响保险合同的效力。

（3）承保的责任风险很广泛。不仅包括各种自然灾害与多种意外事故，还可以附加投保有关责任保险、信用保险、附加利润损失保险、附加盗窃保险等。可见，火灾保险的承保风险与附加险的组合实际上将保险责任扩展至大部分可保风险。

二、基本内容

（一）保险标的

火灾保险的可保财产非常广泛，就保险标的范围而言包括以下几方面。

（1）房屋及其他建筑物和附属设备；

（2）各种机器设备、工具、仪器及生产用具；

（3）管理用具及低值易耗品、原材料、半成品、在产品、产成品或库存商品，以及特种储备商品；

（4）各种生活消费资料等。

对于某些市场价格变化大，保险金额难以确定，风险较特别的财产物资，如古物、艺术品、道路、涵洞、矿井矿坑等，则需要经过特别约定的程序才能承保。

（二）适用范围

火灾保险是适用范围最广泛的一种保险业务。各种企业、团体、学校及机关单位等均可以投保团体火灾保险；而城乡居民家庭和个人均可投保家庭财产保险。

（三）保险责任与责任免除

我国火灾保险承保的保险责任分为财产基本险保险责任和财产综合险保险责任。

财产基本险的保险责任采取列明风险的方式来确定，保险人只承担列明风险所导致的保险标的的损失。包括三大类风险：一是因自然灾害或者意外事故而导致的损失；二是被保险人拥有财产所有权的自用供电、供水、供气设备因事故而造成“三停”引起的损失；三是抢救损失和施救保护费用。

财产综合险除承担基本险的保险责任外，还扩展了暴雨、洪水、台风、暴风、龙卷风、雪灾、雹灾、冰凌、泥石流、崖崩、突发性滑坡、地面突然坍塌共 12 种列明的自然灾害。

责任免除是火灾保险中除外不保的风险。包括战争、军事行动；核辐射或污染；被保险人的故意行为；被保险财产遭受保险条款所列明的自然灾害或意外事故引起的停工、停业的损失以及各种间接损失；被保险财产本身缺陷、保管不善导致的损失；被保险财产的变质、霉烂、受潮、虫咬、自然磨损以及损耗；堆放在露天或罩棚下的被保险财产以及罩棚由于暴风、暴雨造成的损失；其他不属于保险责任范围内的损失和费用。

（四）保险金额

我国的企业财产保险金额是根据被保险财产的性质确定的，固定资产和流动资产的保险金额确定方法也不一样。

固定资产保险金额的确定方法主要有三种：一是按账面原值确定保险金额；二是按账面原值加成数确定保险金额；三是按重置、重建价值确定保险金额。

流动资产保险金额的确定方法有两种：一是按最近月份的账面余额确定保险金额；二是按最近一年账面平均余额确定保险金额。

专项资产可以按照最近月份的账面余额确定保险金额，也可以按计划数确定保险金额。代保管财产由于保管人对其负有经济安全责任，也可以投保。对于有代保管登记的财产，可以根据账面反映的价值确定保险金额；对于账上不反映的账外财产，则可由投保人估价投保。

在家庭财产保险中，保险金额则需要分为房屋及其附属设施、家用电器、其他家庭用品等项来分别确定，分项越细越好。家庭财产保险的保险金额，一般由投保人自己确定，且通常以千元为计算单位。

（五）保险费率

我国企业财产保险的费率主要有以下三大类。

1. 基本险费率

在企业财产保险经营中，保险人必须在同类财产总的平均费率基础上，按照被保险财产的种类，分别制定级差费率。一般而言，影响企业财产保险级差费率的主要因素有：房屋的建筑等级、结构、占用性质、危险种类、安全设施、防火设备等。基本保险费率又分为工业险、仓储险和普通险三类，每类均按占用性质确定不同的级差费率。

(1) 工业险费率。凡从事制造、修配、加工生产的工厂，均按工业险费率计收保险费。工业险费率分为六个级别：一级工业危险程度最小，保险费率最低；六级工业危险程度最大，保险费率最高。工业险费率如表 7-1 所示。

表 7-1　工业险费率表

类别	号次	占用性质	基本险年费率	综合险年费率	
				费率 1	费率 2
工业类	1	第一级工业	0.6	1.60	1.00
	2	第二级工业	1.00	2.00	1.50
	3	第三级工业	1.45	2.40	2.00
	4	第四级工业	2.50	4.00	3.50
	5	第五级工业	3.50	6.40	5.00
	6	第六级工业	5.00	8.00	7.00

(2) 仓储险费率。凡储存大宗物资的仓库、露堆、罩棚、油槽、储气柜、地窖等，都适用仓储险费率。根据仓储商品和物资的性质以及危险程度，仓储险费率可分为四个级别：一般物资、危险品、特别危险品、金属材料和粮食专储。仓储险费率如表 7-2 所示。

表 7-2　　仓储险费率表

类别	号次	占用性质	基本险年费率	综合险年费率	
				费率 1	费率 2
仓储类	7	一般物资	0.60	1.50	1.00
	8	危险品	1.50	3.00	2.00
	9	特别危险品	3.00	5.00	4.00
	10	金属材料和粮食专储	0.35	1.00	0.50

(3) 普通险费率。工业和仓储业以外的其他行业，适用普通险费率。可按照占用性质和危险程度分为三个等级：社会团体、机关、事业单位费率最低；石油化工商店、文化娱乐场所、加油站等最高。普通险费率如表 7-3 所示。

表 7-3　　普通险费率表

类别	号次	占用性质	基本险年费率	综合险年费率	
				费率 1	费率 2
普通类	11	社会团体、机关、事业单位	0.65	1.60	1.00
	12	综合商社、饮食服务业、商贸、写字楼、展览馆、体育场所、交通运输业、牧场、农场、林场、科研院所、住宅、邮政、电信、供电高压线路、输电设备	1.50	2.40	2.00
	13	石油化工商店、液化石油气供应站、日用杂品商店、废旧物资收购站、修理行、文化娱乐场所、加油站	2.50	3.00	3.00

2. 综合险费率

综合险费率，是经投保方和保险方协商扩大责任范围或者保险标的范围而增加的费率。综合险费率的类别与基本险大致相同，且通常要高于同级基本险的费率。另外，综合险年费率按照地域不同划分为费率 1 和费率 2，费率 1 适用于华北、西北和东北地区，费率 2 适用于华东、中南及西南地区。

3. 短期费率

企业财产保险的费率通常是以一年为期限的年费率。为适应不到一年的短期保险的需求，财产保险有短期基本险和综合险的费率表，对保险期限不足一年或者被保险人要求中途退保的，保险人均按规定的短期费率收费或者退费。如表 7-4 所示。

表 7-4　　短期费率表

保险期间（月）	1	2	3	4	5	6	7	8	9	10	11	12
短期月费率（%）	10	20	30	40	50	60	70	80	85	90	95	100

注：不足一个月的部分按一个月计收。

（六）保险理赔

企业财产保险一般采用不定值保险方式，当企业保险的财产发生保险责任事故时，要分析合同是否为足额保险合同。如果是足额保险，发生全部损失时，在保险金额范围内按实际损失赔偿，最高不能超过保险金额；如果是部分损失，按实际损失赔偿。如果保险合同是不足额保险，则要求按保障的比例赔偿。

固定资产赔款应根据明细账、卡分项计算，其中每项固定资产的最高赔偿金额均不得超过其投保时确定的保额。保险事故发生后，为了减少保险财产损失，被保险人对保险财产采取施救、保护、整理措施而支出的必要、合理费用，保险人给予合理赔偿，以上费用的最高赔偿金额，以不超过其保险金额为限。

家庭财产保险按惯例使用第一危险赔偿方式，即在保险金额的范围内，按家庭财产的实际损失进行赔偿。

三、主要险种

（一）财产保险基本险

财产保险基本险，是以企事业单位、机关团体等的财产物资为保险标的，由保险人承担被保险人财产所面临的基本风险责任的财产保险。

根据我国财产保险基本险条款，该险种承担的保险责任包括：（1）火灾；（2）雷击；（3）爆炸；（4）飞行物体和空中运行物体的坠落；（5）被保险人拥有财产所有权的自用供电、供水、供气设备因保险事故遭受破坏，从而引起停电、停水、停气以及造成保险标的的直接损失；（6）必要且合理的施救费用。

（二）财产保险综合险

财产保险综合险在适用范围、保险对象、保险金额的确定和保险赔偿处理等内容上，与财产保险基本险相同，不同的只是保险责任较财产保险基本险有所扩展。

根据财产保险综合险条款的规定，保险人承保该种业务时所承担的责任包括：（1）火灾、爆炸、雷击；（2）暴雨；（3）洪水；（4）台风；（5）暴风；（6）龙卷风；（7）雪灾；（8）雹灾；（9）冰凌；（10）泥石流；（11）崖崩；（12）突发性滑坡；（13）地面突然塌陷；（14）飞行物体及其他空中运行物体的坠落。

由于我国幅员广大，地域辽阔，财产保险的保险标的所处环境、风险特点以及保险标的自身的特殊性使得传统的财产保险条款不能满足现实需要，所以在原有条款基础上，需要附加设计一些特定的责任，甚至单独的合同条款，以供投保人根据需要选择。

例如，在财产基本险基础上的特约责任中，特约承保各种自然灾害的主要有：附加雪灾、冰凌、泥石流、崖崩、突发性滑坡保险条款；特约承保意外事故的主要有：附加水暖管道爆裂保险条款；特约承保外来原因的主要有：附加盗抢保险条款；特约扩展承保保险标的的主要有：附加计算机及其附属设备保险，附加装潢保险条款。

在综合险基础上的特约责任条款主要有：附加装潢险条款；附加罩棚、露堆财产保险条款，水暖管爆裂保险条款，计算机及其附属设备保险以及盗抢保险条款等。

（三）家庭财产保险

家庭财产保险是面向城乡居民家庭或个人的火灾保险。它是个人和家庭投保的最主要险种。凡存放、坐落在保险单列明的地址，属于被保险人自有的家庭财产，都可以向保险人投保家庭财产保险。

家财险的特点在于：投保人是以家庭或个人为单位，业务分散，额小量大，风险结构以火灾、盗窃等风险为主。主要险种包括：（1）普通家庭财产保险；（2）家庭财产两全保险；（3）房屋及室内财产保险；（4）安居类综合保险；（5）投资保障型家庭财产保险；（6）专项家庭财产保险。

随着经济社会的发展及人民生活水平的提高，传统的家庭财产保险已经不能满足社会大众对保险保障的需求。因此，各家保险公司针对大众的需求，设计推出的新家财险产品在保险标的、保险责任等方面扩大了保障范围。如各公司都在普通家庭财产保险的基础上开发了新的综合险种，既有保障型的，也有投资型的；既有一年期的，也有长效型的。新的条款将现金、金银、珠宝、玉器、首饰也列入了保险范围。不仅承保自住房屋财产，甚至承保租赁财产、出租屋。若房屋及附属物、装修、随同房屋一起出租的家具、家用电器在保险期限内由于保险责任范围内的原因导致被保险人的房屋无法居住，家庭财产保险将保障被保险人合理的租金损失。

在保险责任方面也扩展了许多责任，如水管爆裂责任。随着房屋、装修档次越来越高，水管爆裂致使地板、墙面浸水所造成的损失越来越大，这种责任也就显得很有必要了。甚至于可将家庭责任与家庭财产共同列入保险责任范围，若被保险人居所附属的安装物、搁置物、悬挂物、管道，因意外事故造成倒塌、脱落、坠落、爆裂致使第三者人身伤亡或财产损失的，依照我国法律被保险人及其家庭成员应承担的经济赔偿责任，保险人也可以对此负责赔偿。

第三节　运输保险

一、运输保险概述

（一）概念与地位

运输保险是指以处于流动状态下的财产为保险标的的物质损失保险，包括运输工具保险和运输货物保险。在整个财产保险业务中，运输保险业务占有非常重要的地位，包括运输货物保险、机动车辆保险、船舶保险、航空保险、摩托车保险等主要业务。

现代保险起源于古老的海上保险，随着运输工具的发展以及社会化大生产的影响，运输保险险种不断增加，保障范围不断扩大，在财产保险中所占的比例不断提高，已成为现代有形财产保险的主导险种。

（二）运输保险的特点

运输保险与其他保险不同，其总体特征包括以下几点。

（1）保险标的流动性强。

运输保险中，无论是运输工具保险还是运输货物保险，其保险标的总是处于流动过程中或者经常处于流动状态。此特点决定了保险标的及其风险很难受到保险人的控制，甚至在运输货物保险中的风险连被保险人也很难控制。

（2）保险风险大而复杂。

较其他物质财产保险而言，运输保险面临的风险要大得多，既存在于保险标的的静止状态，也包括运行状态中的各种风险。保险人在承保运输保险时，一方面需要承担该项标的在固定场所可能面临的各种风险，另一方面需要承担标的运行过程中所面临的特殊风险，例如碰撞、倾覆、出轨、触礁、搁浅、隧道坍塌等等，这在无形中增加了保险人的风险。

（3）保险标的异地出险频繁。

由于保险标的具有流动性，导致许多运输保险事故并非发生在保险合同签订地或者保险人所在地，而是在异地频繁发生。在实际案例中，常常发生车辆在沈阳投保而在北京发生碰撞的事故，飞机甚至在异国出险等等。运输保险异地频繁出险给保险人处理赔案带来不便，并且会加大查勘定损费用，为解决这一问题，保险公司通常采用委托查勘理赔的方式处理异地发生的运输赔案。

（4）涉及第三者责任较大。

在运输工具保险中，一旦发生事故，往往涉及损害第三者或公众的利益，如果受到损害的第三者的索赔属于保险责任范围，则保险人必须承担保险范围内对第三者的赔偿责任。在运输货物保险中，由于货物在运输中直接受承运人控制，货物一旦受损，首先需要追究责任的一般是第三方，即承运人，如果承运人有责任，则保险人通常要行使代位追偿权。因此，运输保险的关系虽然只存在于保险人与被保险人之间，但在实务中往往还要涉及第三方。

二、运输工具保险

运输工具保险是专门承保各种机动运输工具的保险业务，包括机动车辆、船舶、飞机、铁路车辆等各种以机器为动力的运载工具。因此，运输工具保险的适用范围相当广泛，包括客运公司、货运公司、航空公司、航运公司以及拥有上述运输工具的家庭或个人，均可以投保运输工具保险类的不同险种，并通过相应保险获得风险保障。

（一）机动车辆保险

1. 保险标的及其特点

机动车辆保险是运输工具保险中的主要业务，它以陆上各种以机器为动力的运输工具为保险标的，包括各种汽车、摩托车、拖拉机等。机动车辆保险具有以下特点。

（1）保险风险具有不确定性与难测性。由于机动车辆在陆上运行，流动性大，行程不固定，对保险人而言，这无疑增加了交通事故与保险损失的不确定性及难以预测性。

（2）扩大了可保利益。比如，只要是经被保险人允许的合格驾驶人员使用已保险的机动车辆，一旦发生了保险合同中约定的保险事故并造成第三者的财产损失或人身伤亡的，保险人均负赔偿责任。保险人在承担这项责任时的条件是：驾驶员是合格的驾驶员和驾驶已保险的机动车辆，且得到了被保险人的同意，而不要求其对机动车辆拥有所有权、占有权或管理权等。这实际上是对保险合同中可保利益的一种扩大，同时也是保险责任的放大。

（3）注重维护公众利益。机动车辆第三者责任保险，作为一种与机动车辆密不可分的责任保险业务，在绝大多数国家均采用强制原则实施，其出发点都是为了维护公众利益，即确保在道路交通事故中受害的一方能够得到及时、有效的经济补偿。

2. 机动车辆保险的分类

在财产保险经营实践中，机动车辆保险实际上是以机动车辆及与之密切关联的有关利益为保险标的的多项保险业务的统称。

（1）机动车辆保险按保险标的来划分，可分为汽车保险、摩托车保险、拖拉机保险、特种车辆保险等。

（2）机动车辆保险按照保险责任划分，可分为车辆损失保险、车上责任保险和第三者责任保险（自愿保险）、交强险等等，其中车辆损失保险属于狭义财产保险范围，第三者责任保险属于法定责任保险范围。

（3）按实施方式来划分，可分为机动车辆第三者责任保险和机动车辆自愿保险。前者的经营原则与赔偿处理均类同于其他责任保险。

3. 保险责任

（1）机动车辆损失保险的保险责任包括以下三种。

①碰撞责任：车辆与外界物体意外撞击造成车辆的损失；车辆按照规定装载货物，货物与外界物体意外撞击造成本车的损失。

②非碰撞责任：自然灾害（雷击、暴风、暴雨、洪水、海啸、地陷、冰陷、崖崩、雪崩、冰雹、泥石流、山体滑坡、龙卷风、驾驶员随车照料时所乘坐的渡船遭受的自然灾害）导致的损失；承担火灾、爆炸、倾覆、外界物体倒塌、空中运行物体坠落、行驶中平行坠落等意外事故导致的损失。

③合理的施救和保护费用：发生事故时，为减少和避免车辆损失而进行抢救所导致的合理费用；事故发生以后，为防止车辆损失扩大和加重的施救行为导致的合理费用。

（2）机动车辆第三者责任保险，承保被保险人或经其允许的合格驾驶人员在使用车辆时发生意外事故，从而导致第三者的财产直接损毁和人身伤亡的，应由被保险人支付赔偿责任。

4. 保险金额的确定

（1）保险金额由投保人和保险人选择以下三种方式之一协商确定。

①按新车购置价确定。新车购置价是指本保险合同签订地购置与保险车辆同类型新车（含车辆购置附加费）的价格。

②按投保时的实际价值确定。实际价值是指同类型车辆市场新车购置价减去该车已使用年限的折旧金额后的价格。折旧按每满一年扣除一年计算，不足一年的部分不计折旧。折旧率按国家有关规定执行，但最高折旧金额不得超过新车购置价的80%。

③保险当事人双方协商确定。保险金额不得超过同类型新车的购置价，否则超过部分

无效。

保险公司根据保险金额的不同确定方式，承担相应的经济赔偿责任。保险金额的确定方式不同，发生保险事故时保险公司计算赔偿的方式、支付赔款的多少和被保险人所获得的经济补偿程度会有所不同。当全部损失时，如果保险金额高于实际价值，保险公司是以出险时的实际价值计算赔偿；如果保险金额等于或低于实际价值，保险公司则按保险金额计算赔偿。

当发生部分损失时，如果按新车购置价确定保险金额，保险公司则按实际修理及必要合理的施救费用计算赔偿；如果商定的保险金额低于新车购置价，保险公司则按保险金额与新车购置价的比例计算赔偿。

（2）第三者责任险保额即每次事故的最高赔偿限额，摩托车、拖拉机最高赔偿限额一般在2万元到20万元之间，分若干个档次；其他车辆最高赔偿限额一般在5万元到1 000万元之间，分若干个档次，投保人依照《中华人民共和国道路交通安全法》和国务院制定的相关条例，以及不同车辆的种类选择投保。

（二）船舶保险

1. 概念及适用范围

船舶保险是指以各种船舶、水上装置及其碰撞责任为保险标的的一种运输工具保险。一切船东或船舶使用人，都可以利用船舶保险来转嫁自己可能遭遇的风险。不过，投保船舶保险者必须有港务监督部门签发的适航证明和营业执照等。对于建造或拆除中的船舶，则要求另行投保船舶建造保险或船舶拆除保险，并按照工程保险原则来承保；对于石油钻井船、渔船等，一般另有专门的险种来承保。

2. 保险标的

船舶保险的保险标的包括运输船舶、渔业船舶、工程船舶、工作船舶、特种船舶及其附属设备，以及各种水上装置。同时，船舶保险的承保人往往将上述保险标的的碰撞责任作为船舶保险的基本责任予以承保。

3. 保险责任与除外责任

船舶保险的保险责任可以划分为碰撞责任与非碰撞责任。前者指保险标的与其他物体碰撞并造成了对方的损失，且依法应由被保险人承担经济赔偿责任的责任；后者则包括有关自然灾害（主要是海洋灾害）、火灾、爆炸等，以及共同海损分摊、施救费用、救助费用等。

船舶保险的除外责任主要包括：战争、军事行动和政府征用；不具备适航条件；被保险人及其代理人的故意行为；正常维修；因保险事故导致停航、停业的间接损失；超载、浪损等引起的损失。

4. 保险金额

船舶保险的保险金额通常采取一张保险单一个保险金额，分别承保船舶本身的损失、碰撞责任和费用损失等，即上述三项损失均分别以船舶保险的保险金额为最高赔偿限额，属于高度综合的险种。

5. 保险费率

船舶保险的费率厘定，需要综合考虑船舶的种类和结构、船舶的新旧程度、航行区域、吨位大小、使用性质等因素，同时参照历史损失记录和国际船舶保险界的费率标准。

其中，航行水域是十分重要的风险因素。

6. 保险理赔

当发生保险事故后，被保险人应当及时通知港务监督部门进行事故的调查处理，同时保险人要及时参与。在赔偿时还需要注意以下事项：严格审核事故的性质，区分保险责任与除外责任；对碰撞事故要严格区分碰撞双方或多方的责任，实行按责论处；对船舶本身损失、碰撞责任的赔偿，以保险金额为最高限额分别计算赔款；对有关费用的计算，则需要根据具体情况在保险人与被保险人之间或有关各方之间进行合理分摊。

（三）飞机保险

飞机保险作为运输工具保险中的主要类别，实际上是以飞机及其相关责任风险为保险对象的一类保险。其主要险种包括以下几类。

1. 机身保险

机身保险承保对象包括机壳、机器设备、仪器和特别安装的附件等。它适用于任何航空公司、飞机拥有者、有利益关系者以及看管、控制飞机的人。

保险人对飞机机身的承保责任通常以一切险方式来承保，即除外责任以外的任何原因造成的损失或损坏，保险人均负责赔偿。飞机的损失分为飞行、滑行、地面、停航四个阶段，保险责任包括地面及飞行在内的一切险、不包括飞行在内的一切险、不包括飞行或者滑行在内的一切险。

一切险的责任范围包括：因火灾、雷击、爆炸、碰撞、跌落、失踪、风暴、偷窃等原因造成的飞机损失。

一切险的除外责任有：飞机不适航而飞行，被保险人的故意行为，飞机任何部件的自然磨损、腐蚀和制造上的缺陷，停航、停运的间接损失，战争、劫持等。

机身保险最初属于不定值保险，保险人在保险金额限度内可选择现金赔付或换置相同类型的飞机。但面对着飞机机型的不断更新和价格的上涨，同时旧型飞机价格下跌的情况，被保险人按旧型飞机原价投保后所得到的保险赔付并不能满足其购买新型飞机的需要。因此，现在的机身保险一般采用定值保险方式。我国的机身保险也采用定值保险方式。

2. 飞机战争、劫持险

飞机战争、劫持险是以飞机为保险标的，以战争、劫持等特殊风险（机身保险等不予承保的风险）为承保责任的一种保险。在西方国家，飞机战争险与飞机劫持险是两个险种；在中国，通常在一张保单项下予以承保。

3. 飞机第三者责任保险

飞机第三者责任保险，专门承保飞机在保险期间可能造成第三者的损失，且依法应由被保险人承担经济赔偿责任的风险，其性质类似于机动车辆第三者责任保险。该保险实行赔偿限额制。

4. 航空旅客责任保险

航空旅客责任保险，是以飞机乘客为保险对象的一种飞机责任保险。其保险责任一般从乘客在起点验票后开始，到终点离开机场时为止。

国际航空承运人对乘客的赔偿责任，需按照国际民航公约的规定执行。国内航空承运人对乘客的赔偿责任，一般由所在国家的航空法律具体规定。

三、运输货物保险

运输货物保险是以运输过程中的各种货物为保险标的，以运行过程中可能发生的有关风险为保险责任的一种财产保险。在国际上，运输货物保险是由收货人投保还是由发货人投保，通常由贸易合同明确规定，而且往往包含在货物价格中。在我国，发货人与收货人均可投保。

（一）运输货物保险的分类

（1）货物运输分为海上、内河、航空、陆上和多式联运等多种方式。因此，运输货物保险亦可划分为水路运输货物保险、陆上运输货物保险和航空运输货物保险及联运险等。联运险是指运输货物需要经过两种或两种以上主要运输工具联运，才能将其从起点运送到目的地的保险。

（2）根据运输货物保险的承保范围，可以分为国内运输货物保险和涉外运输货物保险。前者系货物运输在国内进行，后者则是货物运输超越了一国国境。

（3）按保险人承担责任的方式，运输货物保险还可以划分为基本保险、综合保险和附加险三类。

（二）保险责任与责任免除

一般而言，运输货物保险基本险的责任通常包括以下项目：一是因火灾、爆炸及相关自然灾害所导致的货物损失；二是因运输工具发生意外事故而导致的货物损失；三是在货物装卸过程中的意外损失；四是按照国家规定或一般惯例应当分摊的共同海损费用；五是必要合理的施救费用。

运输货物保险综合险不仅承保上述责任，还承保由盗窃、雨淋等原因造成的货物损失。

但无论是基本险还是综合险，保险人对下列原因导致的损失均不负责赔偿：（1）战争或军事行动；（2）被保险货物本身的缺陷或自然损耗；（3）被保险人的故意行为或过失；（4）核事件或核爆炸；（5）其他不属于保险责任范围内的损失等。

（三）保险金额的确定方式

运输货物保险一般采用定值保险方式，这样可以避免市场价格变动的影响。

国内运输货物保险的保险金额确定依据，包括起运地成本价、目的地成本价、目的地市场价等，由被保险人任选一种。涉外运输货物保险的保险金额确定依据，包括离岸价、成本加运费价、到岸价等，由投保人根据贸易合同来确定。

（四）保险费率

运输货物保险的费率厘定，通常要考虑所选用的运输工具、运输路径、运输方式和所经区域以及货物本身的性质与风险，保险人据此综合评估风险，然后确定费率。

（五）保险理赔

当运输货物发生损失时，需要对受损货物及时进行检验。检验损失时，保险人或保险人的代理人与被保险人均应同时在场，以避免正式处理赔案时发生不必要的纠纷。

被保险人在索赔时，必须提供符合保险合同规范的各种单证，并接受保险人的审核。如果损失是由承运人的原因造成的，则保险人还应当依法行使代位追偿权。

第四节　工程保险

一、工程保险概述

工程保险是指以各种工程项目为主要承保对象的一种财产保险。一般而言，传统的工程保险仅指建筑工程保险和安装工程保险，但进入 20 世纪后，各种科技工程发展迅速，因而它也成为工程保险市场日益重要的业务来源。

工程保险的意义在于：一方面，它有利于保护建筑主人或项目所有人的利益；另一方面，它也是完善工程承包责任制，有效协调各方利益关系的必要手段。

与传统的财产保险相比较，工程保险具有以下特点：承担的主要是技术风险；承保风险责任广泛而集中；涉及的利益关系人较多；按工期承保；属于一次性保险；各险种的内容相互交叉；保险费率的弹性大等。

二、建筑工程保险

（一）适用范围

建筑工程保险承保的是各类建筑工程，即适用于各种民用、工业用和公共事业用的建筑工程，如房屋、道路、桥梁、港口、机场、水坝、娱乐场所、管道以及各种市政工程项目等，均可以投保建筑工程保险。

建筑工程保险的被保险人大致分为三种：一是工程所有人，即建筑工程的最后所有者；二是工程承包人，即负责建筑工程项目施工的单位，又可以分为主承包人和分承包人；三是技术顾问，即由工程所有人聘请的建筑师、设计师、工程师和其他专业技术顾问等。当存在多个被保险人时，一般由一方出面投保，并负责支付保险费，申报保险期间的风险变化情况以及提出原始索赔等。

（二）保险标的与保险金额

建筑工程保险的保险标的范围广泛，既有物质财产部分，也有第三者责任部分。

为方便确定保险金额，在保险单明细表中列出的保险项目一般包括三部分：(1) 物质损失部分；(2) 第三者责任；(3) 特种风险赔偿。在此基础上再分别确定保额。

（三）保险责任与除外责任

该保险的保险责任分为物质部分的保险责任和第三者责任两部分。其中，物质部分的保险责任主要有保险单上列明的各种自然灾害和意外事故，如洪水、风暴、水灾、暴雨、地陷、冰雹、雷电、火灾、爆炸等多项，同时还承保盗窃、工人或技术人员过失等人为风险，并可以在基本保险责任项下附加特别保险条款，方便被保险人全面转嫁自己的风险。

该保险的除外责任包括：错误设计引起的损失、费用或责任；换置、修理或矫正标的本身、原材料缺陷或工艺不善所支付的费用；机械或电器装置的损坏或建筑用机器、设备损坏，以及停工引起的损失等。被保险人所有或使用的车辆、船舶、飞机、摩托车等交通运输工具，亦需要另行投保相关的运输工具保险。

（四）保险期限与理赔

建筑工程保险采用的是工期保险单，即保险责任的起讫通常以建筑工程的开工到竣工为期限。

保险人承担的赔偿责任，一般根据受损项目进行分项处理，并适用于各项目的保险金额或赔偿限额。如果保险损失由第三者引起，则适用于权益转让原则，保险人可依法行使代位追偿权。

三、安装工程保险

安装工程保险简称安工险，是建筑工程保险的姐妹险种。它专门承保新建、扩建和改建工矿企业的机器设备或钢结构建筑物在整个安装、调试期间，由责任免除以外的一切风险造成保险财产的物质损失所产生的有关费用，以及安装期间造成的第三者的财产损失或人身伤亡而依法应由被保险人承担的经济责任。安装工程保险由地铁安装工程保险、建筑安装工程保险等险种组成。

（一）被保险人

安装工程保险的适用范围与建筑工程保险相同，主要适用于国有、集体企业，以及一切涉及、利用外资的项目。对安装工程的保险项目具有可保利益的有关方，均可成为安装工程保险的被保险人。主要包括：(1) 业主，即工程所有人。(2) 工程承包商，即负责安装该项工程的承包单位，含主承包商和分承包商。(3) 供货人，即负责提供被安装机器设备的一方。(4) 制造商，即被安装机器设备的制造人。(5) 技术顾问。(6) 其他关系方，如贷款银行等等。

（二）主要特点

安装工程保险与建筑工程保险有着重要的区别。

第一，保险标的价值相对稳定。建筑工程保险的标的从开工以后逐步增加，保额也逐步提高；而安装工程一切险的保险标的一开始就存放于工地，保险公司一开始就承担着全部货价的风险，风险比较集中。

第二，试车、考核风险大。在机器安装好之后，试车、考核所带来的风险以及在试车过程中发生机器损坏的风险相当大，这些风险在建筑工程保险部分是没有的。

第三，人为事故损失大。在一般情况下，自然灾害造成建筑工程一切险的保险标的损失的可能性较大，而安装工程一切险的保险标的多数是建筑物内安装的设备（石化、桥梁、钢结构建筑物等除外），遭受自然灾害损失的可能性较小，受人为事故损失的可能性较大，这就要督促被保险人加强现场安全操作管理，严格执行安全操作规程。

第四，保险费率比较高。安装工程在交接前必须经过试车考核，而在试车期内，任何潜在的因素都可能造成损失，损失率要占安装工期内总损失的一半以上。由于风险集中，试车期的安装工程一切险的保险费率通常占整个工期保费的三分之一左右，总的来讲，安装工程一切险的风险较大，保险费率也要高于建筑工程一切险。

（三）保险责任

安装工程保险的保险对象为各种工厂、矿山安装机器设备、各种钢结构工程以及包含机械工程因素的建造工程。

安装工程保险在许多方面，如条款形式、内容与建筑工程保险基本相同，都是承保各种自然灾害和意外事故，以及外来原因和人为过失造成的损失。但在责任规定上与建筑工程保险略有不同。如建筑工程保险承担超负荷、超电压、碰线、弧花、走电、短路、大气放电及其他由电气引起的事故；安装工程保险却只负责由上述电气事故造成的其他财产损失，而不包括电器用具本身的损失。

安装工程保险的责任免除与建筑工程保险相似，区别是：建筑工程保险将设计错误造成的损失一概除外；而安装工程保险把因设计错误、铸造或原材料缺陷或者工艺不善引起的本身损失，以及为纠正这些错误支付的费用除外，仅对这些缺陷引起的其他财产损失负责赔偿。

（四）保险金额的确定

（1）安装项目。包括被安装的机器、设备、装置、物料、基础工程（地基、机座），以及工程所需的各种临时设施，如水、电、照明、通讯设施。本项的保额为安装项目的承包合同价。

（2）土木建筑工程项目。包括安装工程对厂矿的新建施工费、运杂费、保险费、税款及其他费用。本项的保额不能超过安装工程保额的 20%，超过 20%时则按建筑工程保险费计收保费；超过 50%的，则需单独投保建筑工程保险。

（3）场地清理费。与建筑工程保险相同，大工程的此项保额一般不超过工程总价的 5%，小工程一般不超过 10%。

（4）工程所有人或承包人在工地上的其他财产，其保额按重置价值计算。

（五）保险费率的确定

安装工程保险费率制定的依据与建筑工程保险基本相似。除试车为单独的一次性费率，安装施工用的机器设备为单独的年度费率外，其他项目均为整个工期实行一次性费率。

四、科技工程保险

（一）海洋石油开发保险

海洋石油开发保险服务于现代海洋石油工业，它承保从勘探到建成、生产整个开发过程中的各种风险。海洋石油开发工程的所有人或承包人均可投保该险种。

该险种一般被划分为四个阶段：普查勘探阶段、钻探阶段、建设阶段以及生产阶段。每一阶段均有若干具体的险种供投保人选择投保。每一阶段均以工期为保险责任起讫期。当前一阶段完成，并证明有石油或有开采价值时，后一阶段才得以延续，被保险人也要投保后一阶段的保险。因此，该保险作为一项工程保险业务，是分阶段进行的。其主要险种有勘探作业工具保险、钻探设备保险、费用保险、责任保险、建筑安装工程保险。在承保、防损和理赔方面，该险种均与其他工程保险业务相似。

（二）航天工程保险

航天工程保险是以火箭、卫星等为保险标的的科技工程保险。包括发射前保险、发射保险和运营寿命保险等险种，主要业务是卫星发射保险，即保险人承保卫星发射阶段的各种风险。

【延伸阅读7-1】中国人民财产保险公司首席承保中星9号卫星保险

2008年9日20时15分，由中国人民财产保险公司（以下简称“人保财险”）作为首席保险人承保的中星9号卫星在西昌卫星发射中心由“长征三号乙”运载火箭成功发射，送入太空。人保财险作为首席保险人为其提供了卫星发射加一年在轨寿命保险，保险责任从火箭意向点火开始直至卫星发射后满12个月，卫星保额2.6亿美元。同时，人保财险作为首席保险人为执行本次发射服务的“长征三号乙”运载火箭提供了意向点火至起飞保险和发射第三方责任险，并独家为火箭提供了发射保证保险。在人保财险的组织安排下，20多家国内外保险人通过商业共保和国际分保等方式直接、间接地参与支持了中星9号项目的相关保险。

（三）核电站保险

核电站保险是从20世纪70年代开始出现的，其基本原则在全世界都是通用的，各国的差别不大。核电站保险的常见险种包括建筑安装险、运行险、计划外核能损失险、放射性辐射及放射性污染险、第三者责任险（含财产损失和人身损失）等。核电站建设险和部分运行险，都在公开的保险市场上进行承保和分保。

在保险经营方面，保险人一般按照核电站的选址勘测、建设、生产等不同阶段为其提供相应的保险服务，从而在总体上仍然具有工期性。当核电站投产并正常运转后，则可以采用定期保险单来承保。

第五节 农业保险

一、农业保险概述

（一）概念

农业保险是以符合条件的动植物为保险标的的一类保险。因为主要承保种植业、养殖业，亦称两业险，也是为农业生产发展服务的一种风险管理工具。保险机构通过保险的形式，组织农业从业者集体互助，使受损单位或个人得到应有的补偿，以便及时恢复生产，保证农业生产的顺利进行。

（二）主要特征

农业是弱质产业，基于农业保险标的本身的特点，该类保险具有以下特征：（1）业务面广量大，承保季节性强；（2）受自然风险和经济风险的双重制约，既受自然灾害（包括农作物病虫害等）造成的欠产歉收的影响，还会因为农产品市场价格波动导致农民收入减少；（3）农业风险结构具有明显的地域性；（4）高风险、高费用与高赔付率并存。因此，农业保险在经营上不适合纯商业型的经营模式，需要政府支持，多采用政策性保险经营模式。

（三）农村保险

农业保险不等同于农村保险。农村保险是地域性概念，它是指在农村范围内举办的各种保险的总和。农村保险既包括农业保险、农业生产者的家庭财产保险和人身保险，还包括乡镇企业的各种财产、人身、责任等保险种类。

二、农业保险的种类

(一) 主要分类

农业保险按农业种类不同分为种植业保险、养殖业保险；按危险性质不同，可分为自然灾害损失保险、疾病死亡保险、意外事故损失保险；按保险责任范围不同，可分为基本责任险、综合责任险和一切险。

(二) 主要业务险种

中国开办的农业保险险种很多，基本涵盖了种、养两业的各个领域，险种达 200 多个，主要险种有：农产品价格指数保险，能繁母猪保险，生猪保险，牲畜保险，奶牛保险，耕牛保险，山羊保险，养鱼保险，养鹿、养熊、养蚕保险，养鸭、养鸡、养鹅等保险，对虾、蚌珍珠等保险，家禽综合保险，水稻、蔬菜保险，稻麦场、森林火灾保险，烤烟种植、小麦冻害、棉花种植、棉田地膜覆盖雹灾等保险，苹果、鸭梨、香蕉、柑橘保险，西瓜雹灾保险以及香梨收获保险等等。

三、保险金额的确定方法

农业保险的保险价值的确定比较复杂。一般财产保险的标的是无生命物，保险价值相对稳定，容易确定。农业保险的标的在保险期间一般都处在生长期，其价值始终处于变化中，只有当它成熟或收获时才能最终确定，在此之前，保险标的处于价值的孕育阶段，不具备独立的价值形态，因此，投保时的保险价值难以确定。

在农业保险实务中，保险金额多采用变动保额，而一般财产保险的保险金额是固定的。对于生长期农作物保险、森林保险以及水产养殖保险，一般是按各地同类标的平均成本确定其保额；收获期农作物保险、林木保险、水产养殖保险则可以采用保产量的办法；大牲畜保险、经济动物保险，则由保险人与被保险人协定其保险金额。

四、农业保险的经营模式

(一) 美国、加拿大模式

美国和加拿大是以国家专业保险机构为主导，对政策性农业保险进行宏观管理，进行直接或间接经营的模式。这种模式以健全完善的农作物保险的法律法规为依托，并由政府主办下的农业保险公司来提供农作物保险和再保险。这种经营是政策性的，但农民是自愿投保，对投保的农作物仅支付纯保费的一部分，其余部分由政府进行补贴。政府认购农业保险公司一定数额的资本股份，并负担一切经营管理费用，对资本存款收入和财产免征一切赋税。除政府的农业保险公司以外，其他私营、联合股份公司、保险互助会等也可以在政府农业保险的框架下经营农业保险。

(二) 日本模式

该模式是通过建立政府支持下的相互会社来经营。其主要特点是：首先，国家对关系国计民生、对农民收入影响较大的主要农作物（水稻、小麦等）和饲养动物实行法定强制保险，其他实行自愿保险。其次，农业保险结构层次主要分为三级，最基层的为村一级的农业共济组织，由参与农业共济组织的农民组成，主要负责经营本地的农业保险，同时依法向上一级的农业共济组织联合会分保；府县一级的农业共济组织联合会则接受下级共济组织的分保，并提供防灾防损的指导工作；同时在中央政府设立农业共济组织再保险特别会计处，接受下一级的再保险，并接受政府的紧急援助资金、保费补贴和管理补贴。政府的主要职责不是经营保险，而是对其监督和指导。

（三）西欧模式

该模式是政府资助的商业保险运营模式，以西欧的德国、法国、西班牙、荷兰等发达国家为代表。其主要特点是：全国没有统一的农业保险制度和体系，政府一般不经营农业保险，主要由私营保险公司、保险相互会社或保险合作社经营。投保自愿，农民自己支付保费，有的国家也支持私营保险公司经营农业保险，同时为减轻参加农业保险的农民的负担，也给予其一定的保费补贴。

（四）亚洲发展中国家模式

该模式是政府重点选择性扶持模式，以一些亚洲的发展中国家如泰国、菲律宾、孟加拉国等为代表。这种模式的主要特点是：(1) 大多数国家的农业保险主要由农业保险专门机构或国家保险公司提供。(2) 由于多是试验，因此主要承保的是农作物，很少承保饲养动物。农作物也一般选择本国的主要粮食作物，目的是保证农业经济的稳定。(3) 参与保险的形式大多数是强制保险，并且这些强制保险一般都与农业生产贷款相联系。

本章小结

1. 广义的财产保险是以物质财产及有关利益、责任和信用为保险标的的保险。包括财产损失险、责任保险、信用及保证保险。其中财产损失保险是以有形财产为标的的保险，也叫狭义的财产保险。

2. 火灾保险是财产保险中最基础的保险业务，承保处于相对静止状态的财产物资，包括企业财产保险和家庭财产保险等业务。火灾保险具有三个特征：其保险标的是陆上处于相对静止状态条件下的各种财产物资。承保财产的存放地址是固定的，被保险人不得随意变动。承保的责任风险很广泛。

3. 运输保险是指以处于流动状态下的财产为保险标的的物质损失保险，包括运输工具保险和运输货物保险。在整个财产保险业务中，运输保险业务占有非常重要的地位，包括运输货物保险、机动车辆保险、船舶保险、航空保险、摩托车保险等主要业务。机动车辆保险是最大的业务来源，也是财产保险的第一大险种，而机动车辆第三者责任保险在许多国家都采用强制的方式。

4. 货物运输保险则是承保运动状态的物资，风险较静止状态的物资财产扩大了很多，在保险金额确定上也有所不同，一般采用定值保险方式承保。

5. 工程保险是以各种工程为主要承保对象的保险。建筑工程保险、安装工程保险是传统的险种；海洋石油开发、航天保险和核能保险等各种高科技保险是其新发展。该类保险既促进了高科技产业发展，为其保驾护航；同时使得财产险经营步入现代化保险的行列。

6. 农业保险是以符合条件的动植物为保险标的的一类保险。因为主要承保种植业、养殖业，亦称两业险。其特征包括：(1) 业务面广量大，承保季节性强；(2) 受自然风险和经济风险的双重制约；(3) 农业风险结构具有明显的地域性；(4) 高风险、高费用与高赔付率并存。

复习思考题

1. 何谓财产保险？财产保险有哪些特征及业务？
2. 火灾保险有何特征？其保险费率如何确定？
3. 企业财产保险基本险与综合险的保险责任有哪些？
4. 何谓运输保险？运输保险有哪些特点？
5. 解释运输工具保险、机动车辆保险、船舶保险、飞机保险和运输货物保险。
6. 何谓工程保险？其特点是什么？
7. 何谓农业保险？其特征及种类有哪些？

第八章

无形财产保险

⊙内容提要⊙

本章共四节内容，系统阐述了无形财产保险概述、责任保险、信用保险及保证保险。应掌握无形财产保险的概念、特征；掌握责任保险、信用保险、保证保险的定义，特征及业务种类；理解相关保险险种的主要内容。

第一节　无形财产保险概述

一、无形财产保险的概念及发展

无形财产保险是指以被保险人的法律赔偿责任及信用风险作为保险标的的一类财产保险。它是广义财产保险中的一类保险，因其保险标的的无形而得名。无形财产保险在财产保险市场占比的高低，往往代表着一个国家的保险业是否发达。

无形财产保险最早出现于19世纪中期的英国，其发展历史虽然较短，但发展很快。目前已成为发达国家保险业最重要的业务来源，在美国财产保险市场的占比已经超过一半。

二、无形财产保险的特征

无形财产保险种类多，经营内容比较复杂，其特征主要表现在以下几方面。

(一) 保险标的无形

无形财产保险的承保对象不是有形财产物资，而是民事法律赔偿责任和各种商业信用风险，属于无形的保险标的，其风险管控难度更大。

（二）利益关系人较多

有形财产保险的利益关系人一般较少，除工程保险之外，大多为保险人和被保险人。而无形财产保险的利益关系人较多，除了保险人和被保险人之外，还涉及第三方责任人、义务人、无辜受害人等等。

（三）理赔复杂、周期长

由于无形财产保险涉及的利益关系人较多，因而其理赔过程更加复杂，尤其是责任保险还涉及司法部门，其理赔周期自然也比较长。

三、无形财产保险的分类

我国现行保险法将无形财产保险划分为责任保险、信用保险和保证保险。

（一）责任保险

责任保险，是指以被保险人对第三者依法应负的民事损害赔偿责任，或经过特别约定的合同责任作为承保对象的一类保险。它包括公众责任保险、产品责任保险、雇主责任保险、职业责任保险等。

（二）信用保险

信用保险，是指权利人向保险人投保义务人的信用风险的一种保险。它是以信用交易中债务人的信用风险作为保险标的，在债务人未能如约履行义务而使债权人遭受经济损失时，由保险人向债权人提供风险保障的保险。按保险标的性质的不同，可以将其分为商业信用保险、银行信用保险和国家信用保险。按保险标的所处地理位置的不同，可以将信用保险分为进口信用保险和出口信用保险。

（三）保证保险

保证保险属于一种担保业务，由保险人为被保证人向权利人提供担保，当被保证人违约或不忠诚而使权利人遭受经济损失时，权利人有权从保证人处获得补偿。在国际保险市场，保证保险的主要业务有三种类型：（1）合同保证保险；（2）忠实保证保险；（3）产品质量保证保险。

第二节　责任保险

一、责任保险的概念、分类及现状

（一）责任保险的概念

责任保险，是指以被保险人对第三者依法应负的民事损害赔偿责任，或经过特别约定的合同责任作为承保对象的一类保险。它属于广义财产保险范畴，适用于广义财产保险的一般经营理论，但又具有自身独特的内容和经营特点，是一类可以自成体系的保险业务。

（二）责任保险的分类

责任保险依据不同的标准，可以划分为不同的种类。

（1）按责任保险承保的险别划分，可以分为公众责任保险、产品责任保险、雇主责任保险和职业责任保险。

（2）按责任发生原因划分，可分为过失责任保险和无过失责任保险。

（3）按实施方式划分，可分为法定责任保险和自愿责任保险。

（4）按可否单独承保划分，可分为独立责任保险和附加责任保险。

（5）按保障程度划分，可分为基本责任保险和超额责任保险。

（三）责任保险的发展现状

1. 国外责任保险的发展

责任保险是随着科学技术的进步、经济社会的发展，特别是法律制度的逐步健全而发展起来的。它最早开始于19世纪中期的英国。1855年，英国铁路乘客保险公司首次向铁路部门提供铁路承运人责任保险。由于近代工业革命使社会进入机器工业的时代，这在极大地提高社会生产效率的同时，也使得各种各样的工业事故后果越来越严重，各种民事活动纠纷急剧增加。在完成了工业化以后，西方国家逐步完善法制社会建设，随着法律制度不断健全，人们的索赔意识不断增强，各种民事赔偿事故层出不穷，责任保险才获得了长足发展。

20世纪70年代以来，国际责任保险得到了迅速发展，目前已经成为具有相当规模和影响力的保险险种。特别是进入21世纪以来，责任损失越来越受到企业和个人的重视，责任保险也在世界各国迅速普及和发展，成为财产保险公司的重要业务。从近年世界保费的统计数据来看，英、美、日等国的非寿险业务中，责任保险的保险费已占到了总保费的一半左右。例如，美国的责任保险市场自20世纪后期即占整个非寿险业务的45%～50%，在欧洲发达国家则占30%左右。

2. 中国责任保险的发展现状

我国责任保险的发展总体还处于起步阶段，从产品种类、保费收入、发展速度、发展所需环境等方面来看，都远远落后于保险业发达国家。中国每年发生大量的侵权案件，这些风险和涉案金额大多属于责任险承保的范围。然而，这一潜力巨大的市场，目前并没有形成有效的市场需求。

进入21世纪以来，我国责任保险发展较快，增长速度与其他财产保险大体同步。2001年，我国有16家保险公司经营责任保险，当年的责任保险保费收入为28亿元；到2014年，经营责任保险的财产保险公司增加到61家，当年的责任保险费收入则超过了253亿元。经营责任保险的保险公司数量的增加，在一定程度上增强了责任保险的市场竞争及供给能力，也提高了责任保险的服务水平。从责任保险的简单赔付率来看，大体保持在40%和50%之间，明显低于其他财产保险，说明其经营效益比较好。

但与国外同业相比，同时与整个行业的发展情况以及经济社会发展的需要相比，仍然存在巨大的差距。特别是其在财产保险整体业务占比一直徘徊在3.5%左右，远低于16%的国际平均水平。具体数据见表8-1。

表 8-1　　2000—2015 年我国责任保险的经营情况

年份	财产保险保费收入（亿元）	财产保险保费增长率（%）	责任保险保费收入（亿元）	责任保险保费增长率（%）	占财险收入比重（%）	责任保险简单赔付率（%）	财产保险简单赔付率（%）
2000	598.00	—	21.00	—	3.51	52.38	51.00
2001	685.00	14.55	28.00	33.33	4.09	42.86	48.61
2002	778.00	13.58	37.00	32.14	4.76	43.24	52.06
2003	869.00	11.70	34.82	−5.89	4.01	57.50	54.78
2004	1 089.00	25.32	33.00	−5.23	3.03	54.55	52.43
2005	1 231.91	13.12	45.44	37.70	3.69	38.60	54.71
2006	1 510.04	22.58	56.44	24.21	3.74	40.75	54.08
2007	1 997.77	32.30	66.73	18.23	3.34	39.34	51.23
2008	2 336.71	16.97	81.75	22.51	3.50	40.46	60.70
2009	2 875.83	23.07	92.21	12.80	3.21	42.24	54.79
2010	3 895.64	35.46	115.88	25.67	2.97	37.97	45.08
2011	4 617.82	18.54	148.01	27.73	3.21	38.56	47.36
2012	5 330.93	15.44	183.77	24.16	3.45	40.89	52.83
2013	6 212.26	16.53	216.63	17.88	3.49	41.18	55.36
2014	7 203.38	15.95	253.30	16.93	3.52	42.53	52.59
2015	7 994.97	10.99	303.36	19.76	3.79	42.74	52.46

资料来源：根据《中国保险年鉴》、中国统计网数据整理得出。

二、责任保险的基本特征

责任保险与一般财产保险类似，均以大数法则为数理基础，经营原则一致，经营方式相近（除部分法定险种外），均是对被保险人经济损失进行补偿。其基本特征表现在以下四个方面。

（1）法制的健全与完善是其产生与发展的基础。

各种民事法律风险的客观存在，社会生产力达到了一定发展阶段，以及人类社会进步带来法制的不断完善，是责任保险产生与发展的基础。其中，法制尤其是民法的健全与完善，是责任保险产生与发展最直接的基础。

（2）责任保险是一种双重保障机制。

在责任保险中，承保人的赔款可以支付给被保险人，也可以支付给受害人。但这种赔款实质上都是对被保险人之外的受害方即第三者的补偿，从而是直接保障了被保险人利益，间接保障了受害人利益的一种双重保障机制。

（3）承保标的无形的民事法律风险。

责任保险承保的是各种民事法律风险，是一种无形保险标的。

保险人在承保责任保险时，通常要对每一种责任保险业务规定若干等级的赔偿限额，由被保险人自己选择。被保险人选定的赔偿限额，便是保险人承担赔偿责任的最高限额，超过限额的经济赔偿责任，只能由被保险人自行承担。

（4）责任保险赔偿处理涉及司法部门。

在发生了责任保险事故，保险人要进行保险理赔时，其责任和赔偿金额是以司法机关的判决或裁定，或以仲裁机构的裁决来确定，以被保险人应依法承担的经济赔偿责任为基础的，这与其他保险业务明显不同。

三、责任保险的实务规定

（一）业务适用范围

作为自成体系的一类保险业务，责任保险适合一切可能造成他人财产损失与人身伤亡的单位、家庭或个人投保。具体而言，其适用范围包括：一是各种公众活动场所的所有者、经营管理者；二是各种产品的生产者、销售者、维修者；三是各种运输工具的所有者、经营管理者或驾驶员；四是各种需要雇用员工的单位；五是各种提供职业技术服务的单位；六是城乡居民家庭或个人。

此外，在各种工程项目的建设过程中，也存在着许多民事责任事故风险。建设工程的所有者、承包者等亦对相关责任事故风险具有保险利益；各个单位场所（即非公众活动场所）也存在着公众责任风险，有投保公众责任保险的必要。

（二）保险责任范围

责任保险的保险责任和民事损害赔偿责任既有联系又有区别，不能完全等同。一方面，责任保险承保的责任主要是被保险人的过失行为所致的责任事故风险，即被保险人的故意行为通常是绝对除外不保的风险责任，这一经营特点决定了责任保险承保的责任范围明显小于民事损害赔偿责任的范围；另一方面，在被保险人要求并经过保险人同意的情况下，责任保险却可以承保超越民事损害赔偿责任范围的无过错责任风险。这种无过错责任则超出了一般民事损害赔偿责任的范围，但保险人通常将其纳入责任保险承保的责任范围。

责任保险的保险责任，一般包括两项内容。

（1）被保险人对造成他人财产损失或人身伤亡应依法承担的经济赔偿责任。

（2）因赔偿纠纷引起的，由被保险人支付的诉讼、律师费用及其他事先经过保险人同意支付的费用。

（三）保险费率的厘定

责任保险费率，通常根据各种责任保险的风险大小及损失率的高低来确定。保险人在厘定责任保险费率时，主要考虑以下几点影响因素。

（1）被保险人的业务性质及其产生意外损害赔偿责任可能性的大小。

（2）法律制度对损害赔偿的一般规定。

（3）保险赔偿限额的高低。

（4）承保区域的大小、每笔责任保险业务的数量。

（5）同类责任保险业务的历史损失资料等。

（四）赔偿限额与免赔额

1. 赔偿限额

从责任保险的发展实践来看，赔偿限额作为保险人承担赔偿责任的最高限额，通常有以下三种类型。

（1）每次责任事故或同一原因引起的一系列责任事故的赔偿限额，可以分为财产损失赔偿限额和人身伤亡赔偿限额两项。

（2）保险期内累计的赔偿限额，可以分为累计的财产损失赔偿限额和累计的人身伤害赔偿限额。

（3）保险人也可以将财产损失和人身伤亡两者合成一个限额，或者只规定每次事故和同一原因引起的一系列责任事故的赔偿限额，而不规定累计赔偿限额。

2. 免赔额

在责任保险经营实践中，保险人除通过确定赔偿限额来明确其承保责任外，通常还有免赔额的规定，以达到促使被保险人小心谨慎，防止发生事故和减少小额、零星赔款支出的目的。

责任保险的免赔额通常是绝对免赔额，即无论受害方的财产是否发生全损或受害人是否死亡，免赔额以内的赔款均由被保险人自负。免赔额的确定一般以具体数字表示，也可以规定赔偿限额或赔偿金额的一定比率。因此，责任保险人承担的赔偿责任是在免赔额之上且在赔偿限额之内的赔偿金额。

四、责任保险的主要业务

（一）公众责任保险

1. 公众责任保险的概念

公众责任保险又称“普通责任保险”或“综合责任保险”，主要承保被保险人在公共场所进行生产经营或其他活动时，因发生意外事故而造成他人人身伤亡或财产损失，依法应由被保险人承担的经济赔偿责任。投保人可对工厂、办公楼、旅馆、住宅、商店、医院、学校、影剧院、展览馆等各种公众活动的场所，投保公众责任保险。常见的险种有场所责任保险、校方责任保险、电梯责任保险、展览会责任保险、承包人责任保险、承运人责任保险、环境污染责任保险等。

2. 公众责任保险的一般内容

（1）保险责任。

在公众责任保险中，保险人主要承担两部分责任：一是在被保险人造成他人人身伤亡或财产损失时，应依法承担的经济赔偿责任；二是在责任事故发生后，如果引起法律诉讼，由被保险人承担的相关诉讼费的支付责任。

（2）保险费率。

公众责任保险承保业务时，通常视每一被保险人的风险情况逐笔议定费率，以确保保险人承担的风险责任与所收取的保险费相适应。

按照国际保险界的习惯做法，保险人对公众责任保险一般按每次事故的基本赔偿限额和免赔额，分别议定人身伤害和财产损失两项保险费率。如果基本赔偿限额和免赔额需要增减，保险费率也应适当增减，但又非按比例增减。

公众责任保险费的计算，一般有以下两种情况。

一是以赔偿限额（累计或每次事故赔偿限额）为计算依据。

应收保险费＝累计赔偿限额×适用费率

二是对某些业务按场所面积大小计算保险费

应收保险费＝保险场所占用面积(平方米)×每平方米保险费

(3) 理赔程序。

公众责任保险的理赔程序，包括七个步骤。

第一，保险人接到出险通知或索赔要求时，应立即记录出险的被保险人的名称、保险单号码、出险原因、出险时间与地点、造成第三者损害程度及受害方的索赔要求等。

第二，进行现场查勘，调查核实责任事故的相关情况，并协助现场施救。

第三，根据现场查勘写出查勘报告，作为判定赔偿责任和计算赔款的依据。

第四，进行责任审核，看事故是否发生在保险期限内，是否在保险责任范围内，受害人是否向被保险人提出索赔要求或起诉。

第五，做好抗诉准备，必要时可以以被保险人的名义或同其一起出面抗诉。

第六，以法院判决或多方协商确定的赔偿额为依据，计算保险人的赔款。

第七，及时支付保险赔款。

(二) 产品责任保险

1. 相关概念

产品责任是指与产品有关的制造商、批发商或零售商等各方，对产品因存在缺陷而在被使用过程中发生意外，并造成用户或他人人身伤害和财产损失，依法应承担的经济赔偿责任。

产品责任保险，是指以承保产品的制造者、销售者、维修者等的产品责任为承保风险的一类保险。

2. 保险责任

保险人承担的保险责任分为以下两个方面。

(1) 产品发生事故致使消费者或其他任何人的人身伤害、财产损失，依法应由被保险人承担的责任。其基本要求是：产品事故必须发生在保险有效期内；事故必须具有“意外”和“偶然”的性质；赔偿金最高不能超过保单中规定的赔偿限额。

(2) 产品事故发生后引起的诉讼、辩护费用及其他双方事先约定的费用。

3. 保险费率

产品责任保险费率的厘定，主要考虑如下因素：(1) 产品的特点和可能对人体或财产造成损害的风险大小；(2) 产品数量和产品的价格，它与保险费呈正相关关系，与保险费率呈负相关关系；(3) 承保的区域范围大小；(4) 产品制造、维修、销售等有关方的技术水平和质量管理情况；(5) 赔偿限额的高低。

4. 保险赔偿

在理赔过程中，保险人的责任通常以产品在保险期限内发生的事故为基础，而不论产品是否在保险期内生产或销售。

赔偿标准以保险双方在签订保险合同时确定的赔偿限额为最高额度，它既可以以每次事故的赔偿限额为标准，也可以以累计的赔偿限额为标准。在此，生产、销售、分配的同批产品，由于同样原因造成多人的人身伤害、疾病、死亡，或多人的财产损失，均被视为一次事故造成的损失，并适用于每次事故的赔偿限额。

（三）雇主责任保险

1. 概念与特点

雇主责任保险，是以被保险人即雇主的雇员在受雇期间从事业务时，因遭受意外导致伤、残、死亡或患有与职业有关的职业性疾病，依法或根据雇用合同应由被保险人承担的经济赔偿责任为承保风险的一种责任保险。

该保险具有以下特点：（1）契约责任保障，以雇主与雇员之间的雇用合同为基础；（2）承保责任单一，仅承保雇员从事职业有关工作时的人身伤亡，不负责任何财产损失；（3）独立处理理赔，保险公司对索赔处理具有绝对的控制权。

2. 保险责任

（1）被保险人所聘用的员工，于保险有效期内在受雇过程中（包括上下班途中），从事与本保险单所载明的被保险人的业务工作而遭受意外所致伤、残、死亡，被保险人根据法律或劳动合同应承担的经济赔偿责任。

（2）因患有与业务有关的职业性疾病，致使所聘用员工伤、残、死亡的经济赔偿责任。职业性疾病必须是与员工现在从事的工作有关的职业病，且系国家有关部门明文规定的法定职业病。

（3）被保险人应依法承担的医疗费。该项费用的支出以员工遭受前述两项事故而致伤残为条件，在该项赔偿限额内进行赔偿。

（4）应支出的诉讼费用，包括律师费用、取证费用以及经法院判决应由被保险人代所聘用员工支付的诉讼费用。此项费用的限额由被保险人与保险人约定，保险人按照实际发生法律费用的金额，在该项赔偿限额内予以赔偿。

3. 赔偿限额

雇主责任保险的赔偿限额，依据每一雇员若干个月的工资收入确定。每一雇员只适用于自己的赔偿额度。

赔偿金额＝该雇员的赔偿限额×适用的赔偿额度比例

如果保险责任事故是第三者造成的，保险人在赔偿时仍然适用权益转让原则，即在保险赔偿后，可以行使代位追偿权。

（四）职业责任保险

1. 概念、种类与特点

职业责任保险，是指承保各种专业技术人员由于工作上的疏忽或过失，造成合同一方或他人人身伤害或财产损失的经济赔偿责任的保险。

目前普遍开展的职业责任保险有：医生职业责任保险、药剂师职业责任保险、会计师职业责任保险、律师职业责任保险、设计师职业责任保险、工程师职业责任保险、美容师职业责任保险、保险代理人及经纪人职业责任保险等。

职业责任事故的特点是：第一，它属于技术性较强的工作导致的责任事故；第二，它不仅与人的因素有关，也与知识、技术水平及原材料等的欠缺有关；第三，它仅限于技术工作者从事本职工作中出现的责任事故。

2. 承保方式

(1) 以索赔为基础的承保方式。

以索赔为基础的承保方式也叫索赔发生制，是保险人仅对在保险期内受害人向被保险人提出的有效索赔负赔偿责任，而不论导致该索赔案的事故是否发生在保险有效期内。这种承保方式实质上是使保险时间前置了，从而使职业责任保险的风险较其他责任保险的风险更大。为了防止保险人承担的风险责任无限地前置，各国保险人在经营实践中，通常又规定了一个责任追溯日期作为限制性条款。

(2) 以事故发生为基础的承保方式。

以事故发生为基础的承保方式也叫事故发生制，是保险人仅对在保险有效期内由职业责任事故引起的索赔负责，而不论受害方是否在保险有效期内提出索赔，这种承保方式实质上是将保险责任期限延长了。由于保险人在该保险单项下承担的赔偿责任，往往要经过很长时间才能确定，而且因为货币贬值等因素，受害方最终索赔的金额可能大大超过职业责任保险事故发生当时的水平或标准。为了使得保险人支付的赔款与其保险期内实际承担的风险责任相适应，保险人通常规定了赔偿责任限额，同时明确一个后延的截止日期。

从一些国家经营职业责任保险业务的惯例来看，采用以索赔为基础来承保的职业责任保险业务较多，采用以事故发生为基础的承保方式的职业责任保险业务较少。

3. 保险费率的厘定

厘定职业责任保险费率时，需要着重考虑下列因素：一是投保人的职业种类；二是投保人的工作场所；三是投保人工作单位的性质；四是该笔投保业务的数量；五是被保险人及其雇员的专业技术水平与工作责任心；六是赔偿限额、免赔额和其他承保条件；七是被保险人职业责任事故的历史损失资料，以及同类业务的职业责任事故发生情况。

（五）环境责任保险

1. 概念与发展

环境责任保险，是以工业企业发生污染事故对第三者造成的人身伤害或财产损失，应依法承担的经济赔偿责任为承保责任的一种责任保险。它是由公众责任保险发展而来的。在以美国为首的工业发达国家，环境责任保险制度已进入较为成熟的阶段，不但在分散排污企业环境风险、保护第三人环境利益和减少政府环境压力等方面发挥了独特作用，也强化了保险公司对企业保护环境、预防环境损害的监督管理。

环境责任保险产生于 20 世纪 60 年代的英国。1965 年，英国发布核装置法，其中规定安装者必须负责最低限额为 500 万英镑的核责任保险。1970 年，英国开办了声震保险。自 20 世纪 70 年代起，随着环境污染事故的频频出现，公众环保意识的日益增强，西方发达国家纷纷出台了一系列环保法案，企业面临着环境污染索赔的巨大风险，迫切需要将风险转嫁出去，环境污染责任保险应运而生。目前，世界主要发达国家的环境污染责任保险业务已经进入较为成熟的阶段，成为各国通过社会化、市场化途径解决环境风险管理的重要手段。

2. 基本内容

由于环境责任保险要求的技术水平高，赔偿责任范围广，各个企业的生产经营模式又各不相同，因此对于环境污染所造成的危害程度也不一样。这就要求保险公司在承保相关业务时，要进行实地调查和评估，单独确定保险费率。

环境责任保险的责任范围，不仅包括因被保险人污染环境导致他人的人身或者财产的损害赔偿，而且包括被保险人根据法律规定应当承担的治理污染的责任。在投保时或者保险期限之内，被保险人要严格履行如实告知义务，对于可能影响环境污染评价的事项，要及时通知保险人。

环境责任保险一般将被保险人自己的财产损失作为除外责任来处理。也就是说，如果被保险人所有或者照管的财产因环境污染受到损害，保险人一般不负赔偿责任。

3. 主要险种

（1）油污责任保险。

该项保险业务主要承保被保险船舶漏油、其他混合物污染沿海，甚至可能产生严重危险而污染沿海水域时，被保险人为消除污染所支付的合理费用以及对第三者的损害赔偿责任。

（2）渗漏污染保险。

该保险主要承保被保险人因在生产作业时产生渗漏污染而直接或者间接造成的损失赔偿责任。包括被保险人消除渗漏污染物所支出的费用，以及为防止该物质靠近海岸所支出的合理费用。

（3）其他环境责任保险。

除了以上两种环境责任保险以外，还有辐射污染险、声震污染险、核事故污染险等其他种类的环境责任保险。

第三节　信用保险

一、信用保险的概念与发展

（一）信用保险的概念及内涵

信用保险，是指权利人向保险人投保义务人的信用风险的一种保险。信用风险，是指交易一方不履行或不全部履行义务而给另一方带来经济损失的可能性。通过投保该保险，权利人把义务人的保证责任转移给了保险人。当义务人的作为或不作为导致权利人遭受经济损失时，保险人按照保险合同的规定赔偿权利人的损失，然后获得向义务人代位追偿的权利。

在信用保险业务运作中存在着相互关联的两种责任关系：一是义务人对权利人的履行义务责任；二是保险人根据上述义务人的全部或部分责任设定的、向权利人追偿的保险赔偿责任。当义务人不按照保险合同中关于其责任的约定作为或不作为时，保险人将负责赔偿义务人对权利人造成的损失，其后保险人将从权利人处取得代位求偿权，可以就已向权利人赔偿的金额向义务人进行追偿。

（二）信用保险的特点

相对于其他财产保险业务，信用保险具有以下特点。

(1) 保险标的是信用风险。

一般来说，财产保险是保障被保险人的物质财产及其有关利益，其承保的风险是由于灾害事故造成财产及其有关利益损失的风险。但在信用保险中，保险人承保的是信用风险。保险人一般在事先对义务人资信情况进行严格审查的基础上，来决定是否承保及确定保险费率，保险人只对其为义务人预先设定的责任限额内的损失承担保险赔偿责任。

(2) 以代位追偿原则为赔偿基础。

在信用保险业务中，代位追偿的权利非常重要。由于被保险人的任何损失都与指定的第三者（被保证人）存在直接或间接的关系，保险人必须以获得向第三者代位追偿的权利为履行赔偿义务的先决条件，通过向第三者进行追偿来减少损失，这是其业务流程的重要组成部分。而在一般财产保险中，除非是第三者造成的损失，否则保险人在赔付后不存在追偿问题。

(3) 信用保险中第三者及其行为必须事先列明。

普通财产保险业务所发生的代位追偿事件，只包括保险人及保险消费者两方，第三者及其行为往往不能事先确定。但在信用保险业务中，保险人必须在保险单中列明第三者，限定保险人承担的第三者可能造成被保险人利益损失的行为。如果造成损失的第三者不是保险合同所列明的，或者第三者对于被保险人所造成的损失不是保险合同所列明的行为，保险人有权拒绝被保险人的索赔。

（三）信用保险的产生及发展现状

信用保险是现代保险中的一类新兴业务，其产生历史并不长，且经历坎坷。信用保险开始由一些银行和商人承担信用风险，1850 年，法国的一些信用公司开始经营商业信用保险，但不久就失败了。1893 年，美国设立的信用保险公司则获得成功。1919 年，第一次世界大战结束后，鉴于政治局势的变化，英国政府为了促进外贸发展而专门成立了出口信用担保局。1934 年，由英国、法国、意大利、西班牙等国创立了伯尔尼协会，极大地促进了信用保险的发展。目前，在信用保险研究方面已比较成熟，立法也臻于完善，许多发达国家都建立了一套较完善的信用保险制度体系。

我国的信用保险发展较晚，改革开放以后才开始办理信用保险。1983 年，我国开始提供中长期出口信用保险。1986 年，我国开始试办短期出口信用保险和国内信用保险等业务。目前，我国的信用保险仍处于起步阶段，与它相关的法规也几乎是一片空白，信用保险业务主要由中国出口信用保险公司承办，出口信用保险是主要业务。随着社会信用体系的逐步建立和发展，我国信用保险也逐渐发展和壮大。

二、信用与保证保险和一般财产保险的区别

（一）承保风险不同

信用与保证保险承保的是信用风险，补偿因信用风险给权利人造成的经济损失；但一般财产保险承保的是物质风险，补偿由于自然灾害和意外事故造成保险标的的经济损失。

因而，无论权利人还是义务人要求投保，保险人事先都必须对被保证人的资信情况进行严格审查，认为确有把握的才能承保。

（二）保险利益不同

在信用与保证保险中，实际上涉及三方的利益关系，即保险人（保证人）、权利人和义务人（被保证人）。当保险合同约定的事故发生致使权利人遭受损失时，只有在义务人（被保证人）不能补偿损失的情况下，才由保险人代其向权利人赔偿，从而表明这只是对权利人经济利益的担保。而在一般财产保险中，只涉及保险人和被保险人的利益关系，而且对于因约定保险事故发生所造成的损失，无论被保险人有无补偿能力，保险公司都予以赔偿。

（三）保费的精算基础不同

从理论上讲，保险人经营信用业务只是收取担保服务费而无盈利可言。因为信用与保证保险均由直接责任者承担责任，保险人不是从抵押财物中得到补偿，就是行使追偿权追回赔款。两者保险费精算基础也不相同，一般财产保险的费率主要涉及自然风险因素，相对容易一些；而信用保证保险的费率主要涉及政治、经济和个人品德因素，所以相对困难一些。

三、信用保险与保证保险的联系与区别

（一）信用保险和保证保险的联系

（1）保险标的一致。两者的保险标的都是信用风险，信用保险承保的是被保险人交易伙伴的信用风险，而保证保险承保的是被保证人自身的信用风险。

（2）经营基础一致。两者在业务经营过程中都必须依靠信息奠定经营基础。在信用保险中，决定保险费率的不是以往的损失概率和大数法则，而是有关被保险人交易伙伴的信用资料，如财务状况、经营状况、经营历史、所在国家的政治与经济环境等。在保证保险中，保证人是否受理担保申请，完全取决于对被保证人的资信、财力及以往履约状况等信用资料的获得与核实。

（二）信用保险与保证保险的区别

（1）保险合同涉及的当事人不同。信用保险合同的当事人是保险人和权利人，权利人既是投保人又是被保险人；而保证保险合同的当事人为保险人、被保证人与权利人三方，被保证人为投保人，权利人为被保险人。

（2）保险性质不同。保证保险属于担保行为，保险人出借的仅是保险公司的信用，不承担实质性风险；而信用保险中，保险人承担的是实质性风险，保险合同规定的是保险事故发生后，保险人在向被保险人履行赔偿责任后，只是获得向被保证人追偿的权利。

（3）保险人承担的风险不同。在保证保险中，由于保险人采取反担保，因而保险人承担的风险较小；而在信用保险中，保险人承担的是来自保险人和被保险人所不能控制的交易对方的信用风险，属于实实在在的风险。

（4）保险费的性质不同。保证保险属于担保业务，被保证人交付的费用是一种担保手续费，是对保险公司出具信用的一种报酬；而信用保险属于保险业务，因此投保人交付的保险费是将被保证人的信用风险转移给保险人的价金，保险人收取的保险费主要用于建立

赔偿基金。

四、信用保险的主要险种

(一) 商业信用保险

商业信用保险又叫国内信用保险，是指在国内商业活动中，作为当事人一方的权利人要求保险人将另一方当事人作为被保证人，并承担由于被保证人的信用风险而使权利人遭受商业利益损失的保险。

国内信用保险一般承保批发业务，不承保零售业务；承保3～6个月的短期商业信用风险，不承保长期商业信用风险。其险种主要有：赊销信用保险、贷款信用保险和个人贷款信用保险。

1. 赊销信用保险

赊销信用保险是为国内商业贸易的延期付款或分期付款行为提供信用担保的一种信用保险业务。

2. 贷款信用保险

贷款信用保险是专门承保贷款人收贷信用风险的保险。其保险责任一般包括贷款人决策失误、政府部门干预和市场竞争等风险。通常，只要不是投保人或被保险人的故意行为和违法犯罪行为导致贷款无法收回，保险人就要承担赔偿责任。确定贷款信用保险的保险金额，应以银行贷出的款项为依据。贷款信用保险的保险费率厘定应与银行利率相联系，并着重考虑以下因素：企业资信情况、企业的经营管理水平、市场竞争力、贷款期限、贷款用途和借款人所属经济区域。

3. 个人贷款信用保险

该保险是以债务人不履行贷款合同从而使金融机构遭受经济损失为保险对象的信用保险。它是国外保险人面向个人承保的较特别的业务。由于个人的情况千差万别，且居住分散，风险不一，保险人要开办这种业务，必须对借款人贷款的用途、经营情况、日常信誉、私有财产物资等做全面的调查了解，必要时还需要借款人提供反担保，因此不能轻率地承保。

(二) 出口信用保险

1. 概念及内涵

出口信用保险也叫出口信贷保险，是各国政府为提高本国产品的国际竞争力，推动本国的出口贸易，保障出口商的收汇安全和银行的信贷安全，促进经济发展，以国家财政为后盾，为企业在出口贸易、对外投资和对外工程承包等经济活动中提供风险保障的一项政策性支持措施，属于非营利性保险业务。它是政府对市场经济的一种间接调控手段和补充，也是世界贸易组织（WTO）补贴和反补贴协议原则上允许的支持出口的政策手段。目前，全球贸易额的15%左右是在出口信用保险的支持下实现的，一些国家的出口信用保险机构提供的各种出口信用保险保额甚至超过本国当年出口总额的三分之一。

2. 承保对象

出口信用保险保障的是买家信用，承保的对象是出口企业的应收账款，承保的风险主要分为商业风险和政治风险。

商业风险主要包括：买方破产或无力支付债务；买方拖欠货款；买方拒绝收货。

政治风险是指买方所在国（地区）颁布法律、法规、命令或采取行政措施，主要包括：禁止或限制汇兑；禁止买方所购的货物进口；撤销进口许可证。买方所在的国家（地区）或付款需经过的第三国颁布延期付款令。买方所在的国家（地区）发生战争、内战、叛乱、革命或暴动，导致买方无法履行合同。

在国际贸易中，商业性保险承保的对象一般是出口商品，承保的风险主要是因自然原因在运输、装卸过程中造成的对商品数量、质量的损害。有的商业保险也承保人为原因造成的风险，但仅限于对商品本身的损害。这些风险可以计算其发生概率，再根据概率制定保费以确保盈利。

3. 保险业务种类

根据出口标的性质、信用期限长短、保险责任起讫以及承保方式等不同需要，出口信用保险设计了不同的险种。

（1）短期出口信用保险。

适用于大批量、重复性出口的初级产品和消费性工业产品，且信用期不超过180天的出口合同。这是国际上出口信用保险适用性最广、承保量最大的险种。保险机构都制定了标准格式的保险单和统一的保险条款和费率。

（2）延长期出口信用保险。

延长期出口信用保险专门承保180天到两年之间的出口贸易风险，适用于诸如汽车、机械工具、工业生产线等货物的出口，此险种也可被视为短期出口信用保险的延续。

（3）中长期出口信用保险。

中长期出口信用保险，专门承保两年以上、金额巨大、付款期长的信用风险。常见于建筑工业、造船业等的贸易服务。此外，也可以承保海外工程和技术服务项下的费用结算的收汇风险。

（4）特定出口信用保险。

特定出口信用保险，指在特定情况下承保特定合同项下的风险的一种信用保险。其承保对象一般是复杂的大型项目。如大型转口贸易、军用设备、出口成套设备（包括土建工程等），以及其他保险公司认为风险较大、需单独出立保单承保的项目。

（三）投资保险

1. 概念与发展

投资保险又称为政治风险保险，是以被保险人因投资引进国政治局势动荡，或政府法令变动所引起的投资风险为保险标的的保险，其承保对象一般是海外投资者。投资保险的政治风险，是指东道国政府没收或征用外国投资者的财产、实行外汇管制、撤销进出口许可证等政策变动，或东道国发生内战、绑架等事件，使得投资者遭受投资损失的风险。

投资保险源自第二次世界大战后“欧洲复兴计划”中的投资保证方案。1948年，美国根据《对外援助法》制定了《经济合作法》，开始实施“欧洲复兴计划”，对战后欧洲进行经济援助，并通过投资保证制度促进本国国民对欧洲的投资，投资保险制度由此初步形成。20世纪60—70年代，日本、法国、德国、加拿大、英国等许多经济合作发展组织

（OECD）国家，纷纷仿效美国的做法，通过本国的出口信用机构（ECA）或其他政府代理机构开展投资保险业务，以推动和保护具有本国利益的跨境投资活动。投资保险制度由此广泛建立。进入20世纪90年代以后，全球经济一体化进程加速，跨国直接投资增长迅猛，国际资本流动加快，导致新兴市场风险日益显现，客观上形成了对投资保险的巨大需求，因而推动了投资保险业务的快速发展。

2. 保险责任范围

（1）征用风险也叫国有化风险，是投资者在国外的投资资产被东道国政府有关部门征用或没收的风险。

（2）汇兑风险即外汇风险，是投资者因东道国的突发事故而导致其在投资国与投资国有关的款项无法兑换货币转移出境的风险。我国投资保险承保的这一风险是“由于政府有关部门汇兑限制，使被保险人不能按投资契约规定将应属被保险人所有并可汇出的汇款汇出”的风险。

（3）战争风险又称战争、革命、暴乱风险，包括战争、类似战争行为、叛乱、罢工及暴动所造成的投资者有形财产的直接损失风险。

3. 责任免除

（1）由于原子弹、氢弹等核武器造成的损失。

（2）被保险人投资项目受损后，造成被保险人的一切商业利益损失，即间接损失。

（3）被保险人及其代表违背或不履行投资合同，以及故意违法导致政府有关部门征用或没收造成的损失。

（4）被保险人没有按照政府有关部门所规定的汇款期限汇出汇款所造成的损失。

（5）投资合同范围之外的任何其他财产的征用、没收所造成的损失。

【延伸阅读8-1】中国出口信用保险公司简介

中国出口信用保险公司（简称“中国信保”）是由国家出资设立、支持中国对外经济贸易发展与合作、具有独立法人地位的国有政策性保险公司，于2001年12月18日成立，目前已形成覆盖全国的服务网络。公司的经营宗旨是：通过为对外贸易和对外投资合作提供保险等服务，促进对外经济贸易发展，重点支持货物、技术和服务等出口，特别是高科技、附加值大的机电产品等资本性货物出口，促进经济增长、就业与国际收支平衡。

中国信保的业务范围包括：中长期出口信用保险业务；海外投资保险业务；短期出口信用保险业务；国内信用保险业务；与出口信用保险相关的信用担保业务和再保险业务；应收账款管理等出口信用保险服务及信息咨询业务；保险资金运用业务；经批准的其他业务。中国信保还向市场推出了具有多重服务功能的“信保通”电子商务平台和中小微企业投保平台，使广大客户享受到更加快捷高效的网上服务。截至2015年末，中国信保累计支持的国内外贸易和投资的规模达2.1万亿美元，为数万家出口企业提供了出口信用保险服务，为数百个中长期项目提供了保险支持，包括高科技出口项目、大型机电产品和成套设备出口项目、大型对外工程承包项目等，累计向企业支付赔款82亿美元。同时，中国信保还累计带动233家银行为出口企业融资，其融资额超过2.4万亿元人民币。

第四节　保证保险

一、保证保险的概念及内涵

对保证保险定义的界定，目前学术界有以下几种不同的观点：一是保险说，其认为保证保险是以转嫁被保险人所面临的投保人不能履行债务的风险为目的的一种保险。保证保险只是财产保险的一种，是保险公司以保证的名义经营的一种财产保险业务。二是保证说，其认为保证保险是保险人为被保险人向权利人提供担保，只是由于被保证人的不当行为导致权利人遭受经济损失，从而使得保险人应负赔偿责任。其实质就是保险人对债权人的一种担保。三是二元说，其认为保证保险既具有保险的属性，又具有保证的属性，是保证与保险两种制度的结合。

根据中国保监会对保证保险的定义，保证保险是财产保险的一种，是指由作为保证人的保险人为作为被保证人的被保险人向权利人提供担保的一种形式，如果由于被保险人的作为或不作为不履行合同义务，致使权利人遭受经济损失，保险人向被保险人或受益人承担赔偿责任。保证保险合同的当事人是债务人（被保证人）、保险人（保证人）和债权人（合同的受益人）。保证保险的被保证人（义务人或投保人）可以是自然人或者法人。

二、保证保险的产生及发展现状

（一）国外保证保险的发展现状

大约在 18 世纪末至 19 世纪初，随着现代商业信用的迅速发展，道德危机频繁发生，保证保险就在美国应运而生，最早出现的保证保险是诚实保证保险。

保证保险业务随后在西欧、日本相继开办，业务种类也越来越多。目前，西方国家的保证保险体系已逐步趋于完善，可以对货物买卖、租赁、借贷、工程承包等各类型的合同提供保证保险。①

在国际保险市场，保证保险的主要业务有以下三种类型。

（1）合同保证保险，承保被保证人不履行各种合同义务而造成权利人的经济损失。其中，最普遍的业务是建筑工程承包合同的保证保险。

（2）忠实保证保险，也叫雇员忠诚保险。承保雇主因雇员的故意不法行为，如盗窃、贪污、欺骗等而受到的经济损失。这种保险一般由雇主投保。

（3）产品保证保险，承保的是在产品责任险保单下不承保的、被保险人因所制造或销售的产品有缺陷而产生的赔偿责任。②

（二）国内保证保险的发展现状

我国的保证保险业务产生于 20 世纪 80 年代，最先是由中国人民保险公司开办并经营，已经有三十多年的发展历史了。此后，相继有中国太平洋保险公司等一些大型保险公

---

① 温世扬．保险法．北京：法律出版社，2003.

② 林增余．财产保险．北京：中国金融出版社，1987.

司涉足经营该项业务，保险险种也日渐增多。尤其是加入世贸组织以后，我国的保险经营主体迅速增加，保证保险业务也得到了长足发展。

目前，我国开展的保证保险业务主要包括：企业借款保证保险、分期付款购车履约保证保险、个人贷款抵押房屋综合保证保险、雇员忠诚保证保险、建筑工程施工质量保证保险、住宅质量保证保险和产品质量保证保险等险种。但市场急需的一些保证保险业务还未开展，比如公务员保证保险、建筑工程类保证保险（包括工程投标保证保险、工程预付款保证保险、工程履约保证保险和工程维修保证保险）、存款保证保险等险种。

由于保证保险在我国依然是一项新业务，在相关法律法规还不健全，保险公司缺乏相应管理经验的情况下，保险公司经营中存在一些违规现象，经营比较艰难。目前还存在以下主要问题。

（1）对保证保险的概念和性质的认识还很模糊。比如保证保险与保证有什么区别？保证保险与担保有什么区别？由于缺乏经验，很难确定它们之间的确切分界线。

（2）保证保险的司法认定问题。此类问题主要表现在保证保险合同的从属性、诉讼主体、保险合同抗辩权和保证人的代位求偿权等问题上。

（3）保险公司对保证保险所面临的各类风险认识不足，对市场需求研究还不够深入，目前开展的险种还不能满足市场需求，有待进一步完善和加强。

（4）保证保险的相关立法滞后。由于立法的滞后，保证保险业务在实际操作中产生了大量的纠纷，一时难以解决。

三、保证保险的特点

保证保险作为一类非传统财产保险，其特点可概括为以下四点。

（一）承保的是信用风险

保证保险承保的是信用风险，保险人负责赔偿因信用风险发生给权利人造成的经济损失。投保人可以是权利人，也可以是义务人。保险人在一般情况下承保此类保险时，应先对被保证人的信用状况进行严格审查，严控信用风险。千万不可贸然承保，在有了确切把握后才可承保。

（二）涉及三方利益关系

一般财产保险只涉及保险人和被保险人的利益关系，而在保证保险中，却涉及三方的利益关系：保险人（保证人）、义务人（被保证人）和权利人。即当权利人遭受合同约定的经济损失时，由保险人代被保证人赔偿权利人的损失。保险人在该类保险业务中，实际起到了对权利人经济利益的担保作用。

（三）经营风险较小

在保证保险经营中，义务人（被保证人）交纳的保费只是为了获得保证人出具的保证书，作为向权利人保证其履行义务的凭证。在保险人出具保证书作为担保的情况下，履约的全部义务还是由义务人（被保证人）自己承担，风险并没有转移。保险人（保证人）收取的保费只是凭借其信用向义务人（被保证人）收取的一种担保费，风险仍然由义务人（被保证人）承担，只有在义务人没有能力负担的情况下，才由保险人（保证人）代其履行义务，事后还要收回代为承担的赔偿款。与一般财产保险业务相比，该保险是建立在诚实守信、无风险损失的基础上，所以保险人经营保证保险业务的风险相对较小。

（四）费率厘定难度大

从保险费率厘定时考虑的风险因素来看，一般财产保险的费率厘定主要考虑的是自然风险因素，有相关历史数据可参考，难度较小。而保证保险的费率厘定主要考虑的是个人品德因素以及经济政治因素，道德风险及经济政治环境等系统性风险均不好掌握，因此，保证保险的费率厘定难度相对较大。

四、保证保险的主要业务险种

（一）雇员忠诚保证保险

雇员忠诚保证保险承保雇主因雇员的不诚实行为而遭受的经济损失。通常以雇主为该保险的被保险人。

1. 投保方式

（1）不指名投保方式。即把所有雇员都列入保证范围，并按工种、直接或间接经管钱物的情况分类，对每类人员分别规定赔偿责任限额。其赔偿责任限额，一般根据企业的业务量和雇员经手钱物的数量，由被保险人协商确定。该方式的使用比较普遍。

（2）指名投保方式。即指定某些雇员为保证对象，并对每个人单独约定其赔偿责任限额。该方式的使用比较少。

2. 保险责任

对于雇主因雇员的不诚实行为而遭受的直接经济损失，保险人在下列条件下履行赔偿责任。

（1）雇员的不诚实行为发生在保险期内。

（2）雇员的不诚实行为发生在其受雇用期间（该期间连续未中断）。

（3）雇员的不诚实行为发生在其从事雇用工作的过程中，即与其职业或职责有关。

（4）由于雇员的不诚实行为一般不易立即被发现，所以本保险对雇员的不诚实行为规定了一个发现期。即在保险期限内从雇员退休、离职、死亡、脱离工作岗位日期起或保单终止之日起六个月，在此期间内发现雇员的不诚实行为给雇主造成的损失也属于保险责任范围。

（二）履约保证保险

履约保证保险，是指保险公司向被保险人（权利人）承诺，如果投保人（义务人）不按照合同约定或法律规定履行其义务而造成经济损失，则由保险公司承担赔偿责任的一种保险。

履约保证保险的目的，是补偿由于义务人不履行约定或法定义务给权利人的财产造成的实际损失。该保险不以人的生命和身体为保险标的，而且在该种保险中保险人具有代位求偿权，即当义务人不能及时履行义务是由于第三人的原因造成的，保险人在赔付给权利人相应赔款后，可以在赔偿额度内取得义务人对第三人的赔偿请求权。

值得注意的是，在履约保证保险业务中，一旦保险公司对债权人进行了赔付，它就取得了债务人的债权人地位。此时保险公司的权力很大，其对债务人的债权追索权已经不仅局限于债务人的债务，在法律允许的范围内，保险公司基于其债权人的地位，可以就被保险人（债务人）的一切财产行使其追偿权。

（三）产品保证保险

1. 概念

产品保证保险亦称产品质量保险，它承保被保险人因制造或销售的产品丧失或不能达到合同规定的效能，而应对买主承担的经济赔偿责任。保险人对有缺陷的产品本身及由其引起的有关间接损失和费用承担经济赔偿责任。

2. 保险责任范围

（1）使用者因更换或修理有质量缺陷的产品所承受的损失和费用。

（2）赔偿使用者因产品质量不符合使用标准而丧失使用价值的损失和由此引起的额外费用。例如，运输公司因汽车销售商提供的汽车质量不合格所引起的停业损失，或因继续营业而临时租用他人汽车所支付的租金等。

（3）被保险人根据法院的判决或有关政府当局的命令收回、更换或修理已投放市场的存有缺陷的产品所承受的损失和费用。

3. 产品质量保证保险与产品责任保险的区别

（1）保险标的不同。产品责任保险的保险标的是产品责任。产品质量保证保险的保险标的是产品质量违约责任。

（2）保险性质不同。产品责任保险是保险人针对产品责任提供的、替责任方承担因产品事故造成对受害方经济赔偿责任的责任保险。产品质量保证保险是保险人针对产品质量违约责任提供的、带有担保性质的保证保险。

（3）保险责任范围不同。产品责任保险承保的是因产品质量问题导致用户财产损失或人身伤亡依法应负的经济赔偿责任，产品本身的损失则不予赔偿。而产品质量保证保险，则承保投保人因其制造或销售的产品质量有缺陷而产生的对产品本身的赔偿责任，也就是承保因产品质量问题所应负责的修理、更换产品的赔偿责任。

本章小结

1. 无形财产保险是指以被保险人的法律赔偿责任及信用风险作为保险标的的一类财产保险。它是广义财产保险中的一种保险，因其保险标的无形而得名。

我国现行保险法将无形财产保险划分为责任保险、信用保险和保证保险。

2. 无形财产保险的特征是：保险标的无形；利益关系人较多；理赔复杂、周期长。

3. 责任保险是以被保险人应依法承担的民事损害赔偿责任作为保险标的的保险。该保险属于广义财产保险的范畴，是一种无形财产保险。责任保险的主要业务包括公众责任保险、产品责任保险、雇主责任保险、职业责任保险四类。

4. 责任保险的基本特征有四点：法制的健全与完善是其产生与发展的基础；责任保险是一种双重保障机制；承保标的是无形的民事法律风险；责任保险赔偿处理涉及司法部门。

5. 信用保险是指权利人向保险人投保义务人的信用风险的一种保险。信用保险的特点是保险标的是信用风险，以代位追偿原则为赔偿基础，信用保险中第三者及其行为必须事先列明。

6. 信用保险与保证保险的区别是：保险合同涉及的当事人不同；保险性质不同；保险人承担的风险不同；保险费的性质不同。

7. 保证保险属于一种担保业务，由保险人为被保证人向权利人提供担保，当被保证人违约或不忠诚而使权利人遭受经济损失时，权利人有权从保证人处获得补偿。在国际保险市场，保证保险有三种主要业务类型：(1) 合同保证保险；(2) 忠实保证保险；(3) 产品保证保险。

8. 产品保证保险亦称产品质量保险，它承保被保险人因制造或销售的产品丧失或不能达到合同规定的效能，而应对买主承担的经济赔偿责任。产品质量保证保险与产品责任保险的区别是：(1) 保险标的不同；(2) 保险性质不同；(3) 保险责任范围不同。

复习思考题

1. 何谓无形财产保险？其特征有哪些？
2. 简述责任保险的分类及基本特征。
3. 何谓信用保险？其特点与主要业务有哪些？
4. 信用保险与保证保险的联系与区别是什么？
5. 何谓保证保险？其特点和主要业务有哪些？
6. 产品质量保证保险与产品责任保险的区别是什么？

第九章 人身保险

⊙内容提要⊙

本章包括人身保险概述、人寿保险、意外伤害保险和健康保险四节内容。应掌握人身保险的含义与意义，分类与特点；人寿保险的概念、分类与特点；传统寿险的险种及其特点；现代寿险的险种及其特点；健康保险的概念、分类与特点；医疗、重疾、护理和收入损失补偿保险的特点；意外伤害保险的概念、分类与特点；普通、特殊意外险的险种及其特点。

第一节 人身保险概述

一、人身保险的概念及内涵

人身保险是指以人的寿命和身体为保险标的的保险。即保险人和投保人双方签订保险合同，并由保险人向投保人收取保险费，当被保险人遭受灾害事故或因疾病导致丧失工作能力、伤残、死亡或年老退休时，或当双方约定的其他事件发生时，保险人按约定的方式向被保险人或受益人给付保险金或年金。

二、人身保险的重要意义

人身保险不仅对个人和家庭，而且对企业、国民经济发展和制度改革都具有重要意义。随着经济社会的发展，其意义愈发重要。

（1）为个人及家庭提供经济保障和理财渠道。

客观存在的人身风险一旦发生，必将影响个人和家庭的正常生活。特别是家庭的主要劳动者一旦发生意外，或残或死都会减少家庭经济收入，增加支出，严重者还会使家庭生活陷于困境。人身保险可以把人身风险转嫁给保险人，为家庭生活提供经济保障。人身风险即使不发生，也会由于其客观性，给家庭和个人的经济生活留下阴影，使其产生忧虑。如父母总会担心未成年子女早年身故，或子女生活、教育将失去经济来源。若投保了人身保险，无论事故是否发生都不会影响子女正常的生活，并可消除其后顾之忧。

一般而言，个人和家庭投资的主要方式是银行储蓄、购买债券、股票、人身保险等。比较而言，债券和股票收益较大，但投机性强，风险大；银行储蓄安全稳定，但不能获得保障和储蓄的双重好处；而投保人身保险既可获得经济保障，又安全可靠，还可能获得高于银行储蓄的收益。如分红人身保险，既有固定的利息收入，还能分享保险人的经营成果。同时，由于许多国家对人身保险金免征所得税和遗产税，投保人身保险还可享受纳税方面的优惠，顺利传承财产。因此，现代人身保险作为投资方式，日益受到人们的青睐。

（2）稳定企业经营，提高企业凝聚力。

推动企业发展的核心因素是劳动力和人才，员工保障制度则是企业吸引劳动力与人才、提高企业凝聚力的重要方法。对于广大企业而言，通过办理各种团体人身保险为其员工提供生、老、病、死、残等人身保障，充分利用保险制度解除员工的后顾之忧，既可以稳定员工队伍，提高员工福利及凝聚力，也可充分调动其积极性，促进企业的迅速发展，稳定企业的支出。企业通过办理企业年金和补充医疗保险，为职工在享受基本养老和医疗保险之外提供更多的人身保障，从而增强员工的凝聚力，激发其创造力。

（3）增加社会投资，促进经济发展。

人身保险经营中，通过收取保费的形式积聚了巨额的保险基金。由于人身风险的发生存在不确定性，因此在保费收入和保险金给付之间必然存在时间差和规模差。保险业可利用该时间差，通过国家规定的各种投资渠道，将闲置中的庞大保险基金投入金融市场，直接或间接投资于生产领域，从而扩大社会生产规模，弥补社会总资金的不足，促进经济社会的发展。

（4）助推社会保险制度改革，保障劳动者生活安定。

随着我国经济体制改革的深入，所有制改革、劳动就业制度改革、社会医疗制度改革、社会福利制度改革如住房和养老金制度都在不断地深入与推广。而经济体制改革使民众生活压力逐步加大，家庭与个人经济生活不稳定因素大大增加，各项人身风险对家庭生活的破坏作用日趋显著。因而，经济体制改革措施的实施需要人身保险的配套服务，以补充社会保险制度的不足，解决一部分社会问题，保障劳动者的基本生活安定。

三、人身保险的主要分类

人身保险实务中，根据不同要求、不同场合，可以从不同角度对其进行分类。

（一）按保险法或其保障范围分类

人身保险按保障范围不同可分为人寿保险、人身意外伤害保险和健康保险三类。

人寿保险简称寿险，是以人的寿命为保险标的的保险，保险合同以被保险人的生存或死亡为给付保险金的条件。人寿保险在全部人身保险中占比最大，是人身保险的主要种类。

人身意外伤害保险简称意外险，是以被保险人因遭受意外伤害事故造成死亡或残疾为保险事故的人身保险。它在全部人身保险业务中占比虽小，但由于保费低廉，被保险人只需缴付少量保费便可获得高额保障，且投保手续简便，无需体检，因此承保人次较多，社会影响力很大。

健康保险是以被保险人因意外事故或疾病等所致的医疗费用支出、护理费用支出或损失补偿为保险事故的人身保险。健康保险不同于医疗保险，健康保险的保障范围比医疗保险更大，医疗保险只是健康保险的一种业务。

（二）按实施方式分类

人身保险按实施方式可分为自愿保险和强制保险两类。人身保险中的绝大部分业务都是自愿保险，只有建筑业员工意外伤害保险等少数险种属强制保险。

（三）按保险期限分类

人身保险按保险期限不同可分为长期人身保险、一年期人身保险和短期人身保险。

长期人身保险是保险期超过三年的人身保险业务。人寿保险一般属于该类，保险期限一般最短为三年。健康保险中的重大疾病保险也可以是长期业务。

一年期人身保险是保险期为一年的人身保险业务。一年期业务中以人身意外伤害保险居多。健康保险也可以是一年期业务。

短期人身保险是保险期限不足一年的人身保险业务，以人身意外伤害保险居多。如只保一次航程、一次旅程、旅客意外保险或公共场所游客意外伤害保险等等。

（四）按投保方式分类

人身保险按投保方式可以分为个人保险和团体保险两类。

个人保险是指一张保险单只为一个人提供保障的业务。

团体保险是指以一张总的保险单为某一团体单位的所有成员或大多数成员（一般要求至少为总人数的75%）提供保障的业务。该保险要求被投保团体在投保前就合法存在，且要符合一定的人数要求。

（五）按人身保险的作用分类

人身保险按其作用不同可以划分为保障型、储蓄型和投资型人身保险三类。

保障型人身保险是指主要体现保险保障功能，基本不含储蓄性的人身保险业务。如定期寿险、意外险和短期健康险等。

储蓄型人身保险是指主要体现保险长期半强制性储蓄功能的人身保险业务。如年金保险、子女教育金保险等。

投资型人身保险是指在基本功能上凸现保险投资功能，可以享受保险人经营业务的利润或投资利润的人身保险业务。如分红保险、万能保险和投资连结保险等。

（六）按保障的风险程度分类

人身保险按保障的风险程度可以分为标准体保险和非标准体保险两类。

标准体保险又称为健体保险或强体保险，是指被保险人的风险程度与保险人订立的正常标准费率相适应的人身保险。当被保险人的身体健康状况、职业、道德等各方面无明显缺陷时，可以用正常保险费率来承保。

非标准体保险又称为次健体保险或弱体保险，是指不能用正常的费率来承保，而只能用特殊条件如加费、减额、增龄或限制保障范围等方式加以承保的人身保险。当被保险人的风险程度如健康状况、职业等要素超过标准体风险条件时，需办理该保险。

四、人身保险的基本特点

人身保险与财产保险相比，具有以下七个特点。

（1）保险标的特殊。

财产保险的保险标的是财产及其有关利益，没有生命；而人身保险的保险标的是人的生命和身体。

（2）人身保险是定额保险。

由于人身保险的保险标的是人的寿命和身体，而人的寿命和身体不是商品，其经济价值无法用货币进行衡量，因此在人身保险中，只能根据被保险人的保险需求和支付保费的能力等因素，由双方当事人事先约定一个数目作为保险金额，在保险事故发生时由保险人依照约定给付保险金。因此，人身保险是定额保险。

（3）理赔的给付性。

财产保险的保险金额根据财产的实际价值确定，理赔时只能以实际价值为限。因此，财产保险具有补偿性。人身保险属于定额保险，其保险金额是双方事先约定的，不存在不足额投保或超额投保的问题，也没有重复保险和代位求偿权的问题。被保险人无论投保几份人身保险，当保险事故发生时，可以同时从多份保险合同得到约定的保险金。这就是人身保险的给付性。

（4）保险风险的变动性。

在财产保险中，若社会环境、管理水平等因素不变，财产遭受保险事故的概率基本稳定，保险人则无需因为风险变化而逐年调整费率。但在人身险尤其是人寿保险中，其损失率是通过死亡率测定的，不同年龄的死亡率不同，死亡风险随着年龄的增长而逐年增加，特别是人到晚年，死亡率上升速度会加快。为避免费率的逐年变动，人身保险一般采用均衡费率代替每年更新的自然保险费率，从而降低了风险变动性产生的不利影响。

（5）承保风险具有稳定性。

相对于财产保险风险而言，人身保险所承保的风险规律性很强，特别是在人寿保险中，人的死亡风险与被保险人的年龄密切相关，并且随着年龄的增长逐渐增大，最后变成一个确定事件。这就决定了人身保险在处理风险方面，尤其在预测保险事故发生的可能性上更加准确，因为根据生命表预计人的寿命长短和死亡率的大小，与人们的实际寿命长短及其死亡率非常接近。这表明人身保险承保的风险比较稳定，也决定了人身保险业务经营的稳定性。理论上只要保险人选用的生命表以及保证利息适当，就不会发生业务亏损，也不会出现很大的盈余。

（6）具有一定的储蓄性。

储蓄的特点是返还本金和支付利息。人身保险的储蓄性，是指大部分保险产品具有储蓄的上述基本特点。如寿险的储蓄性就表现在：第一，保险公司对寿险保费计算利息。第二，大部分寿险品种最后必须给付保险金。

(7) 保险期限的长期性。

相对于财产保险而言，大多数人身保险属于长期性保险，期限较长，特别是人寿保险，期限都在三年以上。从国际市场来看，保险期限在五年以下的人寿保险合同较少，大多数合同的期限是十几年甚至几十年。

第二节 人寿保险

一、人寿保险的概念与内涵

人寿保险简称寿险，是以被保险人的寿命为保险标的、并以被保险人生存或死亡为给付条件的人身保险。即当被保险人死亡或生存达到合同约定的年龄、期限时，由保险人给付相应的保险金。

人寿保险是人身保险中产生最早的险种，已有300余年的历史。在21世纪以前，人们一直认为死亡是人类面临的最大人身风险。因此，早期的人寿保险专指死亡保险。随着社会的发展，人们希望生存，更希望长寿。由于维持生存和长寿需要支付相应的生活费用，故从该角度而言，生存和长寿也属于一种风险。为此，市面上又出现了生存保险以及把死亡保险和生存保险相结合的两全保险。后来，又出现了年金保险以及许多创新型人寿保险。

人寿保险对安定人民生活，传承财富，促进社会稳定和保证国家长治久安都起着十分重要的作用。现代寿险已成为千家万户必不可少的保障项目。

二、人寿保险的基本分类

(一) 按保险给付条件分类

人寿保险按保险给付条件的不同可分为死亡保险、生存保险和两全保险三类。关于它们的解释详见本节普通寿险部分。

(二) 按被保险人人数的不同分类

人寿保险按被保险人人数的不同可分为单独人寿保险、团体人寿保险和联合人寿保险三类。

单独人寿保险是只有一个被保险人的人寿保险。团体人寿保险则是以某一社会团体为投保人，以团体全体成员为被保险人，以被保险人指定的家属或其他人为受益人的保险。联合人寿保险是把有一定利害关系的二个或三个以上的人视为一个被保险人整体的保险。如父母、夫妻、子女、兄弟姐妹或合作人等。联合保险中第一个人死亡，即将保险金给付其他生存的人；如果保险期限内无一人死亡，保险金即付给所有联合被保险人或他们指定的受益人。这种保险形式在我国很少见。

(三) 按实务分类

人寿保险按实务分类可分为普通人寿保险与特殊人寿保险两类。

普通人寿保险是指定期人寿保险、终身人寿保险以及生死两全险。特殊人寿保险是指团体人寿保险和简易人寿保险。其中简易人寿保险是一种以低收入劳动者为承保对象，按月或按周收取保险费，免体检、低保额的人寿保险。

（四）按有无利益分配分类

人寿保险按有无利益分配可分为分红保险与不分红保险两类。

分红保险是指保险人将每期盈利的一部分以红利形式分配给被保险人的一种保险。该保单在设计时已规定固定数额的预定利率，保险人同时承诺将保险公司每期盈余的一部分以红利的形式支付给被保险人，使得其既得到了保险保障，又可以共享保险公司的经营成果。红利的分配方式很多，有领取现金、抵充保费、增加责任准备金或提高保险金额等。不分红保险则是被保险人在交纳保险费后没有任何额外利益分配的保险。

（五）按历史发展分类

人寿保险按历史发展分类，可分为普通寿险和新型寿险两类。本节后面会按此分类进行详细论述。

三、人寿保险的主要特点

人寿保险除了具有人身保险的一般特点，还具有以下特点。

(1) 保险期限长。

人寿保险大都属于长期性保险，其期限为几年甚至几十年，而非寿险的保险期限一般不超过一年。

(2) 承保风险特殊。

人寿保险承保风险的特殊性体现在：一方面，从整体上说，人寿保险承保风险具有一定的稳定性；另一方面，从个体上说，风险又具有变动性。生命表的发明使人寿保险所承保的风险从整体上看具有相对稳定性。但依据生命表又可以看出，每个人一生中在不同的年龄阶段，其死亡概率和生存概率是不同的。统计资料表明，人的死亡风险随着年龄的增长而逐年增加，因而风险从个体上看具有变动性。

(3) 储蓄及投资性。

人寿保险除提供保险保障外还兼有储蓄及投资性质。当保险合同期满时，被保险人或收益人可收回保险金额的全部或部分。人寿保险的纯保险费一般由两部分组成，一是根据每年的风险保险金额计算出来的自然保险费；二是储蓄保险费，即投保人的储金，用以积存责任准备金。这种准备金实质上是投保人存放在保险人处的储蓄存款，保险人可将这笔保险费进行投资、贷款，从而获得利息收益，使被保险人的保险准备金保值增值。

(4) 保险利益特殊。

人寿保险的保险利益是依据人与人的关系来确定的。我国《保险法》对人寿保险合同保险利益的确定，主要是采取限制家庭成员关系范围并结合被保险人同意的方式，对人寿保险合同的保险利益加以确认的。

(5) 保险金额特殊。

由于人的寿命或身体价值不能用金钱来衡量，因此，人寿保险合同就无法通过保险标的的价值来确定保险金额。人寿保险合同的保险金额，一般由投保人根据被保险人对人寿保险的需求和交费能力，在法律允许的范围与条件下与保险人协商确定。

（6）保险费率特殊。

根据生命表可知，由于人的死亡率随着年龄增长逐年增加。在人寿保险中，如果以每一年的死亡率为依据计算保险费，就会出现年轻的投保人交费负担较轻，年老的投保人交费负担过重的情况。当被保险人年老时，由于劳动能力减弱导致其收入减少，却要交纳较高的保险费。而老年时期是最需要保险保障的时期，由于保费负担过重，投保人可能会放弃投保，这将不利于保险业务发展，也使被保险人得不到充分的保障。为了克服这种不平衡性，人寿保险按均衡费率计算保费，即在投保人交费的早期，把被保险人应该在若干年内交纳的保险费总额平均分摊至每一年收取，使保险人每年收取的保费不随被保险人死亡率的逐年变化而变化，而是每年收取相同的保费。这就使得被保险人每年交纳保费的负担比较均衡，不会因费用负担过重而使其在晚年得不到保险保障。

（7）保险理赔特殊。

人寿保险属于约定给付的合同。人寿保险合同发生约定事件后，保险人依据合同中约定的金额给付保险金，而不是依据保险事故发生所造成的实际损失计算，也不实行比例分摊和代位求偿。因为人的生命是无法从经济上衡量其实际损失额的。

四、普通寿险

普通寿险也叫传统寿险，是指20世纪70年代以前以大数法则为基础，保险金额和保险费均不变，同时比较稳定和成熟的寿险业务。根据保障项目的不同，传统寿险可以分为死亡保险、生存保险和两全保险三类。

（一）死亡保险

死亡保险是以被保险人的死亡作为给付保险金条件的保险。按照保险期限不同，死亡保险可分为定期死亡保险和终身死亡保险。定期死亡保险简称定期保险，是以被保险人在保险合同规定期间内死亡为前提的，由保险人负责给付保险金的保险。终身死亡保险简称终身寿险或终身保险，是一种不定期的死亡保险，即自保险合同生效之日起，至被保险人死亡之时，保险人依照保险合同的规定给付保险金。

【延伸阅读 9－1】保监会调高未成年人保险死亡给付门槛

中国保监会曾于1999年规定，未成年人身故，保险金额总额不得超过5万元，但考虑到部分地区生活水平相对较高，于2002年将北京、上海、广州、深圳四地的这一保额上限提至10万元。2011年4月起，中国保监会再次做出修订，规定上述四地保险公司对全国未成年人身故保险金限额统一上调为10万元。自2016年1月1日起，未满10周岁的未成年人死亡保险金限额提高至20万元，已满10周岁但未满18周岁的未成年人死亡保险金限额提高至50万元。

（二）生存保险

生存保险是以被保险人在一定时期内继续生存为给付保险金条件的保险。如果被保险人在保险期限内死亡，则保险人不给付保险金。只有当被保险人一直生存到保险期限届满时，保险人才按照合同规定支付其生存保险金。

年金保险作为生存保险的一种，是现代社会中很重要的寿险品种。年金保险是以被保险人期满生存为保险金给付条件，按合同规定其保险金，同时在被保险人生存期间每隔一定周期（通常为一年）支付一定的保险金给被保险人，而非一次性给付的一种生存保险。

（三）两全保险

两全保险又称生死合险，是指被保险人无论在保险期内死亡还是生存至期满，保险人都给付保险金的一种人寿保险，是把定期死亡保险和生存保险结合起来的一种保险形式。两全保险的保障全面，但保费较高，相当于定期寿险与生存保险两者保费之和。保费当中既有保障因素又有储蓄因素，所以两全保险的保障比较全面，适应于经济能力强的投保人购买。两全保险的业务种类很多，主要有普通两全保险、双倍两全保险、养老附加定期保险、联合两全保险等。

五、新型寿险

新型寿险又称为创新型寿险，是指20世纪70年代以来寿险保险公司为了有效抵御通货膨胀，增强与其他金融机构的竞争能力，降低寿险经营的利率风险而开发设计出的一系列新型寿险产品的总称。新型寿险突破了普通寿险保额不变、保费不变的缺点，增加了寿险产品的弹性，使其保险金额可以随着市场上投资收益的变化而变化，或赋予投保人调整保险费、保险金和现金价值的选择权。新型寿险产品不仅有保障功能，还兼有投资理财的功能。其主要险种有分红寿险、投资连结保险、万能寿险、变额万能寿险等。

（一）分红寿险

分红寿险是指保险公司在为被保险人提供寿险保障的同时，在每个会计年度结束时，将上一会计年度该类险种的可分配盈余，按一定比例以一定形式分配给客户的一种人寿保险。投保该保险的客户既能得到保险保障，也可以分享寿险公司的盈余分配。

分红寿险可分配的红利主要来源于利差益、死差益和费差益三个方面。

利差益=(实际资金运用收益率－预定利率)×责任准备金

死差益=(预定死亡率－实际死亡率)×风险保额

费差益=(预定费用率－实际费用率)×保险费

分红保险的红利除了上述盈余来源外，还有解约收益、投资收益及资产增值、残疾给付、年金预计给付额与实际给付额之间的差额等。每一会计年度末，分红保险业务的盈余计算结果由公司董事会讨论、决定当年的可分配盈余，并在分红保单持有人和公司股东之间进行分配。红利的分配应满足公平性和可持续性原则。按照中国保险监督管理委员会的规定，保险公司每一会计年度向保单持有人实际分配盈余的比例不低于当年可分配盈余的70%。

保单所有人领取红利的方式有现金领取、累积生息、抵交保险费和缴清增值保险（根据被保险人当时的年龄将红利作为趸交保险费购买非分红保险的方式不适用于次标准体保单）。

分红保单每年派发的红利是不可预见和不可保证的，它会随保险公司的实际经营绩效而波动，与保险公司业务经营水平相关，因而投保人与保险公司共担风险。分红保单由于可以提供高于非分红保单的收益，因而在寿险业务中的比重上升很快，成为我国寿险市场最大的险种。

（二）投资连结保险

投资连结保险也叫变额寿险，是指其保险金额随其保费分立账户中投资基金的投资绩效变化而变化的一种终身寿险。该险种于1970年代初出现在欧洲和加拿大，1976年首次在美国市场上销售。该险种目前已是国外保险市场上重要的销售品种，被认为可以抵消因通货膨胀导致人寿保险死亡给付不足的问题，因为该保单投资的股票价值会随通货膨胀而上升。

我国该类型的产品均被称为投资连结保险。由中国平安保险公司于1999年10月推出的“平安世纪理财投资连结保险”，是我国市场上最先推出销售的该类寿险产品。

按照我国保险法规的规定，投资连结保险简称投连险，是包含保险保障功能，并至少在一个投资账户拥有一定资产价值的人身保险产品。投资连结保险及投资账户均不得保证最低投资回报率。

投资连结保险与传统寿险产品相比较，具有以下特点：其保费的缴纳与传统寿险相同，是固定的，但保单的保险金额在保证一个最低限额的条件下却是可以变动的；开设分立账户或投资账户；保单的账户价值随着所选择的投资组合中投资业绩的变动而变动，某一时刻保单的账户价值取决于该时刻其投资组合中分立账户资产的市场价值。

该保险的投资风险是由保单所有人承担，保险人只负责管理投资账户。保单的账户价值可能因投资账户的收益下降而为零。因此，美国变额寿险产品被认为是一种有价证券投资产品，经营该保险的保险公司须作为投资公司经纪商在美国证券交易委员会注册。同时，在美国出售的各种变额寿险保单也必须在美国证券交易委员会注册，而且只有根据联邦证券法取得经纪人或交易商许可证的销售代理人才有资格销售这类产品。

（三）万能寿险

万能寿险是一种缴费灵活、保险金额可调整的寿险产品。自1922年开始，精算学界不断有精算师推导公式、发表论文，逐步形成了设计万能寿险的成熟想法。

同时，电脑科技的进步也为弹性保费保单创造了销售的条件。在1975年第七次太平洋保险会议上，美国精算师安德生提出《万能寿险保单》的设想方案。1979年，美国加利福尼亚寿险公司开始销售万能寿险保单。1985年，万能寿险保单销售一跃而占到个人寿险新保费的38%，之后其比例逐步降至25%左右。

万能寿险的出现是为了满足保费支出较低、缴纳方式要求灵活的消费者的需求。其保费缴纳方式灵活，保险金额也可以调整，且保险人的经营费用非常透明。投保人在缴纳首期保费后可选择在任何时候缴纳任何数量的保费，只要保单的账户价值足以支付保单的相关费用，投保人就可以选择不缴纳保费而使保单继续有效。投保人还可以在具有可保性的前提下，提高保额或降低保额。

万能寿险的灵活性很强，不仅表现在保费的缴纳方式上，还表现在可以在一定的限制范围内选择所需要的保额。万能寿险的客户可以在任意时候减少或增加保额，所以能适应客户对保险的个性化需求。

按照我国精算法规的相关规定，万能寿险所收取的费用基本等同于投资连结保险，但不得收取投资连结保险中的买入卖出差价和资产管理费。

（四）变额万能寿险

变额万能寿险，是将万能寿险的缴费灵活性和变额寿险的投资弹性相结合的一种终身寿险。该寿险遵循万能寿险的缴费方式，保单持有人可以在规定的期限内自行决定每期保费支付金额，或在符合保单最低保额的条件下，任意选择降低或调高保险金额。变额万能寿险的投资与变额寿险一样，是多种投资基金的集合。保单所有人可以在一定时期内，将其现金价值从一个账户转移到另一个账户。但其死亡给付采取与万能寿险相同的方式，即由投保人选择。

第三节　意外伤害保险

一、意外伤害保险的概念与内涵

意外伤害保险简称意外险，是指在保险合同有效期内，被保险人由于遭受意外伤害造成死亡或残疾时，由保险人按照保险合同规定给付保险金的一类人身保险。

意外伤害保险通常包含以下三层含义：

第一，必须有客观的意外事故发生，且事故原因是意外的、偶然的、不可预见的。

第二，被保险人必须有因客观事故造成人身死亡或残疾的结果。

第三，意外事故发生和被保险人遭受人身伤亡的结果之间有着内在的、必然的联系，即意外事故发生是被保险人遭受伤害的原因，而被保险人遭受伤害是意外事故的后果。

意外伤害保险的保障项目有两种：一是死亡给付，即被保险人因遭受意外伤害造成死亡时，保险人给付死亡保险金。二是残疾给付，即被保险人因遭受意外伤害造成残疾时，保险人给付残疾保险金。

【案例 9－1】投保意外险两天去世，受益人获赔 34 万元

2009 年 7 月 3 日，邓某在中国人寿保险公司桂林分公司为自己购买了一份“国寿安心意外伤害保险”，保费 600 元，保额 34 万元。当年 7 月 5 日，邓某驾驶一辆皮卡车行至云南弥勒县时不幸与一辆大货车相撞身受重伤，经医院抢救无效死亡。当亲属最近整理其遗物时，发现其生前在中国人寿购买了意外伤害保险，遂立即报案并申请索赔。该公司接到报案后多次派理赔员深入弥勒县交警部门和相关医院进行查勘，主动帮助受益人收集理赔资料，填写申请书，并开通理赔绿色通道，最终按保险条款责任及时将 34 万元保险理赔金送到了受益人手中。

二、意外伤害保险的一般分类

（一）按承保方式分类

意外伤害保险按承保方式不同，分为个人意外伤害保险和团体意外伤害保险两类。

个人意外伤害保险，是指以个人方式投保的意外伤害保险。团体意外伤害保险，是指以团体方式投保的意外伤害保险。

（二）按实施方式分类

意外伤害保险按实施方式不同，分为自愿意外伤害保险和强制意外伤害保险两类。

自愿意外伤害保险，是指投保人根据自己的意愿和需求投保的各种意外伤害保险。强制意外伤害保险，是指国家机关通过颁布法律、行政法规、地方性法规而强制实行的意外伤害保险。

（三）按保险风险分类

意外伤害保险按保险风险不同，可分为普通意外伤害保险和特种意外伤害保险。本节后面会对这两种类型展开详细论述。

（四）按保单类型分类

意外伤害保险按保单类型不同，可分为单纯意外伤害保险和附加意外伤害保险。

单纯意外伤害保险是指一张保险单所承保的保险责任仅限于意外伤害的人身意外伤害保险。附加意外伤害保险包括两种情况：一种是意外伤害保险附加于其他保险上；另一种是意外伤害保险附加其他保险责任。

（五）按保险责任分类

意外伤害保险按保险责任分类，可分为意外伤害死亡残疾保险、意外伤害医疗保险、综合意外伤害保险和意外伤害误工保险四类。

（1）意外伤害死亡残疾保险简称为意外伤害保险，只保障被保险人因意外伤害所致的死亡和残疾，满足被保险人对意外伤害的保险需求。

（2）意外伤害医疗保险，是以被保险人因遭受意外伤害需要就医治疗而发生的医疗费用支出为保险金给付条件的人身保险。

（3）综合意外伤害保险是前两种保险的综合形式。在其保险责任中，既有被保险人因遭受意外伤害身故或残疾的保险金给付责任，也有因该意外伤害使被保险人在医院治疗所花费的医疗费用的保险金给付责任。

（4）意外伤害误工保险，是指被保险人因遭受意外伤害暂时丧失劳动能力而无法工作，保险人给付一定误工保险金的人身保险。

三、意外伤害保险的业务特点

意外伤害保险所承保的内容与人寿保险不同，其具有以下特点。

（1）可保风险特殊。

人寿保险承保的是人的生死，无论正常衰老、疾病、意外致死都属于其保障内容，影响其死亡的最主要因素是被保险人的年龄。而意外伤害保险保障的是外来的、剧烈的、突然的事故对人体造成的伤害，对每个被保险人来说，意外风险的发生与年龄关系不大，而与被保险人从事的职业与生活环境密切相关。因此，意外伤害保险的承保条件一般较宽，对被保险人也不进行严格的体检。

（2）厘定费率依据特殊。

人寿保险在厘定费率时按人的生死概率选择不同的生命表进行计算。不同年龄、不同性别的人购买寿险所交的保费不同。而意外伤害保险费率的厘定，则是根据过去各种意外伤害事故发生概率的经验统计计算，注重职业风险，一般将不同风险的职业划分为五个等级，每一等级采取不同的差异费率。

（3）责任准备金的计提方法不同。

人寿保险采取均衡保费，在该保费形式下，为满足将来的死亡给付或期满给付的储蓄保费连同其按复利方式所产生的利息构成了寿险的责任准备金，这保证了将来保险责任的履行。而意外伤害保险的责任准备金按法律规定与所有非寿险业务相同，应在当年自留保费中，按 1/24 法或 1/365 法提取未到期责任准备金。

（4）保险期限较短，保险金的给付不同。

人寿保险的保险期限长，一般是长期性业务；而意外伤害保险的保险期限最长一般为一年，多数为短期业务，如飞机、火车旅客意外伤害保险等，保险期限可短至十几个小时甚至几小时。

在人寿保险中，保险事故发生时，保险人不管被保险人有无损失以及损失金额是多少，只是按照约定的保险金额给付保险金；而在意外伤害保险中，保险事故发生时，死亡保险金按约定的保险金额给付，残疾保险金按保险金额的一定百分比给付。

四、普通意外伤害保险

普通意外伤害保险又称为一般意外险或个人意外险，是指被保险人在保险期限内（多为一年）由于遭受一般意外伤害而导致死亡、残疾时，由保险人给付保险金的保险。即在一般情况下可以承保的意外伤害保险，除了不可保意外伤害、特约承保意外伤害以外，均属一般可保意外伤害。普通意外伤害保险中，除将违反社会公德和法律的一些犯罪风险、吸毒意外风险排除为不可保风险之外，一般将一些特殊风险也排除在承保范围之外。如战争风险，从事登山、跳伞、滑雪等剧烈体育活动或比赛中遭受的意外伤害，医疗事故意外伤害等。这些在普通意外伤害保险中无法获得保障的风险，往往也可以特约承保。

该险种的保障通常有三个方面：一是意外死亡保障。通常给付保险金额的全部。二是残疾保障。通常按伤残程度确定给付保险金的比例，最高为保险金额。三是暂时失去工作能力保障。当被保险人暂时性伤残，不能从事原来的工作时，保险人按周给付保险金，且一年内最多连续给付 14 周。保险期限最长到被保险人 65 岁为止。至于医疗保险金的给付，经投保人申请并且保险人同意后，可以以特约条款方式附加于该保险单上。

普通意外险是意外伤害保险的主要险种之一，可以独立投保，也可以作为人寿保险的附加险投保，多采用短期保险形式，以一年或不到一年为期，根据保险双方的约定决定保险的内容、保险金额和保险方式。

五、特殊意外伤害保险

特殊意外伤害保险又称为特定意外险或特约意外险，是指以特定时间、特定地点或特定原因而导致的意外伤害事件为保险事故的一种意外伤害保险。

特殊意外伤害是指保险人考虑到保险责任不易区分或限于承保能力，一般不予承保，只有经过投保人与保险人特别约定，有时还要加收保险费后才能承保的意外伤害。特殊意外伤害一般包括四种情况：一是被保险人在从事登山、跳伞、滑雪、江河漂流、赛车、拳击、摔跤等剧烈体育活动或比赛中遭受的意外伤害；二是被保险人在战争中遭受的意外伤害；三是核辐射造成的意外伤害；四是医疗事故造成的意外伤害。

以上特殊意外伤害在普通意外伤害保险条款中一般列为除外责任，经投保人与保险人特别约定后，由保险人在保险单上签注特别约定或出具批单，对该项除外责任予以删除。但是，这些特殊意外伤害也是可以单独特约承保的。

第四节　健康保险

一、健康保险的概念与种类

（一）概念与内涵

健康保险是以人的身体为保障对象，保证被保险人在疾病或意外事故所致伤害的费用或损失可获得补偿的一种保险。健康保险所承保的疾病风险应符合以下要件：由非明显的外来原因造成；由非先天的原因造成；由非长存的原因造成。

健康保险作为一个国家社会保障体系的补充形式，往往由商业保险公司经营。个人或家庭根据其自身在社会保障体系中可能取得的待遇情况来决定投保健康保险的具体形式。

（二）业务种类

我国在 2006 年 9 月 1 日起施行的《健康保险管理办法》中，将健康保险业务划分为医疗保险、疾病保险、失能收入损失保险和护理保险四种。2014 年 11 月，国务院办公厅发布了《关于加快商业健康保险发展的若干意见》（国办［2014］50 号），将商业健康保险描述为：由商业保险机构对因健康原因和医疗行为导致的损失给付保险金的保险，主要包括医疗保险、疾病保险、失能收入损失保险、护理保险以及相关的医疗意外保险、医疗责任保险等。

（三）发展现状

从 2000 年以来十多年的保费收入来看，我国健康险的保费收入从 2000 年的 65.48 亿元上升到 2015 年的 2 410.47 亿元，年均增长速度高达 146.32%。2015 年，健康险同比增长了 51.87%；赔付支出 762.97 亿元，同比增长 33.58%。商业健康保险的覆盖面不断扩大，业务领域不断拓宽，行业地位与作用也不断提升。2015 年，中国人保健康、昆仑健康、和谐健康、平安健康四家专业健康保险公司的保费收入为 475.63 亿元，呈现井喷之势。这表明了健康保险未来还有更广阔的发展空间。

二、健康保险的主要特点

健康保险所承保的内容与一般人寿保险不同，其具有以下特点。

（1）承保风险复杂，承保标准严格。

健康保险承保的风险估测、保险费的确定较其他险种复杂。其原因有两点：一是其风险规律很难把握，如医疗条件、人们健康状况的不断变化，医疗支出的不断增加；二是有人为因素发挥作用，在医疗费支出中，很难区分哪些是合理的，哪些又是不合理的。

健康保险的承保条件一般比较严格，对疾病产生的因素需要进行相当严格的审查，一般是根据被保险人的病历来判断。另外，为防止已经患病的被保险人投保，保单中常规定了观察期。观察期多为半年，对于被保险人在观察期内因疾病支出的医疗费用或收入损失，保险人不负责任。观察期结束后，保单才正式生效。被保险人在体检中达不到标准条款规定的身体健康要求的，一般按照次标准体保单来承保，或提高保费，或重新规定承保范围。对于被保险人所患的特殊疾病，可单独制定特种条款，额外收费或列为责任免除。

（2）给付金额特殊，保单续效方式灵活。

健康保险既有对患病者给付一定保险金的险种，也有对医疗费用和收入损失进行补偿的险种，其给付金额往往是按照实际发生的费用或收入损失而定。

健康保险条款都注明保单在什么条件下失效，在什么条件下可自动续保。其方式包括可任意取消、有条件取消、有条件续保、保证可续保、不可取消等。

（3）损失费用共同分摊。

对于健康保险，特别是其中的医疗费用保险，为了避免保险人在处理赔款时费用过大，健康保险单通常通过规定免赔额条款、比例给付条款和给付限额条款，以达到被保险人和保险人费用共担的目的。其中，免赔额条款是规定保险人只负责超过免赔额的部分，未超过部分则需要被保险人自负。比例给付条款，是指对超过免赔额以上的医疗费用均按保险人与被保险人共同分摊的比例给付，如保险人承担80%～90%，被保险人则承担其余部分。给付限额条款，是指在合同中规定最高保险金额，医疗费用实际支出超过部分由被保险人自己负担。

（4）承保期限较短，费率厘定复杂。

健康保险通常是短期保险，除了重大疾病保险外，大多以一年为期。

健康保险费率厘定的影响因素比一般寿险要复杂，主要包括患病率、发病率、残疾发生率、利率、费用率、死亡率等。此外，健康保险合同中规定的等待期、免赔额、共付比例、给付方式也会影响最终的费率。

三、医疗保险

（一）医疗保险的含义

医疗保险以保险合同约定的医疗行为发生为给付保险金条件，为被保险人接受诊疗期间的医疗费用支出提供保障的一种健康保险。在医疗保险中，保险事故为意外和疾病，保险人的责任是为被保险人支出的医疗费用负责补偿。这里所指的医疗保险与社会基本医疗保险属于不同的范畴。

（二）主要业务种类

1. 按给付性质分类

医疗保险按照保险给付性质分为费用补偿型医疗保险和定额给付型医疗保险。其中，费用补偿型医疗保险是指根据被保险人实际发生的医疗费用支出，按照约定的标准确定保险金数额的医疗保险；定额给付型医疗保险是指按照约定的数额给付保险金的医疗保险。

2. 按保障范围不同分类

医疗保险按照保障范围不同分为普通医疗保险、住院保险、手术保险和综合医疗保险。

（1）普通医疗保险，是指保险人对被保险人因意外事故或疾病所致的一般性医疗费用承担给付责任的保险。主要包括门诊费、医药费、检查费等费用。由于医药费用、检查费用的支出难以控制，因此，该保险都有免赔额和共保比例的条款规定。

（2）住院保险又称住院费用保险，指保险人承担被保险人因住院而发生的各项费用的疾病保险。住院费用主要包括住院床位费、住院期间的医生费用、使用医院设备费用、手术费用、医药费用等等。由于住院时间的长短直接影响费用的高低，一般此险种都对每次住院的时间有所限制，并且也有每日限额以及共保比例的规定，还有住院津贴的保障项目。

（3）手术保险，是指保险人对被保险人因疾病或意外事故需做必要的手术而发生的所有手术费用承担赔偿责任的保险，一般都有给付限额和给付期间的规定。

（4）综合医疗保险，是保险人为被保险人提供全面医疗费用保障的一种保险。其费用范围包括医疗、住院和手术等一切费用。这种保单的保费较高，一般有免赔额和共保比例的规定。

四、重疾保险

重疾保险又称为重大疾病保险、特种疾病保险，是指以保险合同约定的疾病发生为给付保险金条件的保险，保险人仅以保险合同中订明的疾病为依据给付医疗保险金。重疾保险一般承保特种疾病，即那些较为严重的、难以治疗的疾病，如癌症、心脏病、重度烧伤、尿毒症、中风等。通常这种保险的保险金额较高，以满足特种疾病对各种医疗费用支出的需要。重疾保险的给付方式一般是在确诊为特种疾病后，立即一次性支付保险金。

1983年，南非的一家保险公司最先推出特种疾病保险。在南非销售成功后，1985年开始在英国、澳大利亚成功推广。此后，经过各再保险公司的不断协助与支持，销售范围推向了世界各地。我国目前推出的此类保单一般命名为“重大疾病保险”，也是目前国内市场上最受欢迎的险种之一。随着2013年我国人身保险行业第一套重疾表的发布，重疾险的发展将会更上一层楼。

需要指出的是，不要把重大疾病保险与社保中的大病保险混为一谈。目前重大疾病保险侧重于用病种来定义大病，而大病保险则是侧重于用费用来定义大病。

【案例9-2】客户突患重病，10万赔款救急

班某于2008年7月30日在中国人寿投保了一份“国寿康宁定期保险”，保额10万元。2016年5月，被保险人持续发热10余天。5月21日班某在家人陪同下到医院住院就诊，5月23日被诊断为急性非淋巴细胞白血病。接到报案后，中国人寿百色分公司高度关注，明确“白血病属公司重大疾病类保险产品保障范围”，并启动“白血病理赔案件绿色通道”，简化理赔手续。理赔人员还第一时间前往医院慰问，向客户送上鲜花，细致讲解申请理赔所需材料及白血病的相关知识和注意事项。仅3天时间，公司就把10万元赔款转账到客户存折上。

五、护理保险

护理保险，是指以保险合同规定的日常生活能力障碍所引发的护理需要为给付保险金条件，为被保险人的护理支出提供保障的保险。

长期护理保险作为其中一个重要品种，是为因老年、疾病或伤残导致日常生活能力丧失，需要长期照顾的人群而设计的。这是一种补偿由专业护理、家庭护理及其他相关服务项目而产生的费用支出而设计的健康保险产品。长期护理保险是适应老龄化社会发展趋势的保险产品，在发达国家已经成为健康保障的潮流，并有 30 年的实践经验。

2006 年 6 月 15 日，中国人民健康保险股份有限公司在全国范围内推出了“全无忧长期护理个人健康保险”，这是国内首个具有全面保障功能的长期护理保险，填补了该类业务在国内保险市场的空白。截至 2014 年底，我国共有 10 余家保险公司开办了长期护理保险业务，市场上在售的该类保险产品也已超过 30 种。随着社会经济的不断发展，人们对于长期护理保险的需求不断攀升。目前，长期护理保险已经成为“十三五”期间保险业开疆拓土的系统工程。

六、收入损失补偿保险

收入损失补偿保险也称为失能收入补偿保险，是指以保险合同约定的疾病或者意外伤害导致工作能力丧失为给付保险金条件，为被保险人在一定时期内收入减少或者中断提供保障的保险。该保险分为两种：一种是补偿因伤害所致残疾而造成的收入损失；另一种是补偿因疾病所致残疾而造成的收入损失。该保险的给付具有以下特点。

（1）给付方式是按月或按周进行。

一般不按年或一次给付，而是按月或按周进行补偿，以便及时观察被保险人实际残疾状况的变化，同时能更好地维持被保险人的生活开支。

（2）给付期限可短可长。

给付期限可短可长。短期补偿的期限一般为一至两年；长期补偿的期限通常规定给付到 60 岁或退休或被保险人死亡。

（3）有推迟期的规定。

残疾后的前期称为推迟期，在此期间不给付任何补偿，推迟期一般为 3 个月或半年。因为在短时间内被保险人有一些积蓄，还可以维持一定的生活，同时取消对短期残疾的给付可以减少保险成本。

（4）实行比例给付。

在完全残疾的情况下，残疾给付一般只补偿原来实际收入水平的 75%～90%，以鼓励残疾人积极寻求力所能及的劳动达到自我补偿；在部分残疾的情况下，按残疾前后收入的差额进行比例给付。

本章小结

1. 人身保险是指以人的生命和身体为标的的保险。即保险人根据投保人的要求，通过签订保险合同，向被保险人收取一定的保险费，当被保险人遭受灾害和不幸事故、疾病，以致丧失工作能力、伤残、死亡或年老退休时，或当双方约定的其他事件发生时，保险人按一定方式给付保险金或年金。其意义主要体现在四个方面，分别为对个人和家庭、企业、国民经济发展和制度改革的意义。

2. 人身保险有六种分类方法。其七个特点分别为：（1）保险标的特殊；（2）人身保险是定额保险；（3）理赔的给付性；（4）保险风险的变动性；（5）承保风险具有稳定性；（6）保险期限的长期性；（7）具有一定的储蓄性。

3. 人寿保险简称寿险，是以被保险人的寿命为保险标的、以生死为给付保险金条件的人身保险。即当被保险人死亡或生存达到合同约定的年龄、期限时，由保险人给付保险金。人寿保险有五种分类方法及七个特点。

4. 普通寿险是指20世纪70年代以前以大数法则为基础，保险金额和保险费均不变，同时比较稳定和成熟的寿险。普通寿险根据保障项目的不同，可以分为死亡保险、生存保险和两全保险三类。

5. 新型寿险，是指20世纪70年代以来寿险保险公司为了有效抵御通货膨胀，增强与其他金融机构的竞争能力，降低寿险经营的利率风险而开发设计出的一系列新型寿险产品的总称。它突破了传统寿险保险金额不变、保险费不变的缺点，增加了寿险产品的弹性，使寿险产品的保险金额可以随着市场上投资收益的变化而变化，或赋予投保人调整保险费、保险金和现金价值的选择权。新型寿险产品不仅具有保障功能，还兼有投资理财的功能。包括分红寿险、投资连结保险、万能寿险、变额万能寿险等类别。

6. 意外伤害保险简称意外险，是指在保险合同有效期内，被保险人由于遭受意外伤害造成死亡或残疾时，由保险人按照保险合同规定给付保险金的一种人身保险。该保险有三层含义：第一，必须有客观的意外事故发生，且事故原因是意外的、偶然的、不可预见的。第二，被保险人必须有因客观事故造成人身死亡或残疾的结果。第三，意外事故的发生和被保险人遭受人身伤亡之间有内在的、必然联系，即意外事故的发生是被保险人遭受伤害的原因，而被保险人遭受伤害是意外事故的后果。意外伤害保险有五种分类方法及四个特点。

7. 普通意外险又称为一般意外险或个人意外险，是指被保险人在保险期限内（多为一年）由于遭受普通的一般意外伤害而导致死亡、残疾时，由保险人给付保险金的保险。即在一般情况下可以承保的意外伤害保险。特殊意外险又称为特定意外险或特约意外险，是指由特定时间、特定地点或特定原因而导致的意外伤害事件为保险事故的一种意外伤害保险。

8. 健康保险也称疾病保险，是以人的身体为对象，保证被保险人在疾病或意外事故所致伤害的费用或损失获得补偿的一种保险。健康保险所承保的疾病风险应符合以下构成要件：由非明显的外来原因造成；由非先天的原因造成；由非长存的原因造成。健康保险有四个特点。我国将健康保险业务划分为疾病保险、医疗保险、失能收入损失保险和护理保险四个种类。

复习思考题

1. 解释名词：人身保险、人寿保险、健康保险、意外伤害保险、分红寿险、投资连结保险、万能寿险、变额万能寿险、死差益、利差益、费差益、均衡保费。

2. 比较人身保险与财产保险的异同点。

3. 简述人寿保险的分类。

4. 分红寿险、投资连结保险、万能寿险和变额万能寿险的特点是什么？
5. 简述健康保险的含义及特点。
6. 试比较人寿保险、健康保险与意外伤害保险之间的异同点。
7. 简述意外伤害保险的含义及特点。

第十章

社会保险

⊙内容提要⊙

本章包括社会保险概述、社会保险的运行、社会保险的业务险种、我国社会保险制度的改革与发展四节内容。要求掌握社会保险的概念、分类和特点，养老保险的概念、基本特征，医疗保险的含义，并了解其特点和作用；掌握失业保险的概念和特点，工伤保险的概念和性质，生育保险的概念。理解社会保险的保费计征、财务制度、基金管理及基金的投资运作与监督。了解养老保险的意义、三种类型和三种模式，工伤保险的原则、事故范围和作用，生育保险的特征和作用，遗属保险的概念，我国社会保险的现状与改革情况。

第一节　社会保险概述

一、社会保险的概念与作用

（一）社会保险的概念

社会保险是指国家通过立法形式为工薪阶层或社会成员提供基本生活保障，促进社会和谐安定的一种社会保障制度。社会保险是国家以法律形式规定的强制保险，由政府、单位和个人三方共同筹资，旨在保证投保人在遭遇年老、疾病、工伤、生育、失业等风险，暂时或永久丧失劳动能力而失去收入来源时，能够得到国家或社会的物质帮助，以保障其基本生活需求。社会保险的主要对象是劳动者这一最重要的社会群体，并突出以劳动权利为基础，在实践中实行权利和义务相结合，以及个人、单位和国家三方责任共担。

（二）社会保险的含义

社会保险的概念包括以下五层含义。

（1）立法强制性。其保险制度的成员资格是通过国家立法确定的，即在立法指定范围内的每个劳动者或社会成员都必须参加社会保险。

（2）强调个人缴费。这与商业保险的保险费有相似之处，但其缴费是完全建立在自助自保和互助互济基础上的。参加社会保险的人通过缴费获得成员资格，即“先尽义务，后享权利”，而且这种权利和义务是对等的，在遭遇法定范围内的各种风险时，参保者都可得到保障其基本生活需求的津贴。

（3）三方共同筹资。即由劳动者、所在工作单位及国家共同缴费，体现了国家和社会对劳动者或社会成员提供基本生活保障的责任。劳动者所在工作单位的缴费，避免了其资金来源渠道的单一，增加了社会保险制度本身的安全系数。而国家的参与，使社会保险制度有了更强大的经济后盾。

（4）具有积极预防功效。社会保险制度对法定范围内的风险发挥了未雨绸缪的预防作用，使参保成员可以获得心理上的安全感，体现了社会保障的稳定机制作用。

（5）是依法建立、促进社会和谐安定的一种社会保障制度。我国及全球大多数国家都制定并颁布了各具特色的社会保险法规，并正在逐渐规范这一社会保障制度，从而保障了各国社会保险事业的可持续发展。

（三）社会保险的作用

健全完善的社会保险制度是保证社会和谐安定的主要措施之一，它对促进国民经济发展，保证社会安定发挥着重要作用。

（1）保证劳动力再生产顺利进行。

劳动者在劳动过程中时常遇到各种意外事件，如疾病、伤残、失业等，这会使其失去正常收入，造成劳动力再生产过程的停顿。而社会保险就是在劳动者遭遇这些风险事故时，给予其必要的经济补偿和生活保障，使劳动力生产得以恢复和延续。

（2）发挥社会稳定器作用。

社会成员的老、弱、病、残、孕以及丧失劳动能力，是无法避免的客观社会现象。当风险事故发生时，许多社会成员因灾害事故损失和丧失收入而难以维持基本生活条件，成为社会不安定因素。社会保险就是当社会成员遇到这种情况时给予适当补偿以保障其基本生活水平，从而防止社会不安定因素的出现。

（3）实现社会公平，推动社会进步。

人们在文化水平、劳动能力等方面的差异会造成收入上的差距，而社会保险可以通过强制征收保险费聚集成保险基金，对收入较低或失去收入来源的劳动者给予补助，并提高其生活水平，因此在一定程度上实现了社会的公平分配；同时，保险基金的有效利用也可以促进经济社会的持续繁荣。

此外，社会保险还具有互助性等特点，更能体现互助合作、同舟共济的精神，从而不断推动社会的进步。

二、社会保险业务的种类

世界各国的社会制度不同，其社会保险的种类和内容也不尽相同。其业务主要包括以下几种。

（一）社会养老保险

社会养老保险，是指由国家和社会依法为老年劳动者或社会成员定期提供物质帮助，保障其晚年基本生活的社会保障制度。即国家和社会根据相关法律规定，使得劳动者在达到法定退休年龄或因年老丧失劳动能力退出劳动领域时，能够定期得到一笔资金以保障其基本生活。它是世界各国普遍实行的一种社会保障制度，目的是保障老年人的基本生活需求，为其提供稳定可靠的生活来源。

（二）社会医疗和残障保险

社会医疗保险是国家和社会根据既定法律法规，为向保障范围内的劳动者提供患病时基本医疗需求保障而建立的社会保险制度。被保险人因疾病而失去劳动收入时，社会保险机构按规定支付其医疗费和生活费，使劳动者恢复健康和劳动能力，并尽快投入到社会再生产过程。残障保险是对那些因各种原因导致无工作能力、无法自谋生活而又无人扶养的人们，由政府或社会保险机构按法定条件和标准给付其残障年金的保险。

（三）失业保险

失业保险是指国家通过立法强制实行，对因失业而暂时中断生活来源的劳动者提供物质帮助的保险制度。失业是指在劳动范围内，有就业能力及就业要求的人口丧失就业机会的经济现象。失业保险基金直接用于失业职工的各种救济，包括：(1) 失业职工的失业救济金；(2) 领取失业救济金期间的医疗费、丧葬补助费，其供养的直系亲属的抚恤费、救济费；(3) 解决失业职工生活困难的其他费用。(4) 为失业职工参加转业训练和生产自救等提供必要帮助，以提高其素质并尽快实现再就业。

（四）工伤保险

工伤保险也称职业伤害保险，指劳动者在生产经营活动中或在某些规定的特殊情况下，遭受意外伤害、职业病，以及因此造成死亡、暂时或永久丧失劳动能力时，劳动者及其遗属能够从国家、社会得到必要物质补偿的制度。其目的在于保障工伤劳动者的生活与医疗需要，维护正常生产、生活秩序，确保社会的和谐安定。

（五）生育保险

生育保险是对处于生育期间的夫妻给予生育津贴、休假及医疗服务的社会保险制度。生育保险对象目前已不再局限于妇女劳动者，不少国家已经扩大到处于生育期间的妇女劳动者及其配偶。其待遇主要有带薪年假、生育津贴、医疗服务及生育补助。

（六）遗属保险

遗属保险是指劳动者死亡后，由国家和社会对死者所需丧葬费和其生前供养的直系亲属的基本生活，依法给予必要物质帮助的社会保险制度。遗属就是死者留下的亲属，在社会保险中，被保险人的遗属一般包括配偶、子女、父母、兄弟姐妹、祖父母、外祖父母、孙子女、外孙子女等。德国于1911年首先创设了遗属保险。我国遗属保险提供的物质帮助包括死者的丧葬费、家属的抚恤费、救济费和生活困难补助费等。

（七）家庭津贴制度

家庭津贴制度是指为减轻多子女家庭的负担，由保险机构或政府定期为有关家庭支付一定数量生活费用的保障制度。其目的是稳定职工的工作情绪，促进抑制人口或刺激人口增长政策的实施。其类型有两种：一是普遍家庭津贴制度，它规定只要家庭的儿童在特定年龄和人数内，都可享受该津贴。二是职工家庭津贴制度，它规定只有工薪劳动者家庭才能享受家庭津贴。

【延伸阅读 10－1】新疆在全国率先进入“七险一金”新时代

对于新疆的参保人员来说，在 2017 年除了五大险种外，又增加了人身意外伤害险和大病保险。这样一来，新疆就正式告别了“五险一金”时代，在全国率先进入“七险一金”的新时代。2016 年，新疆在实施社保惠民工程方面实现了新突破，大力推动并实施了人身意外伤害保险和城镇职工大病保险。人身意外伤害保险惠及所有新疆户籍居民、参加自治区城镇职工和城乡居民基本医疗保险的非新疆户籍居民以及援疆工作人员，共计 2 011 万人，从 2016 年 12 月 15 日起在全疆各州、市、县全面实施。

城镇职工大病保险覆盖所有参加职工基本医保人员，报销原则上不设封顶线，从 2017 年 1 月 1 日起全面实施。同时，进一步完善了城乡居民大病保险，大病保险已覆盖全区 685 万人。至此，新疆形成了基本养老保险、医疗保险、人身意外伤害保险、大病保险、失业保险、工伤保险、生育保险等七项社会保险，这标志着我国在建立多层次、更加公平、更可持续的社会保障体系上实现了新的重大突破。

资料来源：《新疆晨报》，2017 年 1 月 5 日。

三、社会保险的基本特点

（一）强制性与社会性

强制性指社会保险是通过国家或政府立法强制实施的，其内容和实施形式都是通过法律进行的，凡属于法律规定范围内的成员都要无条件地参加社会保险，按规定履行缴纳保险费义务，并受到该保险的保障。这也是区别于商业自愿保险的重要标志之一。

社会性是指社会保险的保障对象是全社会的劳动者或社会成员，在总体上具有普遍性。社会保险是面对整个社会的一个系统工程。

（二）公平性与福利性

公平分配是宏观经济政策的目标之一，社会保险作为一种分配形式，具有明显的公平特征。首先，社会保险中不存在任何特殊阶层，全体公民所得到的保障是相同的。其次，在保险基金形成过程中，高收入社会成员比低收入社会成员缴纳更多的保险费，而在使用过程中，一般都是根据实际需要进行调剂，不完全按照缴纳保险费的多少给付保险金，个人享有的权利与承担的义务并不严格对价，从而体现出一定程度的社会公平性。

福利性是指社会保险一般不以盈利为目的，实施社会保险完全是为了保障社会成员的基本生活。社会保险是国家基本惠民政策的直接体现，目的在于保证与安定社会成员的物质生活，促进经济可持续发展，增进社会福利。

（三）互济性及调节性

互济性是指社会保险通过法律形式，向全社会有交纳义务的单位和个人收取社会保险费建立保障基金，并在全社会范围内统一用于济助被保障的对象，同时各项社会保险基金可以从统一基金中相互调节使用。

社会保险也是国家调节个人收入差距的特殊手段。社会保险提供的消费品是有专门目标的，同时，其待遇给付标准一般不与个人劳动贡献直接关联，而是按基本生活保障的实际需要来分配。此外，社会保险的分配政策以有利于低收入阶层为原则，对于同样的风险事故，低收入劳动者所受到的威胁要大于高收入劳动者，因此，社会保险具有调节个人收入差距的特征。

四、社会保险发展历史

（一）国外社会保险的发展历史

1. 社会保险的萌芽

18 世纪欧洲工业化的迅速兴起，导致工业社会取代传统农业社会后大量农村人口向城市转移，这些人口成为城市居民和产业后备军，并依靠工薪收入维持生存。同时，机械化程度的提高导致生产节奏加快，导致工伤事故频频发生，疾病丛生；机器的大量使用导致一些工人失业。加之工人的收入微薄，生活条件和生存环境恶劣，家庭已无力再对劳动者遇到的各种劳动和社会风险提供保障。在此背景下，工人开始自发组织私人保险和互助制度，以解决生活困难及意外事故所带来的不幸。随后，工人们为抗击各种风险侵袭而自发举办了许多互助互济团体，如英国的友谊社，德国的扶助金库及火灾互助会等。当会员遭遇疾病、死亡、灾难等意外事故时，开展互助互济。基金主要来源于工人缴纳的互助金。这类团体为数很少，加上管理不善，资金积累跟不上，不具有强制性，可以说是社会保险的雏形，并非真正的社会保险制度。

2. 产生与完善

19 世纪后半叶，资本主义从自由竞争过渡到垄断资本主义阶段，阶级斗争日益尖锐，工人阶级为了维护自身利益与资产阶级展开了激烈斗争。随着工人力量发展壮大并走上政治舞台，阶级关系也开始发生了变化。这迫使资产阶级政府在对工人运动进行镇压的同时，不得不考虑建立社会化的保护体系来安抚工人阶级，现代社会保险也因此得以产生。

（1）社会保险的出现。

1883 年，德国首先颁布了《疾病社会保险法案》，这是世界上第一部社会保险法律，标志着现代社会保险制度的诞生。1884 年和 1889 年，德国政府又分别颁布了《工伤保险法》和《养老、残疾、死亡保险法》。1911 年，德国再次颁布了《社会保险法》，该保险法共 185 条，将以前的社会保险条例合并，并增加了遗属保险。至此，德国的社会保险体系已初步形成。德国社会保险政策的出台，顺应了当时工业生产加速发展的客观需要，对改善劳资关系，解除劳动者对各种风险的担忧，促进经济发展起到了很大作用。

（2）社会保险的推广。

德国建立社会保险制度后，其他资本主义国家纷纷仿效。奥地利于 1887 年建立工伤保险，1888 年建立疾病保险，1906 年建立老年保险，1920 年建立失业保险；法国于 1898 年实行工伤保险，1905 年实行失业保险，1910 年实行养老保险；英国于 1908 年实行养老保险，1911 年实行失业和疾病保险；瑞典于 1891 年实行疾病保险，1901 年实行工业伤害保险，1913年实行养老保险；荷兰于1913年建立老年保险，1916年建立工伤保险。到1920年代，大多数资本主义国家都相继建立各种社会保险制度。至此，社会保险制度在欧洲国家得以确立，但尚未形成完整的科学体系。

（3）社会保险的完善。

1929—1933年发生的全球经济大危机造成巨大的社会震荡。为稳定社会经济，西方社会出现了主张国家干预经济生活、实现充分就业的凯恩斯经济学理论。其基本观点是，国家对社会安全应该负更大责任。该理论为社会保险的进一步发展提供了政治、社会和思想基础。美国政府以凯恩斯的经济理论为指导，把发展社会保险作为推行新政的一项内容。

1935年8月，在罗斯福总统的领导和主持下，美国国会通过了历史上第一部《社会保障法》。该法提出了雇主、工会和雇员保险的办法，对于劳动者死亡、年老、伤残、失业、职业病等，由政府提供最低生活保障金，并确立了由联邦政府、州和地方政府共同参与、分级办理的社会保险体制。这标志着美国建立了全面的社会保障制度，并将其制度化。该制度对社会保障全球化产生了很大影响，社会保险开始进入了新的发展阶段，当时实行社会保险的国家就达到50多个。

3. 社会保险的发展

从第二次世界大战结束到1973年第一次中东石油危机爆发，是社会保险制度蓬勃发展的时期。其主要标志：一是福利国家的诞生。1945年，英国工党执政后，先后通过了《国民保险法》《国民健康法》等一系列法案。1948年，英国宣布建成了“从摇篮到坟墓”的全民福利国家。随后，瑞典、挪威、丹麦、芬兰四国建成了福利国家社会保险体系。其他西欧国家，北美洲、大洋洲、亚洲发达国家和地区，也都先后宣布实施普遍福利政策。二是实行社会保险的国家从50多个增加到140多个。

社会保险制度的蓬勃发展，有其深刻的政治和经济原因：一是经济的高速增长使社会财富剧增，很多资本主义国家有能力大规模发展社会保险事业。二是大批亚非拉国家摆脱殖民统治获得了独立。新兴国家的大量出现为社会保险的实行创造了客观条件。三是社会主义思想的影响。第二次世界大战后社会主义制度在许多国家确立，为了维护人民的根本利益，这些国家相继实行了新型的社会保险制度。四是凯恩斯主义盛行，主张国家干预经济生活，依靠政府调节经济（包括增加公共开支）的政策，实现充分就业。它成为许多西方国家政府制定经济和社会政策的指导思想。

4. 改革与调整

1970年代以后，西方经济开始出现衰退，社会保险制度进入了调整改革时期。社会保险制度经过20世纪五六十年代的迅速发展更加完善，但也出现了不少弊端。1980年代以来，西方发达国家的国民经济进入了滞胀时期，一些国家的社会保险制度开始陷入财务危机，出现了“福利病”现象。这些国家实行高保障、高消费的福利政策，社会保险项目庞杂，标准较高，社会保险支出的增速超过了经济增长速度，迫使大多数资本主义国家不得不采取紧缩措施，放慢社会保险的发展速度并进行了一系列调整改革。西方国家苦心构筑几十年的“福利大厦”开始动摇。

针对上述问题，许多国家不得不对社会保险制度进行了调整改革。一是设法增大社会保险基金，同时控制社会保险给付。二是建立国家基本保险、企业补充保险和个人商业储蓄保险等三支柱社会保险体系，减轻国家财政负担。同时，实行社会保险项目的给付标准随物价变动的新措施，以减少社会保险费用开支。三是建立统一、高效、专门化的社会保险管理机构，同时分散社会保险管理权限，调动地方社会保险部门的积极性，提高社会保险整体经济效益和社会效益。

（二）我国社会保险的发展历史

1. 中华人民共和国成立前的社会保险立法

中华人民共和国成立前，只有国民政府和共产党领导的根据地制定过一些社会保险方面的法规或草案。如 1929 年国民政府广东建设厅劳动法起草委员会起草的《劳动保险草案》。1931 年 11 月，中华苏维埃第一次全国代表大会通过了《中华苏维埃共和国宪法大纲》，对劳动立法的宗旨、原则作出了规定；同时还通过了《中华苏维埃共和国劳动法》，对雇用手续、集体合同与劳动合同、工作时间、休息时间、工资、女工、青工、童工、劳动保护、社会保险和工会等作出了具体规定。1944 年，国民政府社会部拟定了《社会保险方案草案》。1948 年 8 月，在哈尔滨召开的全国第六次劳动大会通过了《关于中国职工运动当前任务的决议》，该决议对新时期解放区社会保障立法作出了全面系统的规定。1948 年 12 月，东北行政委员会颁布了《东北公营企业战时暂行劳动保险条例》。这些社会保障法规，为我国社会保险制度奠定了基础。

2. 中华人民共和国成立后的社会保险立法

中华人民共和国成立后，政府制定了一系列社会保障政策和法规，逐步建立了与计划经济相适应、以“国家全保、企业负担”为特色的社会保险制度。但真正意义上的社会保险制度始建于 1950 年代初，按照计划经济体制的要求，参照当时苏联对城镇职工推行社会福利计划的社会保障模式建立起来的。我国社会保险制度大体经历了四个发展阶段。

(1) 创建阶段（1951—1957 年）。

中华人民共和国的诞生，为我国社会保险制度的建立奠定了基础。1951 年 2 月 26 日，政务院颁布了《中华人民共和国劳动保险条例》（简称《劳动保险条例》），这是我国第一部社会保险法规，拉开了社会保险建设的序幕。该条例全面确立了我国城镇职工的劳动保险制度，其实施范围包括城镇机关、事业单位之外的所有企业职工。

1953 年 1 月 2 日，政务院又颁布了《关于〈中华人民共和国劳动保险条例〉若干修正的决定》，扩大了劳动保险的实施范围，提高了劳动保险的待遇标准。同时还建立了国家机关、事业单位的社会保险制度，该制度是以单项法规的形式逐步建立起来的。如 1950 年 12 月，内务部颁布了《革命工作人员伤亡褒恤暂行条例》，对国家工作人员的伤残和死亡待遇做了规定。1955 年 12 月，国务院颁布了《国家机关工作人员退休处理暂行办法》和《国家机关工作人员退职处理暂行办法》，这两个办法规定的退休、退职条件和企业的规定大体相同。

截至 1957 年底，我国社会保险制度基本完成奠基，根据经济力量对有能力保障的人员范围，力所能及地建立了基本社会保险制度。同时，在保障内容和项目方面也初步完成了基本立法工作，为以后社会保险事业的发展奠定了基础。

(2) 调整和发展阶段(1958—1966年)。

1957年,随着三大改造任务的完成,国家转入全面进行社会主义经济建设时期。为适应新形势,中央政府开始对社会保险制度进行调整与完善。1957年,国务院颁布了《关于工人、职员退休处理的暂行规定》,企业职工的退休养老成为一项独立的制度安排。1962年6月,国务院又颁布了《关于精简职工安置办法的若干规定》等法规,开始在中国农村普遍建立起县、乡(公社)及村(生产大队)三级医疗保健网,合作医疗制度在广大农村得到确立。在这一时期,卫生部、劳动部、内务部等也发布有关规定,对公费医疗、劳保医疗、农村五保保障和军烈属优待制度等进行了相应调整。

(3) 停滞阶段(1967—1978年)。

1968年底,国家撤销了主管救灾救济、社会福利等事务的内务部,负责劳动保险事务的工会也陷入瘫痪状态,社会保险处于无人管理的局面。尤其是企业职工社会保险统筹制度被废止,从社会保险退化为企业保险。1969年2月,财政部颁布了《关于国营企业财务工作中几项制度的改革意见(草案)》,规定国营企业一律停止提取劳动保险金,企业的退休职工、长期病号工资和其他劳保开支,改在营业外列支,所需费用由企业采取实报实销的企业保险模式。自此,劳动保险演变为企业保险,从而失去了其统筹调剂的功能,社会保险基本处于停顿状态。

(4) 重建和改革创新阶段(1978年至今)。

该阶段的社会保险可分为重建(1978—1984年)和改革(1984年至今)两个时期。

1978年以后,社会保险获得了新生,重新确立了它在社会经济发展中的地位和作用。最初几年,社会保险的主要工作是对过去的某些规定进行调整,以解决人民生活水平较低的问题,改善人民的福利待遇。如国务院于1978年6月颁布了《关于安置老弱病残干部的暂行办法》和《关于工人退休、退职的暂行办法》,经过试点后,于1979年全面实施。前者对妥善安置老弱病残干部作了明确指示。后者明确规定了我国企业职工、机关事业单位人员的正常退休年龄为:男年满60周岁,女干部年满55周岁,女工人年满50周岁,连续工龄满10年;因病退休年龄是:男年满50周岁,女年满45周岁,连续工龄满10年,并经市级以上劳动鉴定委员会鉴定完全丧失劳动能力;因特殊工种提前退休的年龄是:男年满55周岁,女年满45周岁,连续工龄满10年,实际从事高空、繁重体力劳动累计满10年,或从事井下、高温工作累计满9年,或从事有毒有害工作累计满8年。此后,这一退休规定一直延续了下来。

1984年后,我国开始了以退休费用社会统筹为主要内容的养老保险制度改革,后来又相继建立了失业保险制度,进行了工伤、医疗保险制度的改革。

1997年7月,国务院《关于建立统一的企业职工基本养老保险制度的决定》,宣告了我国社会保险模式完成转换。随后,国务院于1998年12月颁布了《关于建立城镇职工基本医疗保险制度的决定》,1999年1月颁布《失业保险条例》,2003年4月颁布《工伤保险条例》。

2010年10月,《中华人民共和国社会保险法》在第十一届全国人民代表大会常务委员会第十七次会议上获得通过,中国社会保险终于走上了政府主导、责任分担、社会化、多层次化的发展道路。尤其是2010年10月,党的十七届五中全会通过的“十二五”规划建议提出，坚持广覆盖、保基本、多层次、可持续方针，加快推进覆盖城乡居民的社会保障体系建设，从而明确了未来社会保险制度发展的方向。

2011 年 7 月 1 日，《中华人民共和国社会保险法》正式实施。同时，国务院办公厅印发了《社会养老服务体系建设规划（2011—2015 年）》。

2013 年 11 月，党的十八届三中全会通过了《关于全面深化改革若干重大问题的决定》，该决定明确了深化社会保障改革的多项目标任务，对全面深化社会保障改革作出了新部署。

2014 年 2 月 21 日，国务院下发《关于建立统一的城乡居民基本养老保险制度的意见》，该意见在总结试点经验的基础上，将新型农村社会养老保险和城镇居民社会养老保险合并实施，从而建立全国统一的城乡居民基本养老保险制度。2014 年 8 月 13 日，国务院发布了《关于加快发展现代保险服务业的若干意见》，该意见肯定了改革开放以来我国保险业对促进社会经济发展和改善人民生活做出的重要贡献，同时指出我国保险业仍处于初级发展阶段，尚不能适应全面深化改革和经济社会发展的需要。为加快发展现代保险服务业，该意见提出了构筑保险民生保障网、完善多层次社会保障体系、发挥保险风险管理功能、完善保险经济补偿机制等 9 方面共 29 条政策措施。

2015 年 1 月 14 日，国务院印发了《关于机关事业单位工作人员养老保险制度改革的决定》，决定从 10 月 1 日起对机关事业单位工作人员养老保险制度进行改革。事业单位养老保险制度是中国社会保障制度的重要组成部分，长期以来，事业单位实行退休金制度，这对于保障退休人员生活、维护社会稳定发挥了重要作用。

2016 年 1 月，国务院印发《关于整合城乡居民基本医疗保险制度的意见》，该意见对整合城镇居民基本医疗保险和新型农村合作医疗，最终建立统一的城乡居民基本医疗保险制度提出了明确要求。

第二节　社会保险的运行

一、社会保险费的计征

（一）社会保险费的计算

社会保险必须根据各种风险事故的发生概率，按照给付标准事先估计的给付支出总额，求出被保险人所负担的一定比率，以此作为厘定其保险费率的标准。社会保险与商业保险的费率厘定不同，除了考虑各种风险因素外，还要考虑各种社会经济因素，最后厘定出公平合理的保险费率。

（二）社会保险费的筹集方式

其筹集方式主要有均等保险费制和比例保险费制。

1. 均等保险费制

均等保险费制是指不论被保险人或其雇主收入有多少，一律计收相同金额的保险费。其优点是计算简便，易于普遍实施。采用此法征收社会保险费的国家，在给付保险金时一般也采用均等制。该方式具有收支一律平等的意义，其不足是低收入者与高收入者缴纳相同的保费，在费用负担能力方面明显不公平。

2. 比例保险费制

比例保险费制是以被保险人的工资收入为标准，按法律规定的一定百分率计收保险费。社会保险是为了补偿被保险人遭遇风险事故期间所丧失的收入，以维持其最低生活。因此，必须参照其平时赖以为生的收入作为衡量保险给付的标准，将其作为计算保费的根据。该方式的最大缺点是，社会保险的费用负担直接与工资相联系，不管是雇主与雇员双方负担还是其中一方负担，这些负担都表现为劳动力成本的增加，其结果会导致资本排挤劳动，从而可能引起失业增加。

（三）社会保险费的分担方式

社会保险费的分担主体是国家、企业和个人。三个主体的不同组合就产生了保险费用的不同分担方式，即使同一国家在不同的社会保险项目中，也可能使用不同的保险费用分担方式，其中以雇主雇员双方供款、政府负最后责任最为普遍。例如，我国的基本养老保险就实行用人单位和个人缴费以及政府补贴等方式。在雇主与雇员共摊保险费用的方法中，又可细分为三种：（1）费率等比分担制；（2）费率差别分担制；（3）费率等比累进制。此外，我国还根据《中华人民共和国社会保险法》依法设立了全国社会保障基金，由中央财政预算拨款以及国务院批准的其他方式筹集的资金构成，用于社会保障支出的补充、调剂。我国社会保障基金主要由全国社会保障基金管理运营机构负责管理运营，在保证安全的前提下实现保值增值。

（四）社会保险费的经办机构

社会保险费的征收机构即负责征缴社会保险费的单位。我国在1999年规定，社会保险费征收机构由省、自治区、直辖市人民政府根据本地的实际情况确定，可以由税务机关征收，也可以由劳动保障行政部门按照国务院规定设立的社会保险经办机构征收。但基本养老保险费、基本医疗保险费、失业保险费等社会保险费要求集中统一征收，以减轻企业事务负担，降低征收成本。

《中华人民共和国社会保险法》第七十二条规定：统筹地区设立社会保险经办机构。社会保险经办机构根据工作需要，经所在地的社会保险行政部门和机构编制管理机关批准，可以在本统筹地区设立分支机构和服务网点。社会保险经办机构的人员经费和经办社会保险发生的基本运行费用、管理费用，由同级财政按照国家规定予以保障。第七十三条规定：社会保险经办机构应当建立健全业务、财务、安全和风险管理制度。社会保险经办机构应当按时足额支付社会保险待遇。

二、社会保险财务制度

（一）现收现付制

现收现付制也叫随收即付制度，是指当期所收的保险费用于当期的保险给付，使保险财务收支保持大体平衡的一种财务制度。除社会养老保险项目外，其他社会保障项目都采用这种财务制度。

养老保险采用现收现付制度有利有弊。其最大优点是：费率计算简单，同时因为没有巨额基金积累，不会有资金保值增值的压力，也不会受到货币贬值的不利影响。其缺点是：必须经常重估财务结构，调整保险费率。由于人口结构趋于老龄化、福利水平呈刚性等原因，保险费率一般是日益提高的。同时，从分配关系来看，在养老金保险方面，现收现付制度实质上是代际间的收入再分配关系，日益上升的保险费率可能会加深代际矛盾，甚至造成政治问题。

（二）完全积累制

完全积累制是在对影响保险费率的相关因素进行长期测算后，确定一个可以保证在相当长的时期内收支平衡的平均费率，并将所收保险费（税）全部形成社会保险基金的一种财务制度。目前，企业年金制度及社会保险制度框架下的养老保险个人账户计划，大多采用完全积累制。其优点是：在人口老龄化背景下，由于有基金的积累，该财务制度能保持保险费率的相对稳定。但这一优点是以基金收益率高于工资增长率为前提的。其缺点有：一是在制度运行初始就要求较高的费率；二是基金受通货膨胀侵蚀的压力大。如果基金运用得当，不但社会保险制度能从中受益，而且整个经济也会因基金的有效配置受益；反之，如果基金不能保值增值，那么这一制度比现收现付制的成本更高。

（三）部分积累制

部分积累制是现收现付制度和完全积累制度融合而成的一种混合制度。其初始时的费率高于现收现付制度而低于完全积累制度；在准备金方面，它会多于现收现付制度而低于完全积累制度。该制度是要在迎接人口老龄化和初始征收高保费的制度中，寻找一条中间道路。一般做法是，将原来现收现付制度所交保费中的一小部分积累于个人账户，或在原来制度之上提高保险费率，并将增量部分全部积累于个人账户。该制度也面临基金的管理和保值增值问题。我国在 1997 年建立的社会养老保险制度就采用了这种混合财务制度，该制度被称为社会统筹与个人账户制度相结合的社会养老保险制度。

三、社会保险基金的管理

（一）基金种类和管理要求

《中华人民共和国社会保险法》第六十四条规定：社会保险基金包括基本养老保险基金、基本医疗保险基金、工伤保险基金、失业保险基金和生育保险基金。各项社会保险基金按照社会保险险种分别建账，分账核算，执行国家统一的会计制度。社会保险基金专款专用，任何组织和个人不得侵占或者挪用。基本养老保险基金逐步实行全国统筹，其他社会保险基金逐步实行省级统筹，具体时间、步骤由国务院规定。

第六十五条规定：社会保险基金通过预算实现收支平衡。县级以上人民政府在社会保险基金出现支付不足时，给予补贴。

（二）基金管理主体

1. 基金管理体制

社会保险基金的管理体制，往往与一国的社会保险组织机构有关。基金的管理制度主要包括：社会保险基金公共管理制度以及将个人账户制度上的基金交由市场主体管理。社会保险基金一般都是直接或间接由政府设立的机构经营，也有部分国家委托私人基金管理公司进行管理，我国采用的是前者。《中华人民共和国社会保险法》第七十一条规定：国家设立全国社会保障基金，由中央财政预算拨款以及国务院批准的其他方式筹集的资金构成，用于社会保障支出的补充、调剂。全国社会保障基金由全国社会保障基金管理运营机构负责管理运营，在保证安全的前提下实现保值增值。

2. 全国社会保障基金理事会

2000 年 11 月，全国社会保障基金理事会（简称“社保基金会”）成立，它是国务院直属事业单位，我国社保基金管理的主体，其经费实行财政全额预算拨款。主要职责如下：（1）受托管理全国社会保障基金、基本养老保险个人账户基金和原行业统筹企业基本养老保险基金等（以下统称“基金”）。（2）制定基金的投资经营策略并组织实施。（3）选择并委托基金投资管理人、托管人，对基金委托资产进行投资运作和托管，对投资运作和托管情况进行检查，在规定的范围内对基金资产进行直接投资运作。（4）负责基金的财务管理与会计核算，定期编制会计报表，起草财务会计报告。（5）定期向社会公布基金的资产、负债、权益和收益等财务情况。（6）根据财政部、人力资源和社会保障部共同下达的指令和确定的方式拨出资金。（7）承办国务院交办的其他事项。

3. 全国社会保障基金理事会管理的基金

根据国务院、财政部、人力资源和社会保障部的规定，社保基金会托管以下基金：

（1）全国社会保障基金（以下简称“全国社保基金”）为中央政府集中的国家战略储备基金，由中央财政拨入资金、国有股减持或转持所获资金和股票、划入的股权资产、经国务院批准以其他方式筹集的资金及其投资收益构成。

（2）个人账户基金为社保基金会接受做实个人账户试点省（自治区、直辖市）委托管理的个人账户资金及其投资收益。根据财政部、人力资源和社会保障部《做实企业职工基本养老保险个人账户中央补助资金投资管理暂行办法》，和社保基金会与试点省（自治区、直辖市）签署的委托投资管理合同，将个人账户基金纳入全国社保基金统一运营，作为基金权益核算。

（3）原行业统筹企业基本养老保险基金（以下简称“行业统筹基金”）为社保基金会受财政部、人力资源和社会保障部委托管理的，原行业统筹企业基本养老保险资金及其收益。根据财政部、人力资源和社会保障部《原行业统筹企业基本养老保险基金管理办法》纳入全国社保基金统一运营，作为基金负债核算。

（三）基金管理的变化及其原因

社会保险基金是整个社会保障基金的核心部分。企事业单位的强制筹资和个人缴费是其主要资金来源，政府的财政支持也是其重要渠道。社会保险基金的健全管理，是达成基金安全有效的前提。鉴于该基金的性质和特征，社会保险基金一般都由政府部门及政府委托的有资格的机构管理运作。我国社会保险基金就是由劳动保障部门所属的社会保险经办机构管理，在管理方式上实行属地管理和分账管理。该基金在早期都是直接或间接由政府机构经营的。在投资方向上，绝大多数国家规定社保基金可用于购买政府债券、银行存款或对公共部门进行投资。

从 1980 年代起，社会保险基金管理出现了新变化：一些国家的社会保险基金对私人基金管理公司开放；在投资模式方面，不少国家进行多样化投资，力求在基金的安全性与收益性之间探索其平衡点。发生这一变化的主要原因：一是社会保险制度本身的要求；二是人们对社会保险基金的经济贡献有了新认识。

四、社会保险基金的投资运作与监督

（一）基金投资运作与监督的依据

社保基金会根据《中华人民共和国社会保险法》，经国务院批准、由财政部与人力资源和社会保障部发布的《全国社会保障基金投资管理暂行办法》《全国社会保障基金境外投资管理暂行规定》，以及国务院、财政部与人力资源和社会保障部的相关批准文件进行投资运作。财政部会同人力资源和社会保障部对基金投资运作和托管情况进行监督。

（二）基金投资理念、方针与方式

社保基金投资的一般原则是安全性原则、收益性原则、流动性原则、公益性或社会效益原则。其投资理念是：坚持价值投资、长期投资和责任投资。基金的投资方针是：审慎投资，安全至上，控制风险，提高收益。

基金的投资方式，是社保基金会直接运作与社保基金会委托投资管理人运作相结合。委托投资管理人管理和运作的基金资产，由社保基金会选择的托管人托管。通过战略和战术性资产配置，对资产结构实行比例控制。

【延伸阅读 10－2】2015 年社保基金的运营

《全国社会保障基金理事会基金年度报告（2015 年度）》显示，2015 年社保基金投资收益额为 2 294.61 亿元，投资收益率为 15.19%，创下了自 2010 年以来该基金投资收益率的新高。截至 2015 年末，全国社保基金自成立以来的年均投资收益率为 8.82%，远超同期通胀率 6.47%，累计投资收益额 7 907.81 亿元。

截至 2015 年末，全国社保基金理事会管理的基金资产总额为 19 138.21 亿元，同比增长 25%；基金权益总额为 17 966.51 亿元。2015 年 8 月，国务院下发通知，养老金可以入市，投资股票、股票基金、混合基金、股票型养老金产品的比例，合计不得高于养老基金资产净值的 30%。多数人认为，养老金入市较大可能采用分批入市，且前期入市规模不大，预计养老金初期入市规模约为 3 000 亿元。

（三）基金投资范围

社保基金的境内投资范围包括：银行存款、债券、信托投资、资产证券化产品、股票、证券投资基金、股权投资和产业投资基金等。境外投资范围包括：银行存款、银行票据、大额可转让存单等货币市场产品；债券、股票、证券投资基金，以及用于风险管理的掉期和远期等衍生金融工具；房地产、基础设施等实物工具。为最大限度地降低投资风险，保证基金安全，必须严格按照国家规定，通过稳健渠道投资运营，不得以任何形式违规投资运营。

（四）基金资产的独立性与监管

基金资产独立于社保基金会、全国社保基金投资管理人和托管人的资产，以及基金投资管理人管理和托管人托管的其他资产。基金与社保基金会的单位财务分别建账，分别核算。《中华人民共和国社会保险法》第七十六条规定：各级人民代表大会常务委员会听取和审议本级人民政府对社会保险基金的收支、管理、投资运营以及监督检查情况的专项工作报告，组织对本法实施情况的执法检查等，依法行使监督职权。第七十八条规定：财政部门、审计机关按照各自职责，对社会保险基金的收支、管理和投资运营情况实施监督。

第三节 社会保险的业务险种

一、社会养老保险

（一）概念与内涵

社会养老保险，是指由国家和社会依法为老年劳动者或社会成员定期提供一定物质帮助，保障其晚年基本生活的社会保障制度。养老保险是社会保险体系的重要组成部分，也是世界各国普遍实行、最受人们关注的险种之一。其含义有三点：一是养老保险在法定范围内的老年人完全或基本退出社会劳动后才自动发生作用。这里的“完全”是以劳动者与生产资料的脱离为特征；“基本”是指参加生产活动已不成为其主要社会生活内容。二是养老保险的目的是为保障老年人的基本生活需求，为其提供稳定可靠的生活来源。三是养老保险是以社会保险为手段来达到经济保障的目的。

（二）业务类型

世界各国社会养老保险一般包括基本养老保险、企业补充养老保险、个人储蓄养老保险三个层次。

1. 基本养老保险

基本养老保险是按国家统一政策规定强制实施，为保障广大离退休人员基本生活需要的社会保险制度。企业和职工依法缴纳养老保险费，在职工达到国家规定的退休年龄或因其他原因而退出劳动岗位并办理退休手续后，社会保险经办机构向退休职工支付基本养老保险金。我国的基本养老保险制度实行社会统筹与个人账户相互结合的模式。

2. 企业补充养老保险

该保险也称企业年金，是由企业根据自身经济实力而决定为其职工所建立的一种辅助性养老保险。该保险所需费用是从企业自有资金中的奖励、福利基金中提取的，是对基本养老保险的补充，两者既有联系也有区别。其联系主要体现在两种养老保险的政策和水平上；区别主要体现在两种养老保险的层次和功能上。所以，补充养老保险既不能由企业完全自愿，又不能由国家强制实施，而应该由国家规定实施政策和实施条件，企业达到规定条件的才可以实行。企业补充养老保险费可由企业完全承担，或由企业和员工双方共同承担，承担比例由劳资双方协商确定。企业内部一般都设有由劳资双方组成的董事会，负责企业补充养老保险事宜。

3. 个人储蓄养老保险

该保险是由职工自愿参加、自愿选择经办机构的一种补充保险形式。由社会保险机构经办的职工个人储蓄养老保险，由社会保险主管部门制定具体办法，职工个人根据其工资收入情况，按规定缴纳个人储蓄养老保险费，记入当地社会保险机构在有关银行开设的养老保险个人账户，并应按不低于或高于同期城乡居民储蓄存款利率计息，以提倡和鼓励职工个人参加储蓄养老保险，所得利息记入个人账户，归个人所有。职工达到法定退休年龄经批准退休后，凭个人账户将储蓄养老保险金一次总付或分次支付给本人。当职工跨地区流动时，个人账户的储蓄养老保险金应随之转移。职工未到退休年龄而死亡，记入个人账户的储蓄养老保险金应由其指定人或法定继承人继承。

（三）养老保险的基本模式

世界各国实行的养老保险制度分为投保资助型养老保险、强制储蓄型养老保险及国家统筹型养老保险三种模式。

1. 投保资助型养老保险

投保资助型养老保险是大多数国家实施的养老保险制度。其实施的前提条件是，工业化已取得一定成效，有较雄厚的经济基础，强调养老是个人的事，应以自保为主，国家给予补贴。它主要是通过立法程序强制雇主和劳动者分别按一定的费率投保，并要求建立老年社会保险基金，实行多层次退休金。国家是老年社会保险的后盾，在财政、税收和利息政策上给予资助。在这种制度下，享受待遇的权利与缴费的义务相联系，但缴费和享受的待遇在量上并不完全对等。

2. 强制储蓄型养老保险

该保险是一种固定缴费模式，对缴纳费率有具体规定，雇主和雇员共同承担保险费用，缴费及利息计入个人账户，待遇由个人账户积累额决定。这种模式以新加坡中央公积金制度和智利商业化管理的个人账户最为典型。新加坡模式的主要特点是强调自我保障，建立个人公积金账户，由劳动者在职期间与其雇主共同缴纳养老保险费，劳动者在退休后完全从个人账户领取养老金，国家不再以任何形式支付养老金。智利模式中的个人账户管理完全实行私有化，即将个人账户交由自负盈亏的私营养老保险公司，并规定了最大化回报率，同时实行养老金最低保险制度。

3. 国家统筹型养老保险

国家统筹型养老保险制度，由国家（或国家和雇主）全部负担雇员的养老保险费，雇员不缴费，是一种典型的福利型养老保险制度。其特点是：实施范围广，是一种人人都养老的保障计划；与个人收入状况无关，无论收入高低、工作稳定与否，国家都会提供相同水平的养老金；资金来源主要靠国家补贴。其缺点是资金来源渠道单一，政府和雇主负担过重，可能引发财政危机。该模式的国家较少，瑞典是其典型。

（四）养老保险的待遇给付

1. 待遇项目

养老保险待遇主要是退休金，还有医疗、生活补贴等项目。不同层次的养老保险在待遇给付上也有差别。基本养老保险的待遇给付主要是为了保障被保险人的基本生活需要，一般采用绝对金额方式确定给付标准。补充养老保险的待遇标准体现了劳动者个人在投保期间对保险基金的贡献，因此与劳动者在职期间的工资收入挂钩。个人储蓄养老保险一般实行强制性的个人养老金账户方式，以劳动者全部在业期间储蓄的本息之和为计发基数，按照退休劳动者平均余命逐年计发，也可以实行一次性给付。

2. 享受待遇的条件

虽然养老金对保证劳动者因年老丧失劳动能力而退出工作岗位、失去工资收入后的生活非常重要，但并非每个劳动者届时都能领到养老金。它在待遇给付的资格条件上，有退休年龄、缴纳保险费年限和数额等方面的规定，一般需要具备以下几个条件。

（1）允许参加养老保险的资格条件。其实质是参加养老保险的范围问题，这在不同国家的规定是不一样的，如有些国家规定了居住期。就我国目前来讲，实际上主要是指城镇的工薪劳动者。

（2）享受养老保险的工龄和缴费年限条件。退休工龄或个人缴费年限的确定，直接体现了劳动者权利与义务的对应关系。劳动者只有通过一定时间的劳动，为社会尽了义务，并在其创造的价值中进行一定扣除后，才能享受养老保险待遇。在实行缴费制的国家，常用交纳养老保险金的年限代替工龄条件。

（3）领取养老金的年龄条件。领取养老金的年龄确定，直接影响着老年职工劳动、退休的生活方式，以及养老保险基金的计划、预算、决算和收支平衡。国家在规定退休养老年龄时需考虑三点：一是人口的平均预期寿命。平均寿命长则退休年龄较晚；反之亦然。二是劳动力资源的丰歉，应保证生产发展对劳动力的需求得以满足。三是提供养老金与享受养老金的人口对比情况，两者应保持平衡。

（4）养老金待遇调整的条件。基本养老保险待遇取决于参保人员的缴费基数和缴费年限，以及退休养老期间国家的经济发展水平。随着经济发展水平逐步提高，退休人员也应享受经济发展成果。根据职工平均工资增长、物价上涨情况，应适时提高基本养老保险待遇水平。

（五）养老保险的意义

（1）保证劳动力再生产。

养老保险制度的建立，有利于劳动力群体的正常代际更替。老年人年老退休，新成长劳动力顺利就业，从而保证了就业结构的合理化。

（2）促进国民经济发展。

各国设计养老保险制度多将公平与效率挂钩，尤其是部分积累和完全积累的养老金筹集模式。劳动者退休后领取养老金的数额，与其在职劳动期间的工资收入、缴费多少有直接的联系，这无疑能够激励劳动者在其在职期间积极缴费，努力劳动，不断提高工作效率。

（3）保障社会的和谐稳定。

养老保险为老年人提供了基本生活保障，使老年人老有所养。在人口老龄化的时代，老年人口的比例越来越大，人数也越来越多，养老保险保障了老年劳动者的基本生活，等于保障了社会相当部分人口的基本生活。对在职劳动者而言，参加养老保险意味着对将来年老后的生活有了准备，免除了后顾之忧。从社会心态来说，人们多了些稳定，少了些浮躁，因而有利于社会的和谐稳定。

（4）有利于国家对国民经济的宏观调控。

由于养老保险涉及面广，参与人数众多，其运作中能够筹集到大量的养老保险金，能为资本市场提供巨大的资金来源。尤其是实行基金制的养老保险模式，个人账户中的资金积累以数十年计算，使得养老保险基金规模更大，为市场提供了高达万亿的巨额资金，通过对这些资金的运营和利用，有利于国家对国民经济的宏观调控。

二、医疗保险

(一) 含义

医疗保险是由国家依法建立，向法定范围的劳动者或社会成员提供必需的医疗服务和经济补偿的社会保险制度。其含义是：(1) 由国家强制实施；(2) 保障对象是劳动者或社会成员；(3) 保障内容主要是疾病；(4) 权利义务相结合与互助互济。

(二) 医疗保险的层次

我国的医疗保险由基本医疗保险、大额互助医疗保险、补充医疗保险三个层次构成，如表 10-1 所示。

表 10-1　一般企业医疗保险的三个层次

保险名称	保险性质	参加范围
基本医疗保险	社会保险	强制全体在职、退休人员参加，不含离休干部、老红军和二等乙级以上革命伤残军人。
大额互助医疗保险		
补充医疗保险	商业保险	企业行为，非强制实施。

基本医疗保险和大额互助医疗保险都是社会保险性质，区别只是前者保障程度更基本一些，后者主要保障大额医疗费用。补充医疗保险是企业行为，并无强制性统一办理的规定，也可以不建立。

(三) 医疗保险的特点

(1) 保障对象普遍。

医疗保险的保障对象比其他保障项目更为广泛，原因在于疾病风险是每个人都难以回避的，因此每个社会成员都会成为医疗保险的对象。

(2) 涉及面广、具有复杂性。

医疗保险涉及医疗方、患者、医疗保险机构以及用人单位等多方之间的复杂利益关系。为了对医疗机构的行为进行规范和引导，医疗保险机构必须建立复杂的管理机制。

(3) 服务性。

除了对享受医疗保险的人补偿医疗费用外，医疗保险还为劳动者提供专门的、技术性很强的医疗服务。而其他社会保险项目，一般以提供现金补助为主。

(4) 频率高、费用控制难。

由于疾病风险的随机性、突发性，医疗保险补偿也只能是短期的、经常性的。此外，医疗保险实行的费用补偿也与其他社会保险项目中的定额给付不同，由于病情的严重程度不同，保险金给付额在人与人之间也有很大差别，加上医疗服务提供方的影响，费用控制非常困难。

(四) 医疗保险的作用

(1) 促进社会生产发展。

医疗保险制度解除了劳动者的后顾之忧，能够使其安心工作，从而可以提高劳动生产率，促进生产的发展。同时，它也保证了劳动者的身心健康及劳动力的正常再生产。可以说，医疗保险是社会进步、生产力发展的必然结果。

（2）实现社会公平。

医疗保险通过征收医疗保险费和偿付医疗保险服务费，实行收入再分配，从而达到调节劳动者收入和生活差距的目的。医疗保险制度在一定程度上实现了医疗资源的公平分配，有利于弥补市场经济造成的不平等，进而实现社会公平。

（3）确保社会安定。

医疗保险对患病的劳动者给予经济上的帮助，有助于消除因疾病带来的社会不安定因素，是调节社会关系及矛盾的重要社会机制。当劳动者受伤或生病时，其正常收入就会中断或减少，同时还要面对大额医疗费用支出的压力。此时，医疗保险可以向其提供必要的物质帮助，使其尽快恢复健康和工作，并有效地防止其陷入“因病致贫”和“因贫致病”的恶性循环。

三、失业保险

（一）含义与特点

失业保险是指国家通过立法强制实行，由社会集中建立基金，对因失业而暂时中断生活来源的劳动者提供物质帮助的制度。

失业保险的核心内容是，通过建立失业保险基金分散失业风险，为失业者提供基本保障，并通过专业培训、职业介绍等形式促进其再就业。失业保险属于政府行为，侧重于保障基本需求，并以货币作为提供帮助的主要形式。它与其他社会保险项目相比具有以下特点。

（1）失业保险在实施范围上主要以劳动年龄内的劳动者为保障对象。而养老保险以超出劳动年龄，退出劳动领域的人为保障对象。

（2）在风险成因上，失业保险中的失业现象是一种由于社会经济方面的原因所导致的劳动风险事故。而其他社会保险中风险事件的形成均属自然原因，如年老、身体健康的损害、工作中经历的无法预料的自然事故等。

（3）在享受条件上，失业保险与失业者的工作年限、缴费年限有关，也取决于其就业意愿。一般失业保险对象有下列情况之一，将取消其领取待遇的资格：无充分理由地自动离职；没有在职业介绍所登记；拒绝劳动部门介绍的适当工作；参加劳资纠纷而罢工；故意放弃职业训练机会。

（4）在保障功能上，失业保险不仅为失业者提供物质救济，还要为其提供再就业服务，最终的目的是促使失业者就业。而其他社会保险主要是为劳动者提供生活保障，以维持劳动力的一般再生产。

【延伸阅读 10－3】2016 年中国的失业率

中国公布的行政登记失业率为城镇登记失业率，它由国家统计局与人力资源和社会保障部共同收集与发布。该数据近 10 年来稳定在 4.0%～4.3%。2016 年最新数据显示：全国城市调查失业率为 4.99%，整体略有上升。在 2016 年全球经济下行压力进一步加大，国际货币基金组织、欧盟委员会等纷纷下调经济增速预期环境下，一些主要发达经济体增速低于预期，一些发展中国家和新兴市场国家出现了负增长。我国调查失业率的统计范围从31个大中城市扩大为全国所有地级市后，失业率的数据调整为4.99%。

（二）主要资格条件

各国对享受失业保险的资格条件都有明确规定。主要有：第一，必须符合法定的劳动年龄，未成年人和法定退休者不能享受失业保险待遇。第二，必须是非自愿性失业。自愿离职者，严重过失而被工作单位或雇主除名、犯罪判刑或介入劳动争端主动停产、罢工而造成失业者，均不能享受失业保险待遇。第三，原来已经从事过法定有酬劳动的失业人员才能享受正式失业保险待遇。第四，必须具有劳动能力和就业意愿。按照我国的有关规定，失业人员应接受失业保险机构安排的转业训练和生产自救活动，并接受合理的重新工作安排。凡无正当理由，两次不接受劳动就业服务机构介绍就业者，停发其失业救济金和其他失业保险待遇。

（三）目标与功能

1. 失业保险的目标

失业保险的目标是保障生活、促进就业。从失业者角度来说，一是通过物质补贴维持其基本生活水平；二是为其提供就业培训和指导，通过帮助其提高劳动技能促使他们尽快实现再就业。从社会经济层面来看，其目标主要是通过保障失业者在失业期间的基本生活，以维持社会稳定，促进经济发展。

2. 失业保险的功能

（1）保障基本生活水平。根据失业保险制度的具体规定，失业者在一定期间内领取一定量的失业保险金，保障了他们在失业期间的基本生活，并为解决失业问题提供一定的缓冲时间，维持了劳动力的再生产。同时，通过提供就业培训可以促进失业者的再就业，而且该功能有逐渐增强的趋势。

（2）提高经济活动效率。失业保险制度所具有的维持劳动力生产和再生产功能，有利于劳动者提高自身素质及实现再就业，因而在宏观经济层面有助于提高经济活动效率。此外，失业保险制度减轻了企业向外派遣冗员时的社会经济压力，有助于提高经济资源配置的合理性，进而提高经济活动效率。

（3）促进经济体制改革。社会化大生产的发展，要求适时调整产业结构和转变就业形式。市场经济的优胜劣汰也要求灵活的用工制度和劳动力资源的无障碍流动。从老产业中分离出来的剩余劳动力不能适应新产业的需要，经济体制的改革使得劳动力素质与劳动力需求的矛盾突出，结构性失业成为促进就业的难题。而失业保险制度的建立配合了劳动用工制度的改革，有利于劳动力的合理流动和优化配置，减少了职工与企业之间的摩擦，增强了劳动者的风险意识和竞争意识，并通过保险金给付和就业培训等，提高了劳动者的就业能力，为经济体制改革的顺利进行创造了条件。

（四）失业保险制度的类型

1. 强制性失业保险制度

该制度一般由政府制定实施，是当今失业保险制度的主流。实行这种制度的国家有中国、美国、加拿大、意大利等。根据失业保险制度的规定，凡是符合失业保险条件的人都必须参加失业保险。

2. 失业救助制度

这是一种带有社会救助色彩的失业保险制度。该制度规定，失业保险金只发放给符合既定条件的失业者。

3. 自愿保险补贴制度

该制度一般由工会组织实施，雇主、雇员自愿参加，由工会建立的失业基金会管理，政府提供大量的补贴。

4. 双重性失业保险制度

该制度是由以上模式派生出来的一种混合制度形式。它有三大类：一是强制性失业保险制度与失业救助制度并存，如德国；二是自愿保险补贴制度和失业救助制度并存，如瑞典；三是强制性失业保险制度与自愿保险补贴制度相结合，如日本等。

四、工伤保险

工伤保险也称职业伤害保险，指劳动者在生产经营活动中或在规定的某些特殊情况下，遭受意外伤害、职业病，并且因此造成死亡、暂时或永久丧失劳动能力时，劳动者及其遗属能够从国家、社会得到必要物质补偿的制度。工伤保险的主要目的是保障工伤劳动者的生活和医疗需要，维护正常的生产和生活秩序，确保社会的安定、和谐和稳定。

（一）工伤保险的原则

1. 无责任补偿原则

该原则又称补偿不究过失原则，即劳动者在生产过程中负伤后，不管过失在哪一方，均可获得一定收入补偿，以保障其基本生活。但并非不追究事故责任，对工伤事故放任不管。相反，对事故发生的原因和后果仍要进行认真调查，以加强劳动保护，从中接受教训，不断降低事故发生率。

2. 个人不缴费原则

工伤保险与其他保险不同，其由雇主或企业负担全部保险费，劳动者个人不用缴费。因为劳动者在为雇主或企业创造财富的同时，还付出了健康甚至生命代价，由雇主或企业负担全部保险费则完全合理必要，这是世界共识。

3. 因工伤残与非因工伤残区别对待原则

职业伤害与工作环境、工作条件、工艺流程等有直接关系，因此，我国的工伤保险待遇在给付标准上，明显高于“因病”或“非因工”伤亡的待遇。只要是“因工”受到伤害，待遇上不受年龄、性别、缴费期限的限制。对“因工”和“非因工”的区分，是建立工伤保险的前提和出发点。

4. 补偿、预防和康复相结合的原则

工伤补偿、工伤预防和工伤康复三者密切相连。工伤预防是根本，各国政府非常重视安全生产，都致力于采取各种措施减少或消除事故隐患。一旦发生了工伤事故，不仅需要进行工伤补偿，还需要做好康复工作，帮助受害者尽可能恢复劳动能力，使其重新走上工作岗位。

（二）工伤保险的事故范围

工伤保险的事故范围包括：因工负伤和职业病。因工负伤是指劳动者在工作时间及工作区域之内，因执行既定职务（业务）而受到的伤害。职业病是指劳动者从事某种职业后，因职业有害因素给其带来的疾病。它同特定职业有关，是职业性有害因素对劳动者造成的慢性身体伤害。

（三）工伤保险的作用

（1）保障劳动者合法权益，维护社会稳定。

工伤事故与职业病严重威胁广大职工的健康和生命，影响其工作、经济收入及家庭生活，关系到社会稳定。参加工伤保险后，一旦发生工伤事故，职工可以得到及时救治、医疗康复和必要的经济补偿。这在一定程度上保障了劳动者的合法权益，解除了他们的后顾之忧，有利于提高他们工作的积极性，进而维护社会的稳定。

（2）分散风险，提高企业承担风险能力。

工伤事故发生后，需要支付较高的工伤赔偿，企业可能很难承担，而工伤保险通过基金的互济功能，分散不同用人单位的工伤风险，避免用人单位一旦发生工伤事故便不堪重负，严重影响生产经营，甚至导致破产，有利于企业的正常经营和生产活动。

（3）促进安全生产，保护和发展社会生产力。

工伤保险与生产单位改善劳动条件、防病防伤、安全教育、医疗康复、社会服务等工作紧密相连。它可以有效提高生产经营单位和职工的安全生产意识，防止或减少伤亡事故，保护职工的健康和安全，减少工伤和职业病造成的经济损失，进而保护和发展社会生产力。

【案例 10－1】因肺癌死亡不能被认定为因工作紧张突发疾病死亡

2009 年 11 月 17 日上午 10 时，某汽车修理厂修理工王某在工作中感到肺部疼痛难忍，于是向车间领导请假后到医院检查。经医院检查，王某被诊断为肺癌晚期，住院 30 天后因医治无效死于医院。王某的亲属向单位提出按因工死亡处理，要求享受工伤保险待遇。单位认为王某是因肺癌治疗无效死亡，不属于突发疾病死亡，不予认定王某为因工死亡，按非因工死亡处理。

案例评析：企业对王某死亡处理意见是正确的。现行政策规定，职工在工作时间和工作区域内，因工作紧张劳累过度，突发疾病死亡的按因工处理。本案中，王某所患肺癌不属于职业病，虽然是在工作时间请假去医院检查出来的，但与工作原因无关，其患肺癌是由于自身肺细胞长期变异造成的，不属于突发性疾病。因此，王某死亡不符合有关认定工伤的政策法规，属非因工死亡，不能享受工伤保险待遇。

五、生育保险

（一）含义和待遇

生育保险是对处于生育期间的生育承担者给予生育津贴、休假及医疗服务的一项社会保险制度。现代生育保险的对象不再局限于妇女劳动者，有些国家已经扩大到生育期妇女的配偶。该保险提供的待遇主要有带薪年假、生育津贴、生育医疗费（含计划生育医疗费）及生育补助。

（二）主要特征

（1）主要对象是育龄期的妇女劳动者。

相对其他社会保险来说，生育保险覆盖范围较窄，但一些国家和地区已将生育保险的对象扩大到处于生育期间的妇女劳动者及其配偶。

(2) 实行“产前、产后都应享受”原则。

妇女劳动者在怀孕后、临近分娩前一段时间内，由于行动不便和预产期临近，已经不能工作或不宜工作；此外，妇女在分娩后需要休息一段时间，以便照顾婴儿及恢复身体健康。所以，妇女劳动者的产假包括产前和产后两个阶段，产假期间照发原标准工资。这样才能更好地保护产妇和婴儿健康，达到生育保险的目的。

(3) 带有双重性质。

生育保险既是为了维持妇女劳动者的劳动力简单再生产，也是为了保障劳动力的扩大再生产，确保经济社会发展对劳动力的需求。

(4) 待遇水平较高。

生育保险不仅对处于生育期间的生育承担者给予了补偿，而且因为对怀孕期间的生育妇女采取了一系列保健措施，因此对提高下一代的素质也非常重要。生育保险与国家的人口政策密切相关，只有在经济发展到较高水平后，生育保险制度才能有效建立起来，因此生育保险的待遇水平一般较其他社会保险要高。

(三) 生育保险的作用

(1) 保障女职工生育期间的基本生活。

女职工在生育期间暂时丧失劳动能力，因此不能正常工作而带来收入损失，生育保险通过为生育女性提供孕期保健、医疗服务、带薪年假和生育津贴，可保证女职工的基本生活需求以及再生产的正常进行。

(2) 促进计划生育政策的推行。

在我国，由于享受生育保险的对象主要限于符合国家计划生育政策规定的生育女职工，所以，生育保险有利于贯彻我国的人口政策，促进计划生育政策的积极推行。

(3) 利于优生优育，保证劳动力的扩大再生产。

随着经济社会的发展，人力资源和科学技术的竞争越来越激烈。优生优育有利于提高我国人力资源素质，增强国际竞争力。优生是建立在生育母亲健康体质的基础上，优育则有赖于家庭和社会对婴儿的哺育和教养。因此，产妇的生活和身体健康是否得到社会保障，不仅关系到产妇的身体健康，也关系到新生儿的质量，生育保险则保障了优生优育和劳动力的连续再生产。

【案例 10－2】生育津贴问题

生育津贴相当于生育保险基金给女职工支付了生育期间的工资。因为女职工生育期间必定要休产假，若单位不支付其产假期间的工资，这期间的工资则由生育保险基金来支付。生育津贴按照女职工本人生育当月的缴费基数除以 30 再乘以产假天数来计算。例如，一名女职工上一年月平均工资是 6 000 元，她生育后休了 128 天产假。那么她在生育当月的缴费基数就是 6 000 元，将其除以 30 再乘以 128，得出她的生育津贴就是 25 600 元。这是一笔不小的数目，对许多人来说甚至是个意外惊喜。

需要提醒大家，生育津贴还有着“就高不就低”的原则。如果生育津贴低于本人生育休假期间应享受的个人工资标准，差额部分必须由企业补足。如果生育津贴高于本人生育休假期间应享受的个人工资标准，企业必须全额发给个人。

六、遗属保险

遗属就是死者留下的亲属，在社会保险中，被保险人的遗属一般包括其配偶、子女、父母、兄弟姐妹、祖父母、外祖父母、孙子女、外孙子女等。

遗属保险是指劳动者死亡后，由国家和社会对死者所需丧葬费和其生前供养的直系亲属的基本生活，依法给予必要物质帮助的社会保险制度。我国遗属保险提供的物质帮助包括死者的丧葬费、家属的抚恤费、救济费和生活困难补助费等。主要支出是死者丧葬金的给付，以及死者生前抚养的配偶和未成年子女的费用即养育费给付。遗属保险既可以定期定量给付，也可以一次性给付。

在现实中，遗属保险通常与养老保险或工伤保险组合成一个险种，很少单独作为一个社会保险项目来实施。这是考虑到依法参加社会保险的劳动者逝世后，其受赡养亲属的基本生活也应该予以保障，故将其归入“老、残、遗保险”系列中一同实施；另外，因工死亡者所赡养亲属的基本生活保障，则归入工伤保险系列中。

遗属保险待遇的给付分因工死亡和非因工死亡两类。因工死亡的遗属保险待遇高于非因工死亡的待遇，前者包括死者的丧葬金和给付遗属抚恤金。在我国和其他社会主义国家，由于实行的是国家统筹式的社会保险，遗属保险待遇的水平与死者生前供养的直系亲属人数成正比。

第四节　我国社会保险制度的改革与发展

一、制度的建立

我国的社会保险制度始建于1950年代初。1951年，政务院公布实施了《中华人民共和国劳动保险条例（试行）》，1953年，政务院对该条例作了修正。此后，随着我国财政经济状况的好转和大规模经济建设的开展，国家颁布了救灾救济、优抚安置等一系列社会保障政策，并根据社会发展对有关政策进行了充实和调整。到1980年代中期，社会保险覆盖面仍然局限于城镇地区，重点是国有企业。

我国社会保险制度在改革前是以公有制经济单位为实施单位，其特色为以国家财政作为单位保障的后盾。它采用现收现付制，个人不直接负担保障费用，而是按照国家规定的社会身份实行差别化保障待遇。这种制度是计划经济体制的产物，与国有企业的性质密切相关，并成为政府与企业角色错位的典型体现。

我国实行改革开放以后，这种单位保障制度难以适应企业竞争和劳动力流动的要求，迫切需要建立独立于企业之外的社会化保险制度。

二、改革探索

1980年代中期以来，我国对社会保险制度进行了一系列改革，对促进经济发展、维护人民的社会保障权益发挥了重要作用。

1. 养老保险制度的改革探索

1990年代中期以来，我国开始逐步建立国家基本养老保险、企业补充养老保险和个人储蓄养老保险的多层次养老保险体系。1995年，劳动部出台《关于建立企业补充养老保险制度的意见》。1997年，国务院颁布了《关于建立统一的企业职工基本养老保险制度的决定》，将基本养老保险作为养老保险的“第一支柱”。2000年，国务院颁布了《关于完善城镇社会保障体系的试点方案》，将企业补充养老保险作为养老保险的“第二支柱”，国家鼓励但不强制。同时，我国大力发展商业人寿保险，将个人储蓄养老保险作为养老保险的“第三支柱”。自2009年起，相对于以前各地开展的农村养老保险，我国开展了新型农村社会养老保险试点工作，即新农保。

截至2012年底，我国城乡居民社会养老保险制度已实现制度全覆盖，比原计划提前了8年。连同已有的城镇职工养老保险制度，已经基本形成了覆盖城乡的社会养老保险体系。

2. 医疗保险制度的改革探索

1998年12月，国务院颁布了《关于建立城镇职工医疗保险制度的决定》，这标志着我国医疗保险制度进入了一个崭新阶段。实行了近半个世纪的公费医疗和劳保医疗制度，被新的职工基本医疗保险代替。2003年5月，人力资源和社会保障部出台了《关于城镇职工灵活就业人员参加医疗保险的指导意见》，将灵活就业人员、混合所有制企业和非公有制经济组织从业人员以及农村进城务工人员纳入医疗保险范围。2006年，国务院出台了《国务院关于解决农民工问题的若干意见》，开始将农民工列为医疗保险制度覆盖人群。2012年3月，国务院印发了《“十二五”期间深化医药卫生体制改革规划暨实施方案》的通知，提出了实现2020年人人享有基本医疗卫生服务的既定目标。

3. 其他保险制度的改革探索

1986年，我国开始建立了城镇失业保险制度；1994年和1996年，我国先后开始实施了生育保险、工伤保险；1999年建立了城市居民最低生活保障制度。1999年，国务院颁布了《失业保险条例》，完善了城镇失业保险制度，以便与市场经济体制相适应。2001年，我国将国有企业下岗职工制度与失业保险制度并轨。企业离退休人员基本养老保险金走向社会化发放，企业离退休人员月均养老金不断提高，并向退休早、养老金水平低的部分人员倾斜。截至2016年底，我国共有1.73亿人参加了失业保险制度，领取失业保险金人数226.8万人，失业保险基金累计结存5 083亿元。

在2003年国务院颁布实施《工伤保险条例》以前，我国一直未对工伤保险进行专门的立法。工伤保险制度的建立起源于计划经济时期的劳动保险制度框架，我国曾于1996年时颁布过《企业职工工伤保险试行办法》。《企业职工工伤保险试行办法》的颁布主要是为了配合《中华人民共和国劳动法》的贯彻与实施，其所面向的是所有境内的企业及其职工。工伤保险实行的是社会统筹机制，工伤保险费由企业负责缴纳，职工在遭遇工伤和职业病以后，由工伤保险基金对职工提供经济补偿和社会化管理服务。截至2016年底，我国已经有2.14亿人参加了工伤保险，当年享受工伤保险待遇的人数达到了201.9万人，而工伤保险基金滚存结余达到1 285.3亿元。

在我国，生育保险基本上是一种职工生育保险，其覆盖对象主要是城镇就业职工。此外，计划生育保险也是我国生育保险制度的一部分。截至2015年底，我国共有1.78亿人参加了生育保险制度，2015年享受生育保险待遇的人数为641.9万人，生育保险基金累计结余总额达到了684.4亿元。

三、发展现状与存在问题

（一）发展现状

经过多年的不断改革，我国社会保险制度体系的框架基本形成，初步完成了制度转型。在制度主体上，实现了从企业保险向社会保险的转变，解决了企业保险引发的企业社保负担畸轻畸重问题。在社会保险制度模式上，创造性地建立了“统账结合”的制度模式，并通过开展“做实”养老保险个人账户试点，推动养老保险由完全“现收现付制”向“部分积累制”的模式转变，增强了社会保险制度应对人口老龄化的能力。在筹资机制上，从国家单一责任转变为国家、企业、个人三方责任共担，增强了制度支撑能力，也在一定程度上提高了社会保险基金的社会化程度，缓解了过去因职工社会保险基金全部由各个企业自筹，在本企业范围内自收自支，而造成的新老企业间负担不平衡、社会互济性差的矛盾。同时，由于现行筹资方式将大部分城镇企业纳入统筹范围，从而扩大了社会保险覆盖面，推动了社会保险事业的发展。

根据人力资源和社会保障部、国家统计局于2016年公布的《2015年度人力资源和社会保障事业发展统计公报》，2015年，社会保险制度不断完善，各项社会保险覆盖范围继续扩大，参保人数和基金规模持续增长。年末参保人数分别达到：基本养老保险8.58亿人，基本医疗保险13.36亿人，失业保险1.73亿人，工伤保险2.14亿人，生育保险1.78亿人以上。全年五项社会保险基金收入合计4.6万亿元，比上年增长0.6万亿元。基金支出合计3.9万亿元，比上年增长0.6万亿元。

（二）存在的问题

随着我国改革的深化，现行社会保险制度存在的问题也越来越明显。主要表现在：

（1）覆盖面不够广，实施范围窄。

目前，我国劳动保险制度实施的对象主要是国家机关、事业单位、国有企业和城镇企业职工，广大农村地区、小集体企业及其他民营经济组织职工还处在社会保险的边缘地带。由于在实际操作过程中，人们对社会保险的认知度、参与意识和自我保护能力还不够，再加上社会保险制度的执行成本高，基本养老保险的实际覆盖面还不够广。如果从我国全民角度考察，虽然覆盖率在逐渐提升，但实际操作成本也较高。从制度执行状况看，国有企业执行得较好，其他所有制企业尤其是私营及“三资”企业执行得不好，社会保险制度的执行力还需要进一步提高。

（2）社保基金筹集和管理分散，导致基金软收硬支。

我国社会保险改革相对滞后，导致其立法工作跟不上实际运转需要。全国保险基金的征缴行为尚不规范，造成征收弹性大、管理分散、监管严重缺失以至于漏洞多。又由于很多人对社会保险不理解，处罚力度小，许多企业不愿缴、迟缴、拒缴社会保险金，拖欠现象十分严重，而支出又持续增长，从而导致基金软收硬支。

（3）社会化管理程度低，妨碍企业经营机制转换及现代企业制度的建立。

受计划经济体制残余的影响，政企不分依然存在，导致企业承担了不少本应由政府承担的职责，如社会保险费的筹集、管理与发放等。市场经济的发展要求建立与之相吻合的现代企业制度，为此，政府应将企业从繁杂的社会事务中解脱出来，即在企业上缴了社会保险费后，一切社会保险业务均由政府或社会来接管。否则，国有企业经营机制的根本转换和现代企业制度的建立将难以实现。

四、改革与发展的前景

近年来，我国社会保险制度改革取得了重要进展，建立了社会保险新模式。目前已初步建立起以养老、失业、医疗三大社会保险制度和社会救助制度为骨架的中国城镇社会保障体系，城市居民最低生活保障制度开始实施；农村养老保险的基本框架已形成，新农合已基本实现全面覆盖。

我国社会保障建设近年来取得了明显成效，城乡养老、医疗和最低生活保障制度建设取得了重大进展，各项社会保险覆盖人群迅速增长，保障水平逐步提高，资金规模进一步扩大，管理服务网络不断完善，为维护改革发展及社会稳定发挥了重要作用。尽管我国社保事业进步很大，但总体上还存在很多问题，需要进一步改革与完善。

“十二五”规划强调，要坚持把保障和改善民生作为加快转变经济发展方式的根本出发点和落脚点。加强社会保障建设是保障和改善民生的重要要求。当前，我国社会保险制度改革的基本思路是：低水平、广覆盖、多层次、多方负担、统账结合。这一改革思路和选择方向符合我国实际情况，但在实施中，社会保障体制的改革与创新仍然遭遇到巨大的阻碍和挑战。

今后一段时期，我国将按照广覆盖、保基本、多层次、可持续的基本方针，进一步完善具有中国特色的社会保险制度，不断改善国民福祉。在具体实施过程中，需要重点抓好以下工作。

（1）提高统筹层次，扩大覆盖范围，建立健全农村社保体系。

提高统筹层次既是增强社会保险基金调剂能力，减少结构性资金缺口，适应人力资源市场流动性的必要措施，也是建设社会保险长效机制的重要内容。我国人口众多，进一步扩大覆盖面，将符合条件的用人单位和人员纳入参保范围，做到应保尽保。农村社保体系是我国整个社保体系的重要组成部分，健全农村社保体系是建设社会主义新农村的重要内容，也是构建和谐社会的基本要求。

（2）完善社保基金管理，提高基金增值能力。

社会保险基金保值增值的关键是，社会保险基金应投向资本和货币市场，通过市场建立和完善运行机制来实现其增值能力。要完善社保基金的管理，一是进行信息联网，广泛运用现代化信息管理技术，健全养老、失业、医保信息监控体系，利用信息系统进行异常数据的监控分析，有针对性地进行监督检查。二是采取宏观与微观、常规与突击、全面与重点等方法，提高监管水平和效率。三是大力宣传举报制度，将养老、失业、医保政策执行过程置于全社会的监督之下，营造全社会打击骗保行为的氛围。

（3）完善新型农村社会养老保险。

新型农村社会养老保险由政府主导和农民自愿相结合，引导农村居民普遍参保，最终实现对农村适龄居民的全覆盖。按照保基本、广覆盖、有弹性、可持续的要求，应从实际出发，因地制宜，坚持筹资标准和待遇标准与经济发展水平、集体经济实力和农民收入水平相适应，不断完善个人缴费、集体补助、政府补贴相结合的新农保制度，实行社会统筹与个人账户相结合，保障农村居民的老年基本生活。

（4）强化宣传教育工作，培养社会保险意识。

在改革社会保险制度时，必然会遇到观念、利益、体制等方面的阻碍。为此应采取必要措施，通过各种渠道向广大群众宣传改革的方针、政策、目标与方式。充分调动公民参与社会保险的积极性，并能够积极主动地了解并自觉参加社会保险，同时做好宣传教育工作，培养全社会的保险意识和保险文化。

（5）不断提高社会保障管理及服务水平。

健全的管理服务体系，是落实社会保障政策的必要条件。由于现阶段我国社会保险管理存在着管理体制分散，资源有限等问题，导致各地社会保险信息服务系统建设工作进行不畅。随着社会保险覆盖面的不断扩大，需要更加高效便捷的服务。同时，随着社会保险基金规模的增长，严密、精细管理的要求也越来越高。因此，应不断加强基层服务平台建设，规范和优化管理服务流程，推进标准化建设；进一步提高社会保险工作人员的专业能力，加强信息网络建设，提高管理效率及服务质量；着力推进标准统一、功能兼容的社会保障卡的应用，方便参保者随时随地查询相关记录和信息。

本章小结

1. 社会保险是指国家通过立法形式为工薪阶层或社会成员提供基本生活保障，促进社会和谐安定的一种社会保障制度。它是一种强制保险，由政府、单位和个人三方共同筹资，旨在保证投保者在遭遇年老、疾病、工伤、生育、失业等风险，暂时或永久丧失劳动能力而失去收入来源时，能够得到国家或社会的物质帮助，以保障其基本生活需求。其主要对象是劳动者，并突出了以劳动权利为基础，在实践中实行权利义务相结合以及劳动者个人、单位和国家三方责任共担。

2. 社会保险包括：社会养老保险、社会医疗和残障保险、失业保险、工伤保险、生育保险、遗属保险及家庭津贴制度。其特点包括强制性与社会性、公平性及福利性、互助性与调节性。

3. 社会保险萌芽于西欧，产生于德国，完善于美国，二战后逐步得到普及。我国社会保险制度大体经历了创建阶段、调整和发展阶段、停滞阶段、重建和改革创新阶段。

4. 社会保险费的计算须根据各种风险事故的发生概率，按照给付标准事先估计的给付支出总额，求出被保险人所负担的一定比率，以此作为厘定其保险费率的标准。社会保险与商业保险的费率厘定不同，除了考虑各种风险因素外，还要考虑社会经济因素，最后求得公平合理的保险费率。保险费的筹集方式主要有均等保险费制和比例保险费制，其财务制度分为现收现付制、完全积累制及部分积累制。

5. 社会保险基金管理的管理制度主要包括：社会保险基金公共管理制度以及将个人

账户制度上的基金交由市场主体管理。社会保险基金一般直接或间接由政府设立的机构经营，也有部分国家委托私人基金管理公司进行管理。我国采用的是前者，主要由全国社会保障基金理事会管理社保基金。各级人大、财政部门、审计机关按照各自职责，对社会保险基金收支、管理和投资运营情况实施监督。

6. 养老保险是指由国家依法为老年劳动者或社会成员定期提供一定物质帮助，保障其晚年基本生活的社会保障制度。包括基本养老保险、企业补充养老保险、个人储蓄养老保险三个层次。世界各国实行的养老保险制度可分为投保资助型养老保险、强制储蓄型养老保险及国家统筹型养老保险三种模式。其待遇主要是退休金，还有医疗、生活补贴等项目。不同层次的养老保险在待遇给付上有一定差别。

7. 医疗保险是由国家依法建立，向法定范围的劳动者及其他社会人员提供必需的医疗服务和经济补偿的社会保险制度。我国的社会医疗保险由基本医疗保险、大额互助医疗保险、补充医疗保险三个层次构成。

8. 失业保险是指国家通过立法强制实行，由社会集中建立基金，对因失业而暂时中断生活来源的劳动者提供物质帮助的制度。其基本目标是保障生活和促进就业。

9. 工伤保险也称职业伤害保险，指劳动者在生产经营活动中或在规定的某些特殊情况下，遭受意外伤害、职业病，并且因此造成死亡、暂时或永久丧失劳动能力时，劳动者及其遗属能够从国家、社会得到必要物质补偿的制度。其目的是保障工伤劳动者的生活和医疗需要，维护正常的生产生活秩序及社会安定。其原则有：无责任补偿原则；个人不缴费原则；因工伤残与非因工伤残区别对待原则；补偿、预防与康复相结合的原则。

10. 生育保险是对处于生育期间的生育承担者给予生育津贴、休假及医疗服务的一项社会保险制度。现代生育保险的对象是妇女劳动者，有些国家已经扩大到生育妇女的配偶。其待遇有带薪年假、生育津贴、生育医疗费及生育补助。

11. 遗属保险是指劳动者死亡后，由国家和社会对死者所需丧葬费和其生前供养的直系亲属的基本生活，依法给予必要物质帮助的社会保险制度。它提供的待遇是死者的丧葬费、家属的抚恤费、救济费和生活困难补助费等。主要支出是死者丧葬金给付、死者生前抚养的配偶和未成年子女的费用即养育费给付。在现实中，遗属保险通常与养老保险或工伤保险组合成一个险种来实施。

12. 我国对社会保险制度进行了一系列改革，其体系框架已经形成，初步完成了制度转型。目前，我国社会保险制度还存在覆盖面不够广、社保基金的筹集和管理分散、社会化管理程度低的问题。我国应从基本国情出发，建立具有中国特色的社会保险制度，并从政策、法制和宣传层面对上述问题加以解决。

复习思考题

1. 何谓社会保险？它有哪些特点？
2. 失业保险与其他社会保险项目相比有哪些特点？
3. 何谓养老保险？它有哪些类型？

4. 什么是医疗保险？它有哪些特点？
5. 简述失业保险的条件、目标与功能。
6. 何谓工伤保险？其原则有哪些？
7. 生育保险提供的待遇有哪些？
8. 浅论我国社会保险制度的改革与完善。

第十一章 再保险

⊙内容提要⊙

本章包括再保险概述、再保险市场、再保险的种类以及再保险的运营与管理四节内容。要求掌握再保险的相关概念，再保险与原保险的关系，再保险的组织形式，以及比例再保险、非比例再保险、临时再保险、合同再保险、预约再保险、成数再保险、溢额再保险、成数和溢额混合再保险、险位超赔再保险、事故超赔再保险和赔付率超赔再保险的含义与运作。理解再保险市场的概念，分出业务管理的基本原则、流程和手续，分入业务的原则、处理程序和内容，了解国内外再保险的市场状况。

第一节 再保险概述

一、再保险及其相关概念

（一）再保险的概念与内涵

再保险又称分保或保险的保险，是指保险人将其承担的保险业务，部分转移给其他保险人的经营行为。即原保险人在直接保险合同的基础上，通过签订再保险合同及支付分保费，将其所承保的部分风险责任转嫁给其他保险人或再保险人，当直接保险合同项下发生赔款时，由再保险公司按照再保险合同的规定补偿给原保险人。我国《保险法》第二十八条对再保险的定义为："保险人将其承担的保险业务，以分保形式部分转移给其他保险人的，为再保险。"再保险是国际保险市场上通行的业务，为现代保险公司普遍运用。

（二）再保险当事人

再保险当事人是指在再保险交易中分出和分入保险业务的双方公司。分出保险业务的公司称为直保公司、原保险人（original insurer）或分出公司（ceding company）；接受保险业务的公司称为再保险人（reinsurer）、分保接受人或分入公司（ceded company）。

（三）其他相关概念

1. 分保费、分保手续费

分保费是指原保险人将其部分风险责任转嫁给再保险人所承担的经济代价。在原保险人和再保险人之间建立了再保险关系后，原保险人将风险责任部分转嫁给了再保险人，原保险人自然要支付相应的一部分保费给再保险人。同样，原保险人在承保业务时花费了部分费用，故要向再保险人收取一定的手续费作为补偿，此即分保手续费。

2. 危险单位

危险单位是指保险标的发生一次灾害事故可能造成的最大损失范围。危险单位的划分既重要又复杂，应根据不同险别和保险标的来决定。划分的关键是要和每次事故最大可能损失范围的估计联系起来考虑，而不一定和保单份数相同，但划分并非一成不变。

危险单位划分是否恰当，直接关系到再保险当事人的经济利益，甚至影响到被保险人的利益，因而是再保险实务中一个技术性很强的问题。我国《保险法》第一百零三条第二款规定：保险公司对危险单位的划分应当符合国务院保险监督管理机构的规定。第一百零四条规定：保险公司对危险单位的划分方法和巨灾风险安排方案，应当报国务院保险监督管理机构备案。

3. 自留额和分保额

原保险人一般不会全部转让其承保的业务，而是根据其偿付能力确定承担责任限额，这部分责任限额称为自留额。经过分保，由再保险公司所承担的责任限额称为分保额。

为了确保保险公司的财务稳定性及其偿付能力，许多国家都通过立法将再保险的自留额列为国家管理保险业的重要内容。我国《保险法》第一百零二条规定：经营财产保险业务的保险公司当年自留保险费，不得超过其实有资本金加公积金总和的四倍。第一百零三条第一款规定：保险公司对每一危险单位，即对一次保险事故可能造成的最大损失范围所承担的责任，不得超过其实有资本金加公积金总和的百分之十；超过的部分应当办理再保险。

可见，当原保险人因风险过于集中而遭受一次巨大事故的发生并无法履行支付赔款义务时，再保险可使其避免破产倒闭，还可使其避免因承保能力所限而放弃承保机会。因此，它对保险业务的经营起到了重要的稳定作用。

（四）转再保险的相关概念

转再保险也叫转分保或再再保险，是指分保接受人将其接受的业务再分给其他保险人承保的业务活动，即再保险业务的再次保险。这种业务活动的双方分别称为转分保分出人和转分保接受人。

二、再保险与直接保险的关系

再保险与直接保险既有联系又有区别。其联系是：直接保险是再保险的基础，再保险是直接保险的延续，二者都能发挥分散风险责任的作用，只是直接服务的对象不同。原保险人对投保人的风险责任进行分散；再保险人对原保险人的风险责任进行分散。总之，再保险人和原保险人的最终目的都是为了分散其保险业务的风险。两者的区别有以下几点。

（1）保险标的不同。原保险合同是以被保险人的财产、身体或寿命作为保险标的；而再保险合同是以原保险人分出的风险责任作为保险标的，属于风险的再次转嫁。

（2）保险主体不同。原保险合同的当事人是投保人和原保险人；再保险合同的当事人是再保险人和原保险人。再保险合同是独立存在的合同。

（3）风险转嫁不同。原保险是投保人与保险人之间的风险交易，是第一次风险转嫁。当保险事故发生后，原保险人承担对消费者赔付保险金的责任。而再保险是第二次风险转嫁，是对原保险人分出后的风险责任承担赔偿义务。

（4）合同性质不同。原保险合同既有损失赔偿性合同，也有保险金给付性合同。原保险合同中的人身保险合同具有定额给付保险金的性质；而再保险合同是损失补偿性合同，只对原保险人分出的损失责任进行经济补偿。

三、再保险的重要作用

（一）再保险的社会作用

一是资本融通作用。再保险有力地支持了我国交通、通讯、水利、能源、钢铁、电力等基础工业及设施的大规模投资，以及其他众多的大型项目建设，极大地推动了我国航天事业与和平利用核能事业的发展。

二是助推社会保障事业的发展。再保险积极协助直接保险公司推动医疗健康保险试点，在完善社会保障体系、推动医疗体制改革、参与新型农村合作医疗试点、服务“三农”、促进社会主义新农村建设等方面发挥了重要作用。

三是对遭受地震、台风等巨灾侵害较多的地区，再保险的及时赔付有效地弥补了直接保险公司的部分巨灾损失，极大地缓解了受灾地区灾后经济衰退的压力，为我国经济和社会的稳定发展起到了保驾护航的作用。

（二）再保险对保险业的作用

保险是经营风险的行业，再保险可对全行业累积的各类风险提供风险管理保障，并在整个行业的风险防控中发挥其独特作用。

一是再保险对原保险人的管理水平是异常敏感的，再保险人和原保险人进行合作，在业务承保过程中，对原保险人的内部水平以及风险管控能力十分了解。出于经营的需要，原保险人也会寻求更高更好的内控水平，促使其自身治理结构和内控治理水平的提高。

二是再保险直接影响到原保险人的盈利指标，因此加快发展再保险，可以帮助原保险人解决偿还能力不足的问题。① 总之，再保险对整个保险业的快速发展极其重要。

（三）再保险对原保险人的作用

（1）有效分散经营风险，稳定业务经营。

再保险的基本职能就是分散风险、稳定原保险人的业务经营。随着现代科学技术的发

---

① 中国再保险（集团）公司总经理刘京生在“中国保险发展论坛（2006）”上的发言。

展，核电站、卫星制造和发射、大型工程设施建设等项目的开发均需要数亿甚至上百亿元的保险保障，特别是最近十几年中，洪水、地震等自然灾害频发，造成了巨大损失，例如，2008年，“5·12”汶川地震造成的直接经济损失达8 451亿元人民币。对此巨大损失，不是几家、几十家原保险人所能负担的，在原保险人承保时，将这些风险责任通过再保险在世界范围内进行分散，就可以确保其经营的稳定。

（2）扩大承保能力，增加业务量。

世界各国的保险法都对原保险人的承保能力作出了规定。我国《保险法》第一百零三条规定：保险公司对每一危险单位，即对一次保险事故可能造成的最大损失范围所承担的责任，不得超过其实有资本金加公积金总和的百分之十；超过的部分应当办理再保险。第一百零二条规定：经营财产保险业务的保险公司当年自留保险费，不得超过其实有资本金加公积金总和的四倍。由此可见，原保险人承保能力受到资本金的严格约束。有了再保险，对一些巨额保险标的，即便是资本金较小的原保险人也有了承保的机会，因而扩大了其承保能力，并增加了其业务量。

（3）降低经营成本，增强竞争力。

再保险业务扩大了原保险人的承保能力，增加了其业务量，自然增加了其保费收入，但其管理费用并没有按比例增加，故降低了其经营成本。同时，通过办理再保险业务，原保险人的责任减少了，还可获得再保险人的佣金补偿，因而增加了原保险人的收益，进而增加了资本积累。在当今激烈的市场竞争中，拥有较大的公司规模或资本金的原保险人，便具有了较强的竞争力。

（4）掌握国际先进分保技术，提高经营管理水平。

我国保险业成长快速，但目前与发达国家的差距仍然明显，主要表现为保险密度和保险深度不高；保险经营管理技术，比如风险评估、费率厘定等方面还处于较低水平。因为再保险可以在国际范围内办理，再保险的办理有利于国内原保险人与国际保险公司加强联系，学习借鉴其经营经验，以提高自身的经营管理水平。

四、再保险的组织形式

目前，国际再保险市场的组织形式主要有：专业再保险公司、再保险集团、兼营再保险业务的保险公司、专属保险公司及前台公司、劳合社。

（一）专业再保险公司

专业再保险公司，是指专门接受原保险人分出的业务而不经营直接保险业务，同时也将接受的再保险业务的一部分转分给再保险人的保险公司。专业再保险公司是保险业激烈竞争的产物，由兼营再保险业务的保险公司独立发展而来。

成立于1846年的德国科隆再保险公司，是全球第一家专业再保险公司，1852年，该公司开始经营再保险业务。截至2010年底，该公司的世界排名仍处于前五名。目前，全球共有200余家专业再保险公司。21世纪初全球十大再保险公司排名如表11－1所示。

在我国，中国财产再保险公司、中国人寿再保险公司、中国太平再保险公司、中国人保再保险公司、前海再保险公司等都属于专业再保险公司。

表 11-1　　21世纪初全球十大再保险公司排名　　单位：亿美元

名次	公司名称	国家	非寿险保费	寿险保费
1	慕尼黑再保险集团	德国	130.723	38.825
2	瑞士再保险公司	瑞士	102.657	54.280
3	通用/科隆再保险公司*	美国	58.300	20.050
4	GE全球再保险公司	美国	55.510	18.410
5	汉诺威再保险公司	德国	48.379	15.796
6	英国劳合社	英国	57.436	—
7	格宁环球再保险集团	德国	34.623	10.374
8	斯考再保险公司	法国	28.092	4.937
9	安盛再保险集团	法国	32.948	—
10	安联再保险集团	德国	24.195	7.460

*美国通用再保险集团与德国科隆再保险股份有限公司在1994年实行战略合并。

（二）再保险集团

再保险集团，是指由许多保险公司经共同协议联合组成的集团公司。世界最大的再保险集团公司是德国的慕尼黑再保险集团。目前，再保险集团的组织形式各不相同，既有国家性的再保险集团，比如2007年10月30日成立的亚洲最大、全球第五的中国再保险集团公司；也有地区性的再保险集团，比如亚非再保险集团、经济合作组织再保险集团等；还有跨区域性的再保险集团，比如由美国、日本和英国等组建成的原子能保险集团。

【延伸阅读11-1】亚洲再保险龙头——中国再保险（集团）股份有限公司

中国再保险（集团）股份有限公司（以下简称“中再集团”）由国家财政部和中央汇金投资责任有限公司发起设立，注册资本为人民币361.5亿元，两大股东各持14.5%和85.5%的股权，是目前亚洲最大、中国唯一的再保险集团公司。

中再集团源于1949年10月成立的中国人民保险公司。1996年，在中国人民保险公司再保险部的基础上成立了中保再保险有限公司，从而填补了新中国再保险公司的空白。中国再保险公司1999年3月18日成立，实现了向现代商业再保险公司的历史性转变。2003年12月22日，中国再保险公司重组为中国再保险（集团）公司；2007年10月，改制为中国再保险（集团）股份有限公司，进而跨入专业化、集团化、国际化经营的全新时期。目前，中再集团控股了中国财产再保险股份有限公司、中国人寿再保险股份有限公司、中国大地财产保险股份有限公司、中再资产管理股份有限公司、中国保险报业股份有限公司、华泰保险经纪有限公司6家子公司，拥有再保险、直接保险、资产管理、保险经纪、保险传媒等完整的保险产业链，形成了多元化和专业化的集团经营架构与管理格局。

中再集团的经营范围主要包括：(1)经营管理法定分保存续期间的法定分保业务及未了责任，经营管理商业分保业务及未了责任；(2)投资设立保险和再保险企业；(3)经营管理国家法律法规允许的资金运用业务；(4)经营经保监会批准的政策性业务及国家有关部门批准的其他业务；（5）实行集团化经营，经营管理公司资产，进行资本运作。2015年，中再集团总保费收入达人民币804.34亿元，同比增长9.1%。其中，下辖的财产再保险、人身再保险及财产险直保业务的保费收入分别为319.24亿元、229.78亿元及266.85亿元，净利润总计76.75亿元，各业务均取得四成以上升幅，市场份额保持领先地位。

（三）兼营再保险业务的保险公司

兼营再保险业务的保险公司是最早的再保险经营形式。随着再保险业的不断发展，这类保险公司专注于直接保险业务，很少承保再保险业务，并以相互交换的方式经营再保险业务。它们在分保市场上扮演了既是原保险人、又是再保险人的角色。

（四）专属保险公司及前台公司

专属保险公司又称自保公司，是大型企业或财团主要为自身及其子公司设立的保险公司，提供保险业务和再保险业务，也可以承保外界风险，接受分入业务。为了在不同国家开展业务，专属保险公司会委托当事国中具有执照的保险公司签发保单，并提供当地的服务，这种当地的保险公司即为前台公司。

（五）劳合社

劳合社是英国最大的接受再保险的保险组织，也是目前世界第一大再保险中心。劳合社是保险风险的最大承担者，拥有雄厚的资金和先进的再保险技术，几乎所有风险都可以在劳合社投保。劳合社是社团性质，本身不承保业务，其分入业务必须由注册的劳合社经纪人提供中介服务。劳合社与中国保险市场合作关系悠久，在过去的40多年时间里，它一直为中国的保险公司在水险和航空险方面提供境外再保险承保支持。2000年，劳合社在北京成立了代表处。2007年，劳合社破例以设立子公司的形式落地上海，直接经营再保险业务。

第二节 再保险市场

一、再保险市场的概念与构成要素

再保险市场是指再保险商品交换关系的总和。其构成要素有四方面：一是卖方，即为再保险交易活动提供各类再保险商品的供给方；二是买方，即实现交易活动的各类再保险商品的需求方；三是分保交易对象，即各类再保险商品；四是中介人，即为促成再保险交易提供辅助服务的保险中介方。它们是构成再保险市场不可或缺的要素。

二、国际再保险市场

国际再保险市场主要分布在英国、美国、德国和瑞士等发达国家。世界上最发达的再保险市场是欧洲再保险市场、伦敦再保险市场、美国再保险市场以及日本再保险市场。比如，英国、美国、法国、瑞士和德国的再保险海外分支机构大约占外国公司的75%，年分保费收入约1 000亿美元。

（一）欧洲再保险市场

国际上经营再保险业务最大的20家公司中，欧洲市场就有7家。欧洲再保险市场主要是专业再保险公司，其再保险业务保费收入占全世界总保费的60%，其特点是完全自由化、商业化。

德国是欧洲最大的再保险市场，拥有慕尼黑再保险公司、汉诺威再保险公司、格宁环球再保险集团、安联再保险集团等一大批世界再保险巨头。其中，再保险行业的先驱——慕尼黑再保险公司创立于1880年，总部设在德国慕尼黑，它在全世界150多个国家从事再保险业务，并拥有60多家分支公司。慕尼黑再保险公司在众多领域积累的专业知识和再保险经验，使它成为全球最大的再保险公司，连续多年被世界顶级评级机构评为最高信用等级公司。但在次贷危机中，慕尼黑再保险公司也遭受了5.48亿美元的次贷投资损失。

瑞士是欧洲第二大再保险中心，其再保险市场以专业再保险公司为主。其中，瑞士再保险公司成立于1864年，公司的发展以国际业务为基础。瑞士再保险公司在次贷危机中也未能幸免，并为次级贷款相关的衍生品撇账10.7亿美元。此外，还有世界第八位的苏黎世再保险集团和第十六名的丰泰保险集团。苏黎世金融服务集团创建于1872年，总部位于瑞士苏黎世，它是以保险为核心业务的金融服务机构，其全球网络的分支机构和办事处遍布北美、欧洲、亚太、拉丁美洲等市场，所服务的客户遍布120多个国家和地区。瑞士再保险的人寿保险部与健康险部是世界上最大的经营人寿保险与健康险再保险的子公司，其保费收入约占集团总保费收入的30%。瑞士再保险集团的另一部分——瑞士再保险新市场部向顾客提供非传统的风险转移方式，如对巨灾风险和大规模的风险提供再保险安排。

【延伸阅读11-2】瑞士再保险将因日本强震及海啸遭受重大理赔损失

2011年日本发生强烈地震并引发海啸及核电设施爆炸后，全球最大的三家保险和再保险集团的股价连日大幅下挫。地震发生后次日，慕尼黑再保险公司的股价暴跌了6.3%，瑞士再保险和汉诺威再保险公司的股价也分别下跌5.8%和4.3%。

据美国波士顿的灾难模型研究评估公司估计，日本东北部遭受强震侵袭区域距海岸3公里范围内的投保资产约为240亿美元，其中1公里范围内的投保资产约为50亿美元。另据瑞士再保险集团市场部披露，瑞士再保险在日本市场自然灾害再保险方面占有很大份额，数额大约为6.88亿美元，其中4.69亿美元为承接的财产保险。目前全球主要再保险业发行在外的非寿险灾难债券规模约为121亿美元，因此可以估算出这次日本地震影响到的灾难债券规模约占这一市场的12.5%；而此次地震带来的全部理赔可能为100亿～250亿美元。据此，瑞士再保险集团将会遭受其中相当一部分的理赔损失。

（二）伦敦再保险市场

英国的伦敦保险市场是世界再保险业务的运作中心。它是全球保险业最重要的保险交易市场，也是保险风险的首席交易中心。伦敦再保险市场由劳合社和保险公司市场两部分组成。劳合社类似于交易所的法人组织，由劳合社团体组织和会员进行市场管理。用来开展保险业务和再保险业务的资金均由投资者提供，这些投资者被称为劳合社会员，每个会员的资本金为25万英镑，众多会员可以组成一个承保集团，承保集团由经理人代表会员从事保险业务。其特点是所有再保险业务均须经过经纪人，且业务多来源于国外。近年来劳合社再保险业务虽然供过于求，但在世界再保险市场上仍占有重要地位。

（三）美国再保险市场

美国再保险的发展时间相对较晚，再保险市场的发展偏重于业务交换、共同保险和联营方式，业务约占全球市场的20%。世界知名的再保险公司主要有：美国再保险集团公司、大西洋再保险公司、圣保罗再保险公司、通用再保险公司等，以上公司在中国都设有分公司或代表处。世界十五大再保险公司中，美国的通用再保险公司排第三位。

（四）日本再保险市场

日本再保险市场上大部分是兼营的再保险公司，巨灾等风险主要采取共保或分保的方式来解决。日本是一个地震频发的国家，故在日本再保险市场上比较典型的是地震再保险，其保险标的是居民住宅和家庭财产。居民向商业性财产保险公司投保后，财产保险公司会将全部风险责任向日本地震再保险公司分保，然后由日本地震再保险公司向政府进行再次分保，并由政府提供再保险责任的分担和支持。

三、中国再保险市场

（一）中华人民共和国成立前的再保险市场

中华人民共和国成立前的再保险市场开始于1930年代。1929年，由金城银行出资设立了太平保险公司，其分保业务的接受人主要是瑞士再保险公司；1931年，由中国银行出资设立了中国保险公司，其分保业务的接受人主要是英国的太阳保险公司。1933年6月，中国第一家专营再保险业务公司——华商联合保险股份有限公司在上海成立。两年后，由国民党中央银行投资成立了中央信托局保险部，该保险部属于兼营再保险业务的保险公司，也算是中国的第二家再保险公司。

抗日战争爆发后，中国的再保险市场受到了严重影响。其中，瑞士再保险公司为了操纵上海的保险市场，与日本的一些保险公司成立了东亚保险公司，企图垄断中国的再保险业务。在当时复杂的世界局势下，华商保险公司为了解决再保险问题，先后组建了大上海再保险集团、久联再保险集团、中国保险公司再保险集团、太平保险集团以及华商联合再保险集团五家再保险集团公司。1945年8月，抗日战争胜利后，外商保险公司重新营业，以美国的美亚保险公司为主，外商保险公司再次垄断了中国的再保险市场。

（二）中华人民共和国成立初期的再保险市场

1949年10月20日，中国人民保险公司成立后，主要与苏联和东欧一些国家办理再保险业务，并不办理国内分保。私营保险公司组成了上海民联分保交换处，参与经营该保险公司的互惠分保业务，同时与天津的华北“民联”订立分保合约，接受其预约分保。1953年后，再保险业务逐步演变成由中国人民保险公司独家办理国际再保险业务的局面。1959年，中国国内保险业务停办，由此对再保险业务造成了严重影响，国际分保业务变成了主要由中国人民银行国外业务管理局保险处统一负责。

（三）改革开放后的再保险市场

1979年，国内保险业务恢复后，再保险业务仍由中国人民保险公司经营。1996年2月，中国成立了第一家专业再保险公司——中保再保险公司，结束了我国无专业再保险公司的历史。1999年，中保再保险公司又改组成中国再保险公司，成为独立法人，经营各类再保险业务。2003年，中国再保险公司实施股份制改革，2003年8月18日更名为中国再保险（集团）公司，由中再集团作为主要发起人并控股，吸收境内外战略投资者，共同发起并成立了中国财产再保险股份有限公司、中国人寿再保险股份有限公司、中国大地财产保险股份有限公司。

2001 年，中国加入 WTO 以后，外资再保险公司开始进入我国再保险市场。2003 年下半年，国际三大再保险巨头慕尼黑再保险公司、瑞士再保险公司、通用科隆再保险公司相继在中国开办分公司，中国再保险公司垄断再保险市场的局面彻底结束。

（四）WTO 过渡期后的再保险市场

在加入 WTO 前，中国再保险市场一直是以法定分保为主。中国再保险集团作为国内唯一专业再保险公司，每年有 20%的法定分保业务进账。根据入世承诺，自 2002 年起法定再保险业务每年降低 5%，直到 2006 年 1 月 1 日完全取消，至此，国内再保险业务全面实行商业运作。《保险法》进一步取消了境内优先分保的规定，全面开放了再保险市场。此后，中国再保险市场变成了完全开放和公平竞争的市场。

为了尽快适应国际再保险市场环境，提高自身竞争力，2007 年 10 月，中国再保险（集团）公司改制为中国再保险（集团）股份有限公司，自此进入专业化、集团化、国际化经营的全新时期。截至 2011 年底，中国再保险（集团）股份有限公司保费收入达 61.79 亿美元，财务实力评级为“A 级（优秀）”，晋级全球第八大再保险公司。其业务是：接受财产保险公司的分出业务；接受人身保险公司的分出业务；经中国保监会批准，接受境内保险公司的法定分保业务；办理转分保业务；经营国际再保险业务。

根据《中国再保险市场发展规划》的指导，按照集团化和专业化并重的原则，中国再保险业积极稳妥地增加再保险市场主体，形成以专业再保险公司为主导，再保险集团、兼营再保险的直接保险公司、从事再保险业务的专业中介机构、自保公司以及特殊风险保险联合体等多层次、多类型、多功能主体并存，中外资再保险公司公平竞争、共同发展的再保险市场新格局。2014 年 8 月，国务院发布了《关于加快发展现代保险服务业的若干意见》，即“新国十条”，提出了增加再保险市场主体，发展区域性再保险中心，提升我国在全球再保险市场的定价权、话语权的建议。

中国保监会数据显示，目前除了世界三大再保险公司外，在中国设立分公司或代表处的外资再保险公司主要有：劳合社再保险公司、德国汉诺威再保险公司、美国大西洋再保险公司、法国再保险公司、韩国大韩再保险公司、美国安裕再保险公司和新加坡再保险公司等。2013 年，中国已成为全球第四大保险市场和最重要的新兴保险市场，但专业再保险保费收入仅为 1 238 亿元，占全球再保险市场的 2%左右。2014 年，全国再保险公司的总分保费收入为 1 518.5 亿元，同比增长 55.7%；总分保赔款支出 393 亿元，同比增长 11.2%。当年全国再保险公司共实现承保利润 11.7 亿元，实现净利润 58.8 亿元。根据“新国十条”制定的目标，2020 年我国再保险市场将达到 3 365 亿元，将有极大的发展空间。从再保险的业务和利润构成来看，以中再集团业务机构为例，其旗下业务包括财产再保险、人身再保险、财产险直保和保险资产管理业务。2013 年，中再集团财产再保险保费收入 291.36 亿元，人身再保险保费收入 183.94 亿元，2013 年中国再保险集团所占市场份额只有 38.4%，60%以上的再保险业务被国外再保险公司掌握。2014 年末，全国共有 1 家再保险（集团）公司和 9 家专业再保险公司。此外，还有 200 多家通过离岸方式参与中国再保险市场的境外保险公司。2015年7月，中民投宣布拟以22亿美元的价格收购白山保险旗下的再保险公司——思诺国际保险集团100%的股权。2015年8月，泛海控股发布公告称，拟通过间接全资子公司——武汉中央商务区建设投资公司作为主发起人，联合新华联等公司，共同投资设立亚太再保险公司。

（五）发展现状及创新展望

1. 发展现状

2016年，我国再保险市场竞争主体进入快速增长阶段。根据中国保监会的批复，太平再保险（中国）公司已首先获准开业，注册资本为10亿元。随后，中国人保再保险公司、注册在深圳的前海再保险公司也很快获准开业。经营主体的增加使得过去国内再保险市场由中再、外资再保、国际市场“三分天下”的格局逐渐被打破，新的市场格局正在逐步形成。

受2016年实施的“偿二代”和“营改增”等因素影响，当年整个再保险市场，特别是外资再保险的保费是下降的，国内再保险市场续转量也整体有所下降。过去，再保险的分入业务不征收营业税，而自从2016年6月21日财政部进一步明确全面推开“营改增”试点后，试点纳税人提供再保险服务（境内保险公司向境外保险公司提供的再保险服务除外)，实行与原保险服务一致的增值税政策。再保险合同对应多个原保险合同的，并且所有原保险合同均适用于免征增值税政策时，该再保险合同适用于免征增值税政策。否则，该再保险合同应按规定缴纳增值税。但因为较难有进项抵扣，营改增后，再保险业务的税收会增加几个百分点，相比多年难以上调的再保险税率来说，这一增幅过大，这部分成本若由再保险人承担，其利润势必减少；若由直保公司承担，费用支出势必增大。博弈中，通常要看哪一方的话语权更大。截至2017年第一季度，各家再保险公司2017年的续转分保合约已经完成，但以瑞士再保险对外披露的信息为例，在其2017年待续转的上年度103亿美元保费中，仅有85亿美元成功续转，续保额下降了18%，“偿二代”政策带来的成数分保业务减少是其主因。但这并未影响相关主体参与其中的热情，因为中国再保险市场尽管存在上述变化，且竞争激烈，但中长期增长潜力非常大。

2. 发展创新展望

未来要想在激烈的再保险市场竞争中占有一席之地，就必须转向以注重综合风险管理能力、风险解决方案能力为目标，并高度重视创新业务。中外资再保险公司在谋求转变发展目标上均表现出两个趋势：第一，从过去以追求保费规模为主要目标，转向以比拼综合风险管理能力、风险解决方案能力为目标；第二，因存量业务难度增加，各公司都把创新业务提上了战略新高度。例如，太平再保险（中国）有限公司将考虑用轻资产的模式布局国内的寿险再保险业务，实现产寿险双轮驱动。

目前，我国再保险公司创新的方向有三个：一是结合社会生活中出现的新风险、新问题，研究保险解决方案，比如对网络安全风险相关的保险解决方案的研究；二是重视与国家政策相关的领域，比如“一带一路”及丝路基金、中国—中东欧基金等沿线国家的商业保险机会；三是关注政府试点项目，如巨灾保险、指数保险、质量保证保险、车联网保险等的再保险创新。

第三节 再保险的种类

再保险按责任分配方式分类，可分为比例再保险和非比例再保险两大类；按照安排方式分类，可分为临时再保险、合同再保险和预约再保险。

一、比例再保险

比例再保险是从共同保险制度演变而来的。比例再保险也叫金额再保险，是原保险人与再保险人相互订立合同，按约定的固定比例分配保险金额并分担相应保险责任的一种分保方式。该固定比例是相应的再保险费计算、赔款分摊或给付的主要依据。比例再保险又可分为成数再保险、溢额再保险以及成数和溢额混合再保险。

（一）成数再保险

1. 成数再保险的内涵

成数再保险是最简单的分保方式，是指原保险人将所承保的每一风险单位的保险金额，按照合同订立的固定比例分给再保险人，使风险责任在双方之间实行成数比例分配。成数再保险方式一般对于分散风险责任比较彻底，对每一风险单位都实行了分保。但按照这种再保险方式，针对每一风险单位，合同双方都规定了一个最高限额，超过限额的部分由原保险人自己承担或另行处理。只要在最高限额之内，不论原保险人承保的风险单位的保额大小，再保险人都要按照合同比例来分担责任。因此，成数再保险是一种比例绝对化的再保险。

例如，某一成数再保险合同，共有 A、B、C、D 四个风险单位，保险金额分别是 800 万元，700 万元、1 500 万元、1 200 万元人民币。确定每一风险单位的最高限额分别为 1 000 万元，自留额为 40%，分出额为 60%，即 60%的成数再保险合同，则合同双方的责任分配如表 11－2 所示。

表 11－2　成数再保险责任分配表（1）　单位：万元

风险单位	额度			
	保险金额	自留额 40%	分出额 60%	余额
A	800	320	480	0
B	700	280	420	0
C	1 500	400	600	500
D	1 200	400	600	200

从表 11－2 中可见，C 和 D 这两笔业务保额分别为 1 500 万元和 1 200 万元，超过了最高限额 1 000 万元，原保险人在该合同项下只能分保 1 000 万元，C 和 D 这两笔业务分别剩下的 500 万元和 200 万元，需要另行处理或者自己承担。

因此，该保险公司将剩下的风险单位又与另一家再保险公司签订了再保险合同。确定每一风险单位的最高限额分别为 500 万元，自留额为 30%，分出额为 70%，则合同双方的责任分配如表 11－3 所示。

表 11－3　　成数再保险责任分配表（2）　　单位：万元

风险单位	额度			
	保险金额	自留额 30%	分出额 70%	余额
C	500	150	350	0
D	200	60	140	0

从表 11－3 可知，经过第二次分保，该保险人将四个风险单位彻底进行了分散。

2. 成数再保险的特征

（1）双方利益一致。成数再保险中，原保险人和再保险人按固定比例承担每一风险单位保险金额的责任，所以，不论保险金额大小，经营结果盈亏与否，双方利益一致，基本上无争议。

（2）办理手续简单。一旦双方签订了成数再保险合同，保险责任、保费分配以及赔款分摊或给付都按固定比例计算，账务相对简化，省时省力。

（3）缺乏灵活性。对于原保险人来说，每笔业务都是严格按照成数再保险合同的固定比例进行分保的，导致了部分优质业务不能多留，部分较差业务也不能少留，原保险人失去了制定分保方案的选择权，所以成数再保险缺乏灵活性。

（4）难以达成风险责任的均衡化。因为是按照固定比例分出业务，所有自留下来的业务仍然参差不齐，其风险责任高低不一，难以起到均衡作用。

3. 成数再保险的适用范围

成数再保险主要适用于以下八种情况：（1）新创办的保险公司；（2）新开办的险种；（3）汽车险、航空险等风险较高、赔款频繁、数额巨大的业务；（4）保额和业务质量比较平均的业务，比如船舶运输类保险业务；（5）各类转分保业务；（6）国际再保险业务交换；（7）属于同一资本系统的子公司和母公司之间，以及集团再保险内部的分保；（8）成数再保险与其他再保险方式混合运用。

（二）溢额再保险

1. 溢额再保险的含义

溢额再保险，是指由原保险人根据承保业务的风险性质和自留能力，与再保险人签订协议，对每个风险单位确定一个具体的自留额，对超过自留额以上部分视为溢额，转让给再保险人承担，同时按自留额与分出额对保险金额的比例分配保险费、分摊赔款的再保险业务方式。

溢额再保险是以保险金额为基础分配保费和分摊赔款，一旦自留额确定后就不随保险金额的大小而变动，而再保险人所承担的责任则不确定，它随着保险金额大小的变动而变动，所以不像成数再保险那样有一个固定比例。在现代保险业务中，习惯将原保险人自留额的数量称为“线”，分出自留额的几倍称为“几线”，最高限额称为“线数”，一般规定不超过十线。如果一份溢额再保险合同不能满足原保险人的需要，还可以签订多份溢额再保险合同。

例如，某一溢额再保险合同，每一风险单位的自留额为 1 000 万元，分保额为五线（5 000 万元），总承保能力为 6 000 万元，超过部分由原保险人另行处理或自留，假设有三笔保险业务要进行溢额再保险，具体情况如表 11－4 所示。

表 11－4　　溢额再保险责任分配表　　单位：万元

单位	额度			
	保险金额	自留额	分保额	余额
甲公司	1 500	1 000	500	0
乙公司	5 000	1 000	4 000	0
丙公司	10 000	1 000	5 000	4 000

从表 11－4 可知，甲公司、乙公司和丙公司的总保额都超过了 1 000 万元，所以根据合同的规定需要分保，合同规定分保额为五线。甲公司、乙公司和丙公司的分保额分别是 500 万元、4 000 万元和 5 000 万元。丙公司余下的 4 000 万元由其自行负责或另行处理。

根据上述案例，三家公司都进行了一次溢额再保险，对丙公司还可以安排第二次溢额再保险。如果丙公司通过第二次溢额再保险还不能分保完，则可继续第三次溢额再保险、第四次溢额再保险，直到安排完所有业务。丙公司的这种分保情况一般称为多层溢额分保。

2. 溢额再保险的特点

溢额再保险在具体运用上对原保险人而言灵活性较好，可根据不同险种的质量和风险情况自行确定自留额，在处理大额业务时更具有灵活性。通过溢额分保既可以均衡风险责任，还可以获得一定的保费收入。但该类再保险手续较烦琐，费时费力，往往也与其他分保方式并用。

3. 溢额再保险的适用范围

溢额再保险一般适用于以下分保业务：(1) 溢额分保常见于国际分保交往中。(2) 对危险性较小、利益较优且风险较分散的业务，原保险人多采用溢额分保方式，以保留充足的保险费收入。(3) 对于业务质量参差不齐、保险金额不均匀的业务，也往往采用溢额再保险来均衡保险责任。

(三) 成数和溢额混合再保险

成数与溢额再保险都属于比例再保险，两者可以混合使用，因此形成了成数和溢额混合再保险。成数和溢额混合再保险，是指以成数再保险的合同限额作为溢额再保险的自留额，然后再以成数再保险限额的若干线数作为溢额再保险的最高限额。该种再保险在实践中也较普遍，它整合了成数再保险和溢额再保险的特点，既节省了费用，又简化了办理手续，因此更好地满足了多种需要。

例如，假定成数再保险合同责任为 30/70，最高限额为 100 万美元，溢额分保合同限额为五线。其责任分配如表 11－5 所示。

表 11-5　　成数和溢额混合再保险责任分配表　　单位：万美元

保险金额	成数再保险			溢额再保险	其他
	金额	自留额 30%	分保额 70%		
50	50	15	35	0	0
100	100	30	70	0	0
500	100	30	70	400	0
800	100	30	70	500	200

二、非比例再保险

非比例再保险又称损失再保险、超额赔款再保险，是指原保险人和再保险人订立再保险合同，以保险损失为基础来确定双方责任的再保险业务方式。在该类保险方式中，凡损失在约定赔款限额以内的，由原保险人自己承担。超过原保险人承担赔款责任以外的部分，由再保险人根据合同规定履行赔款责任，其赔款责任可以不设立最高限额。非比例再保险分为险位超赔再保险、事故超赔再保险和赔付率超赔再保险。

（一）险位超赔再保险

险位超赔再保险，是指以每次事故中每一风险单位所发生的损失赔款来计算原保险人自留责任额和再保险责任额的分保方式。如果一个风险单位的总赔款金额在自担责任范围内，则全部由原保险人自行赔付；如果其总赔款额超过自担责任金额，则超过金额由再保险人负责赔付至约定的限额。

险位超赔再保险在一次事故中的赔款计算主要有两种：一是按风险单位分别计算赔偿责任，无险位限制；二是再保险人对每次事故中发生的损失有赔款分摊限制，一般为风险单位限额的 2～3 倍，即再保险人对每次事故只赔付 2～3 个风险单位的损失。

例如，有一份超过 1 000 万元以上的 5 000 万元的海上保险险位超赔再保险合同，在一次事故中有 3 个风险单位遭受损失，每个风险单位损失 2 000 万元。

（1）无险位限制时险位超赔再保险的赔款分摊情况如表 11-6 所示。

表 11-6　　无险位限制时险位超赔再保险的赔款分摊表　　单位：万元

风险单位	发生赔款额	原保险人承担赔款额	再保险人承担赔款额
A	2 000	1 000	1 000
B	2 000	1 000	1 000
C	2 000	1 000	1 000
合计	6 000	3 000	3 000

（2）有险位限制时，假设其为险位限额的 2 倍，险位超赔再保险的赔款分摊情况如表 11-7 所示。在此情况下，再保险人只承担其中两个风险单位的赔款。

表 11－7　　　　有险位限制时险位超赔再保险的赔款分摊表　　　　单位：万元

风险单位	发生赔款额	原保险人承担赔款额	再保险人承担赔款额
A	2 000	2 000	0
B	2 000	1 000	1 000
C	2 000	1 000	1 000
合计	6 000	4 000	2 000

（二）事故超赔再保险

事故超赔再保险，是指以一次事故所引起的赔款总额，来计算原保险人自担责任与再保险人承担责任额的分保方式。该种分保方式常用于巨额和巨灾风险（如台风、洪水和地震）的再保险，因此又称为巨灾再保险。

事故超赔再保险的责任计算，关键在于一次事故的划定。一次事故的划定，一般是从时间和空间上来限定的。一是时间限制，如通常规定台风持续 48 小时的损失为一次事故，地震、火山爆发 72 小时的损失为一次事故；二是空间限制，即对遭灾地区范围的划定。

由于巨灾的发生往往涉及面广、损失惨重，对任何一个保险人来说都是无法承受的，因而需要广泛分散风险。原保险人还可以根据需要分若干层次的超赔再保险，层层分散风险责任。如原保险人的赔款自担责任额为 1 600 万元，第一层的超赔再保险人负责 1 600 万元以上的 2 000 万元，第二层超赔再保险人负担超过 3 600 万元以上的 3 000 万元。如此层层分担，就可以有效控制双方的责任。当然，各个层次的再保险费率是不同的，一般来说，巨灾发生的概率较小，层次越高，再保险费率就越低。

（三）赔付率超赔再保险

赔付率超赔再保险，是指以原保险人全年某业务损失的赔付率为基础，来计算原保险人自留责任额和再保险责任额的分保方式。赔付率等于赔款与保费之比。该种分保方式的目的，是将原保险人当年的亏损控制在自担能力范围之内，即在约定的某一年度内，当赔付率超过合同约定标准时，由再保险人负责赔付超过的部分。所以，在赔付率超赔分保合同中，原保险人的自留责任额和再保险人的再保险责任额，都受到双方协议的赔付率标准的限制。

例如，甲乙双方约定，当在一年内甲方（原保险人）对某险种的赔付率超过 80%时，超过的部分由乙方（再保险人）负责。假如甲方当年该险种净保费收入 2 亿元，赔款 1.9 亿元，则甲方自己负责 1.6 亿元的赔款，乙方自然就要负担 3 000 万元的赔款。在这里，甲乙双方没有规定最高限额。为了控制风险，一般情况下，在合同中都会规定最高赔付限额。

综上所述，比例分保与非比例分保的比较如表 11－8 所示。

表 11－8　　　　比例分保与非比例分保比较

比例分保	非比例分保
无论是否是合同分保，分保条件均可续转	一般只承保 12 个月，续转时需要重新商谈分保条件
以保险金额计算分保保障	以赔款金额计算保障

续前表

比例分保	非比例分保
以一定比例的原始保单的保费作为分保保费	根据赔款的历史记录厘定分保保费
赔款按照自留和分保比例共同分担，一般赔款无须提前告知	赔款按照超赔条件摊付，并在摊付前提前通知
除现金赔款外，保费和赔款按照季度或者规定期间做账和支付	保费在合同生效时支付，年终可以调整
责任期较长	一般在年度末计算分保责任

三、临时再保险

临时再保险简称临分，是保险市场上最早出现的一种再保险方式。它是指原保险人与再保险人根据业务需要，将一些风险或责任通过洽商相关的再保险条件和费率而达成的临时分保安排。临时再保险具有以下特点。

（1）协议双方都有自由选择权。原保险人可以根据业务风险责任累积程度和承保能力来决定是否需要再保险、分出保险金额的多少等；同样，再保险人也可以视分出业务的性质、自身承担的能力等，来决定是否接受、接受多少等，双方的决定不受任何限制。所以，临时再保险具有较好的自由选择权。

（2）为小保险公司提供了承保大额保险业务的机会。在一般情况下，小型保险人只能承保在其承担范围内的小额业务，而该种再保险方式为其提供了承保一些特定风险业务，如大型桥梁建设工程类保险和洪水等保险的机会。

（3）有较好的适应性。临时分保不仅对高风险业务，如地震、洪水保险等适用，而且也为新开办的数量少、不稳定的业务创造了分保条件。另外，在选择再保险方式时，既可选择比例再保险，也可选择非比例再保险，充分体现了其适应性。

（4）业务零散，要逐笔审查，手续烦琐且耗时。任何一笔再保险业务都是从原保险人提出分保需求开始，到获得再保险人答复，再等待再保险人仔细审核，最后确定分保协议，整套手续比较耗时。因为临时再保险是逐笔办理的，需要安排的人员也较多，所以手续比较烦琐，且承保的成本相对较高。

四、合同再保险

合同再保险也叫固定分保，是指原保险人与再保险人事先签订分保合同，规定原保险人将协议业务的相关风险或责任转让给再保险人的分保方式。合同再保险实际上是一种固定再保险，原因是双方通过签订合同，已经将业务的相关问题，比如业务范围、再保险手续费、自留额、最高限额等问题，都以书面形式明确告知了双方。所以，双方必须严格遵守合同条件以及各自的权利与义务。合同再保险适用于各种形式的比例和非比例分保方式。它具有以下特点：

（1）合作的长期性。合同再保险一旦签订，在一定时期内连续有效，如果一方欲终止合同，必须根据合同规定在协议期限内通知对方，逾期后合同继续有效。在合同终止后，先前达成的再保险业务未满期的责任仍继续有效，直至自然满期为止。

(2) 较大的灵活性。由于合同再保险的长期性，使得原保险人可扩大承保规模而无需逐笔洽商，从而其经营活动有了较大的灵活性。

(3) 经营的稳定性。合同再保险的固定性，有利于原保险人及时转嫁风险责任，为其提供承保数量较多、风险较为分散的整批保险业务机会，从而为原保险人提供了稳定的经营条件。同样，源源不断的分保业务，也有利于再保险人的稳定经营。

五、预约再保险

预约再保险也叫预约分保、半固定分保，是介于合同再保险和临时再保险之间的一种分保方式。预约再保险中的原保险人和再保险人对再保险合同条件可按每笔业务分别订立，原保险人对合同范围内的业务是否进行分保具有选择权，假如需要对某业务进行分保，则应按预约再保险合同规定的办法及条件进行办理。再保险人对于原保险人合同中规定的业务没有选择权而只能接受。因此，预约再保险对原保险人来说具有临时分保的性质，比较有利；而对再保险人来讲，预约再保险具有合同再保险的性质，灵活性差。所以，该种分保中，接受方不用支付分保手续费。

在保险实务中，预约再保险主要适用于水险和火险的比例再保险。

【延伸阅读 11－3】离岸再保险人信用风险凸现，保监会建立保证金制度

随着参与再保险市场离岸再保险人不断增多，我国离岸再保险分出业务规模不断扩大，离岸再保险人信用风险逐步显现。

2017 年 3 月 13 日，中国保监会官网发布《中国保监会关于离岸再保险人提供担保措施有关事项的通知》（以下简称《通知》），正式建立我国离岸再保险人保证金制度。这改变了我国再保险市场仅依靠国际信用评级，防范离岸再保险人信用风险的不足。

专家指出，建立离岸再保险人保证金制度，对国内的分出业务、原保单持有人、原被保险人的保护，以及对国内保险消费者和国内分出公司的保护都很有必要。

监管实践表明，国际信用评级对再保险人信用风险的评估存在滞后性，仅依靠国际信用评级这一手段，无法有效防范离岸再保险人的信用风险。《通知》与《保险公司偿付能力监管规则》相对接，主要从适用的对象和范围、担保的范围和形式、担保措施的具体要求和担保措施的使用等方面，对离岸再保险人提供担保措施的有关事项提出了规范性要求。《通知》规定，境内保险公司可以就应收分保款项和应收分保准备金等有关再保险信用风险暴露事项，要求离岸再保险人提供担保措施。其认可的担保措施是：存款资金、备用信用证和其他保监会认可的担保措施。由于离岸再保险人具有分布广、境内无机构、无法直接监管、信息不对称等特点，其信用风险是各国再保险监管的重点和难点。

所谓离岸再保险人，是指在我国境外设立的、以再保险方式（包括以转分保方式）分入境内保险公司业务的再保险接受人，包括保险公司、再保险公司、自保公司、互助保险组织、再保险共同体、劳合社及辛迪加，以及保监会认可的其他类型保险机构。

另外，《通知》要求，作为担保措施的存款资金应存入再保险分出人在境内商业银行的账户。《通知》规定，备用信用证应是不可撤销的、清洁的、无条件的，不受备用信用证以外的任何条件限制，其索赔和偿付应在中国境内进行。备用信用证的开证机构应为在境内依法设立的商业银行，其资本充足率不低于11%或信用评级不低于AA—，且与再保险分出人和分入人均不存在关联关系。在开证机构不满足《通知》规定的资质要求时，备用信用证应由满足上述要求的商业银行保兑。

第四节 再保险的运营与管理

一、分出业务的运营管理

（一）分出业务运营管理的基本原则

（1）运营管理现代化原则。

分出业务运营管理现代化原则，是指再保险业务经营管理的理念、管理手段和经营方法要现代化。同时，应建立先进良好的信息技术支持系统，充分利用网络科学技术为分出业务的经营管理提供优质服务。

（2）面向国际市场的原则。

面向国际市场原则，就是尊重经营再保险业务的国际惯例，坚定维护我国利益，在保险公司利益不受侵害的前提下，严格按照世界同业间共同遵循的分保原则来办事。

（3）最佳经济效益原则。

要实现再保险经营的最佳经济效益目标，就必须对国际分保市场进行认真的调查研究。一是根据市场行情的变化，选择优质的分保经纪人和分保接受人；二是对分出业务的结构情况进行剖析，尽可能分出高风险业务，自留风险小、保费收入多的业务，调整自留额比例以及合同分保与临时分保的比例；三是积极搜集国际保险市场的信息，使直接承保环节与国际市场尽快接轨。

（二）分出业务运营管理的人员构成及其职责

分出业务管理的人员，一般由分保设计员、推销员以及辅助人员构成。

（1）分保设计员。其主要职责是，对分出业务进行组织分析、及时制定及修改分保合同条款，努力维护本公司的利益。

（2）分保推销员。其任务是，在分保业务计划完成后，应立即将分出条件提供给愿意参加这项业务的保险公司，并尽量寻求资信好的大公司积极参与分保。

（3）辅助人员。其主要工作职责是，积极配合、协助设计员和推销人员处理日常分保事务，管理好分出业务的所有信息、资料。

（三）分出业务的操作流程

分出业务的操作流程包括事前评估、分保建议、办理手续和赔款处理四个环节。

1. 事前评估

分出业务人员对将要分出的业务要有全面、充分的认识，比如业务的风险状况、累积责任、资本金、净资产、费率水平、风险分布状况，以及同类业务在国际市场上的费率、分保情况等。在充分衡量自身承保能力的前提下，安排好业务分出，包括自留额、分保额、保费收入、赔款状况、分保费支出、分保手续费、利息及其他开支等，并对业务的经营结果进行测算，由此确定分出的具体方案。

2. 分保建议

分出人员根据自身需求确定分出业务的数量后，搜集并拟定可供选择的再保险接受人（包括经纪公司）的系列名单，筛选出比较适合的再保险接受人的人选；然后立即以最迅速、最准确的方式，将分保条件发送给选定的接受公司或经纪公司。分保建议一般应将分出业务的具体事实（分保条件、业务构成以及合同的承保范围等）详细地罗列出来，以便再保险接受人研究参考。

为了能够尽快办理完分出业务手续，分出公司应提供详细的分保业务信息，准备好充足的分保业务资料。这将有利于分保接受人在最短时间里做出决定，以顺利达成分保协议。

3. 办理手续

在分出业务谈判结束后，分出人与接受人双方应尽快完备分保的缔约手续。一般情况下，分出人应将合同文本及摘要表或者修改条件的附件发送给接受人。每次发送的需签字的文件，应一式两份及以上。合同文本及其组成部分是分出人和接受人所签订的、具有法律效力的正式文件。合同文本一旦签订后，双方的权利和义务就具有了法律依据。分保合同内容需要补充或修改的，必须经双方同意后方可进行修改，才受法律的保护；单方修改或变动合同内容的，一律无效。

4. 赔款处理

一般情况下，赔款的处理是当分出人接到直接承保人的出险通知或赔款通知时，首先计算出分保合同项下的再保险接受人应承担的责任比例和金额，然后向再保险接受人发送出险通知。分出人的出险通知应包括以下内容：分保合同名称及业务年度；保险标的名称及坐落点；保险金额及分出比例；估计赔款金额及合同项下估计的摊赔金额；赔款发生的日期与地点；损失原因、是否委托检验人以及可能产生的相关费用等。

（四）分出业务的手续

分出业务手续依据分保方法的不同，一般可分为临时分保手续、合约分保手续及预约分保手续。其业务流程分为三个阶段：一是提出分保建议；二是完备手续；三是关于赔款的处理。

1. 临时分保的一般手续

当某笔业务需要进行临时分保时，分出人根据掌握的接受人的资格信息库，结合分出业务的性质及特征，选择理想的接受人，并及时发出分保建议。但在实务中，只有极少数的分保接受人能在接到分保条件后立即明确表示接受，因此，常常有一个“讨价还价”的商议过程。如果分出的业务能够按分保建议得到分出，则不必改变条件。如果由于某些原因，按建议条件分保有难度，分出人可以对分保条件进行更改，直到双方都满意为止。

在分保接受人表示承诺，双方达成分保协议后，双方都应有书面凭证，即表明双方的权利和义务开始生效。为完备手续，在临时分保完毕之后，分出人应向分保接受人发送正式分保条一式两份及以上，分别由双方签字后，各执一份或两份为凭。

2. 合约分保的一般手续

合约再保险合同的分保手续与临时分保的分保手续基本相同。首先，应确定好可能的分保接受人、分出规模和经纪人。在确定好接受人后，再用电传、电报或信件将分保建议及有关资料通知或送给接受人，以供接受人参考并决定是否接受。然后，接受人和分出人双方要用函电书面形式来承诺和确认所接受的分成，并达成分保的协议。

合同分保与临时分保的区别主要在于：合同分保以年度为期限进行分保，而临时分保则是逐笔进行的分保。

3. 预约分保的一般手续

目前，预约分保主要适用于火险和水险的比例分保业务。在合约分保合同限额不足的情况下，运用预约分保方式作为合约分保的一种自动补充，如此就可增加分出人的承保能力。在再保险实务中，分出人常常会遇到大额业务，并且超过合同限额，而有了预约分保，就可以很快解决分保问题，而不必与接受人临时磋商，逐笔进行分保。由于预约分保对于分出人具有临时分保性质，因此，分出人将放入预约合同的业务，每月或每季需向接受人提供业务清单，列明每笔业务的保户、保额、保险费项目以及赔款清单，以便接受人清楚自己所承担的责任以及对赔款进行审核。

二、分入业务的运营管理

分入业务运营管理，是指接受公司为平衡风险、增加保费收入、争取多盈利，而对分入业务过程的计划、调节和控制，以及对分入业务的质量、分保分出人的资信情况进行调查审核的过程。

(一) 分入业务运营管理的原则

在分入业务运营管理的实践中，应重点按照以下原则来操作。

(1) 确定是在业务当地还是在其他地方接受分保业务。

(2) 充分了解市场和分出公司的各项情况，加强人员之间的往来和接触。

(3) 对分入业务的接受应综合考量，并采取谨慎的态度。

(4) 对分保经纪人进行详细的审查。

(5) 认真审核每一笔赔款是否属于承保范围，是否符合承保年度等，不应盲从首席接受人的决定。

(6) 系统清楚地进行统计和分析。

(7) 事先提存充足的分保准备金。

(8) 对分入业务应有超额赔款的分保安排。

(9) 对保险代理人承办的分入业务应尽量拒绝接受。

(10) 对转分性质的分入业务，应尽可能少接受或不接受。

(11) 拒绝将承保权交由经纪公司、分出公司或代理人等承办。

(12) 严格审核合同文件的规定、严格控制批改和附约要求扩展的各项内容。

(13) 制订系统全面的年度业务计划，建立业务年度结束时进行核算的制度。

（14）制定和建立较为完备的业务统计制度。

（二）分入业务处理的内容

分入业务运营管理的涉及面较广，其内容主要包括承保前对分入业务的质量审核、资信情况研究和分入业务承保后的成绩考核等。

1. 分入业务质量的审核要点

接受分入业务时，接受人对分入业务的质量进行系统审核是再保险运营管理的重要环节。分入业务质量审核的项目主要有十个方面：（1）分入业务来源国家或地区的政治、经济和有关法律环境状况；（2）业务所在地区的市场行情和趋势、保险费率等情况；（3）分出业务的种类，分保的方式、方法和承保范围；（4）分出人的自留额与分保限额；（5）分保限额或责任限额与分保费之间的比率；（6）支付分保费的保证条件；（7）估计分入业务的收益；（8）保费准备金和赔款保证金；（9）首席承保人的条件；（10）分出公司提供的有关该业务过去的资料。通过审核上述项目，接受人可以避免或控制风险因素大、风险较集中和潜在损失巨大这类业务的大量分入。

2. 资信情况的分析研究

对分出人和分保经纪人资信情况的分析研究，是再保险运营管理的又一个重要环节。研究的内容主要包括：（1）分出人的资金实力与财务力量；（2）分出人在当地市场的地位和声誉；（3）分出人的业务经验、规模和分保策略；（4）分出人经营管理的经验与业绩等。

3. 分入业务的成绩考核与结算

分入业务承保后，要加强对业务成绩的考核，严格检验接受业务的质量，核对和审查合同文本，做好分保摘要表，审好账单和结算情况，做好登记和业务统计，处理赔款和记录未决赔款与未了责任记录，并建立信息数据库。如果是通过经纪人来办理结算，必须注意要与经纪公司核对账务和办理结算，特别是注意账单寄送是否及时、有无截留保费和准备金等情况。对开出的信用证也要加强管理。同时要密切关注通货膨胀对分入业务赔款计算的影响，如果影响较大，必须采取有效措施进行风险规避。

（三）分入业务的处理程序

当接到分出人或经纪人的函电提出分保建议时，分保接受人经仔细审核，若同意接受，应电告同意接受分保，并进行登记和填制分保摘要表。若不同意分保，则应复电并婉言拒绝。

对于分出人或分保经纪人寄来的分保条、分保合同文本，接受公司一定要认真核对，并在签署后将一份归卷存档，其余则退还。当接到有关修改分保合同条文和承保条件等的函电，经审核后，应电复证实，并对摘要表有关栏目进行更改和登录。对寄来的分保附约，经审核后自留一份，并与合同一起归卷备查，其余则归还对方。接受人收到业务账单，经审核无误后，要在统计表上及时登录，并送会计部门及时记账、结算。

接受人为了争取分保主动地位，在合同到期前规定的期限内，应向对方发出临时注销通知，若经洽商同意续转，可将临时注销通知撤回。若不同意续转，可将临时注销通知作为正式通知，并宣告分保合同终止。

本章小结

1. 再保险又称分保或保险的保险，是保险人将其承保的保险业务部分转移给其他保险人的保险，是保险人之间风险责任的一种分担方式。再保险当事人是指在再保险交易中分出和分入业务的双方公司。转再保险也称为转分保或再再保险，是指分保接受人将其接受的业务再分给其他保险人承保的业务活动，

2. 再保险组织形式主要有专业再保险公司、再保险集团、兼营再保险业务的保险公司、专属保险公司及前台公司、劳合社。

3. 再保险市场是指再保险商品交换关系的总和。其构成要素：一是卖方，二是买方，三是分保交易对象，四是中介人。世界上最发达的再保险市场是欧洲再保险市场、伦敦再保险市场、美国再保险市场以及日本再保险市场。中国再保险市场是正在崛起的新兴再保险市场。

4. 再保险按责任分配方式可分为比例再保险和非比例再保险；按照安排方式分为临时再保险、合同再保险和预约再保险。比例再保险是原保险人与再保险人相互订立合同，按约定的固定比例分配保险金额并分担保险责任的一种分保方式。非比例再保险，是指原保险人和再保险人订立再保险合同，以损失为基础来确定保险当事人双方责任的分保方式。

5. 分出业务管理的基本原则：管理现代化原则、面向国际市场的原则、最佳经济效益原则。分出业务的流程是：事前评估、分保建议、办理手续和赔款处理。分出业务手续依据分保方法的不同可分为临时分保手续、合同分保手续及预约分保手续。

6. 分入业务运营管理是指为平衡风险、增加保费收入、争取多盈利，而对分入业务过程的计划、调节和控制，以及对分入业务的质量、分保分出人的资信情况进行调查审核的过程。其主要内容包括承保前对分入业务的质量审核、资信情况分析研究和分入业务承保后的成绩考核等。

复习思考题

1. 解释名词：再保险、转再保险、危险单位、比例再保险、非比例再保险、预约再保险。
2. 试分析再保险与原保险的关系。
3. 何谓再保险市场？其构成要素是什么？
4. 比例再保险和非比例再保险有何不同？
5. 简述临时再保险及合同再保险的特点。
6. 简述比例再保险的类型及非比例再保险的三种方式。
7. 试述再保险分出业务的管理原则与操作流程。
8. 试述再保险分入业务管理的含义与内容。

第十二章

保险企业经营

⊙内容提要⊙

本章包括保险经营概述，保险险种开发、展业与承保，分保、防灾防损与理赔，保险资金运用四节内容。应当重点学习掌握保险企业经营的一般理论及实务规定。

第一节　保险经营概述

一、保险经营的概念与内涵

经营是现代企业为创造价值、追求利润、谋求自身发展，而实施的一系列筹划、控制及管理过程。保险经营是指保险企业为了实现组织发展和利润最大化目标，而对各个业务环节进行的一系列运筹、谋划活动，以及为保险消费者提供损失赔付的过程。

从目前国内保险公司的组织机构形式和职能分配来看，多数是实行总、分、支公司经营管理模式。总公司作为一级法人，负责企业全面经营管理，大多实行业务及财务大集中。保险分支机构则是基层经营单位，主要职能是宣传、销售保险产品、提供保险服务。分支机构是保险公司运营系统的终端和服务窗口，是其微观经营基础的核心部分，也是业务收入和利润的直接来源，其经营管理水平的高低，在一定程度上决定保险公司整体经营状况，直接反映其社会形象和发展水平。加强基层保险公司的业务经营，提高其业务发展能力和服务水平，对于夯实保险公司发展基础，实现良好经营至关重要。

二、保险经营的基本特征

(一) 市场导向性与竞争性

保险经营必须以市场为导向，按照市场需求和客户需要来优化保险资源配置，安排好经营活动，以获取最佳经济效益，实现利润最大化目标。这要求保险企业利用自身防灾防损的技术优势和特长，引导和唤醒社会居民及企业的保险消费需求，指导其保险消费，实现保险商品市场供求的均衡，发挥保险的“社会稳定器”和“经济助推器”作用。

竞争是市场经济的基本特征，也是实现市场均衡发展的手段和要求。尽管各国保险市场进入门槛较高，但仍存在充分的市场竞争。保险企业之间必然在人才、技术、商品价格与质量、经营管理水平、市场适应力、保险服务等方面展开全方位竞争。

保险企业属于金融理财中介部门，因而与银行、证券等金融部门展开理财产品和服务的竞争，尤其在寿险业中表现突出。金融中介部门间的竞争日趋激烈，这促进了保险商品和经营模式的创新，有利于其实现规模经济和范围经济，追求和实现竞争力最优，实现利润的最大化。因此，保险企业必须时刻保持竞争心态，按竞争规律组织经营过程。一是要善于发现、选拔、合理使用人才，注重人才的培训和储备。二是要善于分析市场，努力开发新险种，扩大保险服务范围，提高服务质量，增强经济实力和竞争能力。三是要正确认识竞争对手，包括保险行业内的竞争对手、非保险竞争对手，善于制定正确的竞争战略和战术规划，发挥优势，形成经营特色，合理配置资源，掌握竞争主动权，从而在市场竞争中立于不败之地。

(二) 以经济效益为中心

保险企业在市场经济中的经营目标，就是实现经济效益或者利润最大化，这是检验其经营成败的唯一标准。只有实现了经济效益最大化，才能真正实现保险企业的社会价值，为社会提供更多更好的风险保障和家庭理财服务等。但以经济效益为中心必须兼顾社会效益，即要求保险企业按照分散风险、平均负担的原则，补偿因灾害事故所造成的损失，保障社会生产和生活秩序的正常进行；同时注重发挥保险的金融中介功能，为经济建设提供资金融通服务。

(三) 合法性及负债性

现代保险的两个基本特征是法律性和技术性。因此，保险企业的一切经营活动都应符合国家法律和社会公德的要求，依法合规经营业务。其各个经营环节都要在国家保险法律法规框架下展开，防止和控制不规范行为对企业、行业和市场发展造成恶劣影响，自觉维护市场秩序。

与其他金融机构一样，保险企业经营的资产也有负债性特征，其绝大部分资产来源于通过收取保险费积聚的各种责任准备金，通过投资活动增值来实现集散风险、赔付损失的基本职能，以及融资、防灾防损、均衡消费、社会管理等派生职能。而保险费最终表现为保险企业对被保险人未来赔付责任的负债。例如，2016 年底，我国保险行业总资产为 15.17 万亿元，而行业净资产仅为 1.72 万亿元。

(四) 特殊的劳务性

现代保险经营是一种社会性的损害赔付活动，是一种特殊的劳务活动。不同于一般物质生产和商品交换式的经营，它所提供的是保险这种无形产品的劳务活动。这种特殊劳务依赖于保险从业者的专业素质，提供从承保、风险管理，到理赔等一系列专业性的服务；还依赖于经营主体所提供的特殊产品质量，要求主动适应并引导市场需求，精心设计保险条款，合理规定保险责任，科学厘定费率，切合居民和企业的风险管理和理财需要。这种特殊劳务性还体现在保险经营需要获得大量的保险合同支撑，保险经营以大数法则作为数理基础，保险合同数量越多，则保险经营越稳定，经营成本就可以得到更大范围的摊薄。

（五）经营成本及利润核算特殊

保险企业经营的对象是风险，经营绩效依赖于对风险的识别和管理能力。因此，保险价格，即保险费率制定依据的成本是历史支出的平均成本，但经营的现时价格是用来补偿将来发生的成本。所以，保险经营就是以过去的成本产生现时的服务价格，并补偿未来赔付的成本。

在业务经营中，要确定过去的历史成本，就需要大量过去风险和成本的统计数据。但事实上一般保险企业，特别是新保险企业无法获得充分的历史数据，影响风险的因素也随着社会的发展而变化，因此，保险经营的历史成本很难与现时价格吻合，更难与将来成本相一致，即保险经营成本具有复杂性和不确定性，远高于一般商品成本的计算。这就决定了保险商品价格的合理度不如其他商品高，保险成本与保险价格之间关系的密切程度也不如其他商品。

一般企业经营中的利润计算较简单，把商品销售收入减去直观成本、税金之后，剩下的就是利润。而受到经营成本复杂性和风险性的影响，保险利润的计算则比较复杂。因为保险利润是将当年保费收入减去当年的赔款、费用和税金，还要减去各项准备金和未决赔款。提留的各项准备金数额的高低，也直接影响到当年的经营利润。

（六）经营的分散性与广泛性

保险企业以风险为经营对象，这决定了经营的分散性和广泛性，其经营过程就是风险大量集聚以及广泛分散的过程。保险企业经营先是为社会提供风险管理的各类保险商品，通过发行和销售商品，承担了众多投保人的风险转移，而企业所承保的被保险人有各地域的各类法人，也有性别、年龄和风险状况不同的自然人，这充分体现了经营的广泛性。承接了广大被保险人的风险转移后，保险人还须通过分保方式转移出部分风险。同时在所承保风险的各个时间点上，当少数人发生了保险责任范围内的损失时，保险人的理赔过程又体现为分摊损失的过程，即将个别人的损失分摊给全体投保人。因此，保险经营过程既是大量风险的集合过程，又是风险的广泛分散过程。这一点也充分表现出与一般商品经营的不同。

【延伸阅读 12-1】保险经营问题多，监管机构半年开出 476 张罚单

截至 2015 年 6 月 30 日，大多数保险公司的保费任务已完成过半，但违法违规问题也开始暴露出来，中国保监会及各地保监局共开出了 476 张罚单。这些罚单涉及保险公司、保险中介机构及保险业外的其他机构，除了违规套取费用、销售误导等常见问题之外，一些新问题也开始暴露出来，如一些地方银保渠道问题保单较多，此外还有一些保险公司因拒保或拖延承保交强险而受到处罚。

从这些罚单来看，某些问题仍是重灾区，如财险公司、车商及中介机构违规套取费用，险企销售误导及投保人资料虚假等。例如，中国人寿某分公司因“客户联系信息不真实，造成资料虚假记载，电话回访无效”和“银保业务承诺固定收益和虚列费用给予投保人保险合同约定以外利益”而被当地保监局罚款50万元。人保财险某支公司因为被查出“阴阳发票”、向汽车公司违规支付回扣、虚假报销套取费用等问题而被重庆保监局罚款66万元。

一些保险机构因违规行为而被叫停了部分新业务，比如，都邦保险某分公司因提供虚假整改报告被保监局责令停止接受意外险和健康险新业务6个月。同时，该公司总经理也被罚款5万元。泰康养老某分公司因在销售“泰康新生活境内旅行意外伤害保险组合计划”时，存在以一个被保险人身份证对应多个不同被保险人等情况，导致被保险人身份信息等业务数据不真实，不符合《人身意外伤害保险经营标准》，而被保监局责令停止接受人身意外伤害保险新业务3个月。国寿财险某分公司因将直销业务虚构为个人代理人业务，套取费用53.7万元，被保监局责令停止接受商业车险新业务3个月。安盛天平财险某分公司因业务、财务数据不真实被保监局责令停止接受商业车险新业务六个月。此外，从2015年上半年已经公布的处罚情况来看，监管机构对于拒保交强险的情况加重了处罚力度。还有其他保险机构因为拒保或拖延承保摩托车交强险而被重罚。

资料来源：《每日经济新闻》，2015年7月7日。

三、保险经营的原则

保险经营原则，是保险企业在从事保险经营活动中约定俗成的行为准则。保险商品的特殊性以及保险经营的特征，决定了保险企业在经营中必须遵守与一般企业不同的原则，包括一般原则和特殊原则。

（一）保险经营的一般原则

1. 经济核算原则

保险经营与一般商品经营类似，也要核算经营成果。但保险经营的特点决定了其经济核算的复杂性远胜一般商品经营。实行经济核算的作用是：促使保险公司全面加强经营管理，提高经济效益，增强保险偿付能力；促使保险公司压缩各项费用支出，节约保险成本，提高利润水平。保险企业的经济核算是通过财务管理具体实施的。

（1）保险成本的核算原则。保险成本核算包括经营所耗费的物化劳动和活劳动。其中，物化劳动主要由保险设备耗费金额、保险赔付金额、各种准备金、利息及费用等组成。活劳动就是员工的工资总额。保险经营成本的物化劳动成本中，包括了准备金这一“未来成本”要素，这是相比于一般商品经营成本核算的特殊之处。

（2）保险资金的核算原则。保险企业经营的资金，包括银行活期存款、用于投资的资金、固定资产净值、结算过程的资金、现金等。保险企业资金的核算，主要通过核算各种资金的占用量、利用率、周转速度等指标来进行。

只有通过核算保险企业经营中所占用的全部资金，考核单位经济保障劳务所占用的物化劳动和活劳动，才能全面评价保险经营中占用资金的效益；再结合前述保险成本核算反映的耗费物化劳动和活劳动带来的效益，一起来全面评价保险经营效益。

（3）保险利润的核算原则。利润是保险企业经营活动的经济成果，核算的指标体系主要是利润总额和利润率。利润总额是保险利润核算的绝对指标，主要用于衡量保险企业利润计划的完成程度。利润率是保险利润核算的相对指标，反映了保险企业在不同时期与其他保险企业利润水平的差异程度。

保险企业与一般企业不同，其利润来源不是简单地把当年的保费收入减去当年的赔款和费用，而是将收入扣除营业税、成本、提存责任准备金差额后的余额，再加上投资收益和营业外收支差额后的总和。此外，保险风险每年的发生具有不平衡性，保险未了责任（即保险负债）具有延续性的特征，也增加了保险经营利润核算的复杂性。

2. 随行就市原则

与一般企业的产品服务在市场上具有主动性需求不同，保险商品是非主动需求商品，这决定了保险经营过程中保险商品营销的复杂性。保险商品营销过程中不能被动地适应市场行情的变化，应当主动、适时地根据自身经营能力，以及国家政策、竞争对手的经营策略，消费者心理的变化等，及时调整险种结构和费率水平，以获取经营主动权，确保一定的竞争优势。

3. 薄利多销原则

保险经营中同样适用薄利多销原则。保险市场上存在众多竞争者，竞争对手间所提供的保险商品在投保条件、责任范围等方面往往差距不大，投保人往往会比较权衡保险商品的价格来作出购买决策。因此，保险经营者应在国家保险监管制度和政策允许的范围内，在保证一定利润率的前提下适当降低保险价格，不仅可以获得消费者认可，扩大市场份额，提高市场竞争力，还能够集中更多风险单位，保证保险企业财务和业务的稳定增长，有利于加速资金周转，提高资金利用率，降低经营成本，从而提高企业盈利能力和水平，最终实现经营的良性循环。

（二）保险经营的特殊原则

保险企业以可保风险为经营对象，这决定了经营中还需要遵循以下特殊原则。

1. 风险大量原则

风险大量原则是指保险企业在可保风险范围内，根据自身承保能力努力承保尽可能多的风险标的，不断扩大经营规模。该原则是保险经营的首要原则，重点强调业务数量扩张与规模的扩大。究其原因，一是保险经营在本质上是风险集散的过程。保险业要准确地锁定未来发生的风险范围，必须尽可能承保大量的标的，这样才能将风险发生概率框定在一定范围内，同时才能建立起雄厚的保险基金，保证经济偿付职能的正常履行。二是保险经营建立在大数法则基础上，只有承保了大量风险标的，才能使风险发生的实际情况更贴近假定的风险损失概率，确保经营的稳定性。三是不断扩大承保数量是保险企业规模化经营、提高经济效益的重要途径，承保的标的越多，保险费收入越高，营业费用则得到更大程度的摊薄。

风险大量原则对保险企业经营提出了最低限度合同数量的规模要求，提出了要持续扩大某险种承保数量的要求。同时，遵守、贯彻该原则也要求保险企业应积极拓展保险业务队伍，在维持和巩固原有业务的同时，积极开拓新领域，扩大保险服务范围及承保数量，不断开拓新市场，发展新客户，实现保险业务的规模化经营。

2. 风险选择原则

风险选择原则是指保险人对所承保的风险主动加以选择，使集中于保险保障之下的风险单位质量趋于均匀划一。即在扩张业务数量的同时，还须对承保的风险进行甄别和选择，充分认识、准确评价承保标的的风险归类和风险程度，评价投保金额的合适程度，从而决定是否承保。通过承保质量的提高，保证保险经营的稳定性。

风险选择原则强调业务质量的重要性。具体要求尽量选择同质风险标的来承保，实现从量的方面来测定风险，并平均分散风险，提高承保风险质量；同时淘汰那些超出可保风险条件或范围的保险标的，避免盲目承保。

保险经营中的风险选择方式包括事前选择和事后选择。

（1）事前风险选择。指保险经营者在承保前，通过对投保人、被保险人以及保险标的的评价与选择，决定是否接受承保。事前风险选择主要是要淘汰那些不能进行承保的劣质风险业务。在进行事前选择时，要尽量选择同质风险的标的，最大可能地实现从量上测定风险，从而实现风险的平均分散，保证对承保风险的有效控制。

（2）事后风险选择。即保险人对保险标的的风险超出核保标准的保险合同做出淘汰的选择。包括三种方式：一是等待保险合同期满后不再续保；二是按保险合同规定的相关事项对原合同予以注销，中断保险合同的某些风险责任；三是发现被保险人有误告或欺诈行为时终止承保，并可以解除保险合同。

3. 风险分散原则

风险分散原则是指由多个保险人或被保险人共同分担某一风险责任，使其承担的保险责任被控制在可承受范围之内。该原则强调了经营效益的重要性，重点是风险的管控。保险经营的实践证明，如果保险人承担的风险过于集中，一旦发生严重风险事故，将导致保险企业偿付能力不足，这不仅损害被保险人利益，也威胁保险企业自身的生存与发展。因此，为确保保险经营的稳定性，必须严格遵守风险分散原则。在经营实践中，风险分散可以分为核保时的分散与承保后的分散。

核保时的风险分散方法：一是保险人在核保时运用既定工程专业技术知识和手段，科学合理地划分风险单位，按每个风险单位可能的最大损失确定保险金额，对超过自身承受能力以外的部分不予承保，从而使承担的风险责任控制在可接受范围之内。二是规定免赔额（或免赔率），即对承保风险造成的损失规定一个额度或比例，由被保险人自负这部分损失。三是实施比例承保或共保，即保险人按保险标的实际金额的一定比例确定承保金额，而非全额承保。要求被保险人自己承担一定的损失金额，可以加强被保险方对风险的审慎程度。

承保后的风险分散，是以再保险和共同保险为主要手段，使风险在空间上得以分散；同时又依靠提存各种准备金制度，使风险在时间上得以分散。再保险是保险人将其所承担的业务中超出自己承受能力之外的风险转移给再保险人来承担。共同保险则是由两个或两个以上的保险人共同承保某个风险较大的保险标的。

四、保险经营循环

保险经营循环，指保险企业的经营实践活动，是以开拓市场、实现保险保障服务为手段，以追求自身发展及利润最大化为目的的循环往复性活动。保险经营循环一般包括险种开发、展业、承保、分保、防灾防损、理赔及资金运用等业务环节，而且这些环节是紧密依存、环环相扣的。应当力求各环节连续通畅，循环不息，否则，其经营就会面临被中断，甚至被市场淘汰的危险。

第二节　保险险种开发、展业与承保

一、保险险种开发

（一）概念及内涵

保险险种开发，是指保险企业根据保险目标市场的需求变化，进行调查研究，组织新险种设计及老险种更新改造的系列活动。

保险险种开发是以市场需求为导向，不断满足投保人的不同保障需求，包括新险种设计和老险种的更新改造。保险新险种包括针对财产保险市场需求承保新的保险标的、提供新的保险责任和尝试新的承保方式。保险业务只要具备其中一种，就是新险种。而老险种的更新改造则是对已经实施的险种进行部分条款更换的行为。

（二）险种开发的意义

（1）有利于满足社会不断变化的保障需求。

从需求角度看，经济的发展、社会财富的增加、人民生活水平的不断提高、科学技术的进步等因素必然会导致社会风险不断改变。旧的风险消亡，新的风险产生，就会对保险产品品种产生新的要求。不同区域的经济状况、地理环境差异甚大，从而不同的区域需要不同的保障重点，也会对保险承保责任、承保方法提出新的要求。可见，险种开发设计有利于满足社会不断变化的需求。

（2）险种的开发设计能力是保险公司的生命力。

从供给角度看，险种的不断开发与创新是保险企业生存发展的基础，它体现了保险公司不断适应新的环境和需求，对变化的市场及时做出反应的能力。它是保险公司生存适应力、生命力及核心竞争力的体现，有利于推动保险企业的技术进步，并提高员工的素质及其经营效益。

（三）险种设计的方法

1. 希望列举法

这是一种建立在社会、保户及客户对保险企业服务所寄希望基础上的险种设计方法。此法必须事先对社会大众进行保险需求的调查分析，再应用保险原理和技术，对社会各界人士的希望和要求进行分类，区分可保与不可保的风险目录，再从可保风险目录中选择具有必要性、市场潜力的项目作为设计险种的基础。此法可以收集社会大众的保险需求，为设计新险种打下基础。

2. 缺点列举法

该法是通过对目前正在销售的老险种的不足展开分析，然后在寻求完善方案的基础上进行险种重新构思的方法。这种方法是从保险公司的角度在已有险种的责任、费率、承保方式等当中寻找不足之处，目的是修改完善条款，使其更符合大众的需求。

3. 调查设问法

该方法是针对客户需求或现行保险业务提出问题，然后寻求解决办法，提炼险种设计思想的险种设计方法。此法是在调查研究基础上，对现行的险种设计提出问题，再对问题产生的原因进行分析，继而寻找解决问题的方法，进而完成险种设计。这种方法是站在投保人的立场重新审视条款的设置，以期发现不足，逐步予以完善。

4. 择优组合法

这是一种建立在对国外或外地开办险种进行分析的基础上，取各险种之所长，组合构思设计新险种的方法。即通过搜集样本险种，进而解剖诸险种，分析各险种的结构、特性和优缺点，继而选择诸险种的长处，作为险种设计素材，并根据社会所需进行新险种的构思与设计。

5. 创新法

创新法是指保险人根据特定投保对象的特殊风险，独立自主地开发设计新险种的一种方法。该法适用于同其他险种共性少，标的与风险特殊，且技术性要求高的特殊险种的设计，如气象指数保险、记忆力保险、绑架保险、爱情保险等。其设计要求是：要深入市场调研，掌握足够的信息资料，拥有较高的专业技术。

（四）险种开发设计的流程

险种开发设计是保险企业的一项营销策略及风险投资，为了降低成本，取得良好效益，必须按照以下科学流程进行。

1. 深入调研，搜集新险种构思

搜集新险种构思是险种开发与改造的第一步，也是关键的一步。要搜集到新颖而又有开发价值的新构思，就必须深入调研，认真听取各方面的意见和建议。一般来说，新险种构思主要来源于以下几方面：

（1）顾客。这是最主要的构思来源。因为顾客是保险推销和服务的对象，其保险需求是新险设计的出发点，他们的意见必须予以重视或采纳。

（2）保险业务员及保险中介人。他们直接和顾客打交道，承担着传递与反馈信息、销售保单的任务，对顾客的需求变化最为了解，因而他们的意见和建议也是很有价值的，应引起足够的重视。

（3）竞争对手。追逐竞争对手也是新险种构思的重要途径。由于保险产品有可模仿性，保险企业可从多方面搜集竞争者的新险种，尤其是热销险种的信息，并参考其他要素来进行新险种的构思。

（4）保险市场开发人员与高层管理者。他们熟悉保险市场，掌握了大量信息，且有丰富的经营管理经验，故应予以重视。

2. 信息筛选与新险种的构思

经过第一阶段搜集到大量构思后，接着便是对其进行评价和筛选。评价的标准是：①构思的来源；②目标市场的预期规模；③销售渠道及费用；④预期赔付水平；⑤竞争者的营销策略。一个好的构思必须既符合顾客需求，又与保险企业的营销能力相适应，从而形成规模效益。在综合评价的基础上，即可结合企业情况，筛选出最佳构思报请批准。

3. 设计新险种方案

最佳构思批准后，即可进行险种方案的设计。该项工作通常由保险精算师或相关专业技术人员来进行，主要是解决新险种的名称、保险对象、保险责任与责任免除、保险金额、保险费率、赔付方式、被保险人的义务、保险期限等问题；进而以文字形式予以详尽表达，最终形成保险条款；然后再根据条款内容及有关要求，设计有关保险单证。设计保险单证时应注意：（1）应尽量采用标准化表格式，确实无法统一的，可采用书面协议格式。（2）保险单证上的重要款项应齐全，如保险标的及地址、保险责任与除外责任、保险金额、费率、保险期限、特别约定等，均不可遗漏。

4. 新险种方案的分析评估

分析评估是对方案的综合评价和论证，包括自我验证和系统评价两个阶段。

自我验证是指设计人员给予方案一个合理的搁置期，并在此期间进行反思，力求对方案的不足之处进行全面修改，从长远角度来估价、验证新险种的可行性，并起草可行性报告。在自我验证完毕后，应将方案正式提交公司，进行系统评价。

系统评价一般由公司组织有关专家来进行。评价的内容主要是：（1）评价新险种技术的可靠性，考核费率、保额、保险责任、赔付方式等是否合理可行。（2）评价其未来经济效益，即新险种给公司带来的预期收益如何。（3）新险种的社会效应与效益如何。总之，系统评价应坚持定性与定量相结合的原则，并公正合理地进行。对鉴定未通过的方案应予以改进和完善，直到通过，否则予以放弃。

5. 新险种的报批与试行

新险种通过论证评估后，应及时上报上级公司或中国保监会审批，待审核批准后即可试行。试行是指在事先选定的部分地区、部分顾客中进行小面积推行，以观察顾客的反应。它实际上是一个商业化的评价阶段，其成败事关新险种的命运。根据试行的反映，可以作出不同决策。一般来说，试行效果好的，可组织大面积推广；效果欠佳的，可以重新修订方案、完善条款，然后再试行或停止推行；效果较差的，可放弃原方案。

6. 确定上市营销策略，全面展开销售

在新险种全面销售前，开发人员应协助营销部门拟定营销策略书，即把新险种推向市场各阶段的行动纲要。其内容包括：①目标市场与营销目标；②上市销售的时机、地域及如何上市；③销售渠道与营销预算；④未来销售额、利润目标及营销战略等。营销策略书订好后，即可按计划展开全面销售工作。

二、保险展业

保险展业也称保单营销，是保险销售员引导潜在投保人参加保险的行为，也是为投保人提供投保服务的过程。保险展业由保险宣传和保单销售两种行为构成。

（一）保险展业的意义

保险展业的根本目的是销售保险商品，展业能否成功关系着保险商品和服务的顺利销售，以及能否实现保险经营的第一目标。其重大意义表现在四个方面。

（1）唤醒消费者的潜在保险需求。

保险经营的是无形商品，本质上是对被保险人未来经济损失或人身伤亡提供经济补偿或给付保障，为被保险人或受益人的未来提供保障。但风险发生的不确定性，决定了投保人即使购买了保险商品，也不能立即获得效用，这就造成人们对保险的需求比较消极，表现出强烈的非自主需求性特征。因此，必须通过保险展业过程唤醒潜在需求，促使人们购买保险，满足其现实需求，同时实现保险人的可持续经营目标。

（2）实现对保险标的和风险的选择。

保险企业的经营行为主要包括营销、投资和管理。这三个方面分别对经营利润产生不同程度的影响，其中为了完成营销任务所占用的人力和费用成本最高。保险展业的本质也是甄别风险、规避投保人道德风险与被保险人逆向选择的过程。这一过程远比其他一般商品的销售重要。

（3）争夺市场份额，提高经济效益。

保险企业之间的竞争直观表现为市场的争夺，本质上是客户资源的争夺。展业环节的意义在于通过积极有效的营销活动，获取投保人的信任，建立保险合同，收取保费，建立起充足的保险基金和可靠的运营资金，从而保证整个经营活动的顺利进行。展业面越大，签订的保险合同越多，由保费形成的责任准备金就越多，保险经营的风险便会随之降低，这也为进一步降低保险价格、吸引更多的保户创造了条件。因此，保险展业的顺利开展可为保险经营带来良性循环，各保险企业无不强调展业人力资源的开发、展业技能的培训等，以切实提高展业效率。

（4）培育和提高民众保险意识。

现代经济社会中，民众活动方式、内容、时间、空间等都在不断变化，其所面临的风险也不断增加并更加复杂。广泛周到的保险展业工作，能带来新客户和新增保费收入，实现保险基金的持续增长，也能够唤起民众的风险管理及保险意识，并树立保险业的良好形象。当然，保险展业也应注意所使用的方式和方法，尽量做到文明礼貌、有技术、有素质的销售，而非低俗推广、骚扰推销、虚假宣传等损害行业形象的做法。保险展业是保险业与社会大众直接接触的基础业务，因而在展业中应做好全面细致的各项工作。

（二）展业工作环节

1. 展业准备工作

开展保险业务前，应事先对市场环境、潜在顾客状况、保险公司优势和劣势以及保险商品的特点进行全面分析，制定出展业规划和策略。做到知己知彼，才能取得预期展业效果。准备工作包括以下几点。

（1）调查背景，制定展业规划。这是制定、实施展业规划的依据，包括对保险企业自身经营状况的考察和对外部经营环境的调查。自身状况的调查，包括对企业经营状况、信誉、市场占有率、所销保险商品的特点等方面，进行全面细致的研究和分析，以便在制定和实施展业规划中扬长避短。外部环境调查，包括对保险市场供求环境、市场购买力、对其他保险企业经营情况和相应保险商品的调查，以及展业区域特点、风俗习惯、风险状况等各种与展业相关因素的调查和研究。在调查基础上，继而制定周密的展业规划。作为指导展业工作的行动纲领，展业规划中应有明确的展业目标，并通过目标责任制使之落实到团队和个人。该规划还应包括展业总体方案和实施行动方案的方法。

（2）了解潜在购买者情况。潜在购买者是指那些在主观或客观上需要保险且具有购买力的法人或个人。对潜在购买者的调查包括，所在行业和企业单位的性质、经济实力、风险状况、保险意识等与展业直接或间接相关的因素。充分收集上述信息后，对潜在投保者进行分类，归纳出共同保险需求及不同顾客的特殊保险需求，以便根据具体情况扩大展业成果。

(3) 确定展业宣传对象。即根据展业计划、潜在投保者情况以及公司保险商品特点来确定展业宣传对象，使保险展业目标更加明确，销售宣传更具有针对性，从而取得更好的展业效果。

(4) 做好各项推销准备。即根据展业工作需要，应事先备齐必要的个人证件、各种单证、条款、费率表、宣传资料和其他宣传工具，做好出勤前的各项准备工作。

2. 接触展业对象

(1) 介绍接触，是指展业人员通过第三者介绍而接触展业对象。其优点是，第三者的中介作用可使展业气氛轻松和谐，便于深入进行展业宣传，增强说服力，有利于达成展业成果。介绍接触包括亲友、同学等私人关系的介绍，以及合作单位、展业对象的主管机关、老顾客和团体组织介绍等方法。介绍接触必须找到合适的中介人，且须对展业对象有积极影响，否则不仅难以促使展业成功，而且会起到相反效果，故应慎重选择介绍人。

(2) 直接接触，是指展业人员利用工作关系直接接近展业对象。按我国保险监管法规的要求，展业人员直接接触时须持有展业证件或其他证件，以及备有联系业务的自荐名片。直接接触时，应事先对展业对象及其负责人全面了解，以便寻找共同语言，增加交谈的说服力。同时，掌握好接近的时间和地点，尽量安排在对方空闲的时候去拜访，以便深入交谈。此法的优点是简捷，但往往会遇到对方的冷面对待，因此要求展业人员以热心、耐心、诚心、责任心来做认真细致的工作，采取恰当的交际方式来接近展业对象，顺利完成展业任务。

3. 展业面谈

面谈是展业的关键。除了提供优质保险商品和服务外，业务员的交谈方式和技巧，也是促成展业的重要因素。为此，要求业务员必须做到以下几点。

(1) 把面谈寓于展业对象的具体情况之中。

(2) 落落大方，开朗乐观，满怀信心地做好宣传工作。

(3) 突出保险“以少保大，获得切实保障”的利益特点。

(4) 坚持实事求是原则，用比较利益法进行宣传。

(5) 针对不同类型的顾客采取不同的面谈方法。

(6) 及时、正确回答对方提出的各种异议。

(7) 正确使用推销话术。一是必须以满足展业对象的需求为前提。二是必须能准确传递保险商品信息。即语言简明，通俗易懂，力求使对方完全理解所接受的信息，尽量避免使用难懂的专业术语或容易造成误解的含糊词汇。三是必须能引起展业对象的愉悦反应，以诚心赢得顾客的理解与合作。

(三) 展业方式

展业方式主要包括保险人直接展业、保险代理人展业和保险经纪人展业。

1. 保险人直接展业

保险人直接展业是指保险公司依靠其业务员去接触客户、争取业务。它是我国保险展业的辅助方式，其保费占比很低。适用于人员规模大、分支机构健全的保险公司，团体保险以及金额巨大的险种展业。

2. 保险代理人展业

这是我国保险展业的主力军，其保费占比超过85%。对许多保险企业尤其是寿险企业来说，单靠直接展业不足以争取到大量保险业务，在销售费用上也不合算。因此，大型保险公司除了直接展业外，还广泛建立销售代理网，利用各种保险代理人展业。

3. 保险经纪人展业

保险经纪人是投保人的代理人，富有保险市场和风险管理经验，能为投保人制订风险管理方案和物色适当的保险人。它是欧美发达保险市场展业的有效方式，也是我国保险展业的辅助方式。

三、保险承保

（一）概念及作用

保险承保是指保险合同的签订过程。它是展业环节的继续，包括保险业务的接洽、协商、投保、审核、配证、收费、建卡等一系列工作环节。承保是保险经营的重要环节，其质量高低直接关系着保险企业经营的稳定和经济效益，直接反映经营管理水平的高低。保险人通过承保环节，可以筛选不可保风险或不合格的被保险人和保险标的，以保证承保质量，增强企业的市场竞争力。其具体作用包括以下几点。

（1）有利于合理分散风险。

保险企业能承担的风险受到一系列条件的制约，最终决定是否承保是基于在一定费率下所预期的风险。承保的目的就是要使可保风险得以合理的分散。

（2）有利于保险费率的公正。

承保的核心工作是，检查评估不同标的的不同风险以及风险的性质、发生损失的概率和程度等，厘定公正合理的保险费率。为使承保风险与保险费率间保持合理的关系，保险企业还制定了级差费率、浮动费率、优惠费率等制度。这些制度的顺利实施就依赖于承保制度。

（3）促进被保险人防灾减损。

承保的目标是要识别风险、分析风险，促使被保险人采取有效的风险管理措施，把可能的损失减少到最低程度。因此，保险人在承保时要审查保险标的的风险状况，可能发生的最大损失程度以及被保险人状况；在承保后还要定期检查和分析这些风险是否发生了变化。如果某个被保险人的风险增加了，保险人就可能需要提高保险费，或增加保险限制条件，或不再接受该投保人的续保要求。所有这些措施都可以相应提高全社会的防灾防损意识和能力，促进居民生活稳定和社会生产的持续进行。

（二）主要内容

1. 审核投保申请

审核投保申请主要包括审核投保人资格、审核保险标的及审核保险费率。

（1）审核投保人资格。按保险法的规定，应当审核投保人是否具有民事权利能力和民事行为能力，对保险标的是否具有保险利益等。不符合规定者，应予以拒保。

（2）审核保险标的。即对照投保单或其他资料核查保险标的的使用性质、结构性能、所处环境、防灾设施、安全管理等情况。部分保险标的的审核还需要现场查验核实。如果是人身保险，则一般需要通过体检来检查被保险人的身体状况；如果是财产保险，则需要对财产的所有权、债务与抵押情况进行审查。

（3）审核保险费率。一般情况下，不同的财产和人身遭遇的风险可能有所不同，因此可以按照不同标准对风险进行分类，据此制定不同的费率等级。例如，关于建筑物的火灾保险，可以根据建筑类别、占用或使用性质、周边房屋建筑状况、标的建筑物所在区域可提供的火灾防护设施以及与该标的建筑物相关的任何其他安全保护设施等情况，把建筑物划分为不同的等级，套用不同的费率进行承保。这就是现代保险常用的风险等级费率方法。但其他一些标的物，如海上保险的标的物，因航程、运输工作的不同，以及气候变化等因素，承保的每笔业务都需要保险人根据以往经验，结合风险的特性制定单独的费率。因而承保这类业务时，要对每一笔业务的实际情况与它所适用的费率条件逐一比对核查，以确保费率的公正合理性。

2. 控制保险责任

控制保险责任，是指保险人在承保时依据自身的承保能力进行承保控制，尽量防止和避免道德风险与心理风险。即可以通过控制逆向选择行为、单个保险合同的保险责任范围，以及人为风险这三个方面，以达到控制保险企业风险责任的目的。

（1）控制逆向选择行为。即防止承保高风险标的甚至是不可保标的，以平均保险费率水平获得购买保险。这要求在承保时必须仔细审核投保标的的风险状况，做好劣质风险标的的筛除工作。

（2）控制单个保险合同的保险责任范围。在具体经营实务中，对于保险标的的常规风险一般可以承保，对于一些特殊风险，则需要通过与投保人协商保险条件、免赔数额或免赔比例、责任免除、附加条款等进行特约承保。

（3）控制人为风险。主要是规避道德风险、法律风险等与人的主观行为有关的风险。

狭义的道德风险是指被保险人丧失道德或者遭遇财务困难后，以不道德、不诚实或者故意欺诈的行为促使保险事故发生，以便从保险理赔获得额外利益的人为主观风险。广义的道德风险在保险业务中更普遍，主要表现在被保险人拥有保险以后，对投保标的风控程度的降低，这会增加事故发生的概率。如一个人拥有汽车保险以后，驾驶汽车会比没有保险时更为粗心。为了规避这类风险，可以通过限额承保、规定免赔额或者免赔率等方式来承保。

法律风险表现为：一国的保险监管当局强制保险人使用过低的保险费率标准；要求保险人提供责任范围更广的保险；限制保险人使用可撤销保险单和不予续保的权利；法院做出有利于被保险人的判决等。法律风险产生后，往往会使保险人迫于法律约束力和社会舆论压力而被动承保或理赔。

（三）承保工作程序

1. 制定承保制度

保险企业一般设有专职承保部门来制定与企业目标相一致的承保方针，编制承保手册。在承保手册中规定承保险种、展业地区、所使用保险单和费率厘定计划，以及可以接受的、难以确定的和拒保的业务及保险金额，均需要得到上一级承保部门的批准。承保手册起到了向保险业务员传达企业承保方针的作用，这也是帮助承保人做出最优承保决策的信息支撑。

2. 接受投保单

投保单是投保人申请订立保险合同的依据，也是保险人签发保险单的凭证。其内容包括：投保人名称、投保日期、被保险人名称、住所、种类和数量、投保金额、保险标的物的坐落地址或运输工具名称、保险期限、受益人和赔付地点等相关信息。承保人在接收投保申请过程中，通常需要综合各种信息，决定是否接受其投保申请。为了作出准确、合理的承保决策，承保人须从各方面获得信息，以便分析、评价投保人面临的风险。获得信息来源的渠道主要有投保单、保险中介人及其业绩、投保人体检报告、地区销售经理、消费者调查报告等。

3. 审核验险

（1）审核工作。保险人在收到投保单后，需要按照保险公司的业务规定，详细审核投保单上各项内容的真实性、完备性。

（2）验险工作。即对保险标的的风险进行进一步查验，以便对其风险进行分类。验险的内容根据保险标的的不同而有所差异。

财产保险的验险内容主要包括：第一，投保财产的性能或构造；第二，投保财产的用途；第三，投保财产所处的环境；第四，查验投保财产的主要风险隐患和重要防护措施的完备状况；第五，查验有无正处在危险状态中的财产；第六，查验各种安全管理制度的制定和落实情况等。

人身保险验险内容主要包括：医务检验报告和事务检验报告。医务检验报告主要检查被保险人的健康情况，包括既往病史、家族遗传病史以及有需要情况下的检验报告，以了解被保险人可能面临的健康风险及其对保险业务的影响。事务检验报告是关于对被保险人的工作环境、职业性质、生活习惯、经济状况等方面进行调查了解的结果。

保险人按照业务范围和承保权限，在审核验险后做出拒保或承保的决定。如果投保金额或保险标的的风险状况超出了基层核保部门的承保权限，就要向上一级主管部门提出进一步的审核请示。

4. 做出承保决定

承保人员通过收集相关资料对被保险人和保险标的进行了承保选择和承保控制之后，即应做出承保决定。可能的选择有三种：一是正常承保，即按标准费率承保保险标的的风险，出具保险单。二是有条件承保，即通过增加限制性条件或增收附加保费等方式予以承保，出具保险单。三是拒绝承保，但一般需要说明拒绝承保的理由，部分国家甚至有保险人无正当理由不得拒绝承保的法律规定。

5. 缮制单证与单证管理

做出承保决定后，由签单员缮制保险单或保险凭证。这是承保工作的重要环节，其工作质量的好坏直接关系到双方当事人的合法权益和义务能否顺利落实。

单证缮制应及时、准确、完整，做到不错、不漏、不涂改。保单上注明缮制日期、保单号码，并在保单的正副本上加盖公章、私章。如果有附加条款，要求将其粘贴在保单的正本背面，并加盖骑缝章。复核员按签单要求对投保单、验险报告、保险单、批单，以及其他各种单证是否齐全、内容是否完备、数字是否准确等进行认真复核，力求准确无误后，必须加盖复核章，然后由保险内勤人员计算收取保险费，并进行单证的清分与发送。最后，由专人将投保单、保险单和批单副本装订成册，建立保户档案并专门保管，以备未来的理赔、服务工作的顺利进行。

6. 续保

续保是在保险合同即将期满时，投保人在原有保险合同的基础上向保险人提出保险申请；保险人根据投保人的实际情况，对原合同条件稍加修改后，继续签约承保的过程。续保是以特定合同和特定被保险人为对象。续保可以稳定保险业务，减少展业工作量，降低保险展业费用，巩固保险供需双方关系，属于互利双赢的选择。续保时应该注意以下四个问题。

(1) 当被保险人提出续保申请时，保险人应及时审核保险标的，避免保险期中断。

(2) 如果保险标的风险程度增加或减少了，保险人应对保险费率做出相应调整。

(3) 保险人应根据上一年的经营状况和赔付情况，适当调整承保条件和保险费率。一般来说，对于上年未出现赔付的优质客户，保险人在下一年应对其提供优惠费率。

(4) 保险人应考虑通货膨胀因素，使续保后的保险金额与生活费用指数的变化相一致，使被保险人能够得到更充分的保障。

承保部门除制定承保方针，编制承保手册，进行核保选择及承保决策外，还要分析损失和保险费的经验数据，研究保险责任范围和保单格式，提供修订保险费率、开发新险种的意见和建议，以及负责承保人员的教育和培训等工作。

第三节　分保、防灾防损与理赔

一、分保

(一) 分保与分保关系

分保即再保险，包括分出再保险业务和分入再保险业务。再保险的权利义务关系是由再保险分出人与再保险接受人通过订立再保险合同确立的，再保险合同是以原保险合同的存在为前提，但两者在法律上是各自独立存在的合同，所以再保险的权利义务关系与原保险的权利义务关系是相互独立的法律关系。

分保关系的确立有四种情况：一是由专营再保险公司接受直接保险公司的分出业务而建立；二是基于兼营再保险业务的保险公司之间分出、分入业务而建立的再保险关系；三是集团公司内的再保险关系；四是联营再保险关系。

(二) 分保的具体形式

分保的具体形式包括比例再保险和非比例再保险，详细论述见第十一章。

(三) 分保计划的制订

1. 风险及分保需求分析

保险公司的分出业务在分出风险的同时也要分出保费，而承保的业务质量有高有低，

“一刀切”的分保方式可能对保险公司是一种浪费。因此，保险公司应该进行认真的风险评估，只有当承保业务可能带来无法承受的严重损失时，才需要分出。此情形通常包括三方面：（1）对于单个风险单位而言，通常只有当其可能发生的净赔款及相关费用之和超过其净保费收入，并有较大损失致使保险人难以承担时，才会考虑分出。（2）一次事故可能造成多个风险单位的损失，从而使分出公司在一次保险事故中的累积赔款责任很大，该情况下则要考虑分保。（3）尽管单个风险单位发生赔付的可能性及一次事故引发的赔偿额可能不大，但如果损失频率较高，也可能使一个业务年度的净赔款总额超过净保费总收入，因而也要考虑分保。

2. 合理确定自留额

自留额指一张保单、一个风险或一组风险在发生损失时，公司准备为此支付的最高金额。它在保险经营中是个非常重要的指标，限定了保险公司对每一风险所承担的最高责任。自留额的确定首先要受到保险法的限定，继而也受到保费规模的影响。保费收入越高，说明保险的广度和覆盖面就越大，保险经营的稳定性则越强。所以，保费收入和自留额之间呈正比关系，即保费收入越大，自留额越高；反之则越低。

自留额与赔付率也存在一定关系。一般情况下，保险公司会尽量将赔付率低、效益好的险种的自留额保持在较高水平；将赔付率高、效益不好的险种的自留额设定在一个较低水平。所以，在制定年度的某险种自留额时，保险公司一定会考虑上一年该险种的赔付率情况，并结合前几年的赔付记录，制定出符合公司实际情况并可以承受的自留额。

3. 选择分保方式

对于较大风险单位或较大损失，一般可采用溢额分保和超赔分保。如火灾保险的危险性质或程度，因财产占用的性质、建筑材料与结构的不同而有较大差别，而且不同标的的保额差别较大。因此，火险分保安排一般采用溢额分保方式，根据危险等级来确定自留额，风险越大，自留额越小。对于中小危险单位或中小额损失，可采用成数分保，如在货运险再保险中，对于单一风险单位一般采用以成数分保为基础，在考虑到中小业务需要的同时，再结合溢额分保以满足大业务的承保需求。当所承保的责任超过合同的最高限额时，再安排临时分保或预约分保。

巨灾事故损失一般采用事故超赔分保；对于一个业务年度中各种业务综合的损失累积，则采用赔付率超赔分保。而且，综合业务分保大多数宜采用合同分保方法，以利于建立一种稳定的分保关系；对巨灾风险、巨额危险单位等责任较大的业务，还可以采用预约分保、临时分保以作为补充。

二、防灾防损

（一）概念与必要性

保险防灾防损，是指保险人通过建立有效的防灾制度，采取相关技术手段和措施，防止各种灾害事故发生和防止损失继续扩大的经营工作。即保险当事人双方就所承保的保险标的采取有效措施，减少或消除风险发生因素，防止或减少灾害事故所造成的损失，从而降低保险成本，增加经济效益的经营活动。防灾防损是保险经营中的重要环节，其主体是保险企业，对象是承保的保险标的。在防灾防损工作中，保险企业依据被保险合同所赋予的权利和义务，向被保险人、投保人提出并促进其实施防灾防损建议。该措施促使其主观上保护了投保人或被保险人的财产和人身安全，客观上则保障了保险企业的经营绩效。

保险防灾防损的必要性是指通过给被保险人提供专业的防灾防损建议，以降低其风险发生率，维护被保险人的生命和财产安全，并减少社会财富的非正常损失及保险理赔。这既是提高保险企业自身经营效益，实现社会管理功能从而为社会提供更多优质保险服务的需要，也是强化社会整体风险管理和安全体系建设的需要。在国外，防灾防损工作往往与保险承保、理赔业务紧紧联系在一起，以便提高防灾防损效果。

保险防灾防损是社会防灾防损系统中的一个有机组成部分，二者在防灾的主体、对象、依据、手段以及受益人等方面均存在较大差异。

（二）防灾防损的形式

1. 兼职防灾防损

兼职防灾防损，是指保险企业内部不设立专门的防灾防损机构和不配备专职人员，而是由其他业务人员结合展业、承保、理赔业务进行防灾防损工作。这是开展保险防灾防损工作的初级形式，适用于小型保险公司或者在保险公司创办初期，人员、技术力量有限和经费短缺时采用。

2. 专职防灾防损

专职防灾防损，是指保险企业内部设立专门的防灾防损机构和配备专职人员，由他们专门进行防灾防损工作。一般适用于大型保险公司或者是成熟型保险公司，要求有组织机构和制度保障，并且需配套较强的技术力量和科学先进的管理方法。

（三）防灾防损的一般方法

1. 强化与防灾部门的联系合作

保险防灾防损是社会防灾防损系统中的重要组成部分，由于其更注重预防，并有特殊的专业和技术力量，因而发挥越来越大的作用，受到社会各界的重视。但是，保险企业的防灾工作本质上是商业行为，以企业的力量对被保险人产生的约束力，比与政府相关职能部门联合开展活动弱了很多，甚至收效甚微，有时候还会引起投保人的抵触情绪。因此，为更好地提高防灾工作绩效，保险企业需要加强与政府职能部门的密切联系，积极参与配合政府职能部门的安全生产、防汛防洪等的执法监督和检查工作，取得职能部门的指导和支持，与医疗卫生部门等建立起防灾工作网络，进一步研究更好的防灾工作方法和实施机制。

2. 加强防灾防损宣传

保险消费者普遍存在的道德风险或心理风险行为，决定了保险企业的防灾防损工作能否成功，该工作主要依赖于消费者的防灾意识和配合程度。通过调查数据对火灾、交通、爆炸三种灾害事故成因进行分析，结果表明，因为群众缺乏常识、冒险蛮干、违章操作造成灾害事故的就占40％～50％。这说明了加强防灾宣传，提高客户防灾意识的必要性和紧迫性。因此，应通过各种渠道，运用多种形式，采取各种手段，广泛向社会宣传公共安全和社会保险的关系，宣传保险政策和法律常识，引导民众和社会团体自觉维护公共安全，参加保险不忘安全，自觉做好灾害事故的防范工作。

开展宣传工作的目标就是要让消费者明白，一旦发生保险事件，出现保险理赔，虽然可以补偿大部分直接损失，但发生生命损失则无法补偿，生命是无价的；同时，事故造成的停产损失往往几倍于保险赔偿。特别是当前类似于停产损失险等相关利益损失的保险险种，在投保率低的情况下，被保险人的这部分损失是无法转嫁的。

3. *及时处理不安全因素和事故隐患*

加强防灾防损检查中，一旦发现了不安全因素和事故隐患，应及时向被保险人提出整改意见，并在技术上予以指导和帮助，将事故隐患消灭在萌芽状态。同时，保险企业理赔部门在接到重大保险事故通知时，应立即赶赴事故现场，直接参与抢险救灾工作，防止灾害蔓延，最大可能地降低事故损失，同时妥善处理好残余物资。

4. *建设防灾防损内部制度*

保险企业要提高自身防灾防损能力，就要健全和完善防灾防损政策和制度建设，以制度推进全局工作。一是建立各种灾害事故等应急预案，灾害事故一旦发生便可立即响应，并严格按照预案处理，完善防灾档案、检查以及隐患整改的相关制度，明确责任，落实任务，严格奖惩考核机制。灾害事故发生后，一是要对防灾工作进行“回头看”，对于防灾存在疏漏的，严格按照规定处罚、处理。二是建立防灾基金，加大费用投入，增强社会防灾设施功能，以保障保险企业应付突发性重大灾害事故的紧急需要。三是建立防灾防损专门机构，引进一批防灾防损专业技术人才，为客户提供防灾指导和技术支持。聘请防汛、消防、气象等方面的专家建立专、兼职专家协作网。四是把承保理赔政策与防灾工作挂钩，对于防灾工作做得好的客户给予费用优惠，对于防灾工作不合格的客户则提高费率。在理赔过程中，对于因未尽到安全防范义务而造成的损失部分，可坚决拒赔。如此政策措施，可有效激发客户防灾防损的工作热情和积极性。

5. *积累灾害资料，提高防灾技术服务能力*

积累灾害历史资料并进行研究，可以掌握灾害发生的规律以及损失程度的分布特点，从而提高防灾工作绩效。有了研究基础，保险人还可以开展更高效、更优质的防灾技术服务活动，帮助事故发生频繁、损失程度大的保户开展防灾技术研究工作等，从而进一步降低风险事故发生率。

(四) 防灾防损的技术方法

1. *法律方法*

该方法要求国家保险监管部门推动相关的法律制度建设，提高保险防灾防损的权威性，强调投保人有义务配合并执行保险企业提出的防灾防损建议和整改方案，从法律上赋予保险企业拒赔未按照建议进行整改行为造成的事故损失。对于这一点，我国保险法有相关条款做出了初步的规定。同时，保险企业可以根据防灾防损要求设计保险条款，在保险合同中明确被保险人的防灾防损义务。

2. *差别费率方法*

保险企业在做出承保决策时，可以根据投保人采取的防灾措施情况来决定保险费率的高低。即在相同条件下，保险企业通过调整保费来促进投保人从事防灾防损活动，对于防灾设施完备并积极配合防灾防损工作的投保人实施优惠费率；对于拒绝整改的投保人给予较高费率，从而达到激励其实施保险防灾防损的目的。

3. 科学技术方法

此法主要表现在：一是通过制定保险条款、保险责任和费率精算等技术手段来体现防灾防损精神；二是把保险企业以及其他相关行业的风险管理技术，如将交通事故灾害管理技术、工业生产灾害管理技术等社会部门的防灾防损技术运用于投保方的防灾防损教育和技术服务中，以切实提高防灾绩效。

三、保险理赔

（一）保险理赔的含义和意义

1. 保险理赔的含义

保险理赔即处理保险赔案，是指保险人在保险标的发生风险事故后，对被保险人提出的索赔要求进行调查及赔偿处理的行为。保险人要树立为经济社会发展服务，为保户服务的指导思想，认真做好理赔工作，这是保险经营管理的重要原则。

2. 保险理赔的意义

保险理赔是保险人最基本和最重要的义务，也是被保险人最大的权利。被保险人只有确实感受到了保险人在真诚地履行理赔，才会持续投保，因此，是否准确、有效、合理地实施理赔，直接关系到保险企业经营的存续。保险理赔的意义包括以下三点：

（1）可使保户及时得到赔付，充分发挥保险的职能作用。

当发生灾害事故后，保险人要千方百计地避免损失扩大，尽量减轻因灾害事故造成的影响，还要根据合同要求及时支付赔款，帮助企业或个人及早恢复生产或重建家园，以保证生产经营的持续进行和人民生活的安定。主动及时的理赔能够使受灾企业或家庭得到补偿，及时恢复正常生产生活。充分发挥了保险集散风险，组织经济补偿的职能。

（2）有利于检验承保质量和发现问题。

保险理赔过程可以检验承保业务的质量，发现核保工作存在的问题，同时也能发现防灾防损工作中可能存在的问题和漏洞，从而为提高承保业务质量，加强防灾防损工作提供可靠的依据。

（3）提高保险企业声誉，扩大保险业的社会影响，促进保险展业。

保险理赔也是生动的案例展示，体现保险的风险管理作用，对社会大众是一次深刻的风险教育过程，这在保险意识尚缺乏的国家或地区显得尤为重要。因此，保险公司必须要认真完成理赔工作，树立保险行业的良好信誉。

（二）保险理赔原则

1. 基本原则

（1）重合同，守信用原则。保险双方间的权利和义务是通过保险合同来明确的，当事人必须恪守合同约定，保证其顺利履行。保险理赔正是保险人履行保险合同义务的具体体现，因此，严格按照保险合同条款的相关规定，受理赔案，审核责任，确定损失，及时赔付，是保险企业应遵守的基本原则。

（2）实事求是原则。保险合同条款对赔款责任虽然做出了原则规定，但实际情况往往很复杂，要求保险企业理赔部门必须以实事求是的精神，运用保险条款的规定，结合具体情况，合情合理地处理赔案，兼顾原则性与灵活性。特别是对通融赔付案例更应从严掌握，对有利于保险业务稳定，有利于维护企业和行业信誉，有利于提高市场竞争力及社会和谐稳定与团结的案例才考虑通融赔付，避免无原则的随意赔付。

(3) 主动、迅速、准确与合理原则。“主动、迅速”原则要求理赔人员在处理赔案时要积极主动，及时深入现场，主动了解受损情况，迅速赔偿损失。“准确、合理”原则要求理赔人员在审核赔案时分清责任，合理定损，准确地核定赔款数额，做到不惜赔、不乱赔。

2. 特殊原则

保险理赔的特殊原则主要体现在以下三个方面：

(1) 实际现金价值原则。这体现在保险事故发生后，保险人在保险金额的限度内，按实际损失赔偿，避免被保险人因事故获得理赔而额外受益。

(2) 重复保险分摊原则及代位追偿原则。详细论述参见第六章。

(3) 通融赔付原则。指保险人根据保险条款和有关法律规定，权衡经营业务得失及社会影响后，对没有责任赔付的损失放宽赔偿责任，做出适当赔偿的决策。这是一种非商业经营性质的赔付业务，体现了保险业的社会管理责任。

(三) 保险理赔流程

1. 登记立案

保险事故发生后，被保险人或受益人及时将事故发生的时间、地点、原因及其他有关情况，以最快的方式通知保险人并提出索赔请求，这是其应尽的义务。被保险人发出损失通知书有一定的时限要求，法律规定应在48小时内通知。如果被保险人或受益人没有在法定或合同约定的索赔时间内通知保险人，可视为放弃索赔权利。《保险法》第二十六条规定：人寿保险以外的其他保险的被保险人或者受益人，向保险人请求赔偿或者给付保险金的诉讼时效期间为二年，自其知道或者应当知道保险事故发生之日起计算。人寿保险的被保险人或者受益人向保险人请求给付保险金的诉讼时效期间为五年，自其知道或者应当知道保险事故发生之日起计算。

被保险人或者受益人发出损失通知书的方式是口头形式、函电或其他形式，但随后应及时补发正式书面通知，并提供各种必需的索赔单证，包括保险单、账册、发票、出险证明、损失鉴定书、损失清单、检验报告等。如果损失涉及第三方责任的，被保险人还需要出具权益转让书给保险人，由保险人行使代位求偿权向第三方索赔。接受损失通知书就意味着保险人受理索赔案件，保险人应立即将保险单与索赔内容详细核对，安排现场查勘等事项，然后将受理案件登记编号，正式立案。

2. 审核保险责任

保险人收到损失通知书后，立即审核索赔案件是否属于保险人责任，审核的内容主要包括七个方面：

(1) 保险单是否仍有效力。这是继续处理理赔案件的先决条件。

(2) 损失是否由所承保的风险引起。这是决定是否赔付保险金的条件。

(3) 损失的财产是否为被保险财产。在财产保险中，如果涉及的保险标的多，就需要逐一审核比对报损财产与保险单列明的财产是否一致。

(4) 损失是否发生在保单所载明的地点。如果保单有约定的地点，则只对在约定地点发生的风险损失承担赔偿责任。

(5) 损失是否发生在保险有效期间内。保险单载明了保险有效期间，损失必须发生在有效期内，保险人才能予以赔偿。

(6) 请示赔偿的人是否有权提出索赔。要求赔偿的人一般应该是保险单载明的被保险人或者受益人。因此，保险人在赔偿时先要查明申请理赔者的身份，以决定其是否有领取保险金的资格。

(7) 索赔是否有欺诈。应注意审核以下几个细节问题，包括索赔单证是否真实，投保人是否有重复保险行为，受益人是否故意谋害被保险人，以及投保日期是否先于保险事故发生的日期等等。

3. 损失调查

保险人审核保险责任后，应派人到出险现场实地查勘，了解事故情况，以便更完整地分析损失原因，确定损失程度，从而进行准确赔偿。

(1) 确定出险的时间和地点。确定出险时间并核实是否在保单有效期内，查明出险地点并核实是否与保单所载明的地点区域一致。

(2) 分析损失原因。其目的在于找出保险事故发生的近因，明确保险赔偿的范围。

(3) 确定损害程度。保险人要根据被保险人提出的损失清单逐项加以查证，确定各项损失程度并进行汇总。

(4) 处理受损标的。妥善处理受损标的的损余价值，尽量减少保险损失。

(5) 认定求偿权利。保险合同中规定被保险人的应尽义务，是保险人承担赔偿责任的前提条件。如果被保险人违背了这些事项，保险人可以以此为由不予赔偿。

4. 赔付保险金

经调查确认事故原因属于保险责任的，应估算赔偿金额并立即履行赔付责任。

对于人身保险合同，只要保险人认定寿险保单有效，受益人身份合法，保险事故确实发生了，便可在约定的保额内给付保险金。对于财产保险合同，保险人还应根据保单类别、损害程度、标的价值、保险利益、保险金额、补偿原则等理算赔偿金额后，方可赔付。

5. 损余残值处理

在财产保险中，受损财产通常会有一定的残值，如果保险人按全部损失赔偿，其残值应归保险人所有，或是从赔偿金额中扣除残值；如果按部分损失赔偿，保险人可将损余财产折价给被保险人，以充抵赔偿金额。

6. 结案

保险理赔员在支付赔款后，应当清理有关赔案的所有文件和单证，以及现场照片和录音资料等，统一装订成册并归档管理，以便日后查阅研究。

7. 代位求偿

在财产保险合同中，如果保险事故由第三方责任人的过失或非法行为引起，第三方责任人对被保险人的损失须负赔偿责任。保险人可按保险合同约定或法律的规定先行赔偿被保险人，而后被保险人将追偿权转让给保险人，并协助保险人向第三方责任人追偿。如果被保险人已从第三方责任人处获得了赔偿，则保险人只承担不足部分的赔偿责任。如果被保险人放弃对第三方责任人的赔偿请求权，则保险人不承担保险赔偿责任。但需注意，除被保险人的家庭成员或其组成人员故意对保险标的损害而造成保险事故外，保险人不得对被保险人的家庭成员或其组成人员行使代位求偿权。

第四节 保险资金运用

一、保险资金运用的概念与意义

（一）保险资金运用的概念及内涵

保险资金运用是指保险企业为了获得较高收益，运用保险基金进行各种投资的行为。保险是集散风险的经济手段，要集中大量投保人缴纳的保险费以应付未来不确定的偿付。保险是资金集中、管理和分配的一种特殊方式，其运行具有内在的金融性质。保险运营过程中存在着大量闲置资金，保险资金投资运用就是利用闲置资金的必然途径。保险资金运用的主体是保险公司，运用客体是各种保险资金，目的是创造最大的经济效益，更好地履行保险损失赔付义务。

保险资金运用与保险投资有所不同，投资是资金运用的一种，但资金运用不一定非要投资，其范围比投资要广。现代保险经营实践表明，保险承保与资金运用是保险企业利润来源的两个核心。

（二）保险资金运用的意义

（1）增强保险企业经营实力，扩大财务利益，保证保险公司稳定经营。

保险公司实力的提高取决于业务经营和资金运用的共同作用，且两者是相互促进的，这也符合国际财产保险发展的规律。在国外成熟的保险市场，许多保险公司由于竞争激烈，保险费率不断降低，承保业务的赔付率接近100%，承保难以产生利润，其利润主要来自保险资金运用所产生的投资收益。目前，我国保险市场竞争亦非常激烈，承保利润微薄，有的险种甚至出现了全行业亏损。因此，保险公司要维持正常稳定经营，顺利实现集散风险、补偿损失的职能，就必须做好资产负债管理，不断提高资产的盈利能力。

（2）促进金融市场和社会经济的健康发展。

保险资金已成为资本市场重要的资金来源渠道，促进了资本市场的发展。保险投资还增加了社会资金供给总量，为企业提供了大量资金支持，扩大了社会再生产能力。

（3）可使投保人获得投保利益，降低风险转移成本。

由于竞争激烈，保险人必须以低费率招揽业务，使投保人获得低费率的利益，从而以较低成本转移其风险。保险公司则必须通过合理的投资手段确保其足够的偿付能力，以便提高自身承保能力，不至于亏损，并实现应有的经营利润。因此，我国保险公司应加强资金运用研究，有效地提高资金运用的效率和效益，充分发挥保险资金对公司效益的贡献，并提高其经济实力和市场竞争力。

（4）推动保险企业积极开拓新业务。

这一点在寿险业表现尤其突出。因为寿险合同均为中长期合同，为了与银行、证券等理财部门展开直接竞争，保险企业必须加强资金运用，提高运用利润率，只有取得了丰厚收益，才能提高寿险产品的预定利率，从而给被保险人尽可能高的收益，进而吸引到更多的保险合同。因此，寿险企业的生命力就在于取得资金，以及资金的高效运用。为了取得源源不断的资金，就必须不断开发新险种以满足不同需求偏好的投保需求。

二、资金运用的原则

（一）安全性原则

保险资金的金融性、负债性特点，决定了保险资金运用的必然性。保险资金的绝大部分来源于保费收入中的纯保费，本质上是对投保人的负债，最终需要对被保险人履行返还义务。因此，保险资金运用必须首先满足安全性原则，确保保险人拥有充足的偿付能力。否则，保险人遭遇支付困难，就无法在保险事故出现时支付保险金，从而给保户带来损失，造成社会的不安定。

（二）收益性原则

投资收益是保险资金运用的动机和目的。收益性与安全性是一对矛盾体，一般来说，投资收益越高，风险越大，安全性就越差。但完全不考虑收益也无法实现保险资产的保值增值，从而要求保险企业应以资金安全为条件，通盘考虑，寻求尽可能高的投资收益。

（三）流动性原则

流动性原则是指保险企业的资产要有即时变现的能力。流动性是以机会成本为代价的，流动性越强，机会成本越高，资本的收益就越低。流动性与安全性具有正相关关系，流动性越强，安全性就越大。流动性对保险企业关系重大，这受到保险事故发生的不确定性、偶然性、突发性、破坏性特征的影响，一个偶发的重大保险事故，就可能使保险企业面临巨额的风险损失。

（四）合法性原则

我国金融市场尚处于发展阶段，投资环境、法制建设和监管市场的管理水平有待进一步加强。因此，对保险资金的运用应持慎重的态度，并严格限制保险资金运用的渠道。

上述基本原则是互相联系与制约的，收益是保险资金运用的目标，但往往又与安全性和流动性原则发生矛盾。由于组织经济补偿职能是保险企业的首要职能，融资职能为其次，所以，资金运用首先要保证安全性和流动性，在此基础上追求收益及增加利润，而资金运用的前提又需在合法的范围内进行。

三、保险资金运用的来源及形式

国内外保险市场上，保险资金运用的来源是保险企业的自有资本金，包括注册资本（或实收资本）和公积金，各项保险责任准备金以及其他资金来源。

资金运用形式主要是购买债券、投资股票及不动产、贷款、储蓄存款、各类投资基金、实业投资、同业拆借、黄金、外汇储备等。截至2016年底，我国保险资金运用余额133 910.67亿元，较年初增长19.78％。其中，银行存款24 844.21亿元，占比18.55％；债券43 050.33亿元，占比32.15％；股票和证券投资基金17 788.05亿元，占比13.28％；其他投资48 228.1亿元，占比36.02％。

（一）购买债券

主要是购买可以在二级市场上流通的各种债券，包括国家债券、地方政府债券、金融债券和公司债券等。这是保险资金运用的主要形式，其安全性较高，收益也较高，但在通货膨胀时期的避险能力较差。

（二）投资股票

投资股票是国内外保险资金运用的重要形式。其特点是收益可能比较高，流动性好，但股票投资属于高风险投资类型，一般保险业投资股票市场的比例不能过高。

（三）投资不动产

这也是资金运用的主要形式，一般是用于直接建造、购买并自行经营房地产。其中，房地产投资具有安全性好、收益高、项目投资额大、期限长、流动性差等特征，比较适合于长期性的保险资金运用。其缺点是流动性较差，在房产泡沫破灭，又缺乏资金时很难变现，因而投资的比例不能过高。

（四）贷款

保险贷款主要是指向需要资金的单位或个人提供短期融资。主要有抵押贷款、流动资金贷款、技术改造项目贷款和寿险保单贷款。贷款对象主要是保户，收益率取决于市场利率。信贷资产的变现能力一般较弱，流动性较差，投资的比例也不能过高。

（五）储蓄存款

储蓄存款指保险企业将短期闲置资金存放在银行等金融机构。存款具有良好的安全性和流动性，但与其他方式比较，收益率可能最低，不是真正意义上的保险投资。因此，存款主要用于保险企业正常的赔付、寿险保单期满给付的支付准备以及临时性的机动资金，一般不作为追求收益的投资对象。

此外，保险资金运用还有投资各类投资基金、实业投资、同业拆借、黄金、外汇储备等形式。

本章小结

1. 保险经营是指保险企业为了实现组织发展和利润最大化目标，而对各个业务环节进行的一系列运筹、谋划活动，并为保险消费者提供损失赔付的过程。保险经营的基本特征是：市场导向性与竞争性，以经济效益为中心，合法性及负债性，特殊劳务性，经营成本和利润核算特殊，经营分散性与广泛性。

2. 保险经营原则，是保险企业从事保险经营活动过程中约定俗成的行为准则。保险商品的特殊性以及保险经营的特征，决定了保险经营过程中遵守着与一般企业不同的原则，包括一般原则和特殊原则。一般原则有经济核算原则、随行就市原则、薄利多销原则。特殊原则有风险大量原则、风险选择原则、风险分散原则。

3. 保险经营实践活动包括险种开发、展业、承保、分保、防灾防损、理赔及保险资金运用等环节，环环相扣，以实现保险保障为目的，力求各个环节连续通畅。

4. 保险险种开发，是指保险企业根据保险目标市场的需求变化，进行调查研究，组织新险种设计及老险种更新改造等的系列活动。保险险种是以市场需求为导向，不断满足投保人的不同保障需求，包括新险种设计和老险种的更新改造。保险新险种包括针对财产保险市场需求承保新的保险标的、提供新的保险责任和尝试新的承保方式。保险业务只要具备其中一个方面，就是新险种。而老险种的更新改造则是对已经实施的险种进行部分条款更换的行为。

5. 保险展业也称保单营销，是保险销售员引导潜在投保人参加保险的行为，也是为投保人提供投保服务的过程。展业由保险宣传和保单销售两种行为构成。具体包括展业准备工作，接触展业对象，展业面谈三个方面。

6. 保险承保是指保险合同的签订过程。它是展业环节的继续，包括保险业务的接洽、协商、投保、审核、配证、收费、建卡等一系列工作环节。承保是保险经营的重要环节，其质量高低直接关系着保险企业经营的稳定和经济效益，直接反映经营管理水平的高低。保险人通过承保环节，可以筛选不可保风险或不合格的被保险人和保险标的，以保证承保质量，增强企业的市场竞争力。

7. 分保即再保险，包括分出再保险业务和分入再保险业务。再保险的权利义务关系是由再保险分出人与再保险接受人通过订立再保险合同确立的。

8. 保险防灾防损，是指保险人通过建立有效的防灾制度，采取相关技术手段和措施，防止各种灾害事故发生和防止损失继续扩大的经营工作。即保险当事人双方就所承保的保险标的采取有效措施，减少或消除风险发生因素，防止或减少灾害事故所造成的损失，从而降低保险成本，增加经济效益的经营活动。防灾防损是保险经营中的重要环节。其主体是保险企业，对象是承保的保险标的。

9. 保险理赔即处理保险赔案，是指保险人在保险标的发生风险事故后，对被保险人提出的索赔要求进行调查及赔偿处理的行为。保险人要树立为经济社会发展服务，为保户服务的指导思想，认真做好理赔工作，这是保险经营管理的重要原则。

10. 保险资金运用是指保险企业运用保险基金进行各种投资行为，以期获得较高收益。保险是资金集中、管理和分配的一种特殊方式，其运行具有内在的金融性质。保险运营过程中存在着大量闲置资金，保险资金投资运用就是利用闲置资金的必然途径。保险资金运用的主体是保险公司，运用客体是各种保险资金，目的是创造最大的经济效益，更好地履行保险损失赔付义务。

复习思考题

1. 简述保险经营的概念、特点与一般原则。
2. 简述保险经营的特殊原则及其对保险经营的影响。
3. 简述保险承保工作的主要内容。
4. 保险防灾防损工作有何意义？如何提高保险防灾防损效率？
5. 何谓保险理赔？其意义和原则有哪些？
6. 何谓保险资金运用？其原则和形式有哪些？

第十三章 保险公司管理

⊙内容提要⊙

本章包括保险公司管理概论、人力资源管理、保险公司财务管理、保险公司保险风险管理、保险公司品牌管理五节内容。需要重点掌握保险企业经营的一般理论及实务规定。

第一节 保险公司管理概论

一、相关概念与内涵

（一）公司及保险公司

公司是指依法登记成立并以盈利为目的的经济实体。公司是企业的一种组织形式，也是国民经济的基本细胞。其职能是组织进行生产经营或其他服务性活动，目的是获得一定的经营利润。

保险公司，是指依法登记成立，按照保险制度经营风险，组织经济偿付，并以营利为目的而实行独立核算的经济实体。它是保险市场的核心组织及业务活动中的独立经营单位，也是一种提供保险保障服务的特殊信用企业，属于第三产业的范畴。保险公司作为公司中的一种，既具有公司的一般特性，也具有自身经营的独特性。

（二）企业管理及保险公司管理

企业管理，是企业对生产经营活动进行组织、计划、指挥、监督和调节等一系列职能的总称。

保险公司管理，是指保险公司采用既定程序、方式和手段，对其业务活动进行组织、计划、指挥、监督和调节的过程。即保险公司各层级管理成员，按保险经营规律，为达到公司经营预定目标，以良好的计划、健全的组织、适当的人员配备、正确的领导方法、有效的内部协调机制、快速而正确的报告系统以及严密而合理的控制，运用管理职能来配置、开发、使用各种资源，继而形成最佳组合，实现公司预定经营目标的过程。

二、保险公司管理的主要内容、任务及原则

（一）保险公司管理的主要内容

1. 企业管理的一般内容

按照其职能或业务功能划分，企业管理的一般内容包括：计划管理、生产管理、采购管理、销售管理、质量管理、仓库管理、财务管理、项目管理、人力资源管理、统计管理、信息管理等。企业管理的基本对象是企业的人、资产、质量、利润等，一般会涉及企业人员、团队、组织结构、管理模式、企业目标、制度体系、质量与服务、资产、成本、利润、研发、营销、生产、后勤、领导、激励与约束、价值观念等方面的管理。所有这些管理都可概括为企业的制度管理、机制管理和企业文化管理等。

2. 保险公司管理的一般内容

保险公司管理的内容较企业管理的内容要相对简单，按照其资源要素可划分为：人力资源管理、财务管理、品牌管理、风险管理、业务管理、物资管理、信息技术管理、客户管理等。本章重点介绍保险公司的人力资源管理、财务管理、风险管理、品牌管理。

（二）保险公司管理的任务

保险公司管理的任务是：（1）有计划地组织保险经营活动，制定管理方针及目标；（2）协调国家、公司和员工等各方利益关系，实现公司既定目标与使命；（3）充分调动员工的工作积极性，使其工作富有效率并有所成就；（4）强化公司全面管理，科学利用人财物力等资源，不断提高公司效率和效益；（5）勇于承担社会责任，提高公司的社会影响力和可持续发展力。

（三）保险公司管理的原则

保险公司管理的基本原则是指保险公司在日常管理中必须遵循的行为规则。主要包括以下四项原则：（1）计划管理原则；（2）管理现代化原则；（3）责权利结合原则；（4）工作效率及经济效益最大化原则。

三、保险经营与管理的关系

（一）保险经营与管理的一般关系

保险经营、管理因常融合在一起而被称为保险经营管理，两者相辅相成，密不可分，共生共存，在相互矛盾中寻求相互统一。保险管理始终贯穿于整个保险经营过程，没有管理就谈不上经营。保险公司管理的结果最终在经营上体现出来，保险经营的结果又代表了公司的管理水平。

保险经营就是对外开展业务，公司管理则是对内理顺流程。管理是经营的前提，是为其实现利润最大化提供良好的发展规划，它能充分利用现有资源进行合理的安排。经营为

管理提供必要的物质基础和良好的规划平台，忽视经营的管理是僵化的、没有活力的，为了管理而管理，为了控制而控制，只会把保险企业管死。

现代保险企业的发展规律是：经营与管理二者交替前进，就像人的左脚与右脚。如果撇开管理光抓经营是行不通的，管理扯了后腿，经营就前进不了。相反，撇开经营光抓管理，就会原地踏步甚至倒退。

（二）企业经营与管理不相同，两者区别较大

（1）从产生环境来看，经营是随着交换的发展而产生的，是商品经济发展的产物，并与市场相联系；管理则是集体劳动和分工协作的产物，凡有集体劳动和分工协作就会产生管理，它是社会化生产的产物。

（2）从本质来看，经营是做决策，如确定生产什么产品，什么时候生产，怎么样生产、销售，如何提供售后服务等；管理则是执行决策，如进行人员配备、原材料采购、经营调度等等。同时，经营是保密的，不能照搬，更趋向艺术；而管理有模式，不保密，可以买得到，更趋向科学。

（3）从性质来看，企业经营是战略性的，解决企业的方向、市场、战略等问题。它涉及企业的全局和长远利益，关系到企业的存在和发展。而管理是战术性的，是企业内部一些日常性业务活动的管辖治理。

（4）从活动内容来看，经营是扩张性的，侧重于外部环境，要抓住机会，积极大胆进取，其重点是对市场的调查了解，对国家的政策方针和法律的认识与掌握。其目的是开拓财源，提高效益，让企业的资本不断获得最大的增值机会。管理是收敛性的，要谨慎稳妥，要评估和控制风险，并侧重于企业内部的日常事务活动，其重点是保证企业内部的活动相互协调和稳定发展。其目的是节约成本，解决企业内部员工的秩序、纪律、工作能力、积极创造性和提高资产利用效率等问题。

（5）从人员分工来看，经营是人与事的互动，多属企业高层领导者的职责，如董事会等。管理则是企业内人与人的互动，主要是企业中下层人员的职责，如经理、主任等。在标准的公司制企业中，由董事会聘请经理进行分层管理。

（6）从目的来看，经营是为了提高经济效益，即以尽可能小的资金投入获得最大的产出；管理则是为了提高经济效率，即尽可能在最短的时间内生产出更多的产品。衡量管理的指标是人、财、物的效率，即劳动生产率、资金周转次数（天数）、单位产品能耗与物耗等。向管理要效益，就是通过提高质量、降低成本、提高劳动生产率和资产利用率、加速资金周转、节约物耗等来实现。管理的目的是充分调动员工的积极性与创造性，共同为实现企业经营目标而高质量、高效率地工作。管理属于节流，是企业的内部和局部问题，是其生存发展的根本保障，成本、质量、效率是企业管理永恒的话题。

（7）反映的文化理念不同，企业经营的关键是必须以客户为中心，以市场需求为导向。其理念文化是强调以满足顾客需求为核心，重点进行企业品牌的建设，建立顾客对企业品牌的信任度及忠诚度，关怀、贴近、服务顾客，培养顾客群，进行市场策划与开拓，研发并营销适销对路的新产品，加强销售渠道与网络建设，树立良好的企业公共关系与形象，通过资产经营与资本经营加速企业的发展。企业管理的理念文化强调以人为本，以企业员工为中心，尊重和调动企业全体成员的积极性和创造热情，其重点是培养和树立员工的敬业创新、团结协作、遵守制度、提高效率、勤俭节约的精神和意识等。

（三）运用系统论观点把握好经营与管理的关系

综上所述，企业经营与管理有区别，不可相互替代，但也有不可分割的天然联系。这需要我们运用系统论的观点，把握好经营与管理的关系。

（1）企业经营与管理的根本目标一致。其根本目标都是赢得顾客满意并取得合理利润，实现企业价值的最大化，从而为顾客、股东、员工创造出更多的财富和价值。

（2）经营与管理相辅相成。它们是企业唇齿相依、不可或缺的两个重要的不同领域，必须交替前行，齐抓共管，既外抓市场经营，又内抓规范管理，相互促进，才能促进企业的健康发展。且企业管理的历史比企业经营的历史更为悠久。从广义角度看，管理包含经营，作为社会科学的管理学包含了企业经营学；而企业经营学则是到了市场经济阶段从企业管理学中分离出来的新学科。而在企业内部，经营又包含管理。

（3）必须用系统工程的观点做好企业的全面创新。在目前竞争激烈的市场经济中，必须认识到做好企业是一项较为复杂的系统工程。市场是企业的领导，经营是企业的龙头，管理是企业的基础，技术是企业的工具，必须以创新的观念促进企业的经营、管理、技术的全面创新，并以技术创新促进企业经营、管理的创新。以企业管理服务于企业经营，以企业管理创新服务于经营创新，从而促使企业达到既能满足客户需求又能取得合理利润的目的。即获得企业资本的最大增值，为企业顾客、股东和员工创造出更多的财富与价值，使得企业能够更好地生存与发展。

第二节　人力资源管理

一、人力资源管理的概念与意义

（一）人力资源管理的概念

保险公司的人力资源管理，根据其管理内涵可以分为广义和狭义两种。

广义的人力资源管理，是指对保险公司员工进行合理的组织与管理，使员工在工作中充分发挥各自才能，以充分满足保险公司发展的需要为目标，为公司和社会提供最优服务。管理的目的是建立和谐、协调的人际关系，对公司组织进行合理的设计，并使人与事能够恰当配合，进而实现人尽其事、事得其人。

狭义的人力资源管理，是指为使保险公司的人与事恰当地匹配而进行的招聘、选拔、录用、开发、使用、报酬及潜能管理等具体管理职能的实现过程。

在保险公司经营管理实践中，人力资源管理的重点是要紧紧围绕提高公司员工队伍的综合素质这一目标，把对员工的招聘、分配、教育、培训、使用、考核、奖励、晋升、待遇和劳动保护等方面的各项具体工作有机系统地结合在一起，充分发挥人的能力，最大限度地提高工作效率，最终实现公司的既定发展战略目标。

（二）人力资源管理的重要意义

1. 有利于建立现代公司制度

公司只有拥有了一流的人才，才会有一流的战略和战术规划，有一流的组织领导，创造出一流的产品和服务。因此，要提高公司现代化管理水平，最重要的是要提高公司员工的素质，完善科学的人力资源管理制度及其实施机制。因此需要注重和加强人力资源开发和利用，加强员工的继续教育和培训工作，促进公司从传统管理向科学管理和现代管理转变。因此，人力资源管理是公司管理中最重要的一个组成部分。建设科学的人力资源管理制度，是建立现代公司制度重要的、基础的组成部分和要求。

2. 有利于促进保险公司经营管理的顺利进行

现代保险业业务数量和复杂性程度都在增长，市场竞争日益激烈。加强人力资源管理，科学合理地把公司员工、劳动对象与劳动资料有机高效地结合，合理配置，才能充分利用现有资源，最大限度地发挥其作用，最终保障生产经营活动有序进行，保证公司的生存、发展，并不断提高竞争力。

3. 有利于调动员工积极性，提高劳动生产率

加强人力资源管理，为员工创造适合的劳动环境，从而让员工安于工作、乐于工作、忠于工作，并积极主动地把劳动潜力和全部智慧奉献出来，为公司创造出更有效的生产经营成果，最终达到提高劳动生产率的目的。

4. 有利于提高劳动绩效，提高保险经济效益

建立科学合理的人力资源管理制度，有利于合理组织劳动力，科学配置人力资源，降低保险公司的劳动消耗，从而提高经营成果。

二、人力资源管理的原则与内容

（一）保险公司人力资源管理的原则

1. 严格管理原则

人力资源管理要求按照公司的战略目标，对人的行为进行严格规范，要求人事管理制度的一致性。严格的管理就是实现一致性的前提和保障，也是改善其他各类管理的基本前提。

2. 合理配置原则

保险公司人力资源管理的根本目标，是为实现公司经营目标提供高质量的人力资源，协调各种人事关系，充分发挥员工的积极性、主动性和创造性，提高保险公司的管理效率和经营效益。因此，科学合理地配置人力资源，力争人尽其能，人尽其用，使公司组织更加健全完善，尽快建立和谐人际关系，就是人力资源管理的重要原则。

3. 公平公正原则

现代人力资源管理的用人原则，普遍遵循公平竞争、公正考核、任人唯贤的原则。保险公司的人力资源管理者，既要考虑任职者的学历资历、工作经验、专业技术等有形资格，也要重视员工的工作态度、工作能力等无形资格。通过公平公正的考核，择人唯能，用人唯贤，充分调动公司员工的积极性、主动性和创造性，为鼓励和造就大批优秀人才创造良好条件，最终达到提高其工作效率的目的。

4. 合理开发原则

保险业具有的知识性、专业性、技术性特点，决定了其对具有专业知识和技能人才的需求越来越强烈。保险业竞争的核心是人才竞争，高专业技能人才已成为保险公司获得竞争力，实现健康可持续发展的关键。但保险公司要想拥有人才优势，不能仅依赖于人力资源管理的一般制度，还需要对人力资源进行合理开发和利用。一是坚持人尽其才，量才用人。二是加强员工继续教育和培训，按需开发，结合人才成长特点，制定符合人才成长需要的教育和培训规划制度，从制度上保证人力资源的合理开发和利用。三是在用人制度上，要与公司发展战略相匹配，尽量体现长远性与规划性。

5. 关怀激励原则

相比其他行业，保险行业工作压力比较大，强度更高，因此，更需要支持员工，关怀员工，注重激发员工的工作潜能。只有通过制定合理有效的激励制度，才能让保险公司各层级的员工感受到其需要得以满足，价值得以体现，从而调动其工作积极性，特别是挖掘其工作潜能，激发其工作活力，最终完成公司分配的各项指标，取得更好的绩效。

【延伸阅读 13-1】保险公司的热门岗位及人力成本

《2015 年中国保险行业人力资源白皮书》显示，保险业专业人才需求旺盛度最高的五个岗位是两核、精算、信息技术、资产管理和业务管理。这五类人才成为保险公司未来人才吸纳和储备的重点。中国保险行业协会对 114 家保险公司调研的结果显示，行业人力成本在总保费收入中的占比逐年提升，其值从 2012 年的 4%上升到 2014 年的 4.74%，产险公司的人力成本远高于寿险公司，达到 16%以上。随着中国劳动力价格的持续走高，未来人力成本的总量还会进一步提高。保险行业人力成本占总成本三成，人均人力成本 17 万元。

资料来源：新浪网，2015 年 11 月 12 日。

（二）人力资源管理的主要内容

1. 人力资源规划

人力资源规划，是指在有效保持组织目标和个人目标之间平衡的条件下，使组织拥有必要数量及质量，并为与工作任务相匹配的人力而拟定的战略计划。具体规划内容包括：职务规划、晋升规划、补充规划、培训开发规划、职业生涯发展规划等。

2. 员工招聘、选择与任用

人力资源部门需要针对人力资源的配置情况，制订人才招聘计划，具体包括：预测各年度所需人才，计算可由内部晋升调配的人数，确定年度必须向外招聘的人才数量，根据所需招聘人员的数量和质量制订招聘计划，确定招聘方式，对所聘人才合理安排工作岗位和职位以不断优化人力资源的配置效率。

3. 员工结构的合理配置

人力资源部门必须根据保险公司的经营目标和工作任务需求，按照分工协作的原则，把不同类型和不同层次的员工进行合理配置和有机结合，以充分调动员工的工作积极性和创造性。为此，应注意以下几点：第一，人力资源部门需要熟悉了解公司各职能部门的职能和特征，在各职能部门的协调配合下，将员工按员工结构合理配置到各部门。第二，各部门拥有的员工数量保持一个合理的比例，部门结构既不能臃肿，也不能配置不足；第三，员工结构的配置要有利于调动员工的积极性和创造性，使员工真正做到人尽其才、才尽其用。

4. 员工教育、培训和开发

保险行业的业务性、技术性和知识性强，产品开发、风险管理、信息技术应用与管理等多数部门都需要有专门的人才进行管理。在一线营销的营销员及营销管理干部更需要有较高的业务素质，需要不断地充实知识和技能。因此，加强保险公司员工继续教育和培训，提高员工的职业素质和服务能力，直接关系到保险公司的经营管理水平和劳动效率的高低。公司应着眼于员工未来能力的发展，对其进行系统的定期和不定期的教育培训。

5. 员工的考核评价

对员工业绩进行科学的考核评价是人力资源使用和配置的重要环节，也是员工获得加薪、奖励、调配、晋升的基础。对员工的考核评价，有利于公司公平、公正地决定员工的地位和待遇，维持或提高公司的经营效率，促进人力资源的开发和合理利用，持续地协调公司与员工间的关系。

6. 员工职业生涯的规划与开发

人力资源部有权责根据员工个人的性格、气质、能力、兴趣、价值观等特点，同时结合保险公司的发展需要，为员工制定其职业、事业发展规划，并提供必要的培训和教育机会，以此开发员工的工作潜能和创造性。

7. 工资及福利待遇

工资及福利待遇是人力资源管理的重要内容，也是公司是否具有吸引力的关键所在。根据员工的工作绩效，综合考虑其岗位的重要性、劳动强度、技术强度等多方面因素，给员工以不同形式的、有吸引力的劳动报酬和奖励，有利于留住人才，也能够不断激发员工的工作积极性和事业心。

8. 协调雇佣关系

保险公司人力资源管理部门通常代表公司与雇员群体，对薪酬和工作条件等问题定期进行沟通谈判。积极协调好雇佣关系，有利于促进公司的和谐持续发展。

【延伸阅读 13-2】保险行业人力资源增长迅速

截至2016年一季度，国内保险营销员队伍已达到710万人。与2015年10月末的505万人相比，各家保险公司历时5个月共计增员205万人，增幅高达41%；而与2014年底相比，这一增幅更是高达118.27%，刷新了保险业七年以来的增员纪录。

保险业内人士表示，如此快速的增员，得益于近年来保险行业的高景气度，但迅速膨胀的队伍也对完善行业培训、防范销售误导提出了前所未有的挑战，这对保险公司人力资源管理在稳定人才队伍方面提出了更高的要求。

资料来源：《成都商报》，2016年4月23日。

三、人力资源管理的基本规范

（一）保险公司人事、机构管理环节的基本规范

保险公司的人力资源部门主要负责员工招聘、机构设置、高管人员资格审批、绩效考

核等内容。在保险公司人事、机构管理环节中，应当遵守的法律法规和部门性规章制度、规范性文件包括：《保险法》（2015 年）、《保险公司管理规定》（2009 年）、《关于印发〈保险公司开业验收指引〉的通知》（保监发改〔2011〕14 号）、《中华人民共和国外资保险公司管理条例》、《〈中华人民共和国外资保险公司管理条例〉实施细则》、《再保险公司设立规定》（保监会令〔2002〕4 号）、《关于外国财产保险分公司改建为独资财产保险公司有关问题的通知》（保监发〔2004〕45 号）、《保险资产管理公司管理暂行规定》（中国保监会主席令 2004 年第 2 号）、《关于保险公司地市级分支机构命名等有关问题的批复》（保监法规〔2007〕1497 号）、《保险公司设立境外保险类机构管理办法》、《关于修订〈中国保监会行政许可事项实施规程〉有关内容的通知》（保监发〔2007〕54 号）、《保险许可证管理办法》（2007 年）、《关于〈保险许可证管理办法〉实施有关事宜的通知》（保监发〔2007〕70 号）、《保险公司董事、监事和高级管理人员任职资格管理规定》（中国保险监督管理委员会令 2014 年第 1 号）。非保险类的法律法规、规章和规范性法律文件包括《中华人民共和国劳动合同法》等。例如，员工招聘环节应当遵守《中华人民共和国劳动合同法》等有关法律法规的规定；机构设置的审批应当遵守《保险法》《保险公司管理规定》等法律法规中有关保险公司设立和分支机构设立审批的有关规定；高管人员资格管理应当遵守《保险公司董事和高级管理人员任职资格管理规定》中的有关规定。

（二）在人事劳动关系管理方面的基本规范

在人事劳动关系管理方面，应当遵守以下法律法规、规章和规范性文件：《中华人民共和国劳动合同法》（2007 年 6 月 29 日）、《实施〈劳动法〉有关劳动合同问题的解答》（1995 年 4 月 27 日）、《关于确立劳动关系有关事项的通知》（2005 年 5 月 25 日）、《企业经济性裁减人员规定》（1994 年 11 月 14 日）、《违反和解除劳动合同的经济补偿办法》（1994 年 12 月 3 日）、《违反〈劳动法〉有关劳动合同规定的赔偿办法》（1995 年 5 月 10 日）、国家税务总局《关于个人因解除劳动合同取得经济补偿金征收个人所得税问题的通知》（1999 年 9 月 23 日）、《集体合同规定》（2004 年 1 月 20 日）。

第三节　保险公司财务管理

一、财务管理的概念与特点

（一）财务管理的概念

保险公司财务管理，是以正确处理保险公司及其各种财务关系为主要内容，在有计划地组织资金过程中所实施的协调、监督等工作。具体包括资金筹集、资产和负债管理、成本费用管理、财务成果管理等内容。

（二）保险公司财务的主要特点

1. 资金运动的特殊性

保险公司的资金主要来源于保险费收入，是在具有负债性质的保险费收入的基础上建立各种保险基金。保险公司的资金运动与工商企业有所不同，它不存在循环往复、周而复始的过程。

2. 对财务稳定性有特殊要求

保险公司的资金运转和融通能力，主要表现为公司的偿付能力，包括保险赔款、给付和偿付其他债务的能力。保险公司以风险为经营对象，决定了公司财务状况本身具有不稳定性特征。而不稳定的财务状况，极易因为突发风险事故而影响公司的正常运行，同时影响到被保险人的权益，并影响到社会经济生活的安定。这也正是 2008 年美国国际集团（AIG）公司面临财务困境的时候，美国政府必须出巨资接管大部分公司股权的重要原因。

二、财务管理的任务与重要作用

（一）保险公司财务管理的任务

（1）全面掌握和了解公司经济活动情况，合理使用资金、提高资金使用率。

（2）全面掌握公司费用使用情况，不断降低经营成本，提高公司的经营效益。

（3）加强经济核算，达到责、权、利三者的统一。

（4）监督公司的经营活动，促进公司严格执行国家现行的有关政策和制度。

（二）保险公司财务管理的重要作用

（1）保证公司组织业务经营资金的需要。

保险公司财务管理工作的主要作用，就在于通过正确而有计划地组织资金的供应和使用，及时满足保险公司业务经营的实际需要，并合理节约使用资金，不断提高资金的使用效率和公司的经营效益。

（2）监督管理公司的经营活动。

保险公司通过收取保费和支付赔款，来反映公司与社会其他行业和部门之间的经济关系。保险公司可通过系统加强财务管理，促使公司正确组织货币收支，监督本公司内部的各项经济活动，促使各职能部门不断改善经营管理，提高公司管理水平和市场竞争力。

（3）有利于加强公司经济核算。

经济核算与财务管理关系密切。经济核算所确定的经济关系即财务关系，必须借助货币的形式来反映和度量。因此，保险公司只有通过加强财务管理，以及制订财务计划并对执行情况进行监督和检查，才可以起到加强公司内部经济核算的作用。

三、财务管理的主要内容

（一）资产管理

保险公司的资产，是指公司所有或控制的能以货币计量的经济资源。在会计制度中，资产包括固定资产、流动资产、长期投资和递延资产四大类。保险公司进行资产管理时的一个重要目标，就是要通过对实际资产的管理，管控保险公司的偿付能力，确保公司有充足的财务偿付能力。

（二）负债管理

保险公司的负债管理，即对公司各种保险责任准备金进行管理。保险准备金的提取是保险公司区别于一般公司财务的特有业务，它要求公司在国家保险监管制度和政策范围内，选择合适的方法，准确计提各种责任准备金，包括未到期责任准备金、赔款准备金、理赔费用准备金、保险公积金、总准备金等。

保险公司负债均按实际发生额计价。发行债券按债券面值计价，实收价款超过或低于债券面值的差额，在债券到期以前分期冲减或增加利息支出。发行债券过程中发生的各种费用，可在债券到期前分期摊入成本。负债资金按国家规定的利率分档次计提应付利息，计入企业成本；实际支付给债权人的利息，冲减应付利息。长期负债的利息支出，筹建期间的，计入开办费；经营期间的，计入财务费用；清算期间的，计入清算损益。其中，与购建固定资产或者无形资产有关的，在资产尚未交付使用或者虽已交付使用但尚未办理竣工决算以前，计入购建资产的价值。流动负债的应计利息，计入财务费用。

（三）成本费用管理

保险公司的成本费用，是指公司在开展业务经营过程中发生的，与业务经营有关的各种支出，包括保险公司的业务成本和营业费用两部分。其中，业务成本是公司的主营业务成本，也是在日常经营中发生的，与保险业务直接相关的各种支出。

1. 保险公司的业务成本

不同保险公司的业务成本，其计算范围有一定差异。

财产保险公司的业务成本，主要包括：提取的保险保障基金、未决赔款准备金提转差、未到期责任准备金提转差、长期责任准备金提转差、营业税金及其附加、赔款支出、手续费支出等。

寿险公司的业务成本包括：死亡给付、残废赔付、医疗赔付、年金给付、满期生存给付、退保金、赔款支出、手续费支出、佣金支出等。

2. 保险公司的营业费用

保险公司的营业费用，是指保险公司在业务经营和管理过程中发生的各项费用。包括员工工资、员工福利、业务宣传等共计 41 个细项目，但不包括保险业务的手续费支出、佣金支出。

保险公司成本费用的大小直接影响到公司的盈利水平，因此，在保证保险业务经营和管理正常费用开支的基础上，必须要加强对费用成本的管理，努力降低经营费用水平，增加保险公司的盈利。特别要注意以下几个问题：一是严格遵守成本费用支出的范围，保证成本核算的准确性、真实性、及时性。二是按制度和政策法规规定的比例支出、按比例预提各项费用的界限。三是在成本核算中，严格区分本期成本与下期成本的界限，对同一计算期内的成本和营业收入的核算，贯彻配比原则，并在核算的起始日、计算范围和口径上保持一致。四是明确资本性支出和收益性支出的界限，资本性支出不能列入成本。同时，划分营业内支出和营业外支出的界限，以准确计算营业成本。

（四）利润分配管理

1. 保险公司利润的概念

保险公司的利润，是指在一定周期（通常为一年）的经营活动过程中，以各项收入抵补各项支出后取得的最终成果，是衡量一家保险公司经营管理水平高低和市场竞争能力强弱的综合效益标准。

2. 保险公司利润的构成

一般来说，保险公司的利润总额由营业利润、营业外收入、营业外支出三部分构成。

营业利润是保险公司整个经营过程中获得的利润，主要由承保利润、投资利润、汇总收益和其他业务利润构成。

营业外收入是与保险业务经营无直接关系的各项收入。包括固定资产盘盈和清理的净收益、罚没收入、确实无法支付的应付款项、接受捐赠的现金以及处置接受捐赠的实物资产收入等。

营业外支出是保险公司发生的与业务经营无直接关系的各项支出。包括固定资产盘亏和清理的净损失、罚没支出、公益救济性捐赠等。

3. 相关规定

按我国《保险公司会计制度》的规定，保险业务实行按业务年度结算损益和按会计年度结算损益两种方法。

长期工程保险、再保险采用业务年度结算损益。业务年度结算损益是实行多年期的结算损益，非结算年度的收支差额作为长期责任准备金提存，不确认利润，于次年转回并滚存到结算年度终了时结算损益。

其他保险业务采用会计年度结算损益，即实行一年结算损益，对保险业务的各项收支不分业务年度，按权责发生制原则确认为当期的收入与费用，并确认当期利润。

（五）财务报表管理

我国《保险公司会计制度》规定的会计报表有资产负债表、利润表、现金流量表和利润分配表。资产负债表和现金流量表反映了保险公司财务状况，利润表和利润分配表则反映了保险公司的经营成果。

为了向保险公司现在和潜在的投资者、债权人、投保人、被保险人、保险公司经营管理者、保险监管机构以及保险信用评级机构等，提供各种有关保险公司的业务经营、投资和偿付能力方面的信息，帮助他们合理决策，保险公司必须按相关规定，及时呈报符合要求、项目明确的财务报表。

第四节 保险公司风险管理

一、概念、特点与意义

保险公司是集散风险的金融中介，其经营对象是风险，通过收取保险费来分散风险，同时把被保险人的风险集中在公司。这就决定了保险公司在经营过程中，面临着一系列风险，这与一般工商企业经营有很大差别。

保险经营风险就是保险公司在经营活动中面临的一系列风险。而且，保险经营风险具有突发性、非控性、联动性、长期性、隐蔽性等特点，危害极大。

因此，保险公司需要始终如一地加强自身的风险管理，努力防范经营管理风险，节约费用，降低成本，促进公司的可持续经营和健康发展。

二、保险公司经营中面临的主要风险

（一）承保风险

承保是保险公司经营中的主要业务，因此承保风险也是其面临的主要风险。承保风险包括以下几种具体的风险。

1. 财务风险

财务风险是指保险公司因偿付能力不足或流动性不足而导致的支付危机。导致偿付能力不足的成因主要有四点：一是承保金额超过公司的承保能力；二是市场价格竞争导致赔付率急剧上升；三是通货膨胀对公司资本金和总准备金的严重腐蚀；四是投资亏损或坏账严重。流动性不足的原因主要有投资结构不合理、资产变现能力差等。

保险公司的财务风险一般表现为潜伏状态，只有当遭遇巨灾或巨额损失赔偿的时候才会暴露出来，在现实中通常表现为现金支付危机。

2. 逆向选择风险

逆向选择风险一般是指保险合同签订前，由于保险合同双方当事人对保险标的风险的了解存在信息不对称，投保人可能做出有利于自己而损害保险人利益的投保决策，使得保险人在承保标的的选择或费率厘定上处于不利位置。这在单一费率的险种中表现得尤其明显。逆向选择风险的存在，往往会破坏保险公司经营的财务稳定性，并加大其经营风险。

3. 道德风险

道德风险一般是指保险合同签订后，投保人或被保险人通过制造保险事故、捏造保险事故或者恶意使用保险事故等骗取保险赔付款的行为，给保险公司经营造成的财务风险。该风险既无形又无法量度，也难以用经济惩罚改进或遏制，在保险界也是国际性的难题。

4. 竞争风险

保险公司之间的同业竞争接近于无差异竞争，价格竞争就成为最有效、最残酷的竞争手段。价格竞争的结果，必然是提高保险公司的业务费用和赔付率，甚至造成承保业务的亏损，从而强化保险公司的经营风险。其主要表现是：(1) 同等承保责任的条件下，降低费率或提高返还率；(2) 同等费率条件下，扩大承保范围或提高保额；(3) 随意放宽承保条件，疏于对保险标的的选择；(4) 随意提高代理业务回扣或中介佣金标准以揽保。

5. 利率风险

在寿险公司经营中，利率预期对寿险产品的纯费率厘定有极重要的影响，可以通过利差损和费差损风险表现出来。寿险的预定利率是长期不变的，而市场利率却在不断变化。因此，当预定利率长期高于市场利率时，利差益趋向零甚至为负数，导致利差损风险，寿险公司就会因为承保而亏损，不断消耗自有资本。相反，当预定利率低于市场利率时，可能发生大面积退保案件，或者是潜在投保人选择了银行储蓄或证券投资理财，放弃保险理财。这两种情况的出现，都将导致保险公司业务量的缩减，可供运用资金的减少，而费差出现赤字就表现为费差损。

6. 汇率风险

汇率风险是指因汇率剧烈变动而带来的财务风险。一般经营涉外业务的保险公司，在接受国际运输保险、国际分保业务时，都以外币为收费币种。因而持有多种外币就必然存在一定的汇率风险。它为不可控风险，但可以用套头交易等手段来避险。

7. 其他风险

保险公司承保过程中，一般还会面临市场周期波动、法律环境变化等其他风险。

（二）投资风险

保险公司运用保险基金投资于各种合法项目，既可以增加公司盈利，也可以促进保险基金的保值和增值。但同时也承担了一定的投资失败风险，收益率低于预期的风险，进而影响公司的经营效益。投资风险主要有非系统性风险和系统性风险。

1. 非系统性风险

非系统性风险即保险公司可以有效控制的风险。造成的主要原因有四点：一是投资项目或对象选择上判断错误；二是对融资对象的资信调查不够，导致债务人违约造成呆账、坏账等的信用风险；三是投资的流动性结构不合理；四是投资过于集中，没有贯彻分散原则以控制风险。

2. 系统性风险

系统性风险是指保险人不可控的相关风险。主要包括：商业周期风险、利率风险、汇率风险、不可预料的政治风险、政策风险等。

在投资风险中，系统性风险因素是最基本的，非系统性风险的产生往往是由于对系统性风险预测判断错误而引起的。

三、风险管理的主要方法

保险公司经营风险最终将表现为财务风险，防范财务风险的核心是保险公司的偿付能力与所承担的风险一定要相适应。因此，保险公司风险管理的核心，就是从承保风险的管理入手。

（一）选择性承保

选择性承保，是指保险公司依据合理的尺度和条件，选择可保风险并明确承保条件的过程。这是保险公司控制风险流的入口，直接目标是控制保单质量和保单过分集中的风险。

（1）控制保单质量。具体可以从两方面着手，一是对可保风险的严格审核，以实现保险公司自身风险控制的目的。二是加强保险核保工作，包括核保选择与核保控制两个环节，目标是为保险公司安排一个安全和盈利的业务分布组合。核保选择是在展业的风险选择基础上，对可承保的标的进一步分析、审核，确定接受承保的条件，目标是有效抑制投保过程中存在的逆选择风险。核保控制的手段众多，包括保单限额、免赔额、共保比例、无赔款优待、采用经验费率保单等。

（2）控制保单过分集中的风险。保单过分集中的风险是指保单品种过于单一，或过于集中在某一区域、某一消费群体，这扩大了保险公司的承保风险，进而危及偿付能力。保险公司要想控制保单过分集中的风险，既可以通过扩大业务经营范围和增加保险品种，也可以通过制定一定的业务额度来加以控制，或通过分保等风险转移手段来扩大承保能力。

（二）内部风险抑制

内部风险抑制，强调通过改变经济组织的资产负债结构来实现风险分散和风险对冲，以及通过完善企业的组织结构、业务流程、财务会计制度、内部审计、信息系统等内部元素，来加强风险控制和管理。具体来说，保险公司主要采用两个策略来实现内部风险的抑制：一是通过资产负债的多样化组合配置，包括产品的优化组合、资产组合的多样化，以实现风险分散和风险对冲的目的；二是通过加强内部控制来有效控制风险，确保公司经营的稳定，实现企业价值最大化的目标。

（三）自留风险及提存准备金

保险公司以风险为经营对象，必然要适度承担承保风险。保险公司自留风险的水平主要受两方面的影响。一是政府监管制度和政策的限制，包括对当年新增自留保费总额与资本金的比例配对限制，以及一次保险事故可能造成的最大损失范围承担的责任与实有资本加公积金总和的比例限制等。二是保险公司根据自身的风险管理水平和经营方向的定位，确定一个自留风险的合理限额，并将此限额逐级分配到具体的业务部门。

（四）合理安排再保险

安排再保险对保险公司的价值包括两方面：一是再保险安排的资本替代效应。保险公司通过再保险方式，从外部获得了损失赔付的资金支持，因而可以扩大承保能力，从一定意义上起到了资本替代的作用。二是通过与再保险公司的业务交换，能够显著地分散单个保险公司的承保风险，进而扩大其承保能力。

（五）可选择性风险转移方法及产品设计

可选择性风险转移方法也叫非传统风险转移方法，是以企业价值最大化为核心，通过企业资本管理与风险管理的整合，以及保险市场与资本市场的整合，来实现可选择风险的转移，并最终实现保险公司的风险管理目标。具体包括四级整合分类方法及其相应的产品设计。

一级整合，是在给定资本结构下同一市场内的整合。其对应产品能够整合保险市场或资本市场中的多种风险。当前主要有金融市场上的篮子期权、双触发器型期权以及多险种统括保单。

二级整合，是在给定的资本结构下的跨市场整合。其对应产品可以同时涵盖利率风险、外汇风险、商品价格风险和保险风险，既可以保险产品的形式出现，也可以衍生品的形式出现。该整合产品可以将保险市场和资本市场的风险整合在一起。当前常见的形式包括：一是多险种、多年期产品，为保险风险和资本市场风险的损失提供综合保障。二是多触发器产品，在保险事件发生时，激活资本市场风险保障，或者在资本市场指数达到某一执行水平时激活保险保障。

三级整合，是改变资本结构、实现跨市场的整合。这类可选择性风险转移产品可以单独或综合地应用于保险市场风险和资本市场风险的管理中，被视为传统资本的替代品，可以同时改变公司的风险组合和资本结构。包括有限风险再保险、自然终止方案和或有资本三种整合方案。

四级整合，是改变市场结构、实现跨市场整合的方法。其对应产品的显著特点，是运用此类产品时，不仅需要公司单方面的行动，还要求保险市场和资本市场发生结构性变化，才能使经济上的可行性得以实施。主要包括两大类产品：保险连接型证券和保险衍生产品，如巨灾债券、巨灾期货、巨灾期权、信用衍生产品和气候衍生产品等。

（六）应用金融衍生品

在帮助保险公司进行风险管理时，不同的金融衍生品有着不同的作用。

（1）利用远期合约管理利率和汇率风险。金融远期合约主要包括远期外汇合约、远期利率协议，它们分别在管理外汇风险和利率风险上发挥了重要作用。

（2）利用金融期货合约管理风险。常见的金融期货主要包括利率期货、货币期货、股票市场指数期货和单个公司股票的期货等。保险公司也可以通过套期保值交易方式，实现对相关风险的防范和管理。

（3）利用互换合约管理风险。互换合约主要有利率互换合约、货币互换合约、商品互换合约、股权互换合约等，广泛应用于调整企业资产负债表中的资产和负债项目。用互换合约来调整债务的目的，是使债务与利率敏感性资产相匹配，从而降低融资成本，或者增加负债能力。利用互换合约来调整资产的目的，是为了提高收益率，使投资组合规避利率和股票价格风险。此外，互换合约也广泛运用于调整受汇率、利率或商品价格影响的现金流。

（4）金融期权合约在保险公司风险管理中的应用。金融期权主要包括股票期权、货币期权和利率期权，标的资产分别对应于一定数目的股票、货币，以及一定数额的银行贷款或存款，交割价是贷款的应付利息或银行存款的应收利息等。金融期权赋予持有人买或卖的权利，可以用于投机或者保值交易。保险公司也可以运用期权交易来套期保值，对冲某类标的资产价格发生不利变动的风险。例如，当公司不太清楚将来面临的外汇收款或外汇付款的数量和时间，则可以通过买卖货币期权来降低不利货币变动中所产生的风险，同时在货币发生有利变动时从中获利。同样，也可以通过买卖利率期权，来对冲利率上涨或下跌的风险。

【延伸阅读 13－3】摒弃粗放式价格比拼，保险巨头着力提高风险管理能力

当保险市场发展日趋成熟时，粗放式价格比拼势必会被高技术的服务竞争所代替。深谙市场竞争之激烈的国内保险巨头，近年来主攻风险管理，不惜斥巨资、增人力、添装备以打造核心竞争力，并间接提升其盈利水平。

传统保险的历史特征：损失风险救助

保险业的风险管理和互助方式，在现代金融市场上发生了很大变化。

早期保险组织形式大都是相互制，即保单持有人本身也是保险企业股东。历史上第一家真正意义的相互保险公司是伦敦保险与年金协会。美国保险业发展较晚，其第一家相互保险公司是 1759 年在费城设立的人寿保险公司，之后成立的纽约相互人寿、新泽西相互人寿等公司都是相互制的，体现了风险分摊、互助的性质。相互制保险公司在当时有其组织优势，可基于业务范围和组织目的而灵活成立，不受公司设立的法律限制。日本早期的保险业实行股份制，但第二次世界大战后被盟军占领，解散了财阀，此后日本主要寿险公司也是相互制的。

相互制保险公司发展也受到当时经济和市场环境影响，成立相互制需要的资本金相对较低。1997 年资产排名前十的保险公司，其中六家都是相互制保险公司。1990 年代以前，劳合社在保险行业地位非常高。劳合社最初是不同的辛迪加共保的一个市场，成员承担无限责任，体现了保险互助原则，但后来这种模式适应不了保险业和资本市场的发展形势，不得不改革。

从风险救助看，除传统保险外，还有很多风险分摊方式，如另类风险转移方式，该方式包括财务再保、风险证券化。还有金融市场发展出的很多其他衍生产品都有风险管理功能，如利率掉期管理可以应对利率变化风险，期货市场套期保值可以应对市场波动风险等。总之，保险业的风险管理和互助方式在现代金融市场上发生了很大变化。

“教父”：损前预防比损后补救更重要

始创于1835年的美国法特瑞互助保险公司，近两年来接待了不少前来虚心讨教的中国同行。这家并不为中国媒体所熟知的保险公司，却是中国保险公司眼中的“教父”。

曾长期研究FM技术标准*的国内风险管理专家、太保产险理赔部副总经理说，法特瑞与其他保险公司的不同之处在于，其业务的核保完全是严格依据风险工程师的风险评价结论，对于不良风险，会在承保前与客户商定风险改善的方案后再予落单。法特瑞相信损前预防比损后补救更为重要，并相信大多数财产损失是可以预防的。

以工程防损为主导的国际先进保险理念让中国同行大受启发。目前，国内多数保险公司陷入了一个误区。保险公司的核心不在于险种格局演变，而在于核保定价精算，专业服务从承保时就应当开始。可在目前盈利刺激之下，这恰恰被各保险公司所忽视。在此形势下，以中国太保为主的国内保险巨头开始了风险管理服务模式上的探索。但对于多以短期利益为主的国内投保企业来说，让他们接受这种先进的管理模式并非一蹴而就。不过随着近年来国内企业对风险管理认知度的提升，国内保险公司的风险管理服务开始被市场认可。

随着上海“两个中心”建设步伐的加快，上海市市政工程建设出现了规模大型化、投资巨额化、技术高难化、建设密集化的新特点，工程建设风险形势越来越严峻，原有的工程保险管理模式逐渐不能适应新的形势需要。

为此，上海市城建交通委员会和上海保监局联合下发了《关于推进建设工程风险管理制度试点工作的指导意见》，要求在政府投资或主导的公共建设工程中开展建设工程风险管理制度试点工作，由保险公司委托风险管理机构对建设工程的设计、施工、使用等实行全过程安全质量风险管理，实现保险对建设工程风险的全覆盖。

在有关部门的支持下，太保产险在苏州河威宁路桥项目中首次开展了“全委托模式”试点，并取得了显著成效，这在国内尚属首次。太保全系统风险查勘工程师团队目前有近百人，依据北美成熟的风险管理标准和澳新学会风险管理专业体系形成了有太保特色的风险管理服务模式。近年来，太保产险在国内为大型工商企业、建设工程广泛开展深入的风险管理服务，帮助客户提升御灾能力，满足客户深层需求，在国内保险公司中属于先行者。

*FM全球公司通过其所属的FM认可机构（FM Approvals）向全球的工业及商业产品提供检测及认证服务。

资料来源：中国金融网，2011年5月11日。

第五节　保险公司品牌管理

一、品牌管理的概念与意义

品牌是现代企业一种错综复杂的综合象征，包括品牌属性、名称、包装、价格、历史、信誉、广告方式等要素。品牌也是消费者对其使用者的总体印象，依其自身的消费经验而加以界定的。

企业所生产的产品或提供的服务极易迅速过时、落伍，并可以被竞争者模仿。但品牌却是独一无二且能持久不衰的，品牌价值将长期影响企业的发展。“没有品牌，企业就没有灵魂；没有品牌，企业就失去生命力”，这是对品牌重要意义的总结。

保险公司品牌的内涵在一定程度上反映了企业文化，品牌不仅是对外（营销渠道、消费者）销售的利器，也是对员工进行管理的道德力量。在保险营销活动中，品牌还是唤起消费者保险意识和保险需求，并重复购买多张保险合同的原始动力，是消费市场上的灵魂。唯有成功的品牌管理，才有持续成长的公司和未来的辉煌。

保险公司的品牌管理以提升品牌所代表的无形资产和市场价值为目的，也是不断积累、丰富和完善品牌资产的过程。因此，需要时时关注消费者对保险公司品牌的喜好、评判和取舍，并不断适应市场，及时调整品牌战略。

二、保险公司品牌管理的步骤

保险公司的品牌管理，一般包括以下四个步骤。

（一）确定代表品牌精髓的理性因素

通过对消费群体的信息、员工构成、投资人和战略合作伙伴的关系、企业的结构、市场状况、竞争格局等现实状况的描述，确定并充实保险公司品牌的理性精髓。

（二）掌握代表品牌核心的感性因素

在了解现有品牌的核心时，必须了解它的文化渊源、社会责任、消费者的心理因素和情绪因素等一系列关于品牌的感情因素，然后根据公司品牌管理的目标，重新定位品牌的核心，并将需要增加的感性因素一一列出来。

（三）寻找代表品牌灵魂的品牌异质性

通过第一步和第二步，对品牌的理性和感性因素进行了解和评估之后，继而升华出品牌的灵魂及独一无二的定位和宣传信息，并提炼出公司品牌给保险消费者带来的消费体验和感受等内容。

（四）培育和维护品牌

从实践经验看，保险品牌具有形成容易、维护难的特点。因此，保险公司的经营特点、产品和服务所具有的非主动需求性特征，决定了培育、建立和维护品牌，并进行品牌管理的重要性。特别要强调应当维护公司的良好信誉，随时关注市场和消费者的需求变化，提供一流的保险保障服务，与市场和消费者建立长期的感情纽带。

三、保险公司品牌管理的四要素

（一）建立卓越信誉

信誉是品牌的基础，对于专门经营风险，为消费者提供保险保障的保险公司而言更应如此。因此，保险公司必须依靠提升管理水平，提升质量控制的能力，提升团队素质等，研究中国保险消费者需求的变化，不断创新出新的险种和服务来满足市场需求，适应消费需求的变化。在保险服务中一定要注重承诺与保证，做到言行一致，当赔则赔，以提高保险消费者的满意度来建立信誉，从而逐步在市场和消费人群中建立起良好的品牌形象。

（二）争取广泛支持

认真分析和了解保险公司经营过程的企业价值链特点，争取价值链上各层面的全力支持，才能维护和管理好品牌，发挥保险品牌的最大效应。这包括来自保险消费者、政府相关职能部门、新闻传媒、行业专家、权威人士及保险中介部门等的广泛支持。同时，还应适度借助各类具有广泛正面影响力的公众人物的支持，包括制作各类广告，邀请其参加保险客户节活动、保险公益活动等，利用公众人物的品牌效应，有效增加保险公司品牌的信誉度和美誉度。

（三）建立亲密关系

保险产品和服务的非主动需求特点，决定了新开拓消费者的难度和成本付出，要远大于原有消费者二次、再次消费签订新保险合同，或者介绍其他熟知人群来购买同一家保险公司的保险和服务。这样的行业特色，决定了保险公司在进行品牌管理中，更要注重与原有客户建立长期的紧密关系，努力培育并保持客户的忠诚度。

（四）增加亲身体验机会

保险商品与一般商品不同，在未签订保险合同之前，消费者往往难以体验到它的保障作用，无法体验某公司品牌的保险商品和服务所提供的价值，因而成为消费决策的障碍，也成为保险品牌建设和管理的障碍。因此，必须突破这一行业特色决定的天然障碍。可以通过举办客户节、保险产品和服务说明会、保险案例展览、赠送短期保险等方式，开发体验情境，帮助潜在消费者认识公司产品、服务和品牌形象，逐步建立起品牌信任感，不断促使其提升购买保险的欲望。

四、保险公司品牌管理的问题与改进建议

（一）保险公司品牌管理存在的问题

（1）保险公司品牌战略不完善。主要表现为：一是品牌战略与发展战略相脱节；二是品牌建设与文化建设相脱节；三是品牌宣传策略趋同、无特色；四是品牌定位雷同。

（2）保险公司品牌管理基础较薄弱。主要表现在：一是组织机构不健全；二是品牌管理机制不健全；三是集团品牌管控刚刚起步；四是品牌管理人员素质有待提高。

（3）保险公司品牌意识不强，品牌维护不力。

（4）品牌宣传工作维护不到位，大多流于形式。

（二）保险公司品牌管理的改进建议

（1）强化品牌战略管理，做好品牌规划工作。

（2）尽快完善品牌管理制度及其运行机制，规范品牌管理工作。

（3）健全集团品牌管理体系，树立全员品牌维护意识。

（4）强化人员培训及品牌宣传，不断提升品牌竞争实力。

本章小结

1. 保险公司管理，是指保险公司采用既定程序、方式和手段，对其业务活动进行组织、计划、指挥、监督和调节的过程。其管理的内容，按照资源要素可划分为：人力资源管理、财务管理、品牌管理、风险管理、业务管理、物资管理、信息技术管理、客户管理等。

2. 保险公司管理的基本原则是指保险公司在日常管理中必须遵循的行为规则。主要包括以下四项原则：(1) 计划管理原则；(2) 管理现代化原则；(3) 责权利结合原则；(4) 工作效率及经济效益最大化原则。

3. 保险经营、管理因常融合在一起而被称为保险经营管理，两者相辅相成，密不可分，共生共存，在相互矛盾中寻求相互统一。保险管理始终贯穿于整个保险经营过程，没有管理就谈不上经营。保险公司管理的结果最终在经营上体现出来，保险经营的结果又代表了公司的管理水平。经营与管理也不相同，两者区别较大。需要运用系统论观点把握好经营与管理的关系。

4. 人力资源管理的重点是要紧紧围绕提高公司员工队伍的综合素质这一目标，把对员工的招聘、分配、教育、培训、使用、考核、奖励、晋升、待遇和劳动保护等方面的各项具体工作有机系统地结合在一起，充分发挥人的能力，最大限度地提高工作效率，最终实现公司的既定发展战略目标。

5. 保险公司财务管理，是以正确处理保险公司及其各种财务关系为主要内容，在有计划地组织资金过程中所实施的协调、监督等工作。具体包括资金筹集、资产和负债管理、成本费用管理、财务成果管理等内容。

6. 保险经营风险就是保险公司在经营活动中面临的一系列风险。经营风险具有突发性、非控性、联动性、长期性、隐蔽性等特点，危害极大。因此，保险公司需要始终如一地加强自身的风险管理，努力防范经营管理风险，节约费用，降低成本，促进公司的可持续经营和健康发展。

7. 保险公司的品牌管理以提升品牌所代表的无形资产和市场价值为目的，也是不断积累、丰富和完善品牌资产的过程。因此，需要时时关注消费者对保险公司品牌的喜好、评判和取舍，并不断适应市场，及时调整品牌战略。

复习思考题

1. 何谓保险公司管理？其基本原则有哪些？
2. 简述保险公司管理与保险企业经营的关系。
3. 简述人力资源管理的原则与内容。
4. 何谓保险财务管理？其主要内容是什么？
5. 保险公司经营中面临的主要风险及其管理方法有哪些？
6. 品牌管理的意义是什么？如何加强保险公司的品牌管理？

第十四章 保险市场及其组织机构

⊙内容提要⊙

本章包括保险市场概述、保险市场的构成要素、保险市场供给与需求、保险组织机构形式四节内容。重点掌握保险市场的概念、分类和特点，保险市场主体、客体和调控系统，中国保监会、保险行业协会的职能，保险市场供给和需求的概念及其影响因素；了解中国保险市场的现状，保险人、投保人、保险中介和保险产品在保险市场中的地位和特点，如何实现保险供求的平衡；理解保险人的一般组织形式、典型组织形式、我国保险人的组织形式。

第一节　保险市场概述

一、保险市场的概念与特征

（一）保险市场的概念

保险市场一般分为狭义的和广义的保险市场。狭义的保险市场是指保险商品交易活动的场所；广义的保险市场是指保险商品交换关系的总和，是保险商品供给与需求关系的总和，其中既包括保险商品交易活动的场所，也包括保险商品在交换过程中需求与供给的关系及其相关活动。本章研究的是广义的保险市场。保险人为保险消费者提供的是保险保障服务，即各类保险商品及其关联服务，保险商品就是保险市场的交易对象。

保险市场主体由买卖双方和中介人构成。买方是具有保险需求的消费者，他们通过缴纳保险费换取保险人向他们提供风险保障服务；卖方是提供保险保障的保险人，他们向社会提供风险保障服务。随着保险市场的逐渐完善与发展，保险中介人应运而生，主要包括保险代理人、保险经纪人和保险公估人。

从系统论角度来看，现代保险市场是以市场机制为主导进行保险经营活动的系统和体系。它是由保险组织系统、形式系统、保险运行和调控系统组成的有机体系。因此，保险市场对保险业发展具有多种功能，是现代保险学研究的重要内容。

（二）保险市场的特征

保险市场是金融市场的重要组成部分，它与普通商品市场或劳动力市场有所不同，具有以下特征。

1. 交易的无形性

在商品经济发展初期，科技不够发达，因此需要在固定场所和某一特定时间，由当事人双方当面进行商品交易活动，这就是有形市场。随着科技的不断发展进步，交易手段和方式从原有的面对面方式，发展为可利用电话、电信、电传、互联网等先进通信手段随时进行交易。现代保险经营，特别是再保险活动，基本上可以通过计算机网络设备随时进行交易。这种没有固定场所和时间的商品交易行为，就是典型的无形市场。现代金融市场已发展成为无形市场，保险活动从展业、投保、签单、索赔、理赔到追偿等各个环节，都可通过现代化通信手段进行，几乎可以不受场所和时间的限制。可见，保险市场属于无形市场，既不受时间限制，也不会固定集中于某一场所。

2. 合同履行的不确定性

商品经济发展的初期阶段，普通商品市场的交易活动是当场成交，即时完成，属于即期交易。即便在现代发达的商品经济社会里，大部分商品市场的买卖活动也是钱货两讫的模式。保险属于特殊的金融商品，其交易和履行具有不确定性。一是根据保险合同中的保险责任事故发生与否来确定债权债务关系。二是保险合约的履行期限也不确定。保险的买与卖并非同时进行，有一定的时间间隔，而且其时间间隔也是不确定的。所以，保险市场无论是从空间还是时间来说都是不确定的。

3. 服务与货币的两重性

保险市场买卖的是无形商品——保险服务。以服务形态存在的保险商品，其作用在于保障社会生产的正常进行和维护人们生活的安定，所以保险属于第三产业范畴。但保险商品又不同于一般的旅游、文化等服务形态的商品，保险市场具备了商品形态上服务与货币的两重性。保险在承保过程中提供服务形态的商品，在理赔过程中提供服务和货币形态的商品，这就体现了保险市场服务与货币的两重性。

4. 政府的干预性

在市场经济环境中，国家政府很少干预企业活动。企业通过市场机制自动调整自身的行为，以维持经济发展的稳定。但保险在社会上具有巨大的影响力和广泛性，保险市场的经营行为会直接影响到广大民众的切身利益，政府的监管就是对投保人获得合理权益的重要保证。所以，各国政府都会对保险市场进行严格监督与控制，对保单格式、保险费率、免赔条款、各项准备金、保险投资渠道和比例等，都有严格的规定。政府的积极干预，是保险市场健康发展的必要保证。

二、保险市场的分类

保险市场体系庞大而复杂，可以按不同标准进行分类。但不同种类的保险市场并不是相互割裂的，而是交叉重合的，一个国家的保险市场可以同时属于几个市场类型。

（一）按保险承保标的性质划分

保险市场按承保标的性质可以分为寿险市场和非寿险市场。寿险主要有定期寿险、终身寿险、两全寿险，以及各类分红险、投连险、万能险和年金产品；非寿险主要涵盖人身意外险、健康险、企财险、机动车辆险、责任险、信用保证保险等。非寿险市场又可以进一步细分为财产险市场、责任险市场、信用及保证险市场。其中，财产险市场又可分为水险市场、火险市场等。此外，有些国家按传统把财产险市场分为水险市场与非水险市场两大类。

（二）按保险活动的地域划分

保险市场按其活动地域的不同，可分为国内保险市场和国际保险市场两大类。其中，国际保险市场可分为区域性保险市场和全球性保险市场；而国内保险市场又可以进一步细分为地区性保险市场和全国性保险市场。

【延伸阅读 14-1】首都保险市场居全国首位，超全球平均水平

北京保险市场是全国领先的区域保险市场，保险公司、保险专业中介机构等各类主体数量，以及行业资产总额、资金运用余额均居全国首位，市场规模居全国第 4 位。

2015 年末，北京共有保险总公司 45 家，保险分公司 97 家。原保险保费收入 1 403.9 亿元，同比增长 16.3%；累计赔付支出 506.6 亿元，同比增长 24.4%。其中，在京外资财产险公司 14 家，保费收入 15.4 亿元，市场份额 4.3%。外资人身险公司 24 家，保费收入 180.3 亿元，同比增长 23.7%，市场份额 17.3%。北京的保险深度 6.3%，保险密度 6 501.9 元/人，均居全国首位，超过全球平均水平。北京市保险业协会推出了机动车交通事故在线处理系统手机客户端，助力北京治理交通拥堵；农业险产品体系进一步完善，7 家政策性农业保险经营主体服务覆盖北京 13 个区县，实现保费收入 5.7 亿元，同比增长 27.1%；赔款支出 4.5 亿元，同比增长 8.2%。此外，科技保险、文化保险为近 7 000 家高新技术企业、文化创意企业提供了近 7 000 亿元风险保障；信用保险及贸易融资试点、小额贷款保证保险试点等，对支持小微企业融资发挥了积极作用，仅在中关村已累计为近百家企业超过 10 亿元贷款融资提供了保险支持。

（三）按保险组织经营形式划分

按保险组织经营形式的不同，保险市场可分为保险公司市场、保险经纪市场和劳合社市场。前两种保险市场是世界各国普遍采取的保险组织经营形式，都是以公司法人的资格开出正式保单，进而对保险业务进行承保的保险市场。劳合社则是英国特有的个人保险组织形式，这是一个个人保险人享有特殊待遇并采取特定方式进行承保的相对特殊的保险市场。

（四）按保险承保方式划分

保险市场按保险承保方式可分为直接保险市场（原保险市场）、再保险市场和专属保险市场。直接保险市场分为国内与国外市场；再保险市场也分为国内分保和国际分保两大市场；专属保险市场则分为国内专属和国外专属保险市场。

（五）按保险经营模式划分

这种划分只能在全球范围内进行划分，可分为完全垄断、寡头垄断、完全竞争、垄断竞争四种形式。一个国家只能选择其中一种模式，不能同时兼属两种模式。

上述分类不是绝对的，其中几种特性可以同时体现在一个保险市场上。

三、中国保险市场的发展现状与问题

中国是世界上人口最多的国家，也是世界第二大经济体及第二大保险市场，保险市场发展前景大好。发达国家的大型保险公司及一些跨国保险巨头，入世前后都已通过不同途径和方法进入中国，给中国保险市场带来了巨大影响。中国保险市场的发展现状及存在问题可以归纳为以下五个方面。

（一）中国保险市场处于快速成长阶段，国际地位迅速提高

一个国家的保险需求随国民经济发展、收入水平的提高而不断提高。1980 年，中国只有一家保险公司，商业保险的保费收入仅为 4.6 亿元，国际排名约第 80 名。而到 2016 年末，中国已拥有 203 家保险公司，2 500 多家中介公司，保险行业原保险保费收入为 309 601 亿元，超过日本位居世界第二，总资产 151 046.5 亿元，赔付总支出 10 481.48 亿元。中国保险年平均发展速度超过 30%，远远高于世界平均发展水平。2016 年，全球保险业的增长率不到 4%，而中国保险业实现了约 27.5%的增长，这是对世界保险业的巨大贡献，对世界保险业发展的贡献约 1/3。

但从主要指标来看，中国保险市场仍处于初级成长阶段。中国的保险密度与深度与世界平均水平相比，差距很大。2009 年，中国保险深度为 3.4%，保险密度仅为 121.1 美元；而世界平均水平的保险密度是 595.1 美元，保险深度为 7%。2011 年，中国保险深度为 3%，保险密度为 170.66 美元；而世界平均保险密度为 627.3 美元，保险深度为 7%。2015 年底，中国保险密度为 271.77 美元，同比增长 19.44%；保险深度为 3.59%。瑞士再保险关于世界保险业的西格玛研究报告数据显示，2015 年，瑞士再保险关于世界保险业的全球市场人均保险支出为 662 美元，发达市场人均保险支出为 3 666 美元。其中，同是保费收入大国的美国、日本、英国和法国，在 2014 年的保险密度分别为 4 017 美元、4 207 美元、4 823 美元和 3 902 美元，而我国保险密度到 2015 年也仅为 271.77 美元，相差 10 多倍。由此可见，中国保险还处于发展的初期阶段。

目前，中国国内居民保险资产占金融资产比例仅为 10%，美国居民该比例达到 30%以上，韩国也有 25%。因此，随着居民保障需求和消费能力的提高，保险公司保费增速有望继续保持平稳快速增长。2000—2016 年，我国寿险保费收入扣除同期 CPI 后的增速要快于 GDP 的增速，年均增速大约为 GDP 增长率的 2 倍多。根据“S 型曲线”理论，中国人均 GDP 达到 1 万美元之前，中国保险市场的保险深度会持续快速增长，期间保险市场将会逐步达到并超过全球平均水平。所以，中国保险市场仍然处于快速成长阶段，发展潜力巨大。预计未来若干年，中国保险业的保费增长比率仍将保持在 15%～20%，未来发展前景非常好，潜力巨大。

（二）保险需求持续增长，但尚未充分激发

在发达国家，保险已经成为人们生活中的必需品。美国90%以上的家庭都参加了寿险，保单密度超过150%。而在我国，个人面对的风险正在不断增加，但民众对风险的认识还不够，导致风险和保险意识落后，了解保险的主要渠道是保险业务员的宣传展业。由于许多人对保险还存在一定偏见，中国保险业的“不健康”形象需要进一步纠正。

当然，新版保险法规的出台使得保险业发展更加规范，从业人员更加自律，整个行业的氛围正在迅速改善。近年来在中央电视台等新闻媒体上的一系列与保险相关的公益广告，加强了保险行业的宣传力度，民众开始了解和接受风险教育，并增强了自身的保险意识，其保险需求持续增长，行业知名度也因此得到了很大提升。另外，保险公司在大灾大难面前，勇于承担社会责任，积极理赔，也转变了民众对保险的看法，激发了其保险需求。总之，中国保险市场需求巨大，但目前尚未被充分激发。

（三）保险产品单调，险种同质现象严重

伴随着商品经济的发展，物质商品日新月异，新的风险也层出不穷。例如，飞机的发明方便了人们出行，但也增加了空难风险。新体制、新法规的制定，也产生了许多诸如责任风险、信用风险等风险因素。面对风险种类的迅速增加，我国保险业所提供的险种却十分有限，创新动力不足，难以满足市场需求。目前，保险市场的许多险种针对性和适用性差，条款设计缺乏严密性，不能很好地满足消费者多方面的需要，甚至成为积压和滞销的淘汰产品。因此，许多保险公司的经营都集中在数量有限的传统险种上。例如，在寿险市场上，各大公司都致力于抢占分红险、万能险、意外险、少儿险市场；在产险市场上，车险、企财险、货运险、大型工程保险等少数几个大险种竞争激烈。此外，保险产品的同质现象屡见不鲜。据统计，我国各保险公司险种结构相似率达90%以上。这就导致了保险公司的重复建设与过度竞争，保险赔付率居高不下，并造成社会生产力和保险资源的浪费。

（四）同业竞争激烈，从业人员流动过快

随着保险市场主体的增多，同业竞争越来越激烈。一些公司忽视了对其员工的道德教育，致使保险从业者鱼龙混杂。有的公司盲目扩容，什么人都要，使人们对保险从业者有了一种惧怕感；有的公司主打价格战或者到处高薪挖角，从而造成了保险从业者过快流动。特别是一些公司把业绩看得过于重要，而忽视了员工队伍的稳定性，使保险成了“自当老板，想干就干，不想干就算”的迅速致富行业。据调查统计，部分保险公司年度人员流动高达30%以上。其弊端为：一是导致保户没有安全感，使其不明白自己的利益谁来管；二是这些从保险业流出的人员在社会上又会攻击保险，给人一种“专业人士观点”的印象，这对保险业发展的破坏性很大，这也是目前中国保险市场亟待解决的问题。

（五）保险培训逐渐完善，但专业人才缺口很大

改革开放以来，中国保险业在公司和行业教育培训方面积累了一些经验，为我国系统搭建保险教育培训体系创造了条件。中资公司已形成了符合公司内部管理的一整套培训体系，培育了公司不同层级的主训讲师队伍，构建了一系列从新人入司、代理人辅导考试、销售技能方面的培训。外资公司有着母公司多年的教育和培训资源积累，并将其直接带到了中国市场。同时，全行业积累了多年对外开放的保险培训经验，中外资保险的知识技能、标准和文化的逐渐融合开始显现，国际化和本土化成为发展大潮流。

目前，各家保险公司大多存在着人员培训期短，高级讲师短缺，专业知识不足的问题。保险属于新兴行业，只有专业知识丰富的人员从事保险业，才能有利于保险行业的持续健康发展。近年来，新的保险法人机构剧增，进一步扩大了保险专业人才的需求。尽快改善保险专业人才供求关系、平抑人力成本的急剧上升，目前成为全行业共同的呼声。而保险专业人才的紧缺与行业的高速发展严重脱节，是我国保险市场发展的主要矛盾，亟待研究解决。

第二节　保险市场的构成要素

保险市场通常由保险市场主体、保险市场客体和保险市场调控系统构成，三者缺一不可。

一、保险市场主体

保险市场主体是指保险产品的买方和卖方。即为交易活动提供各类保险产品的供给方，实现交易活动的各类保险产品的需求方，以及为促成保险交易提供辅助作用的保险中介人。

（一）保险人

1. 保险人的内涵与特征

保险人又称为承保人，是保险市场上出售各种保险产品，提供服务的供给方。

保险人作为保险经营机构，属于订立保险合同的一方当事人，它通过收取保险费，按照保险合同的规定，及时承担对被保险人的损失赔偿或履行保险金给付义务。保险人设计并提供各类保险产品，帮助消费者承担、分散和转移各种风险，以维护经济社会的稳定。保险人一般以各类法人组织形式即保险公司的形式出现，但也存在以自然人作为保险人的英国劳合社。作为法人组织的保险公司与一般企业法人一样，是享有独立经济权利，具备独立经济利益，实行自负盈亏、自主经营的企业。

2. 保险人的分类

保险公司的承保、经营范围等存在很大差异，据此可以将其划分为不同种类。

（1）按照保险公司经营目标不同，可分为商业保险公司和政策性保险公司。

（2）按照保险公司承保业务的方式不同，可分为原保险公司和再保险公司。

（3）按照保险公司的经营范围不同，可分为专业保险公司和综合性保险公司。

（4）按照保险公司的所有制形式不同，可分为国有保险公司、国有控股保险公司、合营保险公司、民营保险公司等。

（5）按照保险公司的组织形式不同，可分为保险股份有限公司、相互保险公司、保险合作社、自保公司等。

（6）按照保险公司的经营地域不同，可分为国内保险公司、地区保险公司、跨国保险公司等。

（7）按照保险公司的业务规模或市场地位不同，可分为龙头保险公司、大型保险公司、中小型保险公司等。

（二）投保人

1. 内涵与类别

投保人又称要保人、保险需求方，即保险产品的购买者和消费者。投保人是签订保险合同的另一方当事人，是通过向保险人申请订立保险合同，负有按时缴付保险费义务的组织机构或个人。投保人可以是自然人、企业或者社会团体等，既可以为自己的利益投保，也可以为他人的利益投保。

2. 基本条件

作为合格的投保人，必须同时满足以下三个条件。

（1）必须达到法定要求的权利能力和行为能力。不同国家法律对此有不同的规定。《中华人民共和国民法通则》规定，十八周岁以上的成年人，及十六周岁以上不满十八周岁的公民，但以自己的劳动收入为主要生活来源的人，是完全民事行为能力人，可以成为保险合同的投保人。十六周岁以上不满十八周岁的未成年人，及不能辨认自己行为和不能完全辨认自己行为的精神病人，是限制民事行为能力或无民事行为能力人，不能成为投保人。

（2）对保险标的应具有可保利益，没有可保利益就难以订立保险合同。

（3）投保人负有缴纳保险费的义务，需要按合同规定及时缴费。

（三）被保险人

被保险人是指保险事故（事件）在其财产或身体上发生并受到损害时，享有向保险人要求赔偿或给付权利的人。其要件是：第一，被保险人是保险事故在其财产或身体上可能发生的人。第二，被保险人是具有保险利益并享有索赔权的人。被保险人是保险标的的主体或被保险标的本身，是对保险标的具有利害关系的人。因其利益在保险事故中受损，保险赔偿应以被保险人为赔付对象，所以被保险人是享有赔偿请求权的人。

（四）受益人

受益人又称保险金受领人，是指人寿保险合同中由被保险人或投保人指定的享有保险金请求权的人。受益人享有保险金请求权，必须由投保人或被保险人指定或约定，并在保险合同中注明。在保险实务中，财产保险的被保险人与受益人一致，无需规定受益人；人身保险中含有死亡责任，一般都有受益人的规定。受益人是寿险合同特有的主体，因此，当投保人为他人投保时，被保险人和受益人是与投保人有关的利益方。投保人、被保险人和受益人统称为投保方，是保险市场主体的重要组成部分。

（五）保险中介人

保险中介人是专门为保险交易双方提供服务的专业组织机构或个人，在保险交易双方之间发挥媒介、服务、评估等多方面的作用。保险中介人包括保险经纪人、保险代理人、保险公估人、保险律师、保险理算师、保险精算师、保险信用评级机构等。其服务范围广泛，能够提高保险市场效率，降低保险交易成本。截至 2014 年年底，全国共有保险专业中介机构 2 546 家，同比增加 21 家。全国保险专业中介机构注册资本 261.6 亿元，同比增长 16.8%。2014 年，全国保险中介渠道实现保费收入 16 144.2 亿元，占全国总保费收入的 79.8%。其中，财产险 4 721.7 亿元，人身险 11 422.5 亿元。2010—2014 年中国保险专业中介机构数量及业务收入情况如表 14－1 所示。

表 14－1　　2010—2014 年中国保险专业中介机构数量及业务收入情况

年份	机构数量（家）	业务收入（亿元）
2010	2 550	119.21
2011	2 554	150.65
2012	2 529	181.45
2013	2 525	228.49
2014	2 546	301.60

资料来源：《中国保险中介市场报告 2015》。

1. 保险代理人

保险代理人是指根据保险人的委托，在保险人授权的范围内代为办理保险业务的单位和个人。其收入来源是在业务达成后向保险人收取手续费。保险代理行为产生于保险人的委托授权，属于一种委托代理关系。保险代理人以保险人的名义进行保险业务代理活动，虽然其在授权范围内可以作出独立的意思表示，但只要保险代理人与投保人之间签订保险合同，由此所产生的权利义务就可视为保险人的民事法律行为，所有的法律后果由保险人承担。保险代理人的分类有以下两种。

（1）按照代理方式分类。

根据代理方式不同可以分为独立代理人、专属代理人和总代理人。独立代理人是指能同时代理多家保险公司的业务，并具有独立法人资格的保险中介人。独立代理人拥有终止保险和续保的权力，并可以为保险人代办小额赔款。专属代理人只能为一家保险公司或某一保险集团代理保险业务，也是独立的法人机构，但不具有终止保险和续保的权力。总代理人是受保险人委托，在指定区域范围内全权代理保险人所有保险业务活动的保险中介人。代理人可以雇用和训练分代理人，发展分支业务机构，扩展保险业务。

（2）按照组织形式分类。

按照组织形式的不同，可以分为兼业代理人、专业代理人和个人代理人。

①兼业代理人是在从事自身业务的同时接受保险人委托，专人为其代办保险业务的机构或个人，主要是代售保险产品、代收保险费。其主要形式有：一是业务经办单位代理，例如车辆管理部门、4S 店代售机动车辆保险等；二是企业主管部门或企业代理，例如旅行社代售旅行意外伤害险，客运公司代售意外伤害险等；三是金融机构代理，例如银行代理销售保险产品中的分红险等银行保险产品，证券公司营业部门代理销售投资连结保险等。这都是通过利用业务经办单位或者相关企业单位的职能作用和便利条件，为保险人代理与本身业务有直接或间接关系的保险业务。截至 2014 年末，全国共有保险兼业代理机构网点 21 万余个，其中，金融类 17.9 万个，非金融类 3.1 万余个。当年全国保险兼业代理渠道实现保费收入 7 009 亿元，占全国总保费收入的 34.6%，其中财产险保费收入 1 898.6 亿元，人身险保费收入 5 110.3 亿元。2010—2014 年中国保险兼业代理机构数量及代理保费情况如表 14－2 所示。

表 14-2　　2010—2014 年中国保险兼业代理机构数量及代理保费情况

年度	机构总数（家）	其中三类主要机构数量（家）			代理保费规模（亿元）	占当年总保费比例（%）
		银邮类	汽车企业及运输类	其他		
2010	189 877	138 477	23 859	27 541	5 464.00	37.68
2011	195 518	140 322	32 474	22 722	6 054.00	42.21
2012	206 310	144 973	30 902	30 435	5 877.17	37.90
2013	214 619	161 582	24 929	28 108	5 887.47	34.19
2014	210 108	179 061	—	—	7 008.90	34.60

资料来源：《中国保险中介市场报告 2015》。

②专业代理人又称为保险代理机构，是专门从事保险代理业务的保险代理公司。主要业务范围是：代销保险产品、收取保险费、协助保险公司进行损失勘查和理赔，以及保险监管机构批准的其他业务。其组织形式可以是合伙企业、有限责任公司或股份有限公司。其业务相对规范，并按照保险人的要求建立健全公司规章制度，因而便于保险人进行管理。由于专业代理人是专门从事保险代理的机构，特别注重对员工的管理和培训，因此其业务开展更具优势，也比兼业代理人及个人代理人更容易。

截至 2014 年底，我国保险专业代理机构 1 764 家，保险代理机构实现保费收入 967.9 亿元，占当年全国总保费收入的 4.8%，其中财产险保费收入 893 亿元，人身险保费收入 74.9 亿元。佣金收入 184.8 亿元，其中财产险佣金收入 156.6 亿元，人身险佣金收入 28.2 亿元。

③个人代理人是指根据保险人委托，向保险人收取代理手续费，并在保险人授权的范围内代为办理保险业务的个人。我国《保险法》第一百二十五条规定：个人保险代理人在代为办理人寿保险业务时，不得同时接受两个以上保险人的委托。同时，个人代理人不得办理企业财产保险和团体人身保险业务。

截至 2014 年底，我国保险营销员数量为 325.29 万人，实现保费收入 7 663 亿元，占全国总保费收入的 37.9%。其中财产险保费收入 1 488.4 亿元，人身险保费收入 6 174.5 亿元。2015 年 6 月，保险营销员增加至 378.3 万人。2016 年以来，保险营销员人数再创历史新高，达到 710 万人，净增长约 200 万人，一改以往增员难的窘境。

2. 保险经纪人

（1）含义及业务范围。

保险经纪人是基于投保人的利益，为投保人与保险人订立保险合同提供中介服务，并依法收取佣金的法人组织和个人。其经营业务是：为投保人拟订投保方案、选择保险公司以及办理投保手续；协助被保险人或者受益人进行索赔；再保险经纪业务；为委托人提供防灾防损或者风险评估、风险管理咨询服务；中国保监会规定的其他业务。保险经纪人的法律地位与保险代理人基本相同，都是具有独立代理权利的中介机构，但保险经纪人在设计保险方案，以及提供保险人业务资信背景等能力方面更胜一筹。

（2）保险经纪人与保险代理人的区别。

保险代理人与保险经纪人都是凭借自身的保险专业知识和优势活跃于保险主体之间，

故有时容易混淆。两者既有联系又有区别。

第一，保险代理人代表保险人的利益，而保险经纪人是基于投保人的利益。保险经纪人的独立性高于保险代理人。第二，保险经纪人并非投保人的代理人，只是基于投保人的利益，为保险合同的达成起“穿针引线”的中间作用，他们还可向保险人索要酬金，并代理保险人收取保费。第三，两者的法律地位不同。保险代理人的行为被视为保险人的行为，由保险人承担责任。若由于保险经纪人的过错或疏忽而使被保险人的利益受到损害，保险经纪人则要承担民事法律责任。

（3）保险经纪人的组织形式。

其组织形式包括个人保险经纪人、合伙企业和保险经纪公司三种。大多数国家都允许个人保险经纪人从事保险经纪业务活动。英国等一些国家允许以合伙方式设立合伙保险经纪组织，并且要求所有的合伙人必须是经注册的保险经纪人。保险经纪公司是所有国家都认可的保险经纪组织形式，一般采取合伙企业、有限责任公司或股份有限公司的形式，这也是我国《保险经纪机构管理规定》中所认可的形式。截至2014年底，我国共有保险经纪公司445家，实现保费收入504.5亿元，占当年全国总保费收入的2.5%。其中财产险保费收入441.7亿元，人身险保费收入62.8亿元。业务收入94.2亿元，其中财产险业务收入71.9亿元，人身险业务收入11.6亿元，再保险业务收入1.8亿元，咨询业务收入8.9亿元。2014年中国保险经纪公司业务收入前十名的机构如表14-3所示。

在《保险经纪机构管理规定》中，根据委托方不同，还可把保险经纪人分为直接保险经纪人和再保险经纪人。直接保险经纪人是指保险经纪机构与投保人签订委托合同，基于投保人或者被保险人的利益，为投保人与保险公司订立保险合同提供中介服务，并按约定收取佣金的经纪人。直接保险经纪人可分为寿险经纪人和非寿险经纪人。而再保险经纪人是指保险经纪机构与原保险公司签订委托合同，基于原保险公司的利益，为原保险公司与再保险公司安排分保业务提供中介服务，并按约定收取佣金的经纪人。再保险经纪人是介于原保险人与再保险人之间的中间人。

表14-3　2014年中国保险经纪公司业务收入前十名

排名	机构名称	业务收入（亿元）	市场占比（%）
1	英大长安保险经纪有限公司	6.28	7.0
2	江泰保险经纪有限公司	5.04	5.6
3	中怡保险经纪有限公司	4.92	5.5
4	北京联合保险经纪有限公司	4.90	5.5
5	明亚保险经纪有限公司	4.29	4.8
6	达信（北京）保险经纪有限公司	3.76	4.2
7	韦莱保险经纪有限公司	3.17	3.5
8	泛华博成保险经纪有限公司	2.65	3.0
9	昆仑保险经纪有限公司	2.55	2.8
10	深圳美臣泰平保险经纪有限公司	1.93	2.2

3. 保险公估人

（1）含义及业务范围。

保险公估人是指接受保险合同当事人的委托，为其办理保险标的的勘查、鉴定、估损及赔款的理算等，并出具证明的人。其主要职能是进行损失评估，并作出公证。所以，保险公估人具有较强的独立性，是独立于保险人和被保险人之外的第三者，能够公正、公平地为客户提供服务。而保险公估机构是指依照相关法律、行政法规，经中国保监会批准设立的，接受保险当事人委托专门从事保险标的的评估、勘验、鉴定、估损、理算等业务的单位。其经营的业务包括：保险标的承保前的检验、估价及风险评估；保险标的出险后的查勘、检验、估损及理算等。

（2）重要作用。

保险公估人的主要作用体现在五个方面：第一，有利于解决专业性和技术性强的承保、定损、理赔等问题。第二，有利于实现保险定损、理赔的规范化。第三，有利于提高保险人理赔的效率。第四，有利于缓和保险双方在理赔方面的矛盾。第五，有利于避免扩大保险标的的损失。

（3）保险公估人的分类。

保险公估人可以根据不同的标准进行分类。

①按照执业环节分类。

根据执业环节进行划分，可以分为核保公估人和理赔公估人。核保公估人主要从事保险标的的价值评估和风险评估，并出具公估报告，这是保险人评估是否承保的重要参考依据。而理赔公估人是在保险事故发生后，接受当事人的委托对保险标的进行检验、估损和理算的人。

②按照执业性质分类。

根据执业性质进行划分，可分为保险型公估人和技术型公估人。保险型公估人侧重于解决保险方面的问题，技术性问题只是作为辅助手段，英国的保险公估人多属此类；而技术型公估人则主要解决技术方面的问题，主要是欧洲其他国家的保险公估人。

③按照执业内容分类。

根据执业内容可分为三类：一是海上保险公估人，主要处理海上、航空运输保险等业务；二是火灾及特种保险公估人，主要处理火灾及特种保险业务；三是汽车保险公估人，主要处理与汽车保险有关的业务。

在保险市场中，保险中介人除了保险代理人、保险经纪人和保险公估人等之外，还包括保险信用评级机构、律师事务所、会计师事务所、精算师事务所等其他中介机构。他们能够为交易双方提供更多有价值的信息，改善保险交易中信息不对称的状况，从而提高保险业务的交易效率。2010 年中国保险公估公司业务收入前十名的机构如表 14－4 所示。

表 14－4　　2010 年中国保险公估公司业务收入前十名

排名	机构名称	业务收入（万元）	市场占比（%）
1	民太安保险公估股份有限公司	21 244.30	18.24
2	泛华保险公估有限公司	13 927.80	11.96

续前表

排名	机构名称	业务收入（万元）	市场占比（%）
3	深圳市联胜保险公估有限公司	4 454.26	3.83
4	上海恒量保险公估有限公司	4 168.47	3.59
5	深圳市智信达保险公估有限公司	4 003.46	3.44
6	根宁翰保险公估（中国）有限公司	3 739.01	3.22
7	上海泛华天衡保险公估有限公司	3 458.41	2.98
8	北京华泰保险公估有限公司	2 554.10	2.19
9	广东衡量行保险公估有限公司	2 352.30	2.02
10	广州市汇中保险公估有限公司	2 159.14	1.86

二、保险市场客体

保险市场客体就是种类繁多的保险商品。保险商品是保险市场上供求双方的交易对象，并以保险合同作为载体。保险商品提供的是一种无形的经济保障服务，是一种特殊的避害产品。消费者在购买之后可能并不能马上开始消费，而是在未来的某一个时刻或时期才有可能进行消费。同时，保险商品是由保险产品设计部门和精算部门共同设计开发的，仅具有设计开发和销售过程。一旦设计出某一保险商品的销售合同、销售资料后，就直接进入销售环节。因此，以服务为目的的保险商品具有许多普通商品所不具有的特性。

（一）内涵复杂

保险商品作为一种复杂的金融商品，具有复杂的内涵。其功能难以用通俗易懂的语言进行简要概括。相对来说，财产保险商品则较简单，就是在保险标的出险后给予一定的经济损失赔偿，具有回避风险、减小损失的功能。而其具体保险责任和除外责任的表述和介绍，就显得相当复杂。人寿保险商品是一种期限长，缴费方式和提取方式多种多样的产品，其内涵更难以让普通消费者接受和理解。

（二）不可感知性及服务性

保险商品是以风险管控为对象的特殊避害商品，无法展示给消费者看，更无法让消费者试用。具体表现在其形状、性能以及质量的不可感知上。保险商品实际是一种保障服务，是向消费者传达的一种理念，通过理念在消费者心中建立起对保险的认识。保险商品的实质，就是一种在未来向消费者提供经济保障服务的承诺。

（三）没有生产过程，服务品质有一定差异

一般有形产品都要经历设计开发、生产、销售三个主要环节。但保险商品几乎不需要经历生产过程，它一旦被设计开发出来就可以直接入市销售。在保险商品设计过程中，保险人要进行大量市场研究，认真分析每项产品创意的可行性。精算师和产品开发小组则要深入研究计算，以确保新保险产品在财务上的可行性。然后才开始推广新产品，最后进行产品评估。只要完成了保险产品的开发设计，就可以马上进行销售，所以，保险商品可以非常迅速地在市场上推出。

保险产品设计出来之后，其质量标准都是完全相同的标准件，没有任何区别，不可能出现次品及质量问题。因此，保险公司在后续所提供给客户的服务就相当重要，不同人员的服务态度与服务质量，会给客户带来不一样的质量印象。所以，保险公司要想维护好并提高其声誉、市场地位，除了加大产品创新外，还应制定保险服务标准，提高客户服务质量，努力减小服务品质的差异。

（四）保险供给弹性大，不受数量限制

保险商品不需要进行生产，只要市场有需求就可以源源不断地提供，且供给在理论上永远等于需求。或者说，消费者需求只要被保险公司所捕获，就可以马上得到满足。因此，保险公司在供给保险商品时，基本上没有数量限制，也不会出现供不应求或产品积压的现象。例如，产品责任险、旅行意外险等，消费者需要多少，就可以马上进行供给，不会发生销售一空的情形。

当然，保险公司如果出于控制总体经营风险、实施战略目标、控制一个风险单位在保险公司保费收入的份额、平衡每个险种的份额等目的，那么就会采取以下措施：在总量上控制某种保险商品的销售、分阶段地撤出某种保险产品的销售、限制每个人能够购买的份数、限制总的保险金额、控制保险公司在某保险项目中的份额等。这些取决于公司具体的经营策略，但保险商品永远不会“卖完”。

（五）保险商品有固定、隐蔽的价格

保险价格即保险费率，是指消费者为获得每一单位保额的保险保障而需交付保险费的比率。以人寿保险为例，其价格是根据经验生命表中的死亡率、利息率以及保险费用率等指标综合考虑，通过科学计算得出的精算结果制定的。因此，保险价格确定之后一般不会改变。在销售过程中也不允许讨价还价，没有议价余地，消费者只能做出买与不买的决定。

消费者判断购买某种保险商品是否合算是很难的。因为每家保险公司采用的预定利率、费用等因素都不同，所以其保险商品的实际价格也不同。要比较价格，需要具备一定的经济学和财务知识。但是，由于每个公司所提供的服务、保险条款、偿还的时间和偿还的金额之间又不具有完全的可比性，所以保险产品的价格具有相对隐蔽性。

（六）保险消费的滞后性与长期性

普通商品在购买后就可以马上消费，但保险商品消费具有一定的滞后性。消费者在投保后，有可能从来不会进行实质性消费，也可能在将来某个时刻进行消费，或者在将来某个时期内长时间消费。例如，消费者购买了人身意外伤害保险，如果购买之后在保险期限内一直平安无事，那么他虽然购买了保险商品，但并没有享受任何服务，甚至可以说没有实质消费该商品。但如果消费者在保险期限内出险了，在索赔时就可以享受到保险人提供的理赔服务。如果消费者购买的是年金产品，那么在经历了缴费期并开始返还时，他就开始消费这个商品了，并且要在保险期限结束之前一直享受着此服务。可见，保险商品是对未来服务的一种承诺，存在着一定的滞后性。而且，人寿保险商品都是长期产品，保险期限通常是10年、15年、20年、30年甚至终身。从这个方面来说，保险商品消费也具有长期性。

三、保险市场调控系统

保险市场的调控系统主要包括中国保监会和中国保险行业协会等机构。

（一）中国保监会

中华人民共和国保险监督管理委员会简称“中国保监会”，成立于1998年11月18日，是国务院直属的正部级事业单位。根据国务院的授权履行行政管理职能，依照法律、法规统一监督管理全国保险市场，维护保险业的合法、稳健运行。它的成立标志着中国金融分业监管体制的形成，中国银监会、中国证监会、中国保监会三大机构共同实施金融监管，顺应了中国金融市场的发展大趋势。

中国保监会的设立，根本上是为了实现金融宏观调控与金融微观监管的分离，是金融监管与调控的对象——金融业、金融市场日益复杂化、专业化、技术化的必然要求。2003年，中国银监会的成立标志着中国人民银行、证监会、保监会、银监会分业监管金融格局的正式确立。它对于增强银行、保险、证券三大市场的竞争能力，以及更好地防范金融风险起到了非常重要的作用；同时也构建了央行宏观监管和保监会微观监管的新型保险业监管体系。

（二）中国保险行业协会

1. 中国保险行业协会的性质

中国保险行业协会成立于2001年2月23日，是经中国保险监督管理委员会审查同意，并在国家民政部登记注册的中国保险业全国性自律组织，是自愿结成的非营利性社会团体法人。

2. 中国保险行业协会宗旨

其宗旨是：遵守国家宪法、法律、法规和经济金融方针政策，遵守社会道德风尚，深入贯彻科学发展观，依据《中华人民共和国保险法》，配合保险监管部门督促会员自律，维护行业利益，促进行业发展，为会员提供服务，促进市场公开、公平、公正，全面提高保险业服务社会主义和谐社会的能力。

3. 中国保险行业协会的职责

中国保险行业协会的基本职责为：自律、维权、服务、交流和宣传。

（1）自律：维护公平竞争的市场环境，通过签订自律公约，制定行业标准和行业指导性条款来约束不正当行为；弘扬诚实守信的职业道德，建立健全保险业诚信体系；加强保险从业人员和中介机构的自律管理，监督执业行为，进行自律惩戒。

（2）维权：参与决策论证，提出有利于行业发展的建议；开展调查研究，反映行业呼声；加强与监管机关和政府部门的沟通，维护会员和保险消费者的合法权益。

（3）服务：以会员需要和行业发展需求为导向，切实增强提供服务的主动性和针对性，努力为会员单位、保险消费者及决策机关提供服务，促进行业健康发展。

（4）交流：通过增强协会会员与国内外保险业间、与其他行业间以及协会内部的交流与合作，沟通情况、收集信息、引进技术、推广经验、反映业内动态，为会员、保户和社会公众服务。

（5）宣传：整合资源，普及保险知识；提高公众保险意识；强化经营者法律意识；宣传先进事迹，树立行业良好形象；关注业内热点、焦点问题，进行舆论引导、避免恶意炒作。

第三节　保险市场供给与需求

一、保险市场供给

（一）相关概念与内涵

供给是指在一定时期内和一定条件下，生产或劳务提供者对某种产品或劳务可能供应的种类与数量。保险供给是指在一定社会经济条件下，保险市场上各家保险企业所能提供并已实现的保险商品种类和保险总量。保险商品的供给方是指在保险市场上，提供各类保险商品，承担、分散和转移他人风险的各类保险人。他们以各类保险组织形式出现在保险市场上，如国有、私营、合营、合作等形式。

（二）表现形式及衡量方法

保险供给的表现形式有两种：一是体现在物质方面的有形经济保障，即保险人对遭受保险责任损害的被保险人或受益人，按保险合同规定予以一定金额的经济赔付。由于出险概率较低的原因，能够获得有形经济保障毕竟是少量的、局部的消费者。二是体现在心理方面的精神保障，即保险人对所有消费者无论其是否出险，都提供心理上的安全保障。在保险市场上，保险供给在全社会范围内提供了大量的、经常的、无形的精神保障。

保险供给的衡量方法，主要体现在其质与量两个方面。质主要是指保险供给方提供的各类不同的险种，包括财产保险、人身保险、再保险等；量则是指所有保险人提供的保险供给的总量，即所有保险金额之和。

（三）保险供给的影响因素

有保险需求就有保险供给，保险需求是制约保险供给的核心因素。但在保险需求一定的前提下，保险供给也会受到较多因素的影响与制约。

1. 经营资本金的多少

由保险公司和其他保险组织提供的保险供给，受到保险公司资本量的制约。保险公司经营保险必须有法定数量的经营资本金，用以实现公司运作的基本要求，并按规定提取一定比率的责任准备金。在一定时期内，社会资本总量及其在国民经济各部门中的分配比例保持稳定，故用于经营保险业务的资本量会受到制约，不能无限扩大；而保险业资本量反过来也会制约保险供给的总体规模。保险需求越大，潜在业务利润就越大，会吸引一部分资本投入保险业；反之，会使得资本转移到社会其他部门去，影响到保险资本的总量。总的来说，保险业资本总量与供给总量正相关。

2. 保险从业者因素

保险经营活动主要是人的经济活动，保险供给要靠具体的人去实现。保险从业者数量和质量上对业务经营的开展，对保险供给有着重要影响。在一定时期内，社会劳动总量是不变的，从事保险经营活动的劳动人数也会大体保持稳定，这就制约着保险供给的规模。同时，保险经营活动具有特殊的专业性，需要较高素质的人才开展这些复杂工作，因此，保险从业者的专业素质也会影响保险供给总量。可以说，保险从业者的数量和质量与保险供给正相关。

3. 保险经营管理水平

保险业务的经营和管理，要求较高的技术水平和专业水平。尽管随着现代科学技术发展，保险经营不再高深莫测，但经营者在风险管理、险种条款设计、费率厘定、准备金提存、再保险分出分入等方面水平的高低，也会直接影响保险供给。规范化的保险管理制度和丰富的保险经营经验，在面对社会不断出现的新保险需求时，有助于企业更加及时地推出新的保险产品，对增加保险供给的影响很大。因此，保险业的经营管理水平与保险供给呈正相关关系。

4. 保险成本及保险利润率

保险成本是保险经营过程中一切实际和隐含的货币支出，是保险经营中的重要问题。一般来说，在保险经营中的一切支出，如赔款、佣金、工资、管理费用等都属于保险成本。保险成本大小与保险公司的管理水平及社会各种因素有很大关系。如果保险成本高，保险价格就会高，会对投保人有所影响。而对保险人来说这就意味着低利润，从而影响其保险供给。所以，保险成本与保险供给呈负相关关系。

保险利润率包括保险经营利润和保险投资利润两部分，等于保险公司当年保险费用扣除当年的赔款、税金、费用支出和提留各项准备金后的纯收入加上保险投资纯收入。在市场经济条件下，平均利润率规律支配着一切保险经济活动。如果保险企业的平均利润率高，流入保险业的资金就多，保险供给就大；反之，则相反。可以说，保险平均利润率与保险供给呈正相关关系。

5. 国家法律与政策因素

国家法律与政策因素，主要从法律法规和经济行业政策两个方面体现。国家制定的宏观经济和保险行业发展政策在很大程度上决定了保险业的发展、保险企业的经营、保险市场的竞争，并直接影响保险供给。另外，健全的法制能为保险业提供良好的经营环境，能够让保险供给维持在与经济发展相适应的正常水平，同时可直接增加责任保险、法定保险等业务的供给。此外，政治和经济秩序的稳定、国家对保险的有效管理等，都会影响到保险供给。因此，国家的法律政策与保险供给呈正相关关系。

6. 投保方的缴费能力

投保方缴纳的保险费是保险供给的主要来源之一，通过将全体投保人缴纳的保险费集中起来建立保险基金，能够提供更多的保险供给。取之于面，用之于点，所以，投保方缴纳保费的能力直接决定保险供给规模的大小。投保方缴纳的保费越多，能够提供的保险供给就越充足；反之，则相反。所以，投保方的缴费能力与保险供给呈正相关关系。

2006—2016 年我国保险供给情况如表 14－5 所示。

表 14－5　　2006—2016 年我国保险供给情况表

单位：亿元

年份	总保费	总赔款支出	寿险赔付款	健康及意外险赔款	产险赔款
2006	5 641.40	1 438.50	465.40	176.70	796.30
2007	7 035.80	2 265.20	1 064.00	180.30	1 020.00

续前表

年份	总保费	总赔款支出	寿险赔付款	健康及意外险赔款	产险赔款
2008	9 784.10	2 971.20	1 315.00	237.90	1 418.00
2009	11 137.00	3 125.50	1 268.00	281.00	1 576.00
2010	14 527.97	3 200.43	1 108.98	235.41	1 756.03
2011	14 339.25	3 929.37	1 300.93	441.50	2 186.93
2012	15 487.93	4 716.32	1 505.01	394.97	2 816.33
2013	17 222.24	6 212.90	2 253.14	520.63	3 439.14
2014	20 234.81	7 216.27	2 728.48	699.58	3 788.21
2015	24 282.52	8 674.14	3 565.17	914.81	4 194.17
2016	30 959.10	10 512.89	4 602.95	1 183.76	4 726.18

二、保险市场需求

（一）概念与内涵

需求是指在一定时期内和一定条件下，消费者愿意且能够购买某种商品或某种劳务的要求。保险需求是指在特定时期内社会和各类经济单位对保险保障的需求量。保险需求的产生是由于客观世界风险损失的不确定性，人们希望能在受损失的时候确定有人提供救助，从心理上获得安全感，所以需要通过保险进行转移风险。保险商品的需求方是指在一定时间、一定地点等条件下，为寻求风险保障而对保险商品具有购买意愿和购买力的消费者的集合。

（二）表现形式及必备条件

投保方保险需求的表现形式有以下两种：一是体现在物质方面的有形经济保障。当灾害事故发生后，希望受到的损失得到经济补偿或给付。二是体现在精神层面的无形心理保障。希望购买了保险之后，由于转嫁了风险而获得心理上的满足感和安全感。对整个社会来说，保险需求中无形的精神保障是经常、大量存在的，而有形的经济保障则是在灾难来临、意外发生并造成损失时才会需要。由于风险发生的概率问题，有形经济保障是局部的、少量的，但两者都是客观存在和同等重要的。

作为有效的保险需求，必须具备三个条件：（1）消费者有保险需求并愿意投保；（2）为满足保险需求而具备一定的缴费能力；（3）保险标的符合保险人的经营技术要求。

（三）保险需求的影响因素

保险需求是一个综合经济现象，影响因素很多，主要有风险、经济发展水平、保险价格、人口、科学技术水平、风险管理水平、利率因素等。

1. 风险因素

风险是保险需求的首要条件，无风险就无保险。风险程度越高，范围越广，保险需求总量也就越大；反之，保险需求量就越小。因此，保险需求与风险程度呈正相关关系。

2. 经济发展水平

社会生产力发展到一定水平，保险需求就有与之相适应的种类和规模。经济发展既是刺激保险需求产生的因素，也是保险需求总量的重要影响因素。随着经济和生产力的不断进步，社会经济总产值中人们可以用于保险消费的支出不断增加，这是保险需求增长的决定因素。所以，保险需求总量与经济发展水平呈正相关关系。

3. 保险价格高低

保险商品价格越高，保险需求者需要缴纳的保险费就越多。而人们总是希望用尽可能少的钱，来获得尽可能大的经济保障。所以，当保险费率上升时，保险需求就会下降；而当保险费率下降时，保险需求则增加。可见，保险需求与保险价格呈负相关。

4. 人口因素

现代保险与社会环境联系紧密，人口状况对保险需求有着重要影响，尤其是对人身保险的需求。人口总量越大，保险需求的总量就越多。人口的结构也会影响保险需求，如年龄结构、文化程度结构、职业结构等都会对保险需求产生影响。总的来说，保险需求与人口因素呈正相关。

5. 科学技术水平

科学技术是第一生产力。随着现代科学技术的不断进步，以及在人们日常生活中的广泛应用，出现了越来越多的新经济领域，从而创造出更多的新保险需求。同时，科学技术的进步，尤其是互联网的迅速普及，导致保险的宣传与业务运转速度越来越快，人们可以更快地了解保险，接触到保险，从而激发更多的保险需求。所以，保险需求总量与科学技术进步呈正相关关系。

6. 风险管理水平

风险管理水平能直接影响保险需求总量。一般来说，做好风险管理工作可以减少出险频率，防止灾难和意外的发生，从而减少了一部分不必要的保险需求；反之，保险需求会随之增加。所以，保险需求总量与风险管理水平呈负相关关系。

7. 利率与通货膨胀

现代保险中很大一部分属于投资性保险，特别是长期性人身险业务。银行利率影响人们手中闲置资金的流向。当利率高于保险收益时，资金就会投向银行，导致保险需求减少；反之，则会投向保险公司，使得保险需求扩大。因此，保险需求总量与利率高低呈负相关关系。通货膨胀也会影响并抑制保险需求，尤其是中长期的人身保险需求，通货膨胀率与保险需求总体呈负相关关系。

此外，国家政策、民族习俗、文化水平、宗教信仰等对保险需求也会产生不同的影响。上述诸多因素中，既有内生变量也有外生变量，其中经济发展水平和保险价格是影响保险需求最主要的两个因素。

三、保险市场供求平衡

（一）相关概念与内涵

保险市场供求平衡，是指在一定的保险价格水平下，保险供给与保险需求达到相一致的状态，即保险供给等于保险需求。其中，保险价格是影响保险市场供求平衡的重要因素，是调节保险市场活动的经济杠杆。通过保险价格体现出来的保险市场供给和需求，还要通过保险价格来实现供求平衡。因此，保险价格是保险市场极为重要的影响因素。

保险价格，是指某种保险产品的单位保额应缴纳的保险费，是保险商品价值的货币表现；也是保险人用于损害赔付，弥补经营支出，而由投保人支付的货币额。在保险市场机制中，价值规律、供求规律、竞争规律共同发挥作用。价值规律发挥作用的表现形式是，价值决定价格，价格围绕价值上下波动。价格上下波动的原因，一是供求关系的变化，二是竞争力的较量，两者对价格都会产生很大影响。保险价格由其内在价值所决定，受保险市场供求关系的影响，并对保险市场供给和需求产生反作用。当保险价格偏高时，就会刺激保险供给，抑制保险需求；反之亦然。

(二) 保险价格的种类

保险价格有保险理论价格和市场价格之分，这两者并不完全一致。

1. 保险理论价格

保险理论价格，是在保险价值的基础上形成的价格。在考虑保险价值时仅考虑其内在因素，并不考虑影响它的外部因素。价值是价格的基础，价格是价值的货币表现形式，对保险理论价格的分析首先从保险价值开始。保险商品的价值是凝结在保险商品中的人类劳动，等于生产该保险商品所耗费的社会必要劳动时间。所以，生产保险商品的社会必要劳动时间决定了其价值量，进而决定保险商品的理论价格。

保险价格就是保险费，一般指毛保费，包括纯保费和附加保费两部分。保险费是根据保险费率计算的，所以毛保险费率也分为纯费率和附加费率。

(1) 纯费率。

业界目前普遍采用的纯费率计算原理是：纯费率等于以往若干年的平均保额损失率加上一定数量的危险附加率。其中，一定时期（三年或五年）内的保险赔款总额与保险金额总和的比率称为平均保额损失率。公式如下所示：

$$\text{平均保额损失率}=\frac{\text{保险赔款总额}}{\text{保险金额总和}}\times 100\%$$

由此公式计算出来的平均保额损失率只是一个平均水平，现实发生的保险损失额与平均水平有一定的偏差。所以，必须在平均保额损失率的基础上，增加一定比率的危险附加费率，以提高保险企业财务的稳定性。

(2) 附加费率。

附加保费由营业费用、预期利润、异常风险费用三项构成，这三项之和与保险金额总和之比即为附加费率。公式如下所示：

$$\text{附加费率}=\frac{\text{营业费用}+\text{预期利润}+\text{异常风险费用}}{\text{保险金额总和}}\times 100\%$$

(3) 毛费率。

毛费率由纯费率和附加费率构成，其计算公式为：

$$\text{毛费率}=\text{纯费率}+\text{附加费率}$$

保险理论价格，就是按照毛费率计算出来的保费，即毛保费。

另外，除了由价格实现供求平衡外，保险市场供求平衡还要实现总量平衡和结构平衡。当保险供给规模等于需求规模时，便达到了保险供求的总量平衡。保险的供给结构与需求结构相匹配，则达到保险供求的结构平衡。其中，保险结构包括险种、缴费能力及产业结构等方面的供求适应性。

2. 保险市场价格

保险理论价格是单纯从保险市场供求关系进行分析的，没有考虑到外部因素。它实际上是抽象价格，在保险实践中通用的都是市场价格。市场价格与理论价格由于受外部多种因素的制约和影响，存在一定程度的偏离。保险市场价格是考虑了外部因素后最终形成的保险价格，它等于保险理论价格加上外部因素带来的费用成本。保险市场价格的基础是理论价格，而理论价格通过保险市场价格得以体现。影响保险市场价格的外部因素有货币价值波动、保险标的、国内外关联商品价格、国家有关保险的政策等。

（三）保险市场供求平衡

保险市场供求平衡，是指在一定时点上保险产品的需求量和供给量正好相等的状态，即保险需求与供给达到均衡点。保险市场的供求状况一般有以下三种状态。

第一，保险市场供求大致平衡。即在一定的保险费率条件下，保险供给等于保险需求，即保险市场供求平衡。

第二，保险供给大于保险需求。当保险市场费率高于均衡费率时，保险需求就会缩小，从而保险供给大于保险需求。

第三，保险需求大于保险供给。当保险市场费率低于均衡费率时，保险供给就会缩小，从而保险需求大于保险供给。

保险市场的供求平衡，主要是受到市场竞争环境和保险市场费率水平的制约。因此，保险市场竞争的环境不同，保险供求水平就会出现差异。

第四节　保险组织机构形式

一、一般组织机构形式

国际保险市场上保险人的组织机构形式一般有以下六种。

（一）国营保险组织

国营保险组织是由国家或政府投资设立的保险经营组织。它们可以由政府机构直接经营，也可以通过国家相关法令规定由某个团体来经营，前者称为直接国营保险组织，后者称为间接国营保险组织。

国营保险组织可分为三种类型：一是完全垄断型国营保险组织。即这些国家的国营保险组织完全垄断了国内所有保险业务，往往是“政企合一”组织，既是保险管理机关，又是经营保险业务的实体。二是政策型国营保险组织。即有些国家为了保证国家某种经济社会政策的实施，将某些强制性或特定保险业务专门由国营保险组织经营。三是商业竞争型国营保险组织。在许多国家，国营保险组织同其他组织形式一样，可自由经营各类保险业务，并可与之平等竞争，并追求最大限度的利润。

（二）合营保险组织

合营保险组织有两种形式：一是公私合营保险组织，即政府与私人共同投资设立的保险经营组织，通常是以股份有限公司的形式出现，并具有保险股份有限公司的一切特征。二是中外合营保险组织，即本国政府或组织与外商共同投资设立的合营保险组织，我国称之为中外合资保险经营组织。

（三）私营保险组织

私营保险组织是由私人投资设立的保险经营组织。它多以股份有限公司的形式出现，也是现代保险企业制度下最普遍、最典型的组织形式。

（四）合作保险组织

合作保险组织是由社会上具有共同风险的个人或经济单位，为了获得廉价保险保障而共同集资设立的保险组织形式。在西方保险市场上，合作保险组织分为消费者合作保险组织与生产者合作保险组织。前者是由保险消费者组织起来，并为其成员提供保险的组织。它既可以采取公司形式，如相互保险公司；也可以采取非公司形式，如相互保险社与保险合作社。后者则大多是由医疗机构或人员为大众提供医疗与健康服务而组织起来的，如美国的蓝十字会和蓝盾医疗保险组织。

（五）行业自保保险组织

1. 概念

行业自保保险组织，是指某一行业或企业依法设立专门机构，为本企业或本系统提供保险保障的组织形式。其形式主要是行业的自保公司或专属保险公司。它具有一般商业保险所具备的优点，但其适用范围有限制，无法像商业保险那样被普遍采用。

2. 优点

行业自保的优点是：（1）可降低消费者的保险成本。（2）能够增加承保弹性。即自保公司承保业务的弹性较大，对于传统保险市场所不愿承保的风险也可以承保，以解决母公司风险管理上的困难。（3）有利于减轻税收负担，自保公司设立的重要动机就是获得税收方面的利益。（4）可加强损失控制。即通过建立自保公司，可以降低商业保险引起的道德风险，母公司会更加主动地监督其风险管理方案。

3. 缺点

行业自保的缺点是：（1）业务量有限。现今多数自保公司虽都接受外来业务，以扩大其营业范围，但在本质上其大部分业务仍以母公司为主要来源，危险单位有限，使得大数法则难以发挥功能。（2）风险品质较差。因自保公司所承保的业务多为财产保险，以及若干不易由传统保险市场获得保障的责任保险，不仅易于导致风险过分集中，且易导致责任保险的风险品质较差。如损失频率颇高，损失额度大，损失补偿所需的时间常拖延甚久等，均增加了业务经营的困难。（3）组织规模简陋。因自保公司规模较小，组织较为简陋，不易罗致专业人才，亦无法采用各种损失预防或财产维护的措施，因此仅能获得税负较轻的利益，难以创造良好的业绩。（4）设立的资本较小，财务基础薄弱，同时由于外来业务少，不易分散经营风险。

（六）劳合社

劳合社是伦敦劳合士保险社的简称，是当今世界上最古老，也是最大的保险垄断组织之一。劳合社并非保险公司，而是加盟公司以及个人承保商的集合体。其成员各自独立，自负盈亏，各自单独承保，并承担有限责任。

劳合社成员通常要经过严格审查批准，在1995年之前，只允许具有雄厚财力，且愿意承担无限责任的个人为承保会员。1980年代末期，个人会员曾达到三万余人。但随后几年的巨额灾害赔付，使得大量会员破产。1995年，劳合社制定了长达48页的计划纲要，重点是将过去的劳合社进行改造，放弃了实行数百年的无限责任制，并接纳一些实力雄厚的法人团体入社，从而增强了实力，巩固了行业地位。

二、典型的组织机构形式

现代保险人的典型组织机构形式主要有以下几种。

（一）保险股份有限公司

1. 保险股份有限公司的特点

（1）保险股份有限公司是典型的资合公司，公司的所有权与经营权相分离。该种形式有利于提高经营管理效率，增加保险利润，进而扩展保险业务，同时使得风险更加分散，经营更加安全，对消费者的保障也更强大。

（2）通常依靠发行股票（或股权证）筹集资本。通过筹集大额资本，可以提高其经营资本充足率。由于其财力雄厚，因而有利于扩展保险业务。

（3）采取确定保险费制。这比较符合现代保险的特征和投保人的需要，为业务扩展提供了便利条件。

2. 组织机构

组织机构是保险公司为了达到有效经营管理的目的，确定各个部门及其组成人员的职责以及不同职责间的相互关系，从而使全体参加者既有明确分工，又通力合作的一种形式。一般包括：（1）股东大会；（2）董事会；（3）监事会；（4）经理等。

（二）相互保险公司

相互保险公司是由所有参加保险的人自己设立的保险法人组织，是保险业特有的公司组织形式。早期的很多保险公司都属于相互保险公司，甚至在1980年代的世界十大保险公司中，相互保险公司占了一半。与保险股份有限公司相比，该公司具有三个特点：（1）其投保人具有双重身份，既是保险人也是消费者；（2）属于非营利型公司；（3）其组织机构类似于股份公司，经常聘用保险专业人士来经营。

【延伸阅读14-2】日本的相互保险公司及其改制情况

一百年前，日本大多数保险公司均以相互保险为公司组织形式，在此期间，日本一再登上世界保险王国的宝座。特别是1990年代，世界最大的3家保险公司都在日本，并且都是相互制公司。分别是日本生命相互保险公司、第一生命相互保险公司以及明治生命相互保险公司。

自从日本泡沫经济崩溃后，一再出现相互保险公司转变为股份制公司的事例。2002年，大同生命保险相互公司、大和生命保险相互公司圆满完成转制；2004年，太阳生命保险相互公司、三井生命保险相互公司也都完成转制并成功上市。迄今日本的46家寿险公司中，相互公司仅存日本生命保险、第一生命保险、明治安田生命保险、住友生命保险、富国生命保险和朝日生命保险6家，但业务占据了日本寿险的半壁江山。

2008年3月，日本寿险界爆出大冷门，具有百年以上历史、曾经数十年间位居世界第二位的、日本第二大寿险公司第一生命相互保险公司宣布进行转制。按照该公司公布的计划，将由相互制向股份制转变。转制将于2010年4月之前完成，并一举上市。根据该公司测算，随着公司体制的转换，该公司的821万投保人中，有150万名将拥有该公司的股份。此举使第一生命相互保险公司超越日本电信电话株式会社拥有103万名股东的记录，成为日本拥有股民最多的公司。日本最大的股份制寿险公司横空出世，一家公司拥有如此众多的股东，为世界金融界所瞩目。

资料来源：《中国保险报》，2010年1月27日。

（三）相互保险社

相互保险社是同一行业的人员为了应付灾害事故造成的经济损失，而自愿结合起来的集体保险组织。与保险合作社及相互保险公司相比较，它具有以下特征：一是参加的成员之间互相提供保险。二是相互保险社无股本，其经营资本的来源仅为社员缴纳的分担金，一般在每年年初按暂定分摊额向社员预收，在年度结束计算出实际分摊额后，再多退少补。三是它的保险费采取事后分摊制，事先并不确定。四是相互保险社的最高管理机构是社员选举出来的管理委员会。

（四）保险合作社

保险合作社是由一些对某种风险具有同一保障要求的人，自愿集股设立的保险组织。保险合作社与相互保险社的差异在于以下几点。

首先，保险合作社是由社员共同出资入股设立的，加入的社员必须缴纳一定金额的股本。社员即为保险合作社的股东，其对保险合作社的权利以其认购的股金为限。而相互保险社却无股本。

其次，只有保险合作社的社员才能作为其被保险人，但社员也可以不投保。而相互保险社的社员之间是为了暂时的目的而结合的，如果保险合同终止，双方即自动解约。

再次，保险合作社的业务范围仅局限于其社员，只承保合作社社员的风险。

最后，保险合作社采取固定保险费制，事后不补缴。而相互保险社保险费采取事后分摊制，事先并不确定。

三、我国保险公司现行的组织形式

（一）国有独资及控股保险公司

根据我国《公司法》的规定，国有独资公司是指国家授权投资的机构，或国家授权的部门单独投资设立的有限责任公司。国务院确定的生产特殊产品或属于特定行业的公司，应采取国有独资公司形式。由于其股东只有一个，投资完全来源于国家，所以它是一种特殊形式的有限责任公司，是一种特殊的国有企业。

国有独资保险公司作为国有独资公司的一种，是指由国家授权投资的保险机构或部门投资设立的保险有限责任公司。其基本特点是：①投资主体单一，股东仅有一个。②公司不设股东会，只设董事会和监事会。③公司的财产所有权归国家所有。目前，我国的国有独资保险公司仅有中国出口信用保险公司一家。而国有控股保险公司有中国人民保险集团公司、中国人寿保险集团公司、中国再保险集团公司、太平保险集团公司和中华联合保险控股公司五家。我国的国有保险公司数量不多，但实力雄厚，控制了绝大部分保险市场，是市场的主导力量。

【延伸阅读 14-3】中国两大国有龙头保险公司的经营情况

2015 年，中国人保集团的人保财险公司实现原保费收入 2 810 亿元，同比增长 11.3%；增量保费 286 亿元，保持市场第一。公司的市场占有率为 33.4%，继续保持行业第一，市场主体地位得到有效巩固。2015 年末，公司偿付能力充足率 226%，继续保持充足Ⅱ类水平。凭借公司突出的行业地位和持续提升的综合实力，2015 年 6 月，穆迪已将中国财险的评级从 A1 提升至 Aa3，为国内企业最高评级。人保财险投资、承保双轮驱动，盈利能力不断攀升。2015 年，中国财险持续优化调整费用结构，严控管理费用，加大销售费用投入，资源差异化配置效果显现，资源使用效率进一步提高。同时公司持续加强承保质量管理，进一步加强车险定价集中管控平台建设，优质业务占比持续提升。2015 年综合成本率 96.5%，继续低于行业平均水平。赔付率为 62.7%，同比下降 1.7 个百分点。2015 年，人保财险承保利润 86 亿元，同比增长 18.0%；投资收益 213 亿元，同比增长 54.7%；净利润首度突破 200 亿元，每股收益 1.473 元，同比增加 0.412 元；净资产收益率 22.4%，同比提高 1.3 个百分点，保持同业领先水平。

中国人寿集团的国寿股份公司的经营情况为：截至 2015 年 6 月 30 日，中国人寿实现净利润 314.9 亿元，同比增长 71.1%。2015 年上半年，市场份额约为 24.8%，继续占据寿险市场主导地位。2015 年上半年，中国人寿实现总资产 2.4 万亿元，较去年年底增长 5.9%；内含价值为 5 168.2 亿元，较去年年底增长 13.6%；营业收入为 3 334.1 亿元，同比增长 36.8%。

（二）股份有限保险公司

股份有限保险公司是我国保险市场上最普遍的组织机构形式，我国目前已拥有 190 多家股份有限保险公司，它们发展迅速，已成为行业发展的主要推动力。

（三）相互保险公司及相互保险社

在我国保险市场上，目前仅有黑龙江的阳光农业相互保险公司一家相互保险公司。

2005 年 1 月，首家相互制保险公司——阳光农业相互保险公司开业，把服务“三农”作为发展的基本定位，开发出独具特色的“三农”保险产品 140 个，并创造了三方筹集保费的模式：由参保农户缴纳保费 65%，申请国家财政补贴 20%，地方财政补贴 15%。农业相互保险使政府临时救灾的行政行为转变为公司与农户的经济契约行为，从而建立了由农民、地方政府和国家共同平抑自然风险的模式，有效地分散和平抑了农业自然风险，增强了生产自救能力。

2016 年，中国保监会相继批准并筹建了信美人寿相互保险社、众惠财产相互保险社、汇友建工财产相互保险社三家相互保险社，填补了这方面的机构空白。

（四）专属保险公司

专属保险公司即自保公司，目前全国仅有 6 家自保公司。包括注册地在中国内地的中石油专属财产保险有限公司、中国铁路财产保险自保有限公司、中远海运财产保险自保有限公司，以及注册地在香港的中海油、中广核以及中石化自保公司。

1. 中石油专属财产保险有限公司

2012 年 10 月 10 日，中国保监会核准同意中国石油天然气集团公司、中国石油天然气股份有限公司共同发起筹建中石油专属财产保险有限公司，注册资本为人民币 50 亿元，注册地为新疆克拉玛依市。此前，中国大型企业中仅有中海油在香港注册成立了一家自保公司，即 2000 年设立的中海石油保险有限公司。作为第一家在中国内地注册的自保公司，它拉开了我国专属保险公司发展的帷幕。

2. 中国铁路财产保险自保有限公司

中国铁路财产保险自保有限公司（简称“中国铁路保险公司”），是中国内地第二家保险自保公司，于 2015 年 7 月 1 日经中国保监会批准开业。它由中国铁路总公司独家出资设立，注册资本 20 亿元人民币。该公司定位于中国铁路总公司的专业风险管理平台，全面认识和度量风险，加强风险防范、管理和控制，降低风险发生概率，补偿风险事故损失，提高铁路企业安全管理水平和风险防控能力，提升为国民经济和社会服务的水平。公司通过深入研究铁路生产、经营、建设过程中面临的各类风险，研发符合行业风险特征的保险产品，为铁路企业提供优质的风险控制管理服务和保险保障，同时创造自身价值，实现公司长远而稳健的发展。其业务范围为中国铁路总公司及所属单位内的下列保险业务：财产损失保险、责任保险、信用保险和保证保险；短期健康保险和意外伤害保险；上述业务的再保险业务；国家法律、法规允许的保险资金运用业务；经中国保监会批准的其他业务。

3. 中远海运财产保险自保有限公司

中远海运财产保险自保有限公司（简称“中远海运自保公司”），是由中国远洋海运集团有限公司独立出资发起设立的集团二级子公司，注册地位于上海。2017 年 1 月 25 日，中国保监会批准中远海运财产保险自保有限公司开业。公司注册资本为人民币 20 亿元，法定代表人为王大雄。经营范围为中国远洋海运集团有限公司成员企业所承担的风险，承保险种为船舶保险、货运保险、责任保险、企业财产保险、工程保险、家庭财产保险、车辆保险、短期意外及健康保险、信用保险、保证保险等。

本章小结

1. 保险市场是指保险商品交换关系的总和，是保险商品供给与需求关系的总和。其特征是：交易的无形性、合同履行的不确定性、服务和货币的两重性、政府的干预性。

2. 保险市场按照不同标准可以有多种分类。保险市场可以按保险承保标的性质、保险活动的地域、保险承保方式、保险经营模式、保险组织经营形式等多个方面进行划分。

3. 中国保险市场处于快速成长阶段，国际地位迅速提高；保险需求快速增长，但尚未得到充分刺激；保险产品单调，险种同质现象严重；保险同业竞争激烈，从业人员流动过快；培训教育发展快，但专业人才缺口严重。

4. 保险市场由保险主体、保险客体和调控系统构成。保险主体有保险人、被保险人、投保人、受益人和保险中介人。其中，保险中介人除了保险代理人、保险经纪人和保险公估人之外，还包括保险信用评级机构、律师事务所、会计师事务所、精算师事务所等其他中介机构。

5. 保险商品的特点是：内涵复杂；不可感知性及服务性；无需进行规模生产，服务品质有差异；供给弹性大，不受数量限制；消费存在滞后性及长期性；保险商品有固定、隐蔽的价格。

6. 有保险需求就有保险供给，保险需求是制约保险供给的最基本因素。保险供给的影响因素有：资本金的多少、从业人员的数量与质量、经营管理水平、投保方缴费能力、保险成本大小及利润高低、国家法律政策等。影响保险需求的因素主要有风险、经济发展水平、保险价格、人口、科学技术水平、风险管理水平、利率等。保险价格体现出了保险市场的供给和需求，同时，也要通过保险价格来实现供求的平衡。

7. 保险人的一般组织形式有：国营保险组织、合营保险组织、合作保险组织、私营保险组织、行业自保保险组织及劳合社。现代保险人的典型组织形式有保险股份有限公司、相互保险公司、保险合作社、相互保险社；我国现行的保险公司组织形式有国有独资及控股保险公司、股份有限保险公司、相互保险公司、相互保险社及专属保险公司。

复习思考题

1. 解释名词：保险人、投保人、保险代理人、保险经纪人、保险公估人、保险市场、保险需求、保险供给。

2. 保险市场的构成要素是什么？

3. 保险中介有哪些主要的类型？投保人和被保险人的构成要件是什么？

4. 中国保险监督管理委员会的职能是什么？保险行业协会有哪些职能、目标？

5. 保险代理人与保险经纪人有何区别？

6. 简述影响保险需求和保险供给的主要因素。

7. 保险人的一般组织形式及典型组织形式有哪些？

8. 我国现行的保险公司组织形式有哪些？

第十五章

保险监管理论与实践

⊙内容提要⊙

本章包括保险监管概述，保险监管原则、方式与目标，保险监管的内容，中国保险监管现状与完善措施四节内容。要求掌握保险监管的组织结构、目标、监管的方式；了解保险监管的含义和意义；理解保险监管内容、我国保险监管的现状及完善措施。

第一节　保险监管概述

一、保险监管的概念与意义

（一）保险监管的概念与内涵

保险监管是指政府对保险行业的监督管理。一般是由国家设立专门的保险监管机构（部门），依法对保险经营者以及保险市场进行全面监督和管理。其目的是确保保险经营者的稳健经营和保险市场的规范运行，保护保险消费者的利益，维护经济社会的稳定发展。

现代保险监管制度主要由三部分构成：一是国家通过制定保险法律法规，对本国保险业进行宏观指导与管理；二是国家保险监管职能机构依据法律或行政授权，对保险业进行行政管理；三是保险经营组织为保证保险业内部的健康竞争，促进行业的发展，成立同业组织并对保险企业进行监督和指导。在保险监管过程中，政府的职能在于提高市场效率、维护公平和保持稳定。只有防止市场资源配置的扭曲和政府失灵，才能保证这三项职能的顺利实现，政府的三项监管职能归根到底体现为保护被保险人的利益。

（二）保险监管的意义

1. 维护保险消费者利益，保证社会的和谐稳定

保险业作为社会经济保障制度的重要组成部分，对经济社会的稳定发展和人民生活的安定负有极大责任。由于保险事故的随机性、损失程度的不可知性等，使得保险经营本身存在着不确定性，加上同业竞争和道德风险的存在，保险企业随时都可能亏损或倒闭。一家保险公司一旦经营亏损或倒闭，不仅会损害经营者自身的利益，还会严重损害广大消费者的利益，造成众多的家庭和企业失去保障，从而影响到人民生活的安定，甚至造成社会的动荡。因此，决不能任凭保险业自由竞争，自生自灭。所以，保险业具有极强的公益性和社会性。为了维护广大保险消费者利益，保证社会的和谐稳定，国家必须对保险业进行严格监管，绝不能任其随意破产或倒闭。

2. 规范保险市场发展，防止恶性竞争

国家对保险业进行严格监管，是培育、发展和规范保险市场的内在需要。由保险人、消费者和中介人构成的保险市场，是随着商品经济的发展而发展的。国家对保险业实施严格监管，有利于规范保险市场的经营行为，创造和维护平等的竞争环境，防止出现盲目竞争和破坏性竞争；又可以对保险业实施调控，促使其健康持续发展。

3. 加强人员监管，增加信息透明度

由于保险业中参保人数众多、覆盖面大、涉及面广，加上保险经营具有专业性、特殊性、复杂性、技术性和公共性特点，保险专业术语众多，保险从业者必须具备这些专门知识，而保险消费者往往缺乏这方面的知识；再加上信息不对称和道德风险的存在，因此保险公司的信息应该有完备的信息披露制度，这也决定了国家必须对保险业进行严格的监管。

二、保险监管发展简史

（一）国外保险监管发展简史

保险监管最早可追溯到 16 世纪后半期，当时经营保险的利润丰厚，进入门槛也很低，因此，很多企业纷纷成立保险公司，涉足保险经营业务。后来，由于保险经营主体越来越多，竞争日趋激烈，出现了无序混乱的局面，有些保险公司甚至倒闭，损害了保险消费者的利益，威胁到了社会稳定。对此，一些国家意识到了无保险监管的危害性，于是纷纷设立专门的保险监管机构，或颁布保险法予以干预、监督及管理。

1. 保险监管制度在英国的产生与发展

英国是最早建立保险监管制度的国家，最初是从海上保险业务进行干预的。1575 年，英国成立了保险商会，由商会对海上保险单进行登记管理。到了 1720 年，英国政府又规定，海上保险业务只能由皇家交易所保险公司和伦敦保险公司经营。

现代保险监管制度在美国兴起后，英国很快引进并进一步发展了该制度。1870 年，英国颁布了《寿险公司法》，其中对寿险公司的保证金、财产账户等方面作出了具体规定。1909 年，英国又颁布了《保险公司法》，对全国的保险公司开始进行严格监管。

2. 美国保险监管制度的兴起与发展

现代保险监管制度最早开始于 19 世纪的美国。1810 年，美国宾夕法尼亚州规定：禁

止外州保险公司在本州经营保险业务。此后，马里兰州和纽约州也作出了相同的规定。1814年，纽约州通过立法规定了保险公司的破产清算程序，加强了对保险公司破产的管理。1837年，马萨诸塞州提出了有关保险准备金的管理规定。1849年，纽约州通过了保险分业经营的法律，产寿险分业经营的原则开始确立。

1851年，新罕布什尔州首先成立保险委员会；1852年，佛蒙特州建立了本州的保险委员会；1853年，纽约州通过了关于未到期责任准备金的法律；1855年，马萨诸塞州成立了保险委员会。现代意义上的保险监管部门，始于1859年在纽约州成立的纽约州保险监督委员会。此后，美国各州纷纷效仿，相继成立了本州的保险监管机构。

3. 其他国家保险监管制度的建立

在欧洲，奥地利于1859年、瑞士于1885年、德国于1909年，分别建立了本国的保险市场监管制度。此后，由于保险业本身的特殊性及其在整个国民经济中的重要地位，各国政府对保险业的监督管理一直没有放开，而是对其实施了逐步强化的监管。其目的是建立一套严格高效的宏观保险监管体制，从制度上确保保险业的重要地位，对其进行严格的调控，使其能够稳定长久地发展，为社会进步和人民生活安定服务。

（二）中国保险监管的发展历程

中国保险监管体系经历了从审批到监管；从中国人民银行和财政部交替监管、中国人民银行监管，到中国保险监督管理委员会监管的变迁。目前，在中国保险监督管理委员会的独立管理下，形成了以市场行为监管、偿付能力监管和保险公司治理结构监管为三大支柱的监管框架，建立了以公司治理和内控为基础、以偿付能力监管为核心、以现场检查为重要手段、以资金运用监管为关键环节、以保险保障基金为屏障的防范风险的五道防线。从管理部门的更替来看，中国保险监管大致经历了三个阶段。

1. 中国人民银行和财政部交替监管阶段（1949—1978年）

中华人民共和国成立初期，中国人民银行和财政部分别对保险业行使领导和管理职能。根据国务院批准的《中国人民银行试行组织条例》规定，保险业归中国人民银行领导和主管。1952年6月，保险业划归财政部领导，成为国家财政体系中的独立核算单位。1959年，国内保险业务相继停办，仅保留了涉外保险业务，保险业被再次划归中国人民银行领导。中国人民保险公司行政上隶属于中国人民银行国外局下属的保险处。1965年3月，中国人民银行决定恢复中国人民保险公司的建制，保险处升级为局级机构。

2. 中国人民银行监管阶段（1979—1998年）

1979年4月，国务院批准《中国人民银行全国分行行长会议纪要》，决定逐步恢复国内保险业务。1983年，根据中国人民银行专职行使中央银行和金融监管职能的要求，中国人民保险公司成为国务院直属的局级独立经济实体。

1985年，国务院颁布了《保险企业管理暂行条例》，明确规定国家的保险管理机关为中国人民银行，财政部负责监督保险业的财务会计制度，国家计划委员会行使制定国家保险业发展规划的职能。

1992年，中国人民银行颁布了《保险代理机构管理暂行办法》和《上海外资保险机构暂行管理办法》。1993年，中共中央和国务院分别下发《关于建设社会主义市场经济体制若干问题的决定》和《关于金融体制改革的决定》，要求加强金融监管并实施分业经营。

1994年5月，中国人民银行在非银行金融机构管理司单独设立保险处，负责保险业等非银行金融机构监管。1995年7月，中国人民银行设立专门行使保险监管职能的保险司，1995年6月30日，第八届全国人大常委会颁布了《中华人民共和国保险法》。伴随着《中华人民共和国保险法》的颁布和实施，一批股份制保险公司、外资保险分公司和中外合资保险公司相继成立，保险产品和销售方式不断创新，保险业进入高速增长时期。

为了维护保险市场公平有序的竞争环境，切实贯彻实施好《中华人民共和国保险法》，保护消费者的合法权益，1996年2月，中国人民银行颁布了《保险代理人管理暂行规定》，7月，颁布了《保险管理暂行规定》。1997年11月，中国人民银行修订并颁布了《保险经纪人暂行规定》（试行）。1998年2月，中国人民银行颁布了《保险经纪人管理规定》（试行）。此外，中国人民银行于1998年9月制定了《保险业监管指标》；1996年6月颁布了《中国人寿保险业经验生命表（1990—1993）》，建立了人身保险准备金评估报告制度等。

3. 中国保险监督管理委员会监管阶段（1998年至今）

1998年11月18日，中国保险监督管理委员会正式成立，专职行使保险业监管职责。其主要职责是：拟定有关商业保险的政策法规和行业发展规划；依法对保险企业的经营活动进行监督管理和业务指导，维护保险市场秩序；依法查处保险企业违法违规行为，保护被保险人的利益；培育和发展保险市场，推进保险业改革，完善保险市场体系，促进保险企业公平竞争；建立保险业风险评价和预警系统，防范化解保险业风险，促进保险企业稳健经营和业务的健康发展。中国保险监督管理委员会的成立，标志着保险监管迈入了专业化、规范化的新阶段，有利于促进保险业的健康协调发展。

1999年，中国保险监督管理委员会颁布了《保险公司管理规定》（试行）。2000年颁布了《保险公司管理规定》，明确提出"市场行为监管和偿付能力监管并重"的监管目标。2002年10月28日，第九届全国人民代表大会常务委员会修订并颁布了《保险法》，再次强调了保险偿付能力的监管手段。2004年，中国保险监督管理委员会再次修订了《保险公司管理规定》。

2005年10月，中国保监会主席在国际保险监督官协会2005年年会上正式宣布，要参照国际保险监督官协会的三支柱监管框架——偿付能力监管、公司治理监管和市场行为监管，建设具有中国特色的保险监管体系。努力构筑以公司内控和治理结构监管为基础，以偿付能力监管为核心，以现场检查为重要手段，以资金运用监管为关键环节，以保险保障基金为屏障的防范保险业风险的"五道防线"，促进中国保险业稳定、持续、协调、健康发展。

为适应保险市场扩大开放和保险业加快发展的需要，我国在继续坚持市场行为监管和偿付能力监管并重的前提下，逐步向以偿付能力监管为核心过渡。2008年7月10日，中国保监会颁布了《保险公司偿付能力管理规定》；2009年10月1日开始施行新《保险法》，对保险偿付能力监管进行了更全面系统的诠释，以偿付能力监管为核心的保险监管体系得以逐步确立和完善。2012年，中国保监会发布了《中国第二代偿付能力监管制度体系建设规划》（简称"偿二代"），提出要形成一套既与国际接轨，又与我国保险业发展阶段相适应的偿付能力监管制度体系。自2016年一季度起，偿二代监管体系正式实施，保险公司只向中国保监会报送偿二代报告，停止报送偿一代报告。这意味着我国保险监管将全面实行“风险导向”的新制度。

2015年，十二届全国人民代表大会常务委员会第十四次会议决议中，提高了部分违法违规行为的处罚点极限，还对保险公司的偿付能力、资金运用、公司治理、流动性监管、信息保护等方面进行了相关规定。

随着互联网保险业务的高速发展，为规范互联网保险经营行为，促进互联网保险健康规范发展，2016年，中国保监会印发了《互联网保险业务监管暂行办法》（以下简称《办法》）。它的发布标志着我国互联网保险业务监管制度正式出台。

三、保险监管的组织机构

保险监管的组织机构主要是立法机构、司法机构及行政机构。

（一）立法机构

立法机构是保险监管组织机构中的首要机构。该机构主要是通过立法建立保险监管的法律基础，并确定保险监管机构及其职责范围。由于各国的国情和法律制度不同，所以各国保险法中有关保险监管的规定也有所不同。但一般来说，监管事项基本上都包括各类保险机构的设立和执照许可；代理人和经纪人的执照许可；保险费率的登记和许可；投保书和保单格式的登记或审批；对未经授权的保险经营行为和不公平交易行为的制裁；保险人的财务报告、财务审查以及其他财务要求；保险机构的整顿和清算；保险产品和保险公司的税收等等。

《中华人民共和国宪法》规定，全国人民代表大会是我国的最高国家权力机关，具有制定和修改刑事、民事、国家机构和其他基本法律的职权。其常设机关是全国人民代表大会常务委员会，具有制定和修改应当由全国人民代表大会制定的法律以外的其他法律的职权。全国人民代表大会和全国人民代表大会常务委员会行使国家立法权。我国保险监管方面的法律法规便由此而产生。

（二）司法机构

司法机构是保险监管组织机构中的又一重要机构。保险业发展越快，违规现象就越多，因此，司法机构在保险监管活动中发挥着重要作用。一是可以解决保险人和保险消费者之间的争议；二是通过颁布支持保险监管机构的命令，判定违反保险法律行为的民事或刑事责任，以保证保险法律的实施；三是处理保险人和保险中介人之间的纠纷。

（三）行政机构

行政机构是保险监管组织机构中的第三大机构，是行政管理活动的重要主体，也是行政权力、政府职能的物质载体。保险监管的具体职责由国家行政机构来履行，也是经立法机构授权执行保险法律的机构，通常享有广泛的行政权、准立法权和准司法权。该机构有权就某些重要决定向监管机构提出建议。

保险监管机构是依法履行保险市场监管职责的行政机构。在我国，中国人民银行、财政部等在不同时期，都曾行使过监督管理保险业的职能。1998年11月18日，国务院批准设立中国保险监督管理委员会，专门负责保险市场监督管理职能。

中国保险监督管理委员会是全国商业保险的主管部门，是国务院直属的正部级事业单位，根据国务院授权履行行政管理职能，依照法律、法规统一监督管理全国保险市场，维护保险业的合法、稳健运行。截至2017年3月底，中国保险监督管理委员会内设16个职能机构和2个事业单位，并在全国各省、直辖市、自治区、计划单列市设有36个保监局，在苏州、烟台、汕头、温州、唐山市设有5个保监分局。

中国保险监督管理委员会的主要职责包括以下几方面：

（1）拟定保险业发展的方针政策，制定行业发展战略和规划；起草保险业监管的法律、法规；制定业内规章。

（2）审批保险公司及其分支机构、保险集团公司、保险控股公司的设立；会同有关部门审批保险资产管理公司的设立；审批境外保险机构代表处的设立；审批保险代理公司、保险经纪公司、保险公估公司等保险中介机构及其分支机构的设立；审批境内保险机构和非保险机构在境外保险机构的设立；审批保险机构的合并、分立、变更、解散，决定接管和指定接受；参与、组织保险公司的破产、清算。

（3）审查、认定各类保险机构高级管理人员的任职资格；制定保险从业人员的基本资格标准。

（4）审批关系社会公众利益的保险险种；依法实行强制保险的险种和新开发的人寿保险险种等的保险条款和保险费率；对其他保险险种的保险条款和保险费率实施备案管理。

（5）依法监管保险公司的偿付能力和市场行为；负责保险保障基金的管理，监管保险保证金；根据法律和国家对保险资金的运用政策，制定有关规章制度，依法对保险公司的资金运用进行监管。

（6）对政策性保险和强制保险进行业务监管；对专属自保、相互保险等组织形式和业务活动进行监管；归口管理保险行业协会、保险学会等行业社团组织。

（7）依法对保险机构和保险从业人员的不正当竞争等违法、违规行为，以及对非保险机构经营或变相经营保险业务进行调查、处罚。

（8）依法对境内保险及非保险机构在境外设立的保险机构进行监管。

（9）制定保险行业信息化标准；建立保险风险评价、预警和监控体系，跟踪分析、监测、预测保险市场运行状况，负责统一编制全国保险业的数据、报表，并按照国家有关规定予以发布。

（10）承办国务院交办的其他事项。

第二节　保险监管原则、方式与目标

一、保险监管原则

我国《保险法》第一百三十三条规定：保险监督管理机构依照本法和国务院规定的职责，遵循依法、公开、公正的原则，对保险业实施监督管理，维护保险市场秩序，保护投保人、被保险人和受益人的合法权益。

（一）依法监管原则

依法监管，就是保险监管部门依照有关法律或行政法规实施保险监管的行为。凡法律没有禁止的，民事主体就可以从事民事行为；对于行政行为，法律允许做的或要求做的，行政主体才能做或必须做。保险监管部门不得超越职权实施监督管理行为，同时又必须履行其职责，否则属于失职行为。中国保监会履行监管职责时，如果不按照法律和行政法规的规定实施监管行为，将会导致保险监管行为无效，达不到监管的目的，还会损害其形象和保险监管的有效性。

（二）公开性原则

保险监督管理需体现透明度，除涉及国家秘密、商业秘密和个人隐私以外的各种监管信息，应尽可能向社会公开。这既有利于提高保险监管效率，也有利于保险市场的有效竞争。我国保险业早已处于完全开放状态，规范化、制度化的信息披露制度，有利于国内保险市场的开放，并加快其与国际接轨。一个稳定繁荣的保险市场，要求必须妥善处置面临的风险，做到严密控制、经常监测、及时报告、审慎评估、提出防范和化解的方案。对风险的处置，必然要求保险市场的透明化，保险信息的明朗化、公开化。

中国保监会自成立以来，一直非常重视信息披露工作，同时在逐步完善信息披露的法律法规依据。目前，我国保险行业的信息披露制度，主要依据《保险法》《保险公司管理规定》《保险公司信息披露管理办法》等法律法规，同时也制定了一些关于保险产品信息披露的规范性文件，如《人身保险新型产品信息披露管理暂行办法》（保监会令［2009］3号）。部分监管信息已经逐步对社会公开，比如中国保监会已经就注销经营业务许可证等进行公告。近年来，还通过每年出版《中国保险年鉴》等披露各保险公司的业务与财务经营情况。

（三）公平性原则

公平性原则是民法的一项基本原则，它要求当事人在民事活动中应以社会公义、公平的观念指导自己的行为，平衡各方利益，并以此来处理当事人之间的纠纷。公平性原则强调在市场经济中，对任何经营者都只能以市场交易规则为准则，享受公平合理的待遇，既不享有任何特权，也不履行任何不公平的义务，权利与义务相一致。

保险监管的公平性原则，是指保险监管部门对保险加入者，以及对保单条款和费率的公平。一是监管部门对申请加入保险业者的资格、申请条件等要一视同仁；二是对被保险人设立的险种、条件等内容不能有歧视，要公平对待。因此，保险监督管理部门对各监督管理对象要公平对待，必须采用同一监管标准，以创造公平竞争的市场环境。

二、保险监管的方式

由于各国的法律制度及国情有所差异，因此，在利用保险法规实行监管过程中，各国保险监管的方式也不同。概括起来主要有以下三种方式。①

（一）公告管理

公告管理亦称公示主义，是指国家对保险行业的经营不进行直接监督，而是将其资产负债、财务成果及相关事项公布于众的管理方式。它是国家对保险业最为宽松的一种监督管理方式，适用于保险业自律能力较强的国家。该方式为保险业发展提供了较大空间，但

---

① 王绪瑾．保险学概论．北京：中央广播电视大学出版社，2005：287.

以保险行业本身具有良好的自我约束能力，民众保险意识较强，并对保险人经营有正确的判断为前提。英国1901年及1940年的公司法，即规定采用该方式。按照英国的规定，经营保险业无需执照或其他特别标准，但是随着现代保险业的发展，当代英国已经放弃了该方式。

（二）规范管理

规范管理亦称准则主义，是由国家通过颁布一系列涉及保险行业运作的法律法规，要求所有保险人和保险中介人必须遵守，并在形式上监督实施的管理方式。该方式适用于保险法规比较严密和健全的国家。规范管理较公告管理方式有了进步，注重保险经营形式上的合法性，并不涉及保险业经营管理的实体，但保险的技术复杂，有关法规很难囊括，因此有时容易流于形式。德国早期对私人疾病基金的监督采用此法，但目前大多数国家已放弃该种管理方式。

（三）实体管理

实体管理亦称批准主义，是国家保险管理机关在制定保险法规的基础上，根据保险法规所赋予的权力，对保险业实行全面有效的监督管理措施。其监管的内容涉及保险业的设立、经营、财务乃至倒闭清算。其监管内容具体实际，有明确的衡量尺度，是保险业监管方式中最为严格的一种。它追求彻底、有效的监督和管理，赋予国家保险管理机关较高的权威和灵活处理的权利。一是对保险人市场准入资格的限制，国家保险管理机关对保险人审批有很大的政策灵活性；二是国家保险管理机关辅之以规范管理的某些措施。该方式目前为大多数国家所采用，但随着经济社会的发展，许多国家已逐步放宽保险费率管理和条款审定等。因此，实体管理方式呈现出放宽的趋势。

三、保险监管的目标

世界各国的保险法中对监管目标的表述各不相同，但一般都包含以下三方面内容。

（一）维护保险消费者的合法权益

维护被保险人利益是保险监管的首要目标。因为被保险人对保险知识的了解很有限，所以必须对保险公司等机构的行为进行必要制约，对一些强制的信息进行披露，让被保险人尽量知情。同时，也提醒被保险人在投保时要掌握尽量多的信息，提高判断力，并对自己的选择和判断承担相应的风险。保险公司的一些不规范、不守信的行为可能会对被保险人的利益造成损害，因此，通过监管可以防止消费者的利益受到保险机构和保险中介公司的恶意侵害，切实维护其合法权益。

（二）维护公平竞争的保险市场环境

维护公平竞争的市场环境，促进保险业在良好环境中健康发展是保险监管的目标之一。持续健康发展的保险业，要求以适度竞争的格局、规范的市场和竞争秩序、完善的宏观调控作为基础，否则健康发展就是空谈。同时，监管者也要明白，监管的目的是维护公平竞争的市场环境，千万不能出现“管理越位”，故意人为地限制、压制保险的公平竞争。

（三）促进保险业的整体稳定发展

促进保险业的整体稳定发展，是维护消费者合法权益、维护保险业公平竞争的市场环境的客观要求。保险业是经营风险的特殊性行业，需要建立完善的市场准入和退出机制，对保险机构的兼并、破产等行为也要进行严格监管，以防止连锁反应和债务危机的扩散，从而促进保险业的整体稳定发展。

第三节　保险监管的内容

保险监管涉及的范围甚广，各国监管的侧重点也不相同。我国《保险法》规定的保险监管内容主要包括：组织监管、业务监管、财务监管以及保险中介人监管等。

一、保险组织监管

保险组织监管，是指国家对保险业的具体组织形式、保险公司的资格要求、变更、整顿、接管、市场退出等方面进行的监管。

（一）保险的组织形式

保险的组织形式，是指依法登记设立，并以经营保险为业的专门机构。各国保险业的组织形式一般包括国有保险公司、股份保险公司、相互保险组织、个人保险组织、保险合作社以及行业自保组织。股份有限公司是各国普遍采用的保险组织形式。

我国《保险法》第六条规定：保险业务由依照本法设立的保险公司以及法律、行政法规规定的其他保险组织经营，其他单位和个人不得经营保险业务。第七十四条规定：保险公司在中华人民共和国境内设立分支机构，应当经保险监督管理机构批准。保险公司分支机构不具有法人资格，其民事责任由保险公司承担。第七十九条规定：保险公司在中华人民共和国境外设立子公司、分支机构、代表机构，应当经国务院保险监督管理机构批准。第八十条规定：外国保险机构在中华人民共和国境内设立代表机构，应当经国务院保险监督管理机构批准。代表机构不得从事保险经营活动。

目前，我国保险公司主要采用股份有限公司、国有控股或国有独资公司的形式，也有少量相互保险公司、相互保险社、专属保险公司、保险合作社等组织形式。

（二）保险公司的资格要求

各国保险监管机构均规定，设立保险公司必须向保险主管部门申请批准，经批准后方可营业。在我国，设立保险公司必须经国务院保险监督管理机构批准。

根据我国《保险法》第六十八条规定，设立保险公司应当具备下列条件：（1）主要股东具有持续盈利能力，信誉良好，最近三年内无重大违法违规记录，净资产不低于人民币二亿元；（2）有符合本法和《中华人民共和国公司法》规定的章程；（3）有符合本法规定的注册资本；（4）有具备任职专业知识和业务工作经验的董事、监事和高级管理人员；（5）有健全的组织机构和管理制度；（6）有符合要求的营业场所和与经营业务有关的其他设施；（7）法律、行政法规和国务院保险监督管理机构规定的其他条件。

第六十九条规定：设立保险公司，其注册资本的最低限额为人民币二亿元。国务院保险监督管理机构根据保险公司的业务范围、经营规模，可以调整其注册资本的最低限额，但不得低于本条第一款规定的限额。保险公司的注册资本必须为实缴货币资本。

设立监管包括申请设立至营业开始，其过程需要经过以下四道程序：（1）申请核准。

保险企业的成立必须事先申请得到中国保险业的主管机关——中国保险监督管理委员会的核准。(2) 营业登记。保险公司在开始营业之前需要依法在工商行政管理局进行登记，并申请营业执照。(3) 缴存保证金。保险公司设立时应按照注册资本的一定比例提取缴存保证金，以确保保险人的债务清偿能力。(4) 领取营业执照。申请者只有在领到营业执照后，才能开始营业。

(三) 保险公司的变更

保险公司的变更，是指保险公司的合并、分立以及其他事项的变化更改等。保险公司的变更，必须经过保险监督管理部门的批准方为有效。我国《保险法》第八十四条规定，保险公司有下列情形之一的，应当经保险监督管理机构批准：(1) 变更名称；(2) 变更注册资本；(3) 变更公司或者分支机构的营业场所；(4) 撤销分支机构；(5) 公司分立或者合并；(6) 修改公司章程；(7) 变更出资额占有限责任公司资本总额百分之五以上的股东，或者变更持有股份有限公司股份百分之五以上的股东；(8) 国务院保险监督管理机构规定的其他情形。

(四) 保险公司的整顿

保险业涉及千家万户的利益，在社会经济生活中的地位特殊，如果因经营管理不善导致其偿付能力下降，甚至破产倒闭，必定损害到消费者的利益。因此，各国保险法通常都规定，在特定情况下可对其进行整顿。

我国《保险法》第一百三十九条规定：保险公司未依照本法规定提取或者结转各项责任准备金，或者未依照本法规定办理再保险，或者严重违反本法关于资金运用的规定的，由保险监督管理机构责令限期改正，并可以责令调整负责人及有关管理人员。

第一百四十条第一款规定：保险监督管理机构依照本法第一百三十九条的规定作出限期改正的决定后，保险公司逾期未改正的，国务院保险监督管理机构可以决定选派保险专业人员和指定该保险公司的有关人员组成整顿组，对公司进行整顿。

第一百三十八条规定，对偿付能力不足的保险公司，国务院保险监督管理机构应当将其列为重点监管对象，并可以根据具体情况采取下列措施：(1) 责令增加资本金、办理再保险；(2) 限制业务范围；(3) 限制向股东分红；(4) 限制固定资产购置或者经营费用规模；(5) 限制资金运用的形式、比例；(6) 限制增设分支机构；(7) 责令拍卖不良资产、转让保险业务；(8) 限制董事、监事、高级管理人员的薪酬水平；(9) 限制商业性广告；(10) 责令停止接受新业务。

第一百四十三条规定：被整顿保险公司经整顿已纠正其违反本法规定的行为，恢复正常经营状况的，由整顿组提出报告，经国务院保险监督管理机构批准，结束整顿，并由国务院保险监督管理机构予以公告。

(五) 保险公司的接管

倘若保险公司违反保险法的规定，损害到社会公共利益，可能危及或者已经危及到保险公司的偿付能力，保险监督管理部门可以对该保险公司实行接管。

我国《保险法》第一百四十四条规定，保险公司有下列情形之一的，国务院保险监督管理机构可以对其实行接管：(1) 公司的偿付能力严重不足的；(2) 违反本法规定，损害社会公共利益，可能严重危及或者已经严重危及公司的偿付能力的。被接管的保险公司的债权债务关系不因接管而变化。第一百四十六条规定：接管期限届满，国务院保险监督管理机构可以决定延长接管期限，但接管期限最长不得超过二年。第一百四十七条规定：接管期限届满，被接管的保险公司已恢复正常经营能力的，由国务院保险监督管理机构决定终止接管，并予以公告。

对于保单持有人等提出的索赔，被接管保险公司仍必须办理，不得拒绝。对于其债务应当履行，其享有的债权也同样受法律保护。可见，对被接管保险公司采取必要措施，制止其危害社会公共利益的行为，可以保护保险消费者的利益，恢复保险公司的正常经营能力。

（六）保险公司的退出

保险公司的市场退出包括解散、撤销和破产三种形式，而且必须经过保险监管管理部门批准后，方可退出市场。特别是经营人寿保险业务的保险公司，除因分立、合并或者被依法撤销外，不得解散。

我国《保险法》第八十九条规定：保险公司因分立、合并需要解散，或者股东会、股东大会决议解散，或者公司章程规定的解散事由出现，经国务院保险监督管理机构批准后解散。经营有人寿保险业务的保险公司，除因分立、合并或者被依法撤销外，不得解散。保险公司解散，应当依法成立清算组进行清算。

第九十条规定：保险公司有《中华人民共和国企业破产法》第二条规定情形的，经国务院保险监督管理机构同意，保险公司或者其债权人可以依法向人民法院申请重整、和解或者破产清算；国务院保险监督管理机构也可以依法向人民法院申请对该保险公司进行重整或者破产清算。

第一百四十八条规定：被整顿、被接管的保险公司有《中华人民共和国企业破产法》第二条规定情形的，国务院保险监督管理机构可以依法向人民法院申请对该保险公司进行重整或者破产清算。

第一百四十九规定：保险公司因违法经营被依法吊销经营保险业务许可证的，或者偿付能力低于国务院保险监督管理机构规定标准，不予撤销将严重危害保险市场秩序、损害公共利益的，由国务院保险监督管理机构予以撤销并公告，依法及时组织清算组进行清算。保险公司在整顿、接管、撤销清算期间，或者出现重大风险时，国务院保险监督管理机构可以对该公司直接负责的董事、监事、高级管理人员和其他直接责任人员采取以下方式：（1）通知出境管理机关依法阻止其出境；（2）申请司法机关禁止其转移、转让或者以其他方式处分财产，或者在财产上设定其他权利等措施予以保障其安全。

二、保险业务监管

保险业务监管，是指国家保险监管部门对保险公司的保险条款与费率，以及再保险业务的监管。

（一）保险条款与费率监管

保险条款是专业性文书，一般消费者较难理解，如果保险条款完全由保险公司自由拟订，就有可能损害保险消费者的利益。各国立法因此普遍规定，由政府监管部门制定基本保险条款，其目的正是为了限制保险公司的权力，保障社会公众的利益。保险条款的监管一般包括以下几点。

1. 保险标的

保险标的是作为保险对象的财产及其有关利益，或者是人的寿命和身体。它是保险利益的载体。对于财产保险而言，大部分国家多采用标的所在地主义，即保险标的只能向其所在国、有权经营此项业务的保险公司投保。

2. 保险责任与责任免除

保险人在设计保险条款时，为避免承担无限责任，必须着重明确除外责任条款。在订立保险合同时应当向投保人明确说明，未明确说明的，该条款不产生效力。

3. 其他内容监管

其他内容监管包括保险费率、保险赔偿方式、权利义务条款、违约责任以及争议处理等。

对保险费率监管的目的，是使费率必须高到足以保证保险公司的偿付能力及其正常经营，且不能为其带来过高的利润，对相同或相似的风险应当收取相同的费率等。有的国家甚至要求，保单的制作必须符合一定形式的要求。归纳起来，保险费率的监管方式可分为强制费率、规章费率、事先核定费率、事先报批费率、事后报批费率和自由竞争费率等。

我国《保险法》第一百三十五条规定：关系社会公众利益的保险险种、依法实行强制保险的险种和新开发的人寿保险险种等的保险条款和保险费率，应当报国务院保险监督管理机构批准。国务院保险监督管理机构审批时，应当遵循保护社会公众利益和防止不正当竞争的原则。其他保险险种的保险条款和保险费率，应当报保险监督管理机构备案。保险条款和保险费率审批、备案的具体办法，由国务院保险监督管理机构依照前款规定制定。

第一百三十六条规定：保险公司使用的保险条款和保险费率违反法律、行政法规或者国务院保险监督管理机构的有关规定的，由保险监督管理机构责令停止使用，限期修改；情节严重的，可以在一定期限内禁止申报新的保险条款和保险费率。

(二) 再保险业务的监管

为了规范和发展再保险市场，实现保险业的健康协调发展，必须加强对再保险业务的管理。我国《再保险业务管理规定》第十条规定：保险人应当依照《保险法》规定，确定当年总自留保险费和每一危险单位自留责任；超过的部分，应当办理再保险。第十一条又规定，除航空航天保险、核保险、石油保险、信用保险外，直接保险公司办理合约分保或者临时分保的，应当符合下列规定：(1) 以比例再保险方式分出财产险直接保险业务时，每一危险单位分给同一家再保险接受人的比例，不得超过再保险分出人承保直接保险合同部分的保险金额或者责任限额的80%；(2) 每一临时分保合同分给投保人关联企业的保险金额或者责任限额，不得超过直接保险业务保险金额或者责任限额的20%。

我国《保险法》第一百零二条规定：经营财产保险业务的保险公司当年自留保险费，不得超过其实有资本金加公积金总和的四倍。第一百零三条第一款规定：保险公司对每一危险单位，即对一次保险事故可能造成的最大损失范围所承担的责任，不得超过其实有资本金加公积金总和的百分之十；超过的部分应当办理再保险。第一百零五条规定：保险公司应当按照国务院保险监督管理机构的规定办理再保险，并审慎选择再保险接受人。

由此可见，国家对再保险业务的监督和管理是非常严格的。

三、保险财务监管

保险公司财务监管是指保险公司在进行保险经营活动中所发生的资金结算关系，包括资金筹集、管理与运用等。由于保险公司的资金运动具有特殊性，所以国家对保险公司财务的监管旨在确保其偿付能力。偿付能力是指保险公司偿还到期债务的能力，即保险公司对其所承保的保险责任具有的经济补偿或给付能力。正因为保险公司财务必须保持稳定、安全的特殊性，国家对保险公司财务的监管主要包括对资本金、保险保障基金、准备金、保证金、公积金、偿付能力以及资金运用等方面的监管。

（一）资本金的监管

资本金是开办保险公司等企业的本钱。根据我国《企业财务通则》规定，资本金是指企业在工商行政管理部门登记的注册资金。注册资本金不得低于法定资本金。设立保险公司也必须具备最低数量的法定资本金，又称“法定最低资本金”，指国家规定的开办企业必须筹集的最低资本金数额。

设立法定资本金的目的：一是为企业经营提供必要的资金保证；二是为企业法人承担责任时提供必要的物质基础。不同性质、不同经营范围的企业，其对注册资本投入的要求是不同的。我国《保险法》第六十九条第一款规定：设立保险公司，其注册资本的最低限额为人民币二亿元。资本金是保险公司存在的先决条件，在补偿意外损失或发生亏损时，有资本金做后盾，可以保证客户的利益，维护保险公司的信誉。有了资本金还可以保证保险公司扩展业务，满足增设分支机构的需要。

（二）保险保障基金的监管

保险保障基金，是指保险机构为了有能力应付可能发生的各种巨额赔款，从年终结余中专门提存的后备基金。根据我国《保险保障基金管理办法》的规定，为了保障保险消费者的利益，支持保险公司稳健经营，保险公司应当按照保险监督管理机构的规定提存保险保障基金。保险保障基金分为财产保险保障基金和人身保险保障基金。它由国有独资的中国保险保障基金有限责任公司依法筹集，集中管理，统筹使用。

保险保障基金来源于五个方面：（1）境内保险公司依法缴纳的保险保障基金；（2）保险保障基金公司依法从破产保险公司清算财产中获得的受偿收入；（3）捐赠；（4）上述资金的投资收益；（5）其他合法收入。

保险公司应按照下列规定，对经营财产保险业务或者人身保险业务缴纳保险保障基金，并将缴纳保险保障基金的保险业务纳入保险保障基金救助范围：（1）非投资型财产保险按保费收入的 0.8%缴纳；投资型财产保险，有保证收益的，按业务收入的 0.08%缴纳；无保证收益的，按业务收入的 0.05%缴纳。（2）有保证收益的人寿保险按业务收入的 0.15%缴纳；无保证收益的人寿保险按业务收入的 0.05%缴纳。（3）短期健康保险按保费收入的 0.8%缴纳；长期健康保险按保费收入的 0.15%缴纳。（4）非投资型意外伤害保险按保费收入的 0.8%缴纳；投资型意外伤害保险，有保证收益的，按业务收入的 0.08%缴纳；无保证收益的，按业务收入的 0.05%缴纳。

保险公司应当及时、足额将保险保障基金缴纳到保险保障基金公司的专门账户，有下列情形之一的，可以暂停缴纳：（1）财产保险公司的保险保障基金余额达到公司总资产6%的；（2）人身保险公司的保险保障基金余额达到公司总资产1%的。保险公司的保险保障基金余额减少或者总资产增加，其保险保障基金余额占总资产比例不能满足前款要求的，应当自动恢复缴纳保险保障基金。

我国《保险法》第一百条规定，保险公司应当缴纳保险保障基金。保险保障基金应当集中管理，并在下列情形下统筹使用：（1）在保险公司被撤销或者被宣告破产时，向投保人、被保险人或者受益人提供救济；（2）在保险公司被撤销或者被宣告破产时，向依法接受其人寿保险合同的保险公司提供救济；（3）国务院规定的其他情形。保险保障基金筹集、管理和使用的具体办法，由国务院制定。

中国保险保障基金是由保险公司缴纳形成、集中管理的行业风险救助基金，在保险公司被依法撤销或者依法实施破产等情形下，统筹用于救助保单持有人、保单受让公司或处置保险业风险。2008年9月，中国保险保障基金有限责任公司成立，八年间，保险保障基金由149亿元增长到942.26亿元。其中，财产险基金余额609.56亿元，占64.69%；人身险基金余额332.7亿元，占35.31%。全年基金投资收益约36亿元，收益率达到4.55%。这表明，保险保障基金的使用效率得以优化，从而抵御行业风险的能力进一步提升，为保护消费者权益、防范和化解行业风险筑起了重要屏障。

（三）准备金的监管

保险准备金，是指保险人为保证其如约履行保险赔付义务，根据政府有关法律规定或业务特定需要，从保费收入或盈余中提取与其所承担的保险责任相对应的专门基金。主要有未到期责任准备金、未决赔款准备金、总准备金等。为了保证保险公司的正常经营，保护被保险人利益，各国一般都以保险立法来规定保险公司应提存的保险准备金，以保证其具备与自身保险业务规模相应的偿付能力。

未到期责任准备金，是指在会计年度决算时依据权责发生制原则，对未到期保单的保险费提存的专项赔付资金。保险公司对一年以内的财产险、意外伤害险、健康险业务，按规定从应属于下一年度的尚未到期部分保险费中提取建立未到期的责任准备金。之所以要提取这种准备金，是因为保险业务年度与会计年度不一致。比如投保人于2017年7月1日缴付一年的保险费，其中6个月属于2017年会计年度，余下6个月属于下一个会计年度。这一保险单在下一会计年度的前6个月是继续有效的。因此，应在当年收入的保险费中提存相应部分作为下一年度的保险费收入，作为该保险单的赔付资金来源。未到期责任准备金应在会计年度决算时一次计算提取。根据我国保监会《保险公司非寿险业务准备金管理办法（试行）》第十一条规定：保险公司应当采用二十四分之一法、三百六十五分之一法或者其他更为谨慎、合理的方法评估非寿险业务的未到期责任准备金。第十二条规定：保险公司在提取未到期责任准备金时，应当要对其充足性进行测试。当未到期责任准备金不足时，要提取保费不足准备金。

未决赔款准备金，是指在会计年度决算前发生保险事故，但尚未决定赔付，或应付而未付的赔款，是从当年保险费收入中提存的准备金。它是保险人在会计年度决算时，为该会计年度已发生保险事故应付而未付赔款所提存的一种资金准备。包括已发生已报案赔款准备金、已发生未报案赔款准备金和理赔费用准备金。根据《保险公司非寿险业务准备金管理办法（试行）》第八、九、十条的规定，已发生已报案未决赔款准备金，是指保险人为非寿险保险事故已发生并已向保险人提出索赔、尚未结案的赔案提取的准备金。已发生未报案未决赔款准备金，是指保险人为非寿险保险事故已发生、尚未向保险人提出索赔的赔案提取的准备金。理赔费用准备金，是指保险人为非寿险保险事故已发生但尚未结案的赔案可能发生的律师费、诉讼费、损失检验费、相关理赔人员薪酬等理赔查勘费用提取的准备金。监管部门要求保险公司提存未决赔款准备金的主要目的，是为了对已发生保险事故但尚未理赔的情况作出资金准备。第十三条规定：对已发生已报案未决赔款准备金，应当采用逐案估计法、案均赔款法以及中国保监会监管部门认可的其他方法谨慎提取。第十四条规定，对已发生未报案未决赔款准备金，应当根据险种的风险性质、分布、经验数据等因素采用至少下列两种方法进行谨慎评估提取：（1）链梯法；（2）案均赔款法；（3）准备金进展法；（4）B—F法[①]等其他合适的方法。第十五条规定：对直接理赔费用准备金，应当采取逐案预估法提取；对间接理赔费用准备金，采用比较合理的比率分摊法提取。

（四）保证金的监管

资本保证金，是指保险公司成立后按其注册资本总额的20%提取的，用于破产清算时清偿债务的专项资金。根据我国《保险法》第九十七条的规定，保险公司成立后按照其注册资本总额的20%提取的保证金，除保险公司清算时用于清偿债务外，不得动用。加强对保险公司资本保证金的管理，可以维护保险市场的平稳健康发展。

根据我国《保险公司资本保证金管理暂行办法》的规定，保险公司成立后提取20%的保证金，应存入保险监督管理机构指定的银行。保险公司在一家存放银行就单一币种只能开立一个资本保证金存款专用账户。该账户内只能存放资本保证金，且每笔资本保证金存款的金额不得低于人民币100万元。

（五）公积金的监管

公积金又称储备金，是公司为巩固自身的财务基础，提高公司信用和预防意外亏损，依照法律和公司章程的规定，在公司资本以外积存的资金。

保险公司应依照保险法和公司法的规定提取公积金。按照我国《公司法》、《保险法》和《金融保险企业财务制度》的规定，保险公司在分配当年税后利润时，应当提取利润的10%列入公司的法定公积金；法定公积金累计额达到公司注册资本的50%以上时，可以不再提取；法定公积金不足以弥补公司上一年度亏损的，在提取法定公积金之前，应当先用当年利润弥补亏损；保险公司从税后利润中提取法定公积金后，经股东大会决议，可以提取任意公积金；股东大会或者董事会违反规定，在公司弥补亏损和提取法定公积金之前向股东分配利润的，必须将违反规定分配的利润退还公司；公司公积金应当用于弥补公司的亏损，扩大公司生产经营或者转为增加公司的资本。

法定公积金的提取具有强制性，保险公司必须依法提取。任意公积金的提取不具有强制性，保险公司可以根据实际需要自行决定提取。

---

① B—F法是根据已发生索赔的实际进展情况和期望进展情况来修正已发生未报案准备金（IBNR）的一种未决赔款准备金的评估方法。

（六）偿付能力的监管

偿付能力是指保险公司赔付到期债务的能力。其含义包括：一是在一般情况下发生保险事故时，保险公司所具有的完全承担赔付保险金责任的能力，即最低偿付能力；二是在特殊情况下发生超常年景的巨额损失时，保险公司所具有的特别偿付能力。

我国《保险公司偿付能力管理规定》第三条规定：保险公司应当具有与其风险和业务规模相适应的资本，确保偿付能力充足率不低于100%。偿付能力充足率即资本充足率，是指保险公司实际资本与最低资本的比率。

第三十七条规定，中国保监会根据保险公司偿付能力状况将保险公司分为下列三类，实施分类监管：（1）不足类公司，指偿付能力充足率低于100%的保险公司；（2）充足Ⅰ类公司，指偿付能力充足率在100%到150%之间的保险公司；（3）充足Ⅱ类公司，指偿付能力充足率高于150%的保险公司。

第三十八条规定，对于不足类公司，中国保监会应当区分不同情形，采取下列一项或者多项监管措施：（1）责令增加资本金或者限制向股东分红；（2）限制董事、高级管理人员的薪酬水平和在职消费水平；（3）限制商业性广告；（4）限制增设分支机构、限制业务范围、责令停止开展新业务、责令转让保险业务或者责令办理分出业务；（5）责令拍卖资产或者限制固定资产购置；（6）限制资金运用渠道；（7）调整负责人及有关管理人员；（8）接管；（9）中国保监会认为必要的其他监管措施。

第三十九条规定：中国保监会可以要求充足Ⅰ类公司提交和实施预防偿付能力不足的计划。第四十条规定：充足Ⅰ类公司和充足Ⅱ类公司存在重大偿付能力风险的，中国保监会可以要求其进行整改或者采取必要的监管措施。第四十一条规定：对于未按本规定建立和执行偿付能力管理制度的保险公司，中国保监会可以要求其进行整改，情节严重的，可以采取相应的监管措施，并依法给予行政处罚。

为了保障保险公司的最低偿付能力，我国对保险公司的业务量进行了限制。《保险法》第一百零一、一百零二、一百零三条规定：保险公司应当具有与其业务规模和风险程度相适应的最低偿付能力。保险公司的认可资产减去认可负债的差额不得低于国务院保险监督管理机构规定的数额；低于规定数额的，应当按照国务院保险监督管理机构的要求采取相应措施达到规定的数额。经营财产保险业务的保险公司当年自留保险费，不得超过其实有资本金加公积金总和的四倍。保险公司对每一危险单位，即对一次保险事故可能造成的最大损失范围所承担的责任，不得超过其实有资本金加公积金总和的百分之十；超过的部分应当办理再保险。

（七）资金运用的监管

保险资金运用是现代保险业生存发展的重要环节和基础。保险资金运用状况的好坏，直接影响着公司的偿付能力，所以许多国家都对保险公司资金运用的原则、比例和形式等作了明文的限制性规定。

我国《保险资金运用管理暂行办法》第三条规定：保险资金是指保险集团（控股）公司、保险公司以本外币计价的资本金、公积金、未分配利润、各项准备金及其他资金。第六条规定，保险资金运用限于下列形式：（1）银行存款；（2）买卖债券、股票、证券投资基金份额等有价证券；（3）投资不动产；（4）国务院规定的其他资金运用形式。保险资金从事境外投资的，应当符合中国保监会有关监管规定。

而且，投资于以上产品还有具体的规定。《保险资金运用管理暂行办法》第七条规定，保险资金办理银行存款的，应当选择符合下列条件的商业银行作为存款银行：(1) 资本充足率、净资产和拨备覆盖率等符合监管要求；(2) 治理结构规范、内控体系健全、经营业绩良好；(3) 最近三年未发现重大违法违规行为；(4) 连续三年信用评级在投资级别以上。

为了安全起见，国家还对资金运用的数量作出了具体的比例规定。《保险资金运用管理暂行办法》第十六条规定：保险集团（控股）公司、保险公司从事保险资金运用应当符合中国保监会相关比例要求，具体规定由中国保监会另行规定。中国保监会可以根据情况调整保险资金运用的投资比例。

四、保险中介人监管

为了顺应保险中介行业快速发展需要，提高保险市场资源配置效率，提升中介机构专业素质、管理能力、服务水平和资本实力，保护被保险人的合法利益，必须加强对保险中介机构的监管，以保证保险中介行业持续、稳定、健康的发展。

根据我国《保险专业代理机构监管规定》、《保险经纪机构监管规定》和《保险公估机构监管规定》（以下简称新“三规定”），保险中介人监管是指国家监管部门依法对保险代理人、保险经纪人和保险公估人的市场准入、经营规则、市场退出、监督检查等方面实施监管的行为。

（一）市场准入

市场准入是指国家和政府准许公民和法人从事保险中介业务活动的有关条件和程序规则的总称。在市场准入监管方面，我国新“三规定”主要从中介机构的组织形式、设立条件、注册资本、设立分支机构的条件、许可证有效期以及高管的任职资格等方面进行了详细的规定，详见表 15-1。

表 15-1　　三类保险中介机构的市场准入规定对比表

	保险代理人	保险经纪人	保险公估人
组织形式	(1) 有限责任公司； (2) 股份有限公司。	(1) 有限责任公司； (2) 股份有限公司。	(1) 有限责任公司； (2) 股份有限公司； (3) 合伙企业。
设立条件	(1) 股东、发起人信誉良好，最近 3 年无重大违法记录；(2) 注册资本达到《中华人民共和国公司法》和本规定的最低限额；(3) 公司章程符合有关规定；(4) 董事长、执行董事、高级管理人员符合本规定的任职资格条件；(5) 具备健全的组织机构和管理制度；(6) 有与业务规模相适应的固定住所；(7) 有与开展业务相适应的业务、财务等计算机软硬件设施；(8) 法律、行政法规和中国保监会规定的其他条件。		股东、发起人和合伙人信誉良好，最近 3 年无重大违法记录；其他与保险代理人的设立条件相同。

续前表

<table>
<tr><th colspan="2"></th><th>保险代理人</th><th>保险经纪人</th><th>保险公估人</th></tr>
<tr><td colspan="2">注册资本</td><td>注册资本不少于人民币 5 000 万元，且必须为实缴货币资本。</td><td>注册资本不得少于人民币 5 000 万元，且必须为实缴货币资本。</td><td>注册资本或者出资不少于人民币 200 万元，且必须为实缴货币资本。</td></tr>
<tr><td colspan="2">设立分支机构条件</td><td colspan="3">(1) 内控制度健全；(2) 注册资本达到本规定的要求；(3) 现有机构运转正常，且申请前 1 年内无重大违法行为；(4) 拟任主要负责人符合本规定的任职资格条件；(5) 拟设分支机构具备符合要求的营业场所和与经营业务有关的其他设施。</td></tr>
<tr><td colspan="2">许可证有效期</td><td colspan="3">许可证的有效期为 3 年，保险公估机构应当在有效期届满 30 日前，向中国保监会申请延续。</td></tr>
<tr><td colspan="2">变更规定</td><td colspan="3">保险专业代理公司分立、合并或者变更组织形式的，应当经中国保监会批准。</td></tr>
<tr><td rowspan="2">任职资格</td><td>拟任高管的资格</td><td colspan="3">(1) 大学专科以上学历；(2) 持有中国保监会规定的资格证书；(3) 从事经济工作 2 年以上；(4) 具有履行职责所需的经营管理能力，熟悉保险法律、行政法规及中国保监会的相关规定；(5) 诚实守信，品行良好。从事金融工作 10 年以上，可以不受前款第 (1) 项的限制；担任金融机构高级管理人员 5 年以上或者企业管理职务 10 年以上，可以不受前款第 (2) 项的限制。</td></tr>
<tr><td>不得担任高管的情形</td><td colspan="3">(1) 担任因违法被吊销许可证的保险公司或者保险中介机构的董事、监事或者高级管理人员，并对被吊销许可证负有个人责任或者直接领导责任的，自许可证被吊销之日起未逾 3 年；(2) 因违法行为或者违纪行为被金融监管机构取消任职资格的金融机构的董事、监事或者高级管理人员，自被取消任职资格之日起未逾 5 年；(3) 被金融监管机构决定在一定期限内禁止进入金融行业的，期限未满；(4) 受金融监管机构警告或者罚款未逾 2 年；(5) 正在接受司法机关、纪检监察部门或者金融监管机构调查；(6) 中国保监会规定的其他情形。</td></tr>
</table>

说明：高管是指高级管理人员，即总经理、副总经理或者具有相同职权的管理人员、分支机构的主要负责人。

（二）经营规则

保险中介机构经营规则，是指保险中介机构从事保险中介业务时必须遵守的强制性行为规范。我国的新“三规定”主要从中介机构的业务范围、账户管理、业务档案内容、保证金和禁止行为等方面作出了严格规定，详见表 15－2。

表 15－2　三类保险中介机构经营规则对比表

	保险代理人	保险经纪人	保险公估人
业务范围	(1) 代售保险产品；(2) 代收保险费；(3) 代理相关保险业务的损失勘查和理赔；(4) 中国保监会批准的其他业务。保险专业代理公司在注册地以外的省区或者直辖市开展保险代理活动，应设立分支机构。保险专业代理公司分支机构的经营区域不得超出其所在地的省区或者直辖市。	(1) 为投保人拟订投保方案、选择保险公司以及办理投保手续；(2) 协助被保险人或者受益人进行索赔；(3) 再保险经纪业务；(4) 为委托人提供防灾、防损或者风险评估、风险管理咨询服务；(5) 中国保监会批准的其他业务。	(1) 保险标的承保前和承保后的检验、估价及风险评估；(2) 保险标的出险后的查勘、检验、估损理算及出险保险标的的残值处理；(3) 风险管理咨询；(4) 中国保监会批准的其他业务。

续前表

	保险代理人	保险经纪人	保险公估人
账户管理	建立专门账簿，记载保险代理业务收支情况。保险专业代理机构代收保险费的，应当开立独立的代收保险费账户进行结算。	建立专门账簿，记载保险经纪业务收支情况。保险经纪机构应当开立独立的客户资金专用账户。下列款项只能存放于客户资金专用账户：（1）投保人、被保险人支付给保险公司的保险费；（2）为投保人、被保险人和受益人代领退保金、保险金。	建立专门账簿，记载保险公估业务收支情况。
业务档案内容	（1）代理销售保单的基本情况，包括保险人、投保人、被保险人名称或者姓名，代理保险产品名称，保险金额，保险费，缴费方式等；（2）保险费代收和交付被代理保险公司的情况；（3）保险代理佣金金额和收取情况；（4）其他重要业务信息。	（1）通过本机构签订保单的主要情况，包括保险人、投保人、被保险人名称或者姓名，产品名称，保险金额，保险费，缴费方式等；（2）佣金金额和收取情况；（3）保险费交付保险公司的情况，保险金或者退保金的代领以及交付投保人、被保险人或者受益人的情况；（4）其他重要业务信息。	（1）保险公估业务所涉及的主要情况，包括保险人、投保人、被保险人和受益人的名称或者姓名、保险标的、事故类型、估损金额等；（2）报酬金额和收取情况；（3）其他重要业务信息。
保证金	保证金按注册资本的 5%缴存；保险专业代理公司增加注册资本的，应当相应增加保证金数额；保险专业代理公司保证金缴存额达到人民币 100 万元的，可以不再增加保证金。		
禁止行为	（1）不得伪造、变造、出租、出借、转让许可证；（2）不得超出被代理保险公司的业务范围和经营区域；从事保险代理业务涉及异地共保、异地承保和统括保单，中国保监会另有规定的，从其规定；（3）在开展保险代理业务过程中，不得有欺骗投保人、被保险人、受益人或者保险公司的行为；（4）不得以捏造、散布虚假事实等方式损害竞争对手的商业信誉，不得以虚假广告、虚假宣传或者其他不正当竞争行为扰乱保险市场秩序；（5）不得与非法从事保险业务或者保险中介业务的机构或者个人发生保险代理业务往来；（6）不得坐扣保险佣金；（7）不得代替投保人签订保险合同；（8）不得以缴纳费用或者购买保险产	（1）不得伪造、变造、出租、出借、转让许可证；（2）从事保险经纪业务不得超出承保公司的业务范围和经营区域；从事保险经纪业务涉及异地共保、异地承保和统括保单，中国保监会另有规定的，从其规定；（3）在开展经纪业务过程中，不得有欺骗投保人、被保险人、受益人或者保险公司的行为；（4）不得以捏造、散布虚假事实等方式损害竞争对手的商业信誉，不得以虚假广告、虚假宣传或者其他不正当竞争行为扰乱保险市场秩序；（5）不得与非法从事保险业务或者保险中介业务的机构或者个人发生保险经纪业务往来；（6）不得以缴纳费用或者购买保险产品作为招聘业务人员的条件，不得承诺不合理的高额	（1）不得伪造、变造、出租、出借、转让许可证；（2）在开展公估业务过程中，不得有欺骗投保人、被保险人、受益人或者保险公司的行为；（3）不得以个人名义招揽、从事保险公估业务或者同时在 2 个以上保险公估机构中执业；（4）不得与非法从事保险业务或者保险中介业务的机构或者个人发生保险公估业务往来。

续前表

	保险代理人	保险经纪人	保险公估人
	品作为招聘业务人员的条件，不得承诺不合理的高额回报，不得以直接或者间接发展人员的数量或者销售业绩作为从业人员计酬的主要依据等等。	回报，不得以直接或者间接发展人员的数量或者销售业绩作为从业人员计酬的主要依据。	

（三）市场退出

市场退出监管，是指保险监管当局对保险中介机构退出、破产倒闭或合（兼）并、变更等实施的监管，也包括对违规保险中介机构终止经营的监管。我国的新“三规定”对保险中介机构的退出原因作出了详细规定，详见表 15－3。

表 15－3　　三类保险中介机构市场退出规定对比表

	退出规定
保险代理人	(1) 因许可证有效期届满，中国保监会依法不予延续有效期，或者许可证依法被撤回、撤销、吊销的，应当依法组织清算或者对保险代理业务进行结算； (2) 因分立、合并需要解散，或者根据股东会、股东大会决议解散，或者公司章程规定的解散事由出现的，应当经中国保监会批准后解散； (3) 保险专业代理公司解散，在清算中发现已不能清偿到期债务，并且资产不足以清偿全部债务或者明显缺乏清偿能力的，应当依法提出破产申请； (4) 被依法吊销营业执照、被撤销、责令关闭或者被人民法院依法宣告破产的，应当依法成立清算组，依照法定程序组织清算。
保险经纪人	(1) 因许可证有效期届满，中国保监会依法不予延续有效期，或者许可证依法被撤回、撤销、吊销的，应当依法组织清算或者对保险经纪业务进行结算； (2) 因分立、合并需要解散，或者根据股东会、股东大会决议解散，或者公司章程规定的解散事由出现的，应当经中国保监会批准后解散； (3) 保险经纪公司解散，在清算中发现已不能清偿到期债务，并且资产不足以清偿全部债务或者明显缺乏清偿能力的，应当依法提出破产申请，其财产清算与债权债务处理，按照法定破产程序进行； (4) 被依法吊销营业执照、被撤销、责令关闭或者被人民法院依法宣告破产的，应当依法成立清算组，依照法定程序组织清算。
保险公估人	(1) 因许可证有效期届满，中国保监会依法不予延续有效期，或者许可证依法被撤回、撤销、吊销的，应当依法组织清算或者对保险公估业务进行结算； (2) 保险公估机构解散，在清算中发现已不能清偿到期债务，并且资产不足以清偿全部债务或者明显缺乏清偿能力的，应当依法提出破产申请； (3) 被依法吊销营业执照、被撤销、责令关闭或者被人民法院依法宣告破产的，应当依法成立清算组，依照法定程序组织清算。

（四）监督检查

根据我国保险法规的规定，保险中介机构应该依照中国保监会有关规定及时、准确、完整地报送有关报告、报表、文件和资料，并提交相关电子文本。中国保监会还有依法进行现场检查的权力，检查内容涉及各个方面，比如机构设立、变更是否依法获得批准或者履行报告义务，保证金提取和动用是否符合规定等等，如果发现存在问题，中国保监会有权责令其停止部分或者全部业务。同时，被检查的保险中介机构还应配合保监会的现场检查工作，不得拒绝、妨碍其依法进行监督检查。

第四节 中国保险监管现状与完善措施

一、中国保险监管的现状与问题

我国保险业虽然取得了长足发展，但依旧处于初级发展阶段，与发达国家存在较大差距，其在快速发展中也产生了不少问题。

（一）保险监管秩序混乱，有效竞争不足

近年来，恶性竞争成为我国保险市场的普遍现象。许多保险公司经营粗放，为了争夺市场份额，或多或少地通过高手续费、高返还、低费率、扩大保险责任、增加无赔款返还等违规手段招揽客户。这种不计后果的业务竞争行为，导致保险公司经营成本上升，经营风险加大，并造成了保险监管秩序混乱，影响了保险业的整体社会信誉。

（二）保险监管部门权威性欠缺，监管手段落后

一是我国保险监管执法具有较大随意性，保险监管部门执法缺乏相关规定，忽视了对本地区保险监管的事先防范。二是我国保险监管手段仍然以行政手段为主，主要依靠现场检查和手工操作，监管的手段比较落后。

（三）保险监管队伍建设滞后，专业人才缺乏

中国保险专业监管起步晚，由于各种原因，导致保险监管队伍建设滞后，整体素质不高。尤其缺乏精通法律和业务的专门执法人才，不能满足现实执法的需求。

（四）保险监管透明度不高，存在严重的信息不对称现象

保险机构的资产负债情况和经营业绩缺乏必要的公开制度，信息披露规则不完善。由于外部审计制度不健全，保险机构的报表、数据等信息资料的公允性和真实性缺乏有效的监督认证机制。这就导致了监管者与被监管者之间的信息不对称问题较突出，对保险消费者的基本知情权造成了一定的损害。

二、完善我国保险监管的措施建议

（一）尽快构建良好的保险监管环境

第一，监管机构通过保险监管法律、规章和标准的推行，可以增强市场参与者对保险市场规章制度的信心。必须清理、归类、调整并归并纷繁杂乱的监管规章和各种规范性文件，使得监管者与经营者能够更有效地了解并掌握这些规章及文件，逐渐步入“有法可依、有法必依、执法必严、违法必究”的法制化轨道，进一步规范保险监管秩序。

第二，保险公司需建立一套能够加强利益相关者监管作用的管理制度。保险机构需具备良好的制度管理，制定内容广泛的内部控制和决策程序，由经验丰富的人员实施，由管理部门进行监督。同时，保险机构也应当具备衡量、监督和控制不同风险的有效手段和措施。

第三，构建高效的保险监管交流与协作机制。加强保监会与其他金融监管机构的协调合作。充分发挥各金融机构在规范市场秩序方面的作用。

第四，杜绝“以保费论成败”的监管观念。保险监管应淡化“重保费”的粗放监管理念，将客户满意度、投诉率、退保率、赔付率、利润率、偿付能力充足率指标与保费规模一视同仁。引导保险公司经营以客户需求为导向，而不是以公司和业务人员的业绩为导向。

（二）加强监管队伍建设，积极培养专业人才

中国保监会及相关部门，应重视并加强保险监管队伍建设，采取各种措施切实提高监管队伍的整体素质。特别是应积极培养、引进既精通法律又精通业务的专门执法人才，不断满足现实执法需要，切实提高监管工作效率。监管部门要明确个人分工，将相应的职能岗位匹配相应能力的人员，同时要使各岗位人员及时学习最新的监管条例规范和相应的保险专业知识，使监管人员的表现与绩效挂钩，提高监管人员的工作效率和积极性。

（三）强化监管手段，实现非现场监管技术的现代化

非现场监管与分析，包括财务报表、检查报告以及监管数据分析工具和技巧的应用，可以生成对中国保监会的监管决策重要而有用的数据和关系。中国保监会作为公共利益的受托人，承担着保证对外发布信息真实可靠的责任，如图 15－1 所示。单纯依靠现场检查和手工操作方式，难以满足市场发展的需要。因此，保险监管就需要借助先进的电子化手段，设计符合监管要求以及保险公司经营管理者需要的电脑系统，推行统一的业务财务软件，全方位监控保险公司经营活动，以确保其拥有足够的偿付能力。

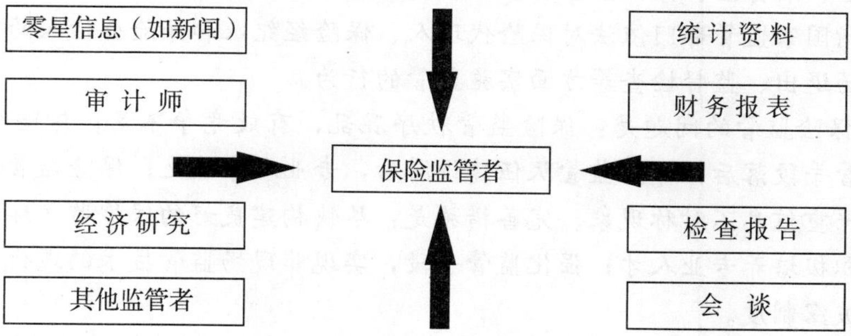

图 15－1　监管者的信息来源

资料来源：李有祥．保险监管与保险发展——十年的思考与探索．北京：中国金融出版社，2010：219.

（四）构建高效公开的信息披露制度

保险监管部门应该按照《保险法》的要求，督促保险公司向社会公众发布财务状况，披露公司资信，增加公司监管透明度，逐步形成公众的社会监督职能。监管部门还可以指定独立的会计师事务所和独立精算机构，定期提供各保险公司的审计报告和精算报告，督促保险公司及时公示自身的经营管理与资产状况，充分发挥保险同行间的相互督促作用，有效提高保险监管的作用。监管机构也要提高监管专业化程度和透明度，对违规机构、高管或员工进行严厉处罚，并将处罚结果公开，让全社会监督。为保证监管工作质量，应该尽快建立监管问责制、再稽核等监管机制。

本章小结

1. 保险监管是指政府对保险业的监督管理。其目的是确保保险经营者的稳健经营和保险市场的规范运行，保护保险消费者的利益，维护社会的和谐稳定。

2. 保险监管的三大组织机构是：立法机构、司法机构和行政机构。

3. 我国保险监管要遵循依法、公开、公平原则。依法监管就是保险监管部门依照有关法律或行政法规实施保险监管的行为。公开性原则是指，保险监督管理需体现透明度，除涉及国家秘密、商业秘密和个人隐私以外的各种监管信息应尽可能向社会公开，这样既有利于提高保险监督管理效率，也有利于保险市场的有效竞争。公平原则指的是保险监管部门对保险加入者，以及对保单条款和费率的公平。

4. 保险监管方式有公告管理、规范管理和实体管理三种。保险监管的目标主要是：维护保险消费者的合法权益，维护保险业公平竞争的市场环境，促进保险业的整体稳定发展。

5. 保险监管主要包括保险组织监管、业务监管、财务监管及保险中介人的监管等内容。保险组织监管，是指国家对保险业具体组织形式、保险公司的资格要求、变更、整顿、接管、退出等方面进行的监管。保险业务监管，是指国家保险监管部门对保险公司的保险条款与费率，以及再保险业务的监督和管理。保险公司财务监管主要包括对资本金、保险保障基金、准备金、保证金、公积金、偿付能力以及资金运用等方面的监管。保险中介人监管是指国家监管部门依法对保险代理人、保险经纪人和保险公估人的市场准入、经营规则、市场退出、监督检查等方面实施监管的行为。

6. 我国保险监管的问题是：保险监管秩序混乱，有效竞争不足；保险监管部门缺乏权威性，监管手段落后；保险监管队伍建设滞后，专业人才缺乏；保险监管缺乏必要的透明度，存在严重信息不对称现象。完善措施是：尽快构建良好的保险监管环境；加强监管队伍建设，积极培养专业人才；强化监管手段，实现非现场监管技术的现代化；构建高效公开的信息披露制度。

复习思考题

1. 解释名词：保险监管、组织监管、偿付能力、市场准入、退出监管。

2. 保险监管的原则和目标有哪些？保险监管的三种方式有何异同？

3. 简述保险组织监管、财务监管的主要内容。

4. 保险中介人监管包括哪些内容？

5. 浅论如何完善我国的保险监管制度。

图书在版编目（CIP）数据

现代保险理论与实践/唐金成主编．—北京：中国人民大学出版社，2018.1
经济管理类课程教材·保险系列
ISBN 978-7-300-24799-1

Ⅰ.①现… Ⅱ.①唐… Ⅲ.①保险学-高等学校-教材 Ⅳ.①F840

中国版本图书馆 CIP 数据核字（2017）第 200566 号

经济管理类课程教材·保险系列
现代保险理论与实践
唐金成　主编
Xiandai Baoxian Lilun yu Shijian

出版发行	中国人民大学出版社		
社　　址	北京中关村大街 31 号	**邮政编码**	100080
电　　话	010－62511242（总编室）		010－62511770（质管部）
	010－82501766（邮购部）		010－62514148（门市部）
	010－62515195（发行公司）		010－62515275（盗版举报）
网　　址	http：//www. crup. com. cn		
	http：//www. ttrnet. com（人大教研网）		
经　　销	新华书店		
印　　刷	北京昌联印刷有限公司		
规　　格	185 mm×260 mm　16 开本	**版　　次**	2018 年 1 月第 1 版
印　　张	22. 25	**印　　次**	2018 年 1 月第 1 次印刷
字　　数	518 000	**定　　价**	44. 00 元